lonely planet

Kroatien

Inland
S. 70

Istrien
S. 94

Kvarner Bucht
S. 128

Nord-
dalmatien
S. 158

Split & Zentral-
dalmatien
S. 184

Dubrovnik & Süd-
dalmatien
S. 220

Lucie Grace, Anja Mutic, Isabel Putinja

LINKS: LITTLEAOM/SHUTTERSTOCK ©, OBEN RECHTS: ASIATRAVEL/SHUTTERSTOCK ©, UNTEN RECHTS: ROMAN BABAKIN/SHUTTERSTOCK ©

Amphitheater, Pula (S. 100)

INHALT

Reiseplanung

Willkommen in Kroatien 4
Übersichtskarte 6
Unsere Favoriten 8
Städte & Regionen 20
Reiserouten 22
Beste Reisezeit 28
Bestens vorbereitet 30
Essen wie die Locals 32
Outdoor-Erlebnisse 36

Reiseziele

Zagreb 42
Oberstadt 48
Unterstadt 56
Rund um das Zentrum 66

Inland 70
Umland von Zagreb 74
Zagorje 78
Varaždin 81
Međimurje 83
Slawonien 85
Gorski Kotar 92

Istrien 94
Pula 100
Rund um Pula 103
Rovinj 105
Rund um Rovinj 107
Poreč 109
Rund um Poreč 111
Motovun 113
Rund um Motovun 116
Pazin 118
Rund um Pazin 121
Labin 124
Rund um Labin 126

Kvarner Bucht 128
Rijeka 134
Opatija 139
Rund um Opatija 141
Krk 144
Cres 149
Lošinj 152
Rab 156

Norddalmatien 158
Zadar 164
Rund um Zadar 168
Nationalpark Paklenica 171
Pag 173
Nationalpark Plitvicer Seen & Lika 175
Šibenik 177
Rund um Šibenik 180
Nationalpark Krka 182

Split & Zentraldalmatien 184
Split 190
Rund um Split 196
Šolta 201
Brač 203
Hvar 207
Vis 212
Makarska Riviera 216

Dubrovnik & Süddalmatien 220
Dubrovnik 226
Rund um Dubrovnik 236
Die Elaphiten 239
Cavtat 242
Konavle-Tal 244
Korčula 247
Mljet 252

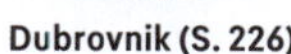

Dubrovnik (S. 226)

Zagreb (S. 42)

Praktisches

Ankunft 256
Unterwegs vor Ort 257
Geld 258
Übernachten 259
Reisen mit Kindern 260
Sicher reisen 261
Essen, Trinken & Feiern 262
Verantwortungsbewusst reisen 264
LGBTIQ+-Traveller 266
Barrierefrei reisen 267
Insel-Hopping 268
Kurz & Knapp 269
Sprache 270

Storybook

Die Geschichte Kroatiens in 15 Orten 274
Triff die Kroat:innen 278
Hubs für digitale Nomad:innen: Arbeiten in Kroatien 280
Nationalpark Krka: Natur & Geschichte 282
Geschichte des (Über-) Tourismus 285

Mađerkin Breg, Međimurje (S. 83)

WILLKOMMEN IN KROATIEN

Nachdem ich meine Kindheit und Schulzeit in Kroatien verbracht hatte und dann zwei Jahrzehnte weg war, war es spannend, 2013 nach Zagreb zurückzukehren und den langsamen, aber stetigen Tourismusboom im Land zu erleben.

Auch wenn viele überrascht sind, dass ich von New York City nach Zagreb gezogen bin, war das eine meiner besten Entscheidungen. Zwei Perspektiven zu haben, ist ein Geschenk – ich kenne Kroatien als Einheimische, die dort geboren und aufgewachsen und mit vielen Facetten vertraut ist. Dennoch entdecke ich unterwegs immer wieder Neues und Schönes, wie die sanft geschwungenen Hügel von Međimurje oder die charmanten Dörfer der Baranja.

Anja Mutic

@everthenomad

Geboren und aufgewachsen in Zagreb, kehrte Anja nach 20 Jahren im Ausland nach Kroatien zurück. Von Zagreb aus leitet sie Storyline Studio, eine kreative Agentur für Tourismus, Reisen und Gastgewerbe.

Mein Lieblingserlebnis:
Eine Fahrt auf den kurvigen Straßen durch die sanften Hügel von Zagorje (S. 78), wenn die Sonne über den Weinbergen, verwunschenen Häusern und Burgen untergeht.

LIEBLINGSPLÄTZE

Hier schlägt für unsere Autor:innen und Expert:innen das Herz Kroatiens

Z. CIZIC/SHUTTERSTOCK ©

Blickt man über die politischen Grenzen hinaus, ist Istrien geografisch gesehen eine Halbinsel, die sich Kroatien, Slowenien und Italien teilen. Als ich den 123 km langen Parenzana-Radweg (S. 114) abfuhr, kam mir in den Sinn, dass die Route dieser ehemaligen Eisenbahnstrecke symbolisch ist, denn sie verbindet diese drei Länder und erinnert daran, dass die geografische Identität Istriens trotz der Aufteilung auf verschiedene Reiche, Regime und Republiken fortbesteht.

Isabel Putinja

@isabelswindow

Isabel Putinja ist Reiseautorin, Alleinreisende und Slow Travellerin und lebt in Istrien, Kroatien.

FOKKE BAARSSEN/SHUTTERSTOCK ©

Ein Eisverkäufer in Zagreb sagte mir einmal: „Das ist das Land der Freude und der Träume". Und genau das ist Kroatien für mich: ein Wunder, mit Naturschönheiten wie den Binnenlagunen auf Mljet (S. 252) oder den Travertin-Wasserfällen im Krka-Nationalpark (S. 182) und mit architektonischen Highlights wie der Gotik in Šibenik (S. 177) oder dem Modernismus auf der Insel Krk (S. 144). Es ist ein Land, das mich immer wieder zum Staunen bringt.

Lucie Grace

Instagram @80bathes and Twitter @LucieGraces

Lucie Grace ist Reise- und Kulturautorin, die zwischen Kroatien und Thailand pendelt und leidenschaftlich gern in natürlichen Gewässern schwimmt.

Rijeka
In die alternative Musik-Szene eintauchen (S. 134)
Umland von Zagreb
Den aufstrebenden Wein von Plešivica entdecken (S. 74)
Zagreb
Eine Tour durch Zagrebs zeitgenössische Kunstgalerien unternehmen (S. 42)
Oroslavlje
Zaprešić
ZAGREB
Velika Gorica
Crna Mlaka
ITALIEN
SLOWENIEN
Brest
Obruč
Vrbovsko
Nationalpark Plitvicer Seen
Das Wasserwunderland der Plitvicer Seen durchstreifen (S. 175)
Poreč
Die Fresken der Euphrasius-Basilika bestaunen (S. 109)
Mirna
Vojak
Rijeka
Pazin
Poreč
Višević
Gračišće
Beli
Krk (Ort)
Crikvenica
Rovinj
Labin
Senj
Seliště Drežničko
Žuta Lokva
Marčana
Cres
Pula
Kvarner
Kvarnerić
Lopar
Nationalpark Plitvicer Seen
Bijeli
Premantura
Adria
Televrina
Cres
Rab (Ort)
Korenica
Perušić
Ozeblin
Una
Donji Lapac
Gospić
Cres & Lošinj
Um die Inseln Cres (S. 149) und Lošinj (S. 152) fahren
Lošinj
Vaganski vrh
Pag (Ort)
Nationalpark Paklenica
Starigrad-Paklenica
Maslenica
Ist
KROATIEN
Veli Rat
Zadar
Kistanje
Nationalpark Paklenica
Nervenkitzel in Kroatiens felsigstem Park spüren (S. 171)
Biograd
Kornat
Murter
Nationalpark Krka
Šibenik
Žirje
Rogoznica
ITALIEN
Vis
Die Buchten und Höhlen des abgelegenen Vis erkunden (S. 212)
Vis
Adria
0
40 km

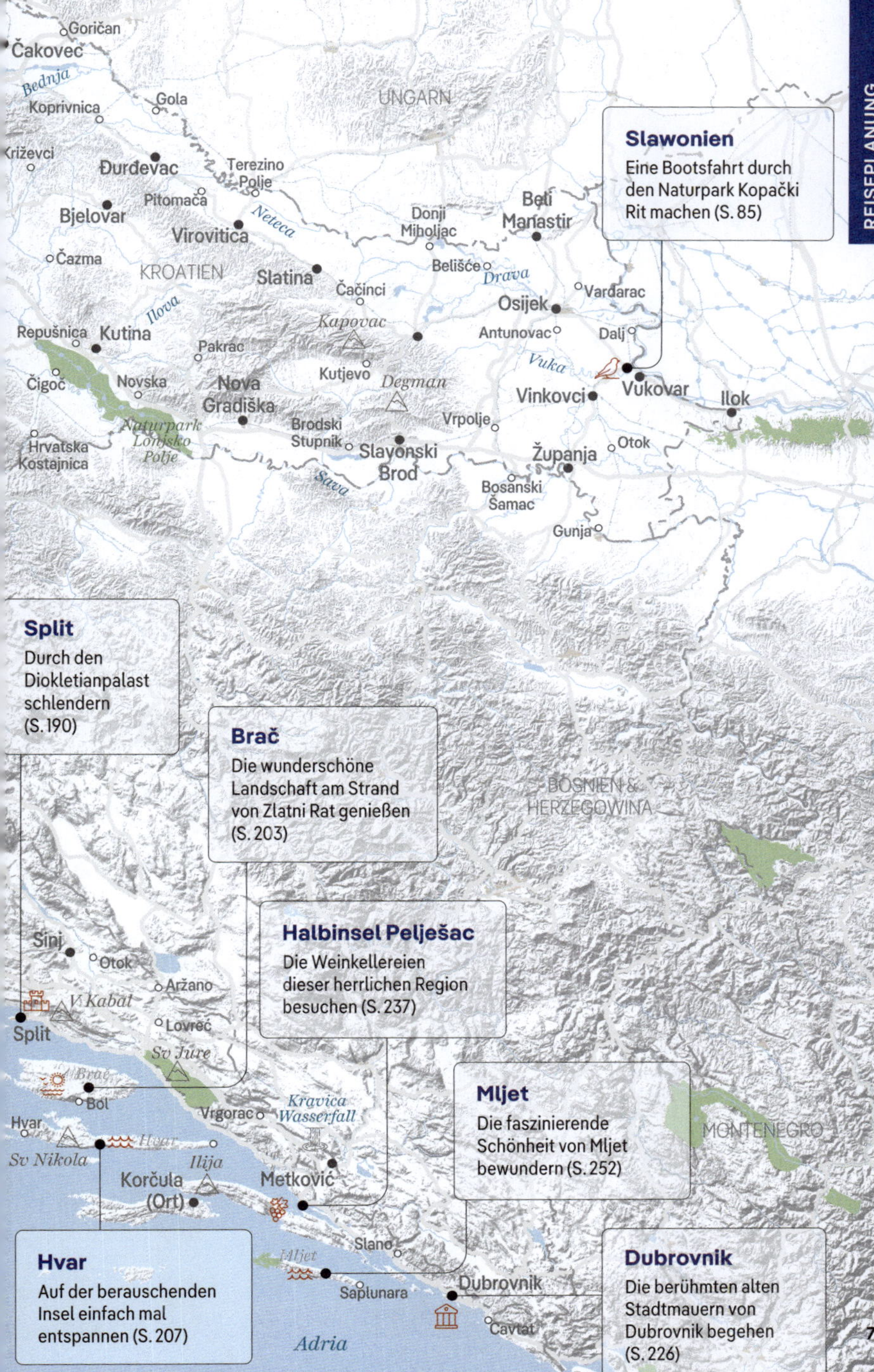

Slawonien
Eine Bootsfahrt durch den Naturpark Kopački Rit machen (S. 85)

Split
Durch den Diokletianpalast schlendern (S. 190)

Brač
Die wunderschöne Landschaft am Strand von Zlatni Rat genießen (S. 203)

Halbinsel Pelješac
Die Weinkellereien dieser herrlichen Region besuchen (S. 237)

Mljet
Die faszinierende Schönheit von Mljet bewundern (S. 252)

Hvar
Auf der berauschenden Insel einfach mal entspannen (S. 207)

Dubrovnik
Die berühmten alten Stadtmauern von Dubrovnik begehen (S. 226)

VON INSEL ZU INSEL

Die kristallklaren Gewässer Kroatiens sind mit zahlreichen Inseln gespickt, und egal, ob man mit einer Luxusyacht, einem Segelboot oder einer Fähre unterwegs ist – die Erkundung dieser Eilande ist ein unvergessliches Erlebnis. Einige sind winzig und unbewohnt, andere groß und voller Bars und Restaurants. Einige sind karg und felsig, andere haben Sandstrände und eine üppige Vegetation. Bei 1244 Inseln ist für jeden Geschmack etwas dabei.

Fährverbindungen

Fähren und Tragflügelboote fahren die Inseln an. Die Fähren verkehren das ganze Jahr über (außer bei starkem Wind im Winter). Im Sommer gibt es die häufigsten Verbindungen – und die teuersten Tickets.

Nationalparks

Zu den acht kroatischen Nationalparks gehören drei Inselgruppen: Brijuni, Kornati und Mljet (s. Bild). Brijuni kann nur im Rahmen einer geführten Tour besichtigt werden, in den anderen muss man Eintritt zahlen.

Segeltouren

Das Chartern eines Segelboots mit einem Skipper wird immer beliebter. Am schönsten ist es in der Nebensaison, im Frühling und im Herbst.

VON LINKS: STJEPAN TAFRA/SHUTTERSTOCK ©, RENATA SEDMAKOVA/SHUTTERSTOCK ©, XBRCHX/SHUTTERSTOCK ©

Insel Marinkovac (S. 209)

DIE SCHÖNSTEN INSELERLEBNISSE

Die Puppen auf ❶ **Hvar**, der absoluten Partyhochburg, tanzen lassen und den Kater danach auf dem vorgelagerten Archipel der Pakleni-Inseln auskurieren. (S. 207)

Die versteckten Buchten und Höhlen von ❷ **Vis** erkunden, der entlegensten der kroatischen Hauptinseln. (S. 212)

Die miteinander verbundenen Kvarner-Inseln ❸ **Cres & Lošinj** entdecken – die eine wild und schroff, die andere üppig und mondän. (S. 149 & S. 152)

Die kobaltfarbenen Seen auf der faszinierenden schmalen Insel ❹ **Mljet** in der südlichen Adria bestaunen. (S. 252)

Zu den ❺ **Kornati-Inseln** segeln, dem größten und dichtesten Archipel der Adria mit 140 unbewohnten Inseln, von denen 89 einen Nationalpark bilden. (S. 168)

WUNDER DER NATUR

Die Anziehungskraft Kroatiens liegt in der Natur – seinen majestätischen Wasserfällen, den verträumten Seen, den dichten Wäldern, den mächtigen Bergen und natürlich der schillernden Adriaküste. Fast die Hälfte des Landes ist bewaldet und beherbergt eine Vielzahl endemischer Tier- und Pflanzenarten. Insgesamt gibt es in Kroatien mehr als 400 Schutzgebiete, darunter Inseln, Seen und Berge – ein wahres Naturwunderland, das es zu erkunden lohnt.

Parks & Schutzgebiete

In Kroatien gibt es acht Nationalparks, zwölf Naturparks und zwei Naturschutzgebiete. Die National- und Naturparks belegen eine Fläche von 5930 km² (10,1 % der Landesfläche).

Die Natur respektieren

Die Macht der Wildnis und des Wetters sollte man nicht unterschätzen, vor allem in den Bergen und tiefen Wäldern. Gute Ausrüstung und gutes Schuhwerk sind absolut notwendig.

Naturpark Dinara

Der jüngste Park Kroatiens erstreckt sich über 630 km² in den Dinarischen Alpen an der Grenze zu Bosnien. Hier ist auch der höchste Gipfel des Landes (Dinara, 1831 m).

VON LINKS: JULIA LAV/SHUTTERSTOCK ©, IWCIAGR/SHUTTERSTOCK ©, VIDOC OLGA/SHUTTERSTOCK ©

Nationalpark Plitvicer Seen (S. 175)

DIE SCHÖNSTEN NATURERLEBNISSE

Eine Bootsfahrt durch die Auengebiete des ❶ **Naturparks Kopački Rit** machen und dort nach Adlern, Störchen, Reihern und Spechten Ausschau halten. (S. 87)

Über die Holzstege des ❷ **Nationalparks Krka** wandern, und die rauschenden Schluchten, die smaragdgrünen Seen und die zahlreichen Kaskaden bewundern. (S. 182)

Die einzigartige Natur des ❸ **Nationalparks Plitvicer Seen** mit türkisfarbenen Seen, die durch tosende Wasserfälle inmitten dichter Wälder verbunden sind, bewundern. (S. 175)

Auf alpinen Pfaden durch die Karstschluchten des ❹ **Nationalparks Paklenica** wandern. (S. 171)

Die bekannten Pfade verlassen und den dicht bewaldeten ❺ **Nationalpark Risnjak** von Gorski Kotar besuchen. (S. 92)

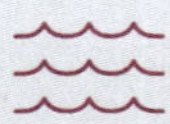

UNZÄHLIGE STRÄNDE

Von der zerklüfteten Küste bis zu den zahlreichen Inseln, die die Küste säumen, bietet Kroatien Hunderte von Stränden zur Auswahl. Egal, ob man in einer zerschlissenen Badehose faulenzen, den neuesten Designer-Badeanzug zur Schau stellen oder alle Hüllen fallen lassen möchte – hier findet man sicher den passenden Ort. Die Strände können sandig, steinig oder felsig sein, aber was sie alle eint, ist das unglaublich klare Wasser.

DIE SCHÖNSTEN STRÄNDE

Die besondere Form und die goldenen Kiesel des Strandes ❶ **Zlatni Rat** in Bol auf der Inse Brač bestaunen. (S. 203)

In der Sonne am herrlichen Kieselstrand von ❷ **St. Jacob** relaxen, jenseits der alten Stadtmauern von Dubrovnik. (S. 228)

Die Ruhe am Strand von ❸ **Beli** genießen, einer idyllischen Bucht mit alten Fischerhütten auf der Insel Cres. (S. 150)

Die Strände der abgelegenen Insel Vis erkunden – vom beeindruckenden ❹ **Stiniva** bis zum wilden Srebrna. (S. 215)

Eine Partie *picigin*, ein lokales Ballspiel, am Stadtstrand ❺ **Bačvice** in Split spielen, an dem es coole Bars und Action gibt. (S. 191)

LINKS: FOTOSR52/SHUTTERSTOCK ©
RECHTS: XBRCHX/SHUTTERSTOCK ©

Stachelige Seeigel

Wenn man keine Erfahrung darin hat, die stacheligen kleinen Meeresbewohner, die in großer Zahl in den Untiefen leben, zu erkennen und zu meiden, sollte man Wasserschuhe tragen.

Nicht reservieren!

Lass dein Handtuch nicht am Strand liegen, um damit einen Platz zu reservieren. Es ist unhöflich, so Platz zu beanspruchen, es sei denn, man ist auch wirklich präsent.

FKK-Regeln

Fast an jedem kroatischen Strand ist es völlig o. k., oben ohne zu sein, wer aber alle Hüllen fallen lassen möchte, sucht sich besser einen FKK-Strand, von denen es viele gibt.

ANTIKE SCHÄTZE

Für eine Tour der römischen Ruinen Istriens den QR-Code scannen.

Von gut erhaltenen römischen Bauwerken, die vor Tausenden von Jahren erbaut wurden und noch immer lebendig sind, bis zu Basiliken, Kirchen und Kathedralen, die alle Epochen und architektonischen Stile umfassen, von byzantinisch über gotisch bis zu Renaissance und venezianisch (und eine wilde Mischung daraus), ist Kroatien ein Paradies für Fans der Antike.

Timing ist alles

Die Highlights der kroatischen Altstädte (Dubrovnik und der Diokletianpalast in Split) sind im Sommer völlig überfüllt – deshalb erkundet man sie am besten früh morgens, bevor die Menschmassen eintreffen.

Geheimes Juwel

Mit ihrer mittelalterlichen Altstadt und der barocken Schönheit ihres historischen Viertels ist Varaždin tief im Landesinnern eine ernsthafte Konkurrenz für die alten Küstenstädte.

UNESCO-Welterbe

Kroatien verfügt über zehn UNESCO-Welterbestätten, von denen acht antike Schätze und zwei Naturlandschaften sind.

DIE SCHÖNSTEN ANTIKEN SEHENSWÜRDIGKEITEN

In die schöne ❶ **Altstadt von Dubrovnik** eintauchen und ihre ganze Pracht entdecken. (S. 226)

Die ❷ **Stadt Korčula** auf der gleichnamigen Insel besuchen, deren Mauern und Türme an Dubrovnik erinnern. (S. 247)

Den ❸ **Diokletianspalast** aus dem 4. Jh. und die Ruinen der römischen Stadt Salona am Stadtrand von Split besuchen. (S. 192)

Die Fresken aus dem 6. Jh. in der byzantinischen ❹ **Euphrasius-Basilica** in Poreč bestaunen. (S. 110)

Die ❺ **Kathedrale St. Jakob** in Šibenik bestaunen – ein Meisterwerk des Bildhauers und Architekten Juraj Dalmatinac aus dem 15. Jh. (S. 177)

KUNST & MUSIK

In Kroatien gibt es nicht nur Strände, antike Schätze und traumhafte Natur. Es gibt auch ein aktives, zeitgenössisches kulturelles Leben, von der unabhängigen Kunstszene in Zagreb und der alternativen Musikszene in Rijeka bis zu den Kunstkolonien in Istriens mittelalterlichen Bergstädten Labin und Grožnjan und dem elektronischen Musikfestival in Tisno, das tanzfreudige Menschen aus der ganzen Welt anzieht.

VON LINKS: HAPPY WINDOW/SHUTTERSTOCK ©, FRANKA555/SHUTTERSTOCK ©, GRGO JELAVIC/PIXSELL ©

Schnapp dein Ticket

Obwohl viele Veranstaltungen gratis sind – vor allem während der Sommerfestivals –, sollte man für die populärsten Events Tickets kaufen.

Jährliches Kunstfestival

Am zweiten Sonntag im August lohnt der Besuch des Kunstfestivals Grisia in Rovinj, bei dem lokale Künstler:innen die namensgebende Straße in eine Freiluftgalerie verwandeln.

Weitere kreative Orte

Kreativ Schaffende mit inspirierenden Vibes und viele Galerien findet man in Trogir, Rovinj und Stari Grad auf der Insel Hvar.

Traditionelle kroatische Tänzer, Dubrovnik (S. 230)

DIE SCHÖNSTEN KUNST- & MUSIKERLEBNISSE

Die alternative Musikszene von ❶ **Rijeka** erkunden, Kroatiens visionärer Hafenstadt mit etwas kantigem Flair. (S. 134)

Beim alljährlichen Sommerfestivals der darstellenden Künste in ❷ **Dubrovnik** Theater, Tanzshows und Konzerte besuchen. (S. 230)

Die Galerien für zeitgenössische Kunst in ❸ **Zagreb** besichtigen, um herauszufinden, was gerade angesagt ist – und Ausschau nach genialer Straßenkunst halten. (S. 42)

Zeit mit Künstler:innen und Musiker:innen in Istriens verträumten Bergstädten ❹ **Grožnjan** und Labin verbringen, am besten bei der Art Republika im Sommer. (S. 116)

Die Nacht durch in dem kleinen Küstenort ❺ **Tisno** auf der Insel Murter durchfeiern, wo im Sommer viele EDM-Festivals stattfinden. (S. 180)

TRINK-FREUDEN

Wein aus Kroatien mag für internationale Konsumenten ein Novum sein, aber der Wein ist seit mehr als 25 Jahrhunderten ein fester Bestandteil des Lebensstils in dieser Region. Heute erlebt die Tradition eine Renaissance in den Händen einer neuen Generation von Winzern, die sich auf die Erhaltung heimischer Rebsorten und die Wiederbelebung angestammter Weingüter konzentrieren. Und dann wäre da noch der Rakija (Grappa).

DIE BESTEN WEIN- & RAKIJA-ERLEBNISSE

Die Weingüter auf der ❶ **Halbinsel Pelješac** besuchen, die für ihre kräftigen Rotweine, insbesondere den Plavac Mali, bekannt sind. (S. 231)

Die exklusiven Weine von den Hügeln um ❷ **Motovun** probieren; der weiße Malvasier und der rote Terrano sind grandios. (S. 115)

Auf ❸ **Vis** den heimischen Vugava-Wein in einer Weinkellerei genießen, die einst ein Bunker war. (S. 214)

Den Lozovača-Traubenbrand testen, der auf ❹ **Krk** hergestellt und zu einem Likör destilliert wird. (S. 144)

Die unbekannten, aber aufstrebenden Weinstraßen von ❺ **Plešivica** bei Zagreb und in Slawonien weiter östlich erkunden. (S. 77)

LINKS: HAPPY MOMENTS/SHUTTERSTOCK ©; RECHTS: MICHAL DZIEDZIAK/SHUTTERSTOCK ©

Richtig anstoßen!

Wenn man mit Einheimischen anstößt, erhebt man das Glas und sagt *živjeli!* – während man seinem Gegenüber direkt in die Augen schaut.

Weingutbesichtigung

Mit Ausnahme einiger größerer Weingüter, die man spontan besuchen kann, muss man Besichtigungen und Verkostungen in der Regel vorab buchen. Einige bieten diese an festen Tagen an, andere nach Vereinbarung.

Erntezeit

Am 11. November wird in allen Weinregionen Kroatiens der Martinstag (Martinje) gefeiert. Es gibt Weinfeste mit vielen Leckereien und Verkostungen neuer Weine.

ACTION & ABENTEUER

Da die Natur in einem Großteil des Landes unberührt ist, übt der Ruf der Wildnis in Kroatien eine starke Anziehungskraft aus. Von mächtigen Bergen bis zu uralten, dichten Wäldern, von rauschenden Flüssen und tosenden Wasserfällen bis zu steil abfallenden Klippen und einsamen Inseln – Kroatien bietet einen einzigartigen Spielplatz im Freien, der das ganze Jahr über zu Abenteuern, Sport und Aktivitäten einlädt.

LINKS: BAISA/SHUTTERSTOCK ©; RECHTS: XBRCHX/SHUTTERSTOCK ©

Wetterkapriolen

Die Wettervorhersage sollte man immer im Auge behalten und auf alle Eventualitäten vorbereitet sowie gut ausgerüstet sein, denn das Wetter kann sich in einigen dieser Wildnisgebiete schnell dramatisch ändern.

Unbekannter Abenteuerspielplatz

Die Gegend um Zadar ist mit unberührten Archipelen und hohen Bergen eines der bestgehüteten Geheimnisse des kroatischen Abenteuertourismus; Infos unter Feral Tours (feral-tours.com).

Seilrutschen-Abenteuer

Einen echten Adrenalinkick bringen die Seilrutschen über den Fluss Cetina bei Omiš oder über die Schlucht von Pazin in Istrien.

DIE BESTEN ACTION-ERLEBNISSE

Den Berg Biokovo und den ❶ **Naturpark Biokovo** in Angriff nehmen, der insgesamt 40 Wanderwege bietet. (S. 218)

Das Wanderparadies des ❷ **Nationalparks Paklenica** mit seinen Karstschluchten und alpinen Pfaden erkunden. (S. 171)

In der abgelegenen ❸ **Lika** kann man auf dem Fluss Gacka Kanu fahren, mit Blick auf das Velebit-Gebirge reiten oder die Grabovača-Höhle erkunden. (S. 175)

Sich aufs Rad schwingen, um den ❹ **Parenzana-Radweg** in Istrien abzufahren, der der historischen Eisenbahnlinie durch Italien, Slowenien und Kroatien folgt. (S. 114)

Klippenspringen, Rafting oder Canyoning auf dem ❺ **Fluss Cetina** bei Omiš erleben. (S. 199)

GEHEIME ORTE KROATIENS

Viele Gegenden Kroatiens werden von Reisenden regelrecht überrollt, sodass es vor allem in der Hochsaison schwierig ist, noch Orte zu finden, die unentdeckt und verborgen sind oder das gewisse Etwas haben. Aber wenn man weiß, wo man suchen muss, gibt es zum Glück noch ein paar Geheimtipps. Hier werden einige von ihnen vorgestellt, darunter Naturrefugien, abgelegene Inseln, lebendige Traditionen und verträumte kleine Städte.

VON LINKS: LEA RAE/SHUTTERSTOCK ©, IVAN NEMET/SHUTTERSTOCK ©, POLINA STRELKOVA/ISTOCK/GETTY IMAGES ©

Wertvolle Textilien

Die faszinierenden Konavle-Stickereien aus den Dörfern östlich von Dubrovnik kann man im ethnografischen Museum in Čilipi bewundern.

Konservierte Mumien

Eine der bizarrsten und gruseligsten Attraktionen Kroatiens verbirgt sich in der istrischen Stadt Vodnjan: vier auf wundersame Weise erhaltene Mumien in der Kirche des hl. Blasius.

Tipps von Einheimischen

Es lohnt sich, die Einheimischen zu fragen, wo sie essen, schwimmen, ausgehen oder Urlaub machen. Diese Tipps sind meist die besten.

Der Fluss Ombla (S. 237)

DIE BESTEN GEHEIMEN ERLEBNISSE

Bei Dubrovik mit den Einheimischen im ❶ **Ombla** schwimmen, mit seinen Stegen, dem erfrischenden Wasser und Blick auf die Berge. (S. 237)

Eine Bootstour zur winzigen Insel ❷ **Susak** nahe der Insel Lošinj machen, die mit goldenen Stränden, Einsamkeit und einer coolen Kunstbiennale begeistert. (S. 152)

Das Comeback des Johannisbrotbaums auf ❸ **Šipan** einer Insel der Elaphiten erleben, wo ein Einheimischer die lange Tradition des Johannisbrotbaums auf der Insel wieder aufleben lässt. (S. 239)

Die steinerne Kunst in der Steinmetzschule ❹ **Pučišća** auf Brač bestaunen, eine renommierte Tradition, die bis 1906 zurückreicht. (S. 206)

Zeit in Istriens verträumtem ❺ **Vrsar** verbringen, einem winzigen Küstenort mit gepflasterten Gassen, pastellfarbenen Häusern und Bougainvillea an den Hängen. (S. 111)

STÄDTE & REGIONEN

Entdecke dein Sehnsuchtsziel.

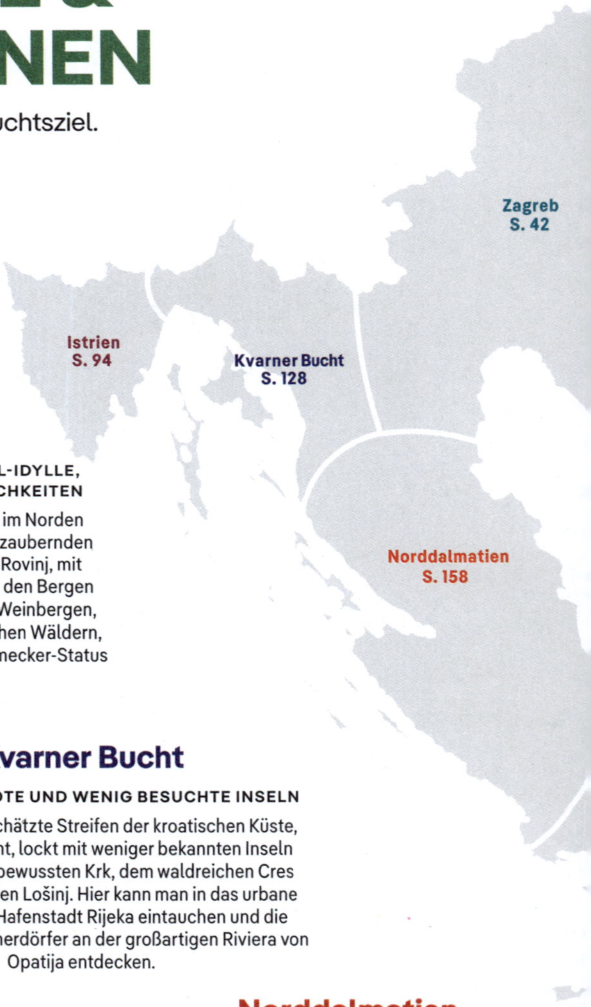

Istrien

KÜSTENSTÄDTE, HÜGEL-IDYLLE, KULINARISCHE KÖSTLICHKEITEN

Die herzförmige Halbinsel im Norden der Adria überrascht mit bezaubernden Küstenorten wie Pula und Rovinj, mit mittelalterlichen Städten in den Bergen wie Motovun und endlosen Weinbergen, Olivenhainen und trüffelreichen Wäldern, die der Region ihren Feinschmecker-Status verleihen.

Kvarner Bucht

LEBHAFTE STÄDTE UND WENIG BESUCHTE INSELN

Der meist unterschätzte Streifen der kroatischen Küste, die Kvarner-Bucht, lockt mit weniger bekannten Inseln wie dem umweltbewussten Krk, dem waldreichen Cres und dem duftenden Lošinj. Hier kann man in das urbane Vergnügen der Hafenstadt Rijeka eintauchen und die abgelegenen Fischerdörfer an der großartigen Riviera von Opatija entdecken.

Norddalmatien

VON BERGEN ZU INSELN UND WIEDER ZURÜCK

Der am wenigsten besuchte Teil Dalmatiens – dabei hat er alles zu bieten. Von vier Nationalparks (einschließlich traumhafter Wasserfälle und eines gewaltigen Gebirgszuges) bis hin zu fesselnder Geschichte in den Küstenstädten, Šibenik und Zadar, und einem Segeltörn durch den Archipel des Nationalparks Kornati.

Zagreb

KROATIENS HAUPTSTADT IM TASCHENFORMAT

Die gemütliche kleine Hauptstadt Kroatiens besticht mit ihren ausgefallenen Museen, weitläufigen Grünflächen, ihrer lebendigen Kaffee- und Kunstszene und ihrem pulsierenden Straßenleben, das sich über alle vier Jahreszeiten erstreckt – sogar über den Advent!

Inland
S. 70

Inland

ACKERLAND, WILDNIS UND JEDE MENGE GESCHICHTE

Hier locken idyllische Landschaften, märchenhafte Dörfer und bewaldete Wildnis des kroatischen Festlandes entdecken – gepaart mit Ausflügen entlang der pittoresken Weinstraßen von Slawonien und Međimurje, geschichtsträchtigen Städten wie Varaždin oder Osijek und den amazonenhaften Feuchtgebieten von Baranja.

Split & Zentraldalmatien

HISTORISCHE SCHÄTZE UND INSELFLUCHT

In das Herz Dalmatiens eintauchen, um einen Schatz zu entdecken: Der pulsierende Küstenort Split fasziniert mit seinem monumentalen Diokletianpalast und die historische Stadt Trogir mit ihren Stadtmauern. Anschließend geht's zu den Inseln! Jede hat eine andere Atmosphäre aber alle bieten wunderschöne Strände.

Split & Zentraldalmatien
S. 184

Dubrovnik & Süddalmatien

DIE PERLE DER ADRIA UND IHRE GLÄNZENDE ERSCHEINUNG

Dubrovnik und die faszinierenden Schönheit der Altstadt beeindruckt: Hier kann man die spektakulären historischen Kulissen aus Game of Thrones erkunden und dann den Menschenmassen auf den Elaphiti-Inseln, zwischen den Hügeln des Konavle-Tals oder auf den abgelegenen Inseln Korčula und Mljet entkommen.

Dubrovnik & Süddalmatien
S. 220

REISEROUTEN

Kroatien kompakt

Dauer: 7 Tage **Strecke:** 456 km

Das kompakte Kroatien-Erlebnis bietet von Allem etwas: einen Tagesausflug in die Hauptstadt Zagreb, gefolgt von der Besichtigung der sonnenverwöhnten Städte Split und Dubrovnik an der dalmatinischen Küste und dem Besuch von einer oder zwei Inseln. Alle Zielorte verfügen über gute Anbindungen an Autobahnen, Fähr- und Flughäfen.

1

ZAGREB 1 TAG

Per Flugzeug geht's nach **Zagreb** (S. 42). Kroatiens angenehme Hauptstadt lässt sich gut auf einem entspannten Spaziergang entdecken. Man schlendert durch die historische Oberstadt mit ihren Kopfsteinpflasterstraßen, fährt mit der Standseilbahn und erkundet die boomende Kaffeespezialitätenszene, faszinierende Straßenkunst, skurrile Museen, Galerien für zeitgenössische Kunst und die weitläufigen Grünanlagen der Stadt.

4 Std. mit dem Auto 45 Min. per Flugzeug

Trogir (S. 196)

2

SPLIT 2 TAGE

Man bezieht Quartier in Kroatiens zweitgrößter Stadt, dem wundervollen **Split** (S. 190) am Meer. Hier streift man durch den Diokletianspalast, ein lebenssprühendes, antikes Viertel mit 220 historischen Gebäuden und rund 3000 Einwohnern, und erkundet die vielen spannenden Sehenswürdigkeiten und das schillernde Nachtleben.

Abstecher: *Ein Tagesausflug führt ins bilderbuchschöne, von einer Stadtmauer umgebene Trogir (S. 196) mit ihrem gemusterten Straßenpflaster.*
1 Tag 1 Std. mit dem Katamaran

Ptuj
SLOWENIEN
Sava
Čakovec
Drava
UNGARN
Novo Mesto
Zagreb
START 1
Metlika
Velika Gorica
Čazma
Virovitica
Karlovac
Kupa
Sisak
Ilova
Kutina
KROATIEN
Novska
Grabovac
Otočac
Nationalpark Plitvicer Seen
Novi Grad
Sava
Bosanska Gradiška
Gospić
Banja Luka
Vaganski vrh
BOSNIEN UND HERZEGOWINA
Srb
Zadar
Roški Slap
Knin
Dinara
4 Std.
Nationalpark Krka
Šibenik
Sinj
Trogir
2
Split
Aržano
1h
Sv Jure
Neretva
Hvar
3
Naturpark Biokovo
Mostar
Komiža
Ploče
Vela Luka
Metković
Korčula
Pomena
3 Std. 30 Min.
Slano
Nationalpark Mljet
ZIEL
4
Adria
Dubrovnik
Vieste
ITALIEN
0 40 km

3

HVAR (STADT) ⏱ 2 TAGE

Der Katamaran bringt einen (Juni–Mitte September) zur historischen **Stadt Hvar** (S. 207), dem lebendigen Hauptort auf der gleichnamigen Insel, der sich mit einem faszinierenden Mix aus europäischem Glamour und quirligem Nachtleben präsentiert. Hier kann man die unberührten Strände der Insel erkunden sowie hervorragende Weingüter und eine Reihe von Märchenstädten besuchen, darunter das hübsche Stari Grad (s. Abb.).

Abstecher: *Auf dem Weg nach Dubrovnik kann man in Korčula (S. 247), einer malerischen, von einer Mauer umgebenen Stadt auf der gleichnamigen Insel, einen Zwischenstopp einlegen.*

3½ Std. mit dem Katamaran

4

DUBROVNIK ⏱ 2 TAGE

In der Hauptsaison fährt ein Katamaran nach **Dubrovnik** (S. 226). Der erste Blick auf die prächtige Altstadt vom Meer aus wird einen umhauen: Mächtige Verteidigungsmauern und die tiefblau glänzende Adria umgeben die Stadt. An den folgenden beiden Tagen genießt man die vielen Sehenswürdigkeiten der Perle des Adriatischen Meeres.

Hum (S. 123)

REISEROUTEN

Das Beste von Istrien

Dauer: 6–7 Tage **Strecke:** 214 km

Die herzförmige Halbinsel Istrien bietet einen prächtigen Mix aus Sehenswürdigkeiten im „blauen“ Küstengebiet und im „grünen“ Hinterland mit seinen Wäldern, Olivenhainen und Weinbergen. Man entdeckt hinreißende Küsten-Resorts, hübsche Strände, mittelalterliche Hügelstädte, erstklassiges Essen, preisgekrönte Weine und liebenswerte ländliche Hotels.

1

PULA 2 TAGE

Los geht's in **Pula** (S. 100) mit der „Arena“, einem gut erhaltenen römischen Amphitheater oberhalb des Hafens, und weiteren Ruinen. Per Fahrrad oder zu Fuß erkundet man dann den südlichsten Punkt Istriens, Kap Kamenjak, mit sanften Hügeln, Wildblumen und unberührten Stränden und Buchten.

Abstecher: *Auf dem Weg ins 14 km von Pula entfernte Rovinj bietet sich ein Zwischenstopp im bezaubernden Bale (S. 107) an, einem der bestgehüteten Geheimnisse Istriens.*

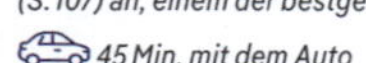

45 Min. mit dem Auto

2

ROVINJ 2 TAGE

Man sollte zwei Tage für **Rovinj** (S. 105) einplanen, den Vorzeigeferienort an der Küste. Gepflasterte Straßen führen hinauf zur Kirche der hl. Euphemia, deren 60 m hoher Turm ein Wahrzeichen der Halbinsel ist. Auch die Strände und Inseln des Rovinj-Archipels lohnen einen Besuch.

Abstecher: *Auf dem Weg nach Norden sollte man einen Stopp in der kleinen Küstenstadt Vrsar (S. 111) einlegen, die 29 km hinter Rovinj liegt. 2 Std.*

45 Min. mit dem Auto

3

POREC ⏱ 1–2 TAGE

Nun geht es die Küste hinauf nach **Poreč** (S. 109), um die zum UNESCO-Weltkulturerbe zählende Euphrasius-Basilika zu bewundern, eines der schönsten erhaltenen Beispiele frühbyzantinischer Architektur mit prächtigen Fresken aus dem 6. Jh. Fügt man einen halben oder ganzen Tag an, kann man einen Ausflug ins „grüne" Istrien, das bewaldete Hinterland der Halbinsel, unternehmen.

45 Min. mit dem Auto

4

DAS LANDESINNERE ISTRIENS ⏱ 1 TAG

Los geht's in der Künstlersiedlung **Motovun** (S. 113). Nach einem Besuch in **Grožnjan** (S. 116), das für seine Musik und Galerien bekannt ist, fährt man in das kleine Bergdorf **Buzet** (S. 123), dem Trüffelzentrum Istriens und Kroatiens Kernland, wenn es um gutes Essen geht. Man schlendert durch die „weltkleinste Stadt" **Hum** (S. 123) und fährt dann nach **Pazin** (S. 118), um wandernd oder per Seilrutsche die berühmte Schlucht zu durchqueren, die einst Jules Verne inspirierte.

Nationalpark Plitvicer Seen (S. 175)

REISEROUTEN

Kvarner-Bucht & Norddalmatien

Dauer: 10 Tage **Strecke:** 295 km

Man erkundet die wenig besuchten nördlichen Küstenabschnitte Kroatiens und das wilde Hinterland. Dazu zählen die spektakuläre Kvarner-Bucht und ihre Inseln sowie die Sehenswürdigkeiten Norddalmatiens mit einer hübschen Küstenstadt und einem beeindruckenden Nationalpark.

1

RIJEKA 2 TAGE

Die Hauptstadt der Kvarner-Bucht, **Rijeka** (S. 134), ist Kroatiens drittgrößte Stadt mit einem Hafen, einer entspannten Atmosphäre und einer lebhaften Café-Szene. Es lohnt, sich einen Tag Zeit zu nehmen, um die Stadt zu erkunden.

Abstecher: *Bei einem Tagesausflug kann man den Küstenort Opatija (S. 139; 16 km außerhalb von Rijeka) besuchen und von dort in das Fischerdorf Volosko (S. 141) wandern.* *1 Tag*

2 Std. mit Auto oder Fähre

2

CRES & LOŠINJ 2 TAGE

Weiter geht's zu zwei Inseln in der Kvarner-Bucht. Die Insel **Cres** (S. 149, s. Abb.) ist mit der Nachbarinsel **Lošinj** (S. 152) über eine Drehbrücke verbunden. Cres bietet entlegene Campingplätze, einsame Strände, mittelalterliche Dörfer und das Gefühl, ganz weit weg zu sein. Das touristischere Lošinj hat zwei hübsche Hafenstädtchen, schöne Buchten und eine üppige Vegetation.

3½ Std. mit Auto und Fähre

3

INSEL RAB 2 TAGE

Zwei weitere Tage entspannt man sich auf **Rab** (S. 156). Man genießt die Sonne an den Sandstränden der Halbinsel Lopar, wandert durch die Kiefernwälder der Insel und erkundet die bildschöne Stadt Rab mit ihren alten Steingassen und den vier Glockentürmen, die sich aus dem roten Dächermeer der Häuser der Stadt erheben.

2½ Std. mit Auto und Fähre

SLOWENIEN
Brest
Značajni krajobraz Lisina
Volosko
Opatija
Rijeka
1 START
Vrbovsko
KROATIEN
Vojak
Naturpark Učka
Pazin
Raša
Viševica
Ogulin
Glina
Velika Kapela
Slunj
2 Std. &
Labin
Gorica
Krk
BOSNIEN & HERZEGOWINA
Obzovo
Senj
Žuta Lokva
Krk (Ort)
Koromačno
Cres & Lošinj 2
Selište Drežničko
Pula
Kvarner Bucht
Bijeli
Plitvicer Seen
ZIEL 6
Lopar
Otočac
Bihać
Rt Kamenjak
3 Insel Rab
Cres
Mišnjak
Korenica
3 Std. 30 Min.
1 Std. 30 Min.
Una
Adria
Kvarnerić
Ozeblin
Lički Osik
Mali Lošinj
Gospić
Donji Lapac
Susak
Veli Lošinj
Siljevača
& 2 Std. 30 Min.
Pag
Paklenica 4
Olib
Virsko More
V Crnopac
Ist
Privlaka
Molat
Maslenica
50 Min.
Zrmanja
Zadar 5
Zemunik Donji
Dugi Otok
Nationalpark Krka
0 20 km

4

PAKLENICA ⏱ 1 TAG

Von Rab zurück auf dem Festland, führt die Reise weiter in eine der landschaftlich reizvollsten Regionen Kroatiens, den **Nationalpark Paklenica** (S. 171). Abenteuerlustige Wanderfans können hier die alpinen Trails und Schluchten erkunden. Wer noch mehr Nervenkitzel sucht, kann einen der Klettersteige in Angriff nehmen.

50 Min. mit dem Auto

5

ZADAR ⏱ 2 TAGE

Per Auto und Fähre gelangt man nach **Zadar** (S. 164) in Norddalmatien. Die lebendige Hafenstadt bietet einen Mix aus römischen Ruinen, Architektur aus der Habsburgerzeit und eine malerische Küste; man sollte zwei Tage bleiben, um alles zu sehen – darunter die *Meeresorgel* und der *Sonnengruß* – und die erstklassige Gastronomie der Stadt zu genießen.

1½ Std. mit dem Auto

6

PLITVICER SEEN ⏱ 1 TAG

Um die Naturwunder des **Nationalparks Plitvicer Seen** (S. 175) zu bestaunen, geht es für einen Tag noch weiter ins Hinterland hinein. Türkisblaue Seen, die über eine Reihe von tosenden Wasserfällen und Kaskaden miteinander verbunden sind, bilden hier eine märchenhafte Kulisse. Man wandert auf Plankenwegen, erkundet die verschlungenen Wege und gelangt mit Ausflugsbooten tief in den faszinierenden Park hinein.

BESTE REISEZEIT

Der Sommer ist die Spitzensaison, aber Kroatien ist das ganze Jahr über ein Reiseziel, das auch im Frühjahr, im Herbst und sogar im Winter durchaus seine Reize hat.

Kroatien ist das ganze Jahr ein wunderbares Reiseziel, hat sich aber in erster Linie als Sommerferienziel etabliert. Im Juli und August herrscht Hauptsaison an der Küste und auf den Inseln, wenn ausländische Tourist:innen und Einheimische mit Kindern die Adriastrände bevölkern. Im Frühjahr und Herbst kommen Tourist:innen vor allem wegen der Festivals, zur Erntezeit und mit dem Bedürfnis nach Platz und Ruhe.

Kroatien bemüht sich, die Massen zu verteilen und zu einem ganzjährigen Reiseziel zu werden – und das gelingt schon ganz gut: Die Adventszeit in Zagreb ist ein Highlight, ebenso die Skigebiete in Zagreb und Gorski Kotar, und sogar der Karneval in Rijeka lockt im Februar viele Fans an.

Infos zu Unterkünften

Die Preise an der Küste gehen im Juli und August durch die Decke – auch im Juni und September sind sie nur geringfügig günstiger. Die Höchstpreise in Zagreb fallen in die Adventszeit, während in Istrien die Hauptsaisonpreise, vor allem im Landesinneren, bis Ende Oktober gelten. Das Frühjahr bietet die attraktivsten Preise. Die besten Angebote gibt's zwischen November und März oder April (vor oder nach Ostern).

Morana Zibar ist Übersetzerin, Autorin, Quiz-Fan und eine TV-Persönlichkeit mit einer Leidenschaft für gutes Essen und Wein @moranazibar

Es gibt diverse Weinregionen rund um Zagreb voller kleiner, familiengeführter Weingüter, die mit Stolz die örtlichen Traditionen aufrechterhalten. Die Erntesaison und Weinlese im August und September eignet sich wunderbar, um die Gaben der Natur zu genießen und etwas über die Weinherstellung direkt beim Erzeuger zu erfahren. Arbeitet man als Helfer mit, wird man Teil einer engen Gemeinschaft und wird mit traditioneller Herzlichkeit empfangen.

Skiresort Sljeme (S. 69)

AUF DIE PISTE

Skifahren ist eine beliebte Freizeitbeschäftigung vieler sportbegeisterter Einheimischer. Zwar schneit es in Zagreb, vor dessen Haustür das Skigebiet Sljeme liegt, von Jahr zu Jahr weniger, aber im prächtigen Gorski Kotar gibt's jedes Jahr noch immer genug Schnee und eine Reihe von Skipisten, die man ausprobieren kann.

Reisewetter (Zagreb)

  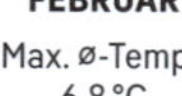     

JANUAR	FEBRUAR	MÄRZ	APRIL	MAI	JUNI
Max. ø-Temp.: 3,7 °C	Max. ø-Temp.: 6,8 °C	Max. ø-Temp.: 11,9 °C	Max. ø-Temp.: 16,3 °C	Max. ø-Temp.: 21,5 °C	Max. ø-Temp.: 24,5 °C
Regentage: 9,8	Regentage: 9,4	Regentage: 11	Regentage: 13	Regentage: 13,5	Regentage: 13,5

WENN DER WIND WEHT

Im Frühjahr und Frühsommer sorgt der *maestral* (ein starker, stetiger Westwind) für beste Segelbedingungen. Im Winter fegt der wilde, frostige *bura* über die Küste, was oft zu Straßensperrungen und zur Einstellung des Fährverkehrs führt. Der *jugo* ist der kroatische Scirocco, ein Südwind, der Kopfschmerzen, Regen und eine gereizte Stimmung bringt.

Lustige Feste, die man nicht versäumen darf

Karneval von Rijeka (S. 136) Der Karneval von Rijeka ist Kroatiens bunteste Karnevalsfeier mit Festwagen, Tanz in den Straßen, Maskenbällen, Ausstellungen und einem Umzug von *zvončari*, maskierten Männern in Tierfellen, die tanzen und laute Glocken läuten, um böse Geister zu vertreiben. **Februar**

Cest is D'Best Bei diesem beliebten Straßenfest erwachen die Straßen von Zagreb (S. 42) mit Musik, Tanz, Theater, Kunst, Sport und anderen Events von örtlichen und internationalen Darstellern zum Leben. **Mai**

Cinehill (S. 92) Kroatiens lustigstes Filmfestival präsentiert einen Aufmarsch von Independent- und Avantgarde-Filmen. Es ist aus der antiken Hügelstadt Motovun in Istrien in die Hügel von Gorski Kotar umgezogen. **Juli**

Špancirfest (S. 82) Die Parks und Plätze von Varaždin erwachen bei diesem bunt gemischten Fest zum Leben. Das große Veranstaltungsrepertoire reicht von Live-Musikdarbietungen und Theater bis zu zeitgenössischer Kunst und Kunsthandwerks-Workshops. **August**

Hier findet man einen vollständigen Veranstaltungskalender und mehr

Sommer-Highlights an der Küste

Full Moon Festival Während des dreitägigen Fests rund um den Vollmond im Hochsommer sind die Kais in Zadar (S. 164) mit Fackeln und Kerzen beleuchtet. An Ständen werden regionale Delikatessen verkauft, und die Boote an den Kais werden zu schwimmenden Fischmärkten. **Ende Juli/Anfang August**

Dubrovnik Summer Festival (S. 230) Dieses Festival findet schon seit den 1950er-Jahren in Dubrovnik statt. Auf dem Programm stehen klassische Musik, Theater und Tanz an verschiedenen Spielstätten rund um die Stadt, darunter die Festung Lovrijenac. **Mitte Juli–Ende August**

Split Summer Festival In Split (S. 190) werden Freilichtbühnen für Schauspiel, Ballett, Oper und Konzerte überall in der geschäftigen Hafenstadt aufgebaut. **Mitte Juli–Mitte August**

Hvar Summer Festival Hvar legt sich in den Monaten der Hauptsaison mächtig ins Zeug: Es gibt eine großes Angebot an Konzerten, Ballett- und Theateraufführungen an verschiedenen Orten rund um die Stadt Hvar (S. 207). **Ende Juni–Mitte September**

Veselka Huljić ist eine Reiseplanerin, Gründerin von AndAdventure Croatia, ein waschechtes Inselkind und Naturfan @andadventure

Meine Lieblingszeit an der kroatischen Küste und auf der Insel Hvar sind das frühe Frühjahr und der Herbst. Im April beruhigt sich der *bura*, und die Schönheit der aufblühenden Natur ist atemberaubend. Ich liebe auch den September an der Adria – die Gerüche und Farben sind dann wunderbar. Dieser Monat ist vielleicht nicht die beste Zeit, um am Strand in der Sonne zu liegen, aber dafür perfekt für Outdooraktivitäten und zur Erkundung der Gegend, ohne dass man mit allzu großen Menschenmassen rechnen muss.

Vrboska, Insel Hvar (S. 210)

LASS DIE SONNE HEREIN

Hvar feiert sich als Kroatiens sonnigste Insel. Es gibt hier 2726 Sonnenstunden pro Jahr und im Durchschnitt 7,7 Stunden Sonnenschein pro Tag. Die Konkurrenz ist allerdings groß an der Adria, denn andere Ziele, wie etwa Dubrovnik, bekommen ebenso viele, wenn nicht gar mehr Sonnenstrahlen ab.

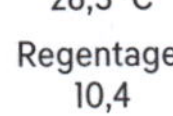

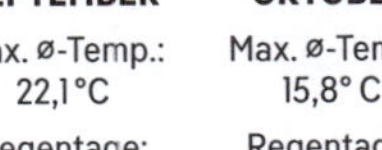

JULI	AUGUST	SEPTEMBER	OKTOBER	NOVEMBER	DEZEMBER
Max. ø-Temp.: 26,7 °C	Max. ø-Temp.: 26,3 °C	Max. ø-Temp.: 22,1 °C	Max. ø-Temp.: 15,8° C	Max. ø-Temp.: 8,9 °C	Max. ø-Temp.: 4,6 °C
Regentage: 11,2	Regentage: 10,4	Regentage: 10,4	Regentage: 10,9	Regentage: 11,3	Regentage: 11

Hier finden sich weitere wichtige Infos, die man vor Reiseantritt kennen sollte

Insel Krk (S. 144)

BESTENS VORBEREITET AUF KROATIEN

Nützliche Dinge für die Tasche, die Ohren und den Kopf.

Kleidung

Wasserschuhe: Diese sind ein Muss beim Baden, zum Schutz gegen scharfkantige Felsen und Seeigel. Letztere haben spitze Stacheln, die starke Schmerzen verursachen, wenn sie in der Fußsohle stecken.
Turnschuhe/flache Schuhe/Wanderstiefel: Das Kopfsteinpflaster in Kroatiens Altstädten kann ziemlich tückisch und der Zugang zu manchen schönen Stränden felsig und schwer zugänglich sein. Schon gar nicht sollte man in Flipflops wandern: Für Ausflüge in die Natur ist festes Schuhwerk unerlässlich!
Sonnenschutz: Die Sonnenstrahlung kann in Kroatien vor allem in den Sommermonaten, sehr intensiv sein. Man sollte Sonnencreme benutzen und eine Kopfbedeckung tragen – auch an windigen Tagen, an denen man sich einen Sonnenbrand holen kann, ohne es gleich zu bemerken.

Etikette

Kroatien niemals als Teil des Balkans oder Osteuropas bezeichnen! Ebenso unangebracht ist es, von Jugoslawien oder dem Bürgerkrieg zu sprechen. Das sind schwierige und umstrittene Themen.

Kleidung in Kirchen Man sollte die katholischen Werte Kroatiens respektieren, d.h. niemals eine Kirche mit bloßen Schultern oder viel nacktem Bein betreten!

Ein Geschenk mitbringen Wer zu Einheimischen nach Hause eingeladen wird, bringt ein Gastgeschenk mit – und zieht die Schuhe aus!

LESEN

Chasing a Croatian Girl: A Survivor's Tale (Cody McClain Brown; 2018) Eine humorvolle Geschichte über das zeitgenössische Kroatien und seine Kultur.

Zagreb Noir (verschiedene Autoren; 2015) Eine Sammlung düsterer und lustiger Kriminalgeschichten unterschiedlicher zeitgenössischer kroatischer Autor:innen, die alle in Zagreb spielen.

Café Paradies oder die Sehnsucht nach Europa (Slavenka Drakulić; 1996) Eine Essaysammlung, die Einblicke in das Leben in Kroatien und Osteuropa nach dem Zusammenbruch des Kommunismus vermittelt.

Farewell, Cowboy (Olja Savičević Ivančević; 2010) Das fesselnde Romandebüt der in Split lebenden Autorin ist eine prima Ferienlektüre.

Wörter

Bok bedeutet „Hallo" in Kroatien, vor allem in Zagreb and auf dem Festland; im Dialekt Dalmatiens heißt es **bog**, aber auch „ciao" wird dort oft verwendet.

Da/Ne Ja/Nein – wichtig, um eine klare Antwort zu geben.

Molim „Bitte" ist auch in Kroatien der Türöffner.

Hvala „Danke" – das magische, immer willkommene, geschlechtsneutrale Wort.

Nema na čemu Das ist die Antwort auf „hvala", also „Nichts zu danken" oder „Gern geschehen".

Kava (Kaffee) Das ist ein wichtiges Wort, da Kaffee zum Leben in Kroatien einfach dazugehört.

Oprostite „Entschuldigen Sie" – wenn man jemanden ansprechen oder etwas fragen will.

Kako ste/si? „Wie geht es Ihnen/Wie geht's?" – die erste Formulierung ist höflich, die zweite formlos.

Dobro. A vi/ti? „Gut. Und Ihnen/Dir?" – eine gute Antwort auf die obige Frage.

Zovem se „Ich heiße" – eine gute Formulierung, um sich vorzustellen.

Kako se zovete/zoveš? Die Frage nach dem Namen, wörtlich: „Wie wirst du/werden Sie genannt?"

Doviđenja bedeutet „Auf Wiedersehen".

Govorite/Govoriš li (engleski)? „Sprichst du/sprechen Sie (Englisch)?"

Ja (ne) razumijem bedeutet „Ich verstehe (nicht)".

FILM

Fine Dead Girls (Dalibor Matanić; 2002) Packendes, in Zagreb spielendes, kroatisches Filmdrama.

Mamma Mia! Here We Go Again (Ol Parker; 2018) Das prächtige Vis stellt die griechische Insel Kalokairi in dieser Fortsetzung des Filmmusicals dar.

The Weekend Away/Faraway (Netflix; 2022/23) Unterhaltsame Streifen – ein Thriller, der in Split spielt, und eine romantische Komödie auf einer kroatischen Insel.

Isadora (Karel Reisz; 1968) Die Filmbiografie Isadora Duncan mit Vanessa Redgrave wurde in Opatija, Rijeka und Zagreb gedreht.

How the War Started On My Island (Vinko Brešan; 1996) Eine düstere kroatische Komödie über den Unabhängigkeitskrieg der 1990er-Jahre.

REINHÖREN

Oliver Dragojević *(The Best of Collection;* 2015) Kroatiens beliebtester Sänger eingängiger Balladen. Die dalmatinische Musikikone starb 2018 nach einer 50-jährigen Karriere.

Josipa Lisac (Dnevnik Jedne Ljubavi; 1973) Das erste Soloalbum der Pop-/Funk-/Jazzsängerin, die für ihren exzentrischen, eigenwilligen Stil bekannt ist.

Tamara Obrovac *(Nuvola;* 2023) Das neue Album der kroatischen Ethno-Jazzdiva, die seit 25 Jahren im Geschäft ist.

Let 3 *(Two Dogs Fuckin';* 1989) Das Debütalbum der Kult-Rockband aus Rijeka, die Kroatien beim Eurovision Song Contest 2023 mit dem provokanten Song „Mama ŠČ!" vertrat.

Für weitere Infos zu kroatischen Speisen und Getränken QR-Code scannen.

Traditionelles kroatisches Fleischgericht

ESSEN WIE DIE LOCALS

Essen spielt in Kroatien eine sehr große Rolle. Gemeinsam und gut essen ist ein wichtiger Teil des Lebens.

In der kroatischen Küche spiegeln sich die verschiedenen Kulturen wider, die das Land im Lauf seiner Geschichte beeinflusst haben. Es gibt eine scharfe Trennung zwischen der italienisch inspirierten Küche an der Küste und den Einflüssen aus Ungarn, Österreich und der Türkei im Landesinneren. Doch unabhängig von der Region bietet die kroatische Küche leckere Gerichte, die aus frischen, saisonalen Zutaten zubereitet werden.

Obwohl die Kroaten beim Essen eher wenig experimentierfreudig sind haben sie doch eine besondere Leidenschaft dafür. Sie können stundenlang über die Qualität des Lammfleischs oder des erstklassigen Fischs diskutieren und darüber, warum das Essen hier alle anderen Regionen in den Schatten stellt

Die kulinarische Kultur ist hier auf dem Vormarsch, inspiriert von der Slow-Food-Bewegung, die sich auf frische, lokale und saisonale Zutaten und die Freude am entspannten Essen konzentriert. Auch die Wein- und Olivenölproduktion hat einen Aufschwung erlebt, und es gibt inzwischen ein Netz von Routen durch das Land, auf denen man diese Produkte probieren kann.

Genüsse des Nordens

Zagreb und der Nordwesten Kroatiens bevorzugen deftige Fleischgerichte. Saftiges *pečenje* (am Spieß gebratenes und gebackenes Fleisch) mit *janjetina* (Lamm), *svinjetina* (Schweinefleisch) und *patka* (Ente), oft begleitet von *mlinci* (gebackenen Nudeln) oder *pečeni krumpir* (Bratkartoffeln).

Die slawonische Küche ist pikanter als die anderer Regionen und vom Einfluss Ungarns geprägt. Sie verwendet viel Paprika und

Unbedingt probieren!

Peka
Fleisch oder Tintenfisch, mit Kartoffeln unter einem gewölbten Backdeckel langsam gegart.

Fiš paprikaš
Ein typisches Gericht aus Slawonien: Eintopf mit Paprikanote und frischem Flussfisch.

Štrukli
Eine Art von mit Hüttenkäse gefüllten Knödeln aus der Region Zagorje.

Maneštra
Eine dicke Gemüse- und Bohnensuppe aus Istrien, ähnlich wie Minestrone.

Knoblauch in ihren Eintöpfen, die oft mit Fisch aus der Drau und der Donau wie Karpfen, Hecht und Barsch zubereitet werden.

Die Küche des Südens

Die istrische Küche lockt seit einigen Jahren internationale Feinschmecker mit ihrer langen gastronomischen Tradition, frischen Zutaten und Spezialitäten. Trüffel finden sich in den meisten Gerichten, in wagemutigen Lokalen auch in Eis und Schokokuchen.

Interessant sind Gerichte mit *boškarin*, dem Fleisch einer lokalen Ochsenart. Dünne Scheiben von trocken geräuchertem istrischem *pršut* (Schinken) – auch in Dalmatien ausgezeichnet – stehen oft auf der Liste der Vorspeisen; er ist teuer, weil das Räuchern des Fleisches aufwendig ist. Das istrische Olivenöl wurde mehrfach international ausgezeichnet. Das Fremdenverkehrsamt hat eine Olivenölroute ausgewiesen, auf der man lokale Erzeuger:innen besuchen und das Öl direkt dort probieren kann. Zu den besten saisonalen Zutaten gehören weiße Trüffel, die im Herbst gesammelt werden, und wilder Spargel, der im Frühjahr geerntet wird.

Die Küste der Kvarner-Bucht und Dalmatiens bietet eine mediterrane Küche mit viel Olivenöl, Knoblauch, glatter Petersilie, Lorbeer und allen Arten von Seafood. Zu den Favoriten gehören gebackener Fisch, gebratene *lignje* (Tintenfisch, oft mit Käse und Schinken gefüllt) und *hobotnica* (Oktopus, entweder als Carpaccio, in einem Salat oder unter einer *peka* – einem gewölbten Backdeckel – gekocht).

Zu Beginn gibt es oft einen ersten Gang aus Nudeln oder *rižot* (Risotto) mit Seafood. Als besondere Vorspeise ist der *paški sir* zu empfehlen, ein kräftiger Schafshartkäse von der Insel Pag. Lammfleisch aus Cres und Pag gilt als das beste Kroatiens; die Tiere ernähren sich von frischen Kräutern, was dem Fleisch einen besonderen Geschmack gibt.

JRP STUDIO/SHUTTERSTOCK ©

Dalmatinisches Tintenfischgericht

VEDRANA270/SHUTTERSTOCK ©

Kroatische Weine

ESSEN- & WEINFESTE

Tag des Weins (S. 98) Am letzten Sonntag im Mai öffnen Winzer:innen in Istrien ihre Weinkeller für Verkostungen ihrer Spitzenweine.

Razgon: Žlahtina-Festival (S. 147) Dreitägiges Fest dieser lokalen Weinsorte im Dorf Vrbnik auf Krk.

Spargelfest (S. 142) In Lovran bereitet ein Gast-Chefkoch ein riesiges Omelett mit Spargel zu, der von 10 Freiwilligen drei Tage lang auf dem Berg Učka gesammelt wurde.

Wein-Marathon (S. 90) Ende September findet ein Lauf statt, bei dem man sich unterwegs in den Weinkellern von Zmajevac, Baranja, erfrischen kann.

Thunfisch-, Sushi- & Weinfest (S. 166) Zadars Vorzeigeveranstaltung für Gourmets, die im April stattfindet und bei der es, nun ja, um Thunfisch, Sushi und Wein geht.

Brodet
Dalmatinisches Gericht – ein Eintopf mit Seafood, der mit Polenta serviert wird (auch *brudet* oder *brujet*).

Buzara
Eintopfgericht von der Küste mit einer Knoblauch-Weinbrühe und meist Muscheln oder Scampi.

Fuži
Handgerollte istrische Nudeln, die oft mit *tartufi* (Trüffeln) oder *divljač* (Wildfleisch) serviert werden.

Crni rižot
Schwarzes Risotto, ein Gericht der Küste, geschwärzt mit der Tinte von Tintenfischen oder Kalmaren.

Soparnik
Herzhafter flacher Kuchen aus Omiš, gefüllt mit Mangold und Zwiebeln oder Knoblauch.

Lokale Spezialitäten

Unbedingt probieren!

Süße Leckereien

Fritule Traditionelle süße Krapfen, eigentlich Kugeln aus frittiertem Teig, mit Topping.
Stonska torta Reichhaltiger, leckerer Kuchen aus Ston, gefüllt mit Schokolade und gemahlenen Nüssen.
Rafioli Mit Mandeln gefüllte dalmatinische Kekse, die wie kleine Ravioli aussehen.
Paprenjak Süßes Paprikagebäck, traditionell für Kroatien.
Međimurska gibanica Kräftiger, geschichteter Kuchen aus Međimurje.
Kremšnite Cremiger, fluffiger Puddingkuchen, am besten aus Samobor.

Street Food

Ćevapčići Kleine würzige Fleischbällchen aus Rinder-, Lamm- oder Schweinehackfleisch.
Pljeskavica Ex-jugoslawische Version der Frikadelle oder Bulette.
Ražnjići Kleine, am Spieß gegrillte Schweinefleischstückchen.
Burek Mit Hackfleisch, Spinat oder Käse gefüllte Teigtaschen.

Fritule

Leckeres mit Fleisch

Kulen Pikante, gepökelte Wurst aus Slawonien.
Patka sa mlincima Traditionelles Gericht aus der Zagorje, saftige Ente mit gebackenen Nudeln.
Boškarin Einheimische Ochsenart in Istrien, oft als Carpaccio serviert.
Janjetina Fleisch vom mit Kräutern gefütterten Lamm aus Cres, Pag oder Lika, am Spieß oder unter der *peka* zubereitet.
Pašticada Dalmatinisches Rindfleisch, geschmort in Wein, Pflaumen und Gewürzen, serviert mit Gnocchi.
Vitalac In Lammfleisch eingewickelte Lamminnereien am Spieß, traditionelle Spezialität aus Brač.

GESCHMACKSERLEBNISSE

Pelegrini Ein Fest der mediterranen Küche im alten Herzen von Šibenik (S. 178).
Restaurant 360 Dubrovniks feinstes Restaurant bietet moderne Küche direkt an den berühmten Stadtmauern (S. 229).
Noel In diesem mit einem Michelin-Stern ausgezeichneten Restaurant in Zagreb kann man eine kulinarische Reise durch die Genüsse Kroatiens unternehmen (S. 60).
Foša Restaurant am Meer in Zadar, wo der preisgekrönte Küchenchef Fisch auf höchst kreative Weise zubereitet (S. 166).

SAISONALE KÜCHE

Frühling

Spargel hat in Istrien und an der Kvarner-Bucht Saison und bekommt sein eigenes Fest. Die istrischen Winzer:innen öffnen Ende Mai ihre Weinkeller.

Sommer

Fangfrische Meeresfrüchte am Meer essen, der Hitze mit Eiscreme und Cocktails trotzen und im Spätsommer bei der Weinlese in Plešivica dabei sein.

Herbst

Kulinarische Feste für Trüffel (in Istrien), Kastanien (an der Kvarner-Bucht) und Wein (fast überall, vor allem am 11. November, dem Fest des Heiligen Martin, des Schutzpatrons der Wein- und Olivenbauern). Dies ist auch die Zeit der Olivenernte.

Winter

Die Zeit, um sich mit deftigen Eintöpfen aufzuwärmen und sich an den Ständen mit Weihnachtsleckereien in der Adventszeit und später mit den Köstlichkeiten der Faschingszeit (z. B. Krapfen in Hülle und Fülle) zu stärken.

EQROY/SHUTTERSTOCK ©

Nationalpark Paklenica (S. 171)

OUTDOOR-ERLEBNISSE

Mit seiner von Inseln übersäten Küste und der unberührten Natur im Landesinneren ist Kroatien ein wahres Paradies für Outdoor-Begeisterte.

Kroatien bietet Aktivurlaubern zahllose Möglichkeiten. Die schöne Küste mit ihren Inseln ist ein Mekka für Wassersportler:innen, während im Landesinneren Wander- und Radwege zu idyllischen Seen, durch grüne Täler und ins atemberaubende Hochland führen.

Schwimmen, Tauchen & Schnorcheln

Angesichts der tollen Strände, und der ausgezeichneten Wasserqualität steht Schwimmen ganz oben auf der Liste. Die Wassertemperatur liegt zwischen Juni und Oktober in der Regel bei über 20 °C – im Sommer sogar oft bei über 25 °C. Es gibt Sand-, Kies- und Felsstrände. Einige der schönsten – z. B. Stiniva auf Vis oder Dubovica auf Hvar – zeichnen sich durch glatte, weiße Kiesel aus.

Die Schnorchelbedingungen sind fast überall hervorragend; zu den besonders beliebten Stellen zählt Crveni Otok in der Nähe von Rovinj. Die Möglichkeiten zum Tauchen sind ebenfalls außerordentlich gut, da die turbulente Geschichte der Region zahlreiche Sehenswürdigkeiten unter Wasser hinterlassen hat, von Wracks aus der Antike bis hin zu einem Flugzeugwrack aus dem Zweiten Weltkrieg. In den felsigen Untiefen muss man auf Seeigel achten und sollte besser Badeschuhe tragen.

Wandern

Von leichten Spaziergängen an den Plitvicer Seen bis zu alpinen Wanderungen in den Bergen von Paklenica ist alles geboten. Der Naturpark Žumberak Samoborsko gorje bietet die besten Wandermöglichkeiten im Landes-

Outdoor Sport

KAJAKFAHREN
Von einem Seekajak aus den Sonnenuntergang über der bezaubernden Altstadt von **Dubrovnik** (S. 226) genießen.

SEGELN
Bei einem entspannten Segeltag in **Split** (S. 190) oder um den Pakleni-Archipel bei Hvar die guten Winde nutzen.

WINDSURFEN
Sich beim Windsurfen am **Zlatni Rat** (S. 203), dem Bilderbuchstrand auf der Insel Brač austoben.

FAMILIEN-ABENTEUER

Große Tümmler beobachten bei einer Delfinbeobachtungstour mit dem **Lošinj Marine Education Centre** (S. 154) in Veli Lošinj.

Bei einem Tagesausflug in den **Nationalpark Brijuni** (S. 104) in Istrien eine Inselsafari per Fahrrad unternehmen.

Die Wasserwege des **Naturparks Kopački Rit** (S. 87) in Slawonien erkunden, in dem mehr als 290 Vogelarten heimisch sind – eindrucksvoll zum Vogelzug im Herbst.

Sich bei einer Wanderung vom **Nationalpark Plitvicer Seen** (S. 175) verzaubern lassen.

Auf dem E-Bike durch den bildschönen **Nationalpark Mljet** (S. 252) mit seinen prächtigen Seen flitzen.

Mit dem Boot zu den schimmernden Höhlen auf den Inseln rund um **Vis** (S. 212) fahren; ihr Leuchten ist die reine Magie.

inneren. Beliebt sind auch der Naturpark Medvednica und der Nationalpark Risnjak in Gorski kotar. In Istrien führen malerische Wege über die Halbinsel, darunter der 11,5 km lange Rundweg um Gračišće. In der Kvarner-Bucht gibt's einsame Wanderwege im Naturpark Učka und gut markierte Trails auf den Inseln Cres, Krk, Lošinj und Rab. Zu den Highlights in Dalmatien zählen die Naturparks von Krka, Paklenica und Biokovo.

Frühling, Frühsommer und Herbst sind die besten Zeiten zum Wandern, weil es nicht heiß und der Andrang nicht groß ist. Die Nationalparkbüros und Touristeninformationen helfen bei der Tourenplanung weiter; viele bieten auch kostenlose Wanderkarten an.

SEGELN

Infos zu herrlichen Segeltouren stehen auf S. 168–169

Strand von Zlatni Rat (S. 203)

Radfahren

Radfahren ist beliebt, und es gibt viele ruhige Straßen, vor allem auf den Inseln, im Hinterland Dalmatiens und auf dem kroatischen Festland. In der Hauptsaison sollte man die adriatische Nationalstraße meiden – hier herrscht viel Verkehr, und es gibt keine Radspur; zu anderen Zeiten können Radler einige Abschnitte befahren, die zur Mittelmeerroute Euro-Velo 8 (eurovelo8.hr) gehören.

In Slawonien gibt's gute Langstreckenrouten: den 80 km langen Pannonian Peace Trail von Osijek nach Sombor; den 140 km langen Donauabschnitt der EuroVelo-6-Route an der Grenze zu Ungarn und Serbien sowie den Amazon of Europe Bike Trail (aoebiketrail.com) entlang der Mur, Drau und Donau.

Kroatien besitzt noch zwei weitere EuroVelo-Routen (eurovelo.com): die EV9 und die EV13. Der Parenzana-Radweg (parenzana.net) folgt einer ehemaligen Bahnstrecke zwischen Triest in Italien und Poreč in Istrien, und es gibt hier auch hübsche örtliche Routen (istria-bike.com). In der Kvarner-Bucht gibt's tolle Routen in Gorski kotar (gorskikotarbike.com), im Naturpark Učka sowie auf den Inseln Krk, Rab, Cres und Lošinj. Die Lika-Region (lika-active.com) eignet sich mit schönen Flüssen, Seen und Tälern perfekt für Radlerferien. Dalmatien verfügt über malerische Radwege auf den Inseln Brač, Hvar und Korčula sowie im Umland von Zadar, Šibenik, Split und Dubrovnik.

RAFTEN
Auf den Stromschnellen des tosenden **Flusses Cetina** (S. 199) nahe Omiš in Dalmatien eine wilde Fahrt erleben.

CAVING
Bei einem von Höhlenforschern geleiteten Abenteuer unter der Erde die **Höhle von Pazin** (S. 119) in Istrien erkunden.

KLETTERN
Im **Nationalpark Paklenica** (S. 171) die anspruchsvollen Bergrouten in Angriff nehmen und sich im Klettern probieren.

MOUNTAINBIKEN
Mit dem Rad die Trails zum höchsten Punkt der **Insel Brač** (S. 203), dem Vidova Gora (778 m), hinauffahren.

ACTION AREAS

Die besten Outdoor-Erlebnisse in Kroatien.

Wandern

1. Naturpark Žumberak Samoborsko Gorje (S. 77)
2. Naturpark Medvednica (S. 69)
3. Nationalpark Risnjak in Gorski Kotar (S. 92)
4. Naturpark Učka (S. 94)
5. Nationalpark Paklenica (S. 171)

Strände

1. Zlatni Rat bei Bol auf Brač (S. 203)
2. Brela an der Makarska Riviera (S. 219)
3. Stiniva auf Vis (S. 215)
4. St Jacob, Dubrovnik (S. 233)
5. Beli, Cres (S. 150)

Goričan
Čakovec
UNGARN
Koprivnica
Gola
Đurđevac
Križevci
Terezino Polje
Pitomača
Bjelovar
Virovitica
Donji Miholjac
Karanac
Donau
Čazma
Slatina
Belišće
Vardarac
KROATIEN
Čačinci
Osijek
Našice
Repušnica
Kapovac
Antunovac
Kutina
Pakrac
Kutjevo
Novska
Nova Gradiška
Vukovar
Hrvatska Kostajnica
Degman
Ilok
Vrpolje
Brodski Stupnik
Slavonski Brod
Otok
Sava
Županja
Bosanski Šamac
Gunja
Nationalparks
1 Nationalpark Brijuni (S. 104)
2 Nationalpark Plitvicer Seen (S. 175)
3 Nationalpark Mljet (S. 252)
4 Nationalpark Paklenica (S. 171)
5 Nationalpark Kornati (S. 168)
Radfahren
1 Pannonian Peace Trail (S. 89)
2 EuroVelo-6-Donauradweg (S. 89)
3 Parenzana-Radweg (S. 114)
4 Radwege in Lika (S. 175)
5 Mountainbiketour zum Marjan Hill in Split (S. 195)
SERBIEN
Abenteuer
1 Wildwasser-Rafting auf dem Fluss Cetina (S. 199)
2 Klettern im Nationalpark Paklenica (S. 171)
3 Erkundung der Höhle von Pazin in Istrien (S. 119)
4 Mountainbiketour zum Vidova Gora auf Brač (S. 204)
5 Bergwandern im Naturpark Biokovo (S. 217)
Dinara
Cetina
BOSNIEN & HERZEGOWINA
Sinj
Otok
V Kabal
Aržano
Lovreć
Sv Jure
Brač
Bol
Vrgorac
Kravica-Wasserfälle
Hvar
Hvar
Sućuraj
Sv Nikola
Metković
Sv Ilija
Vela Luka
Korčula
Korčula
MONTENEGRO
Slano
Pasadur
National-park Mljet
Saplunara
KROATIEN
Dubrovnik
Cavtat
Adria

KROATIEN

REISEZIELE

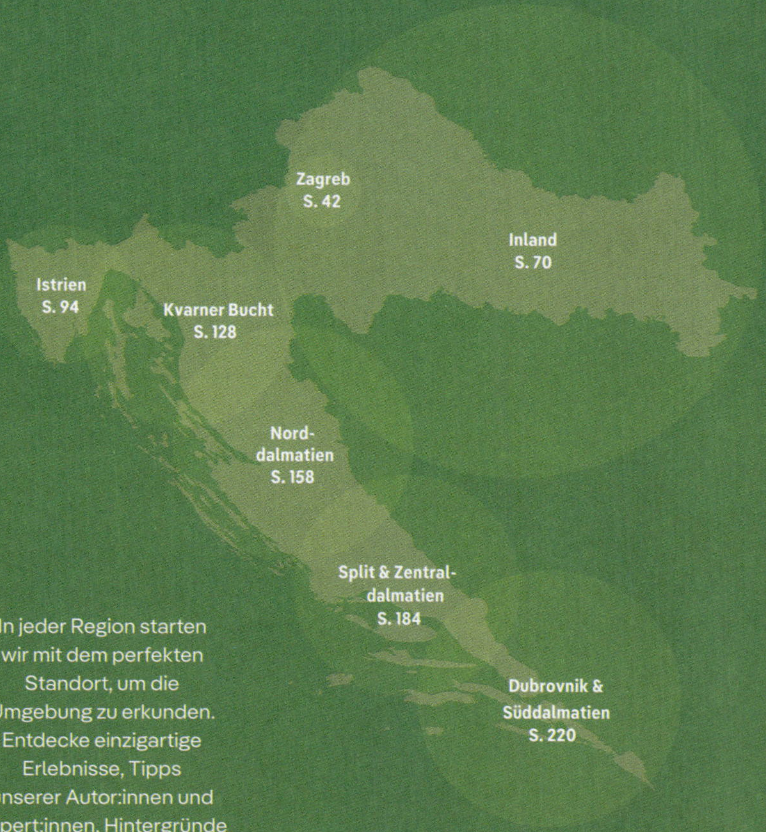

Zagreb
S. 42

Inland
S. 70

Istrien
S. 94

Kvarner Bucht
S. 128

Nord-
dalmatien
S. 158

Split & Zentral-
dalmatien
S. 184

Dubrovnik &
Süddalmatien
S. 220

In jeder Region starten wir mit dem perfekten Standort, um die Umgebung zu erkunden. Entdecke einzigartige Erlebnisse, Tipps unserer Autor:innen und Expert:innen, Hintergründe und Empfehlungen.

Rovinj (S. 105)

Zagreb

KROATIENS GEMÜTLICHE KLEINE HAUPTSTADT

Zagreb ist eine entspannte kleine Hauptstadt mit einer tollen Café-Kultur, einem in allen vier Jahreszeiten munteren Straßenleben, einer Reihe ausgefallener Museen und jeder Menge Grünflächen.

Die Hauptstadt Kroatiens ist nicht länger ein bloßer Zwischenstopp auf dem Weg zur Küste, sondern hat sich einen festen Platz auf der Karte der kleinen, aufstrebenden Hauptstädte Europas gesichert.

Die Festlichkeiten während des Advents haben viel dazu beigetragen, die Tourist:innensaison auszuweiten: Nun reisen die Besucher:innen scharenweise zu den Weihnachtsmärkten an, während früher zu dieser Zeit nur wenige kamen und das Straßenleben praktisch nicht existent war. In den letzten Jahren ist der Winter nun definitiv zu einem Highlight des Jahres aufgestiegen – Kroatiens Erfolgsgeschichte im Bemühen, die Reisesaison zu verlängern.

Abgesehen von den großen Events, die sich über den Kalender verteilen, besitzt Zagreb einen dezenten Charme, der Reisende nach und nach verzaubert. Zu seinen wichtigsten Reizen gehört, dass es sich um eine entspannte, zum Spazierengehen geeignete kleine Metropole handelt. Die bezaubernde Oberstadt verführt mit roten Dächern, Kopfsteinpflaster und Kirchtürmen. Kuppeln und prächtige Verzierungen in den oberen Stockwerken bestimmen neubarocke, Jugendstil- und Art-déco-Gebäude der Unterstadt. Man kann eine Reihe skurriler Museen besichtigen und in die kleine, aber blühende Kunstszene der Stadt eintauchen. Und in den raueren Ecken wurden trostlose Betonmauern von örtlichen Straßenkünstler:innen mit farbenfrohen Wandmalereien geschmückt.

Nach der Besichtigung sollte man es wie die Einheimischen machen und sich in einem Café niederlassen. Die Café-Kultur Zagrebs ist nur eine Facette des munteren Straßenlebens der Stadt, das das ganze Jahr hindurch von den vielen Events beflügelt wird, die Musik, improvisierte Märkte und Essensstände auf die Plätze und in die Parks bringen.

Ein weiterer unterschätzter Aspekt der Stadt ist, wie grün sie ist. Oberhalb der Stadt liegt der Naturpark Medvednica, ein beliebtes Wochenendziel der Einheimischen; mit 17 geschützten Stadtwäldern bietet die Stadt jede Menge grüner, fast wilder Zufluchtsorte.

Und selbst wenn gerade nichts Besonderes auf dem Programm steht, herrscht im Zentrum eine dynamische Energie. Kein Wunder, dass Städtetourist:innen nun das ganze Jahr Kroatiens Hauptstadt besuchen, ausgenommen im Januar und Februar, wenn sie grau und verschlafen wirkt. Zagreb ist heute die kleine Stadt, die es geschafft hat.

DIE WICHTIGSTEN ZIELE

OBERSTADT
Viel Geschichte und Kopfsteinpflaster-Charme. S. 48

UNTERSTADT
Parks, grüne Plätze und coole Cafés. S. 56

RUND UM DAS ZENTRUM
Kunst, Wälder und Seen. S. 66

ILIJA ASCIC/SHUTTERSTOCK ©

Links: Maksimir-Park (S. 67); rechts: St.-Markus-Kirche (S. 52)

Erste Orientierung

Zagreb ist eine kleine, kompakte Stadt, die man am besten zu Fuß erkundet – zum Spazierengehen ist sie wie gemacht. Mit einer der berühmten blauen Straßenbahnen zu fahren gehört zum Spaß dazu; mit ihnen erreicht man leicht die Highlights außerhalb des Zentrums. Um Zagreb von seiner besten Seite zu erleben, sollte man sich einfach und treiben lassen.

VOM/ZUM FLUGHAFEN

Vom Flughafen (Zračna Luka Franjo Tuđman), der sich rund 10 km südöstlich des Stadtzentrums befindet, fahren regelmäßig Busse zum Hauptbusbahnhof. Außerdem gibt es auch den alle 35 Minuten fahrenden Stadtbus 290 zum Kvaternikov trg.

Mirogoj-Friedhof
Peto Maksimirsko jezero
Maksimi-Park
Oberstadt
S. 48
Steinernes Tor
Radićeva
Museum der zerbrochenen Beziehungen
Dolac-Markt
Lotrščak-Turm
Kathedrale Mariä Himmelfahrt
Trg Bana Jelačića
Nationaltheater
Zrinjevac
Kroatisches Museum für Naive Kunst
Zagreb Zapadni
Esplanade
Unterstadt

ÖFFENTLICHER NAHVERKEHR

Die blauen Straßenbahnen der ZET sind bequem, leicht zu erkennen und bringen einen zu den meisten Attraktionen außerhalb des Zentrums. Die Fahrkarte kauft man beim Fahrer, in einem Kiosk oder über eine App; sie muss in den gelben Automaten an Bord entwertet werden.

FAHRRAD

Zagreb beginnt zwar erst, sein Radwegenetz auszubauen, aber aufgrund ihrer Größe lässt sich die Stadt gut auf zwei Rädern erkunden, insbesondere die Unterstadt und die Umgebung. Mehrere Anbieter vermieten Fahrräder pro Stunde oder pro Tag, darunter Blue Bike (zagrebbybike.com) und Nextbike (nextbike.hr).

ZU FUSS

Zagreb ist ideal zum Spazierengehen, vor allem wenn man sich auf die Ober- und die Unterstadt beschränkt, wo die Entfernungen leicht zu Fuß bewältigt werden können. Für das Spazierengehen in den Kopfsteinpflasterstraßen der Oberstadt eignen sich Turnschuhe oder ordentliche Wanderschuhe am besten.

Perfekte Tage

Für die Stadtspaziergänge stärkt man sich mit einer Tasse Kaffee und schaut sich dann die historischen Wahrzeichen, interessanten Museen und das pulsierende Straßenleben in der Ober- und der Unterstadt an.

FINN STOCK/SHUTTERSTOCK ©

Dolac-Markt (S. 49)

Tag 1

Morgens

● Der Tag beginnt auf dem geschäftigen **Trg Bana Jelačića** (S. 58). Man steigt die Stufen hinauf zum bunten **Dolac-Markt** (S. 49), dann geht's weiter zur neugotischen **Kathedrale** (S. 50), ehe man die **Tkalčićeva** (S. 54) hinauf- und hinabschlendert.

Nachmittags

● Nach dem Mittagessen schaut man in der kopfsteingepflasterten **Radićeva** (S. 54) in charmante Läden hinein und marschiert dann hinauf zum **Steinernen Tor** (S. 50). Nach der Besichtigung der berühmten **St.-Markus-Kirche** (S. 52) besucht man das **Museum der zerbrochenen Beziehungen** (S. 51) und genießt den Rundblick vom **Lotrščak-Turm** (S. 50).

Abends

● Zum Abendessen geht's mit der **Standseilbahn** (S. 52) hinunter in die Unterstadt; anschließend hört man Livemusik in einer der Bars.

ROBSON90/SHUTTERSTOCK ©, VIGO-S/SHUTTERSTOCK ©, IVICA DRUSANY/SHUTTERSTOCK ©

... nicht verpassen

Tauche tiefer in die weniger bekannten Wahrzeichen und Erlebnisse der Unter- und Oberstadt ein und schau dir außerhalb des Zentrums coole Kunst und Parks an.

OBERSTADT: MUSEEN & GALERIEN

Einen Besuch lohnen das **Kroatische Museum für naive Kunst** (S. 53) und die **Galerija Klovićevi Dvori** (S. 53).

KLEINBRAUEREI-BIER

Bei einem Barbummel in der Oberstadt und bei einem Besuch der **Garden Brewery** (S. 69) entdeckt man Zagrebs Kleinbrauereiszene.

GEFÜHRTE RADTOUREN

Im Rahmen lustiger **geführten Radtouren** (S. 61) zu verschiedenen Themen kann man Zagreb erkunden.

Tag 2

Morgens

● Zu einem geruhsamen Morgenspaziergang in einem grünen Park mit prunkvollen Grabsteinen geht's hinauf zum **Mirogoj-Friedhof** (S. 51). Auf dem Weg hinunter in die Unterstadt gönnt man sich einen Brunch rund um den Dolac-Markt.

Nachmittags

● Es folgen Besuche im **Museum der Illusionen** (S. 59) und eines oder zweier skurriler **Museen** (S. 57) in der Unterstadt, unterbrochen von einer oder zwei Kaffeepausen. Dann folgt ein Spaziergang auf der von Bäumen gesäumten **Zrinjevac** (S. 59) und durch eine Reihe von Parks, über die man auch den Hauptbahnhof erreicht.

Abends

● Man schaut sich an, was die **Kroatische Künstlervereinigung** (S. 58) gerade zeigt und isst und trinkt etwas im nahegelegenen Design-Viertel rund um die **Martićeva** (S. 62).

Tag 3

Morgens

● Um etwas Kunst zu erleben und zu erfahren, was in der Szene gerade los ist, besucht man eine der **Kunstgalerien** (S. 61) in der Unterstadt oder außerhalb des Zentrums die Galerie **Lauba** (S. 67) bzw. das **Museum für zeitgenössische Kunst** (S. 67).

Nachmittags

● Nach dem Mittagessen unternimmt man einen Verdauungsspaziergang im **Maksimir-Park** (S. 67) oder erholt sich am **Jarun-** (S. 68) oder **Bundek-See** (S. 68), wenn man nicht in Zagrebs eigenem **Sonensystem** (S. 63) auf Planetenjagd gehen will.

Abends

● Man besucht eine Ballett- oder Opernaufführung im **Kroatischen Nationaltheater** (S. 60) oder sieht sich im **ZKM** (S. 61) ein zeitgenössisches Stück an. Anschließend gibt's Cocktails in der **OUT Rooftop Bar** (S. 64).

KAFFEELÄDEN BESUCHEN

Zagrebs Läden mit Kaffeespezialitäten verteilen sich über die ganze Stadt; eine Visite lohnen das **Cogito** (S. 63) und das **Luta** (S. 62).

SICH BEI DER ŠPICA UNTER DIE LEUTE MISCHEN

Zur **špica** (S. 63) im Stadtzentrum sollte man sich aufbrezeln und sich einen Café-Tisch an der Preradovićeva sichern).

GESCHÜTZTE PARKWÄLDER

In den 17 geschützten, halb wilden Parkwäldern Zagrebs kann man sich gut verlieren; der eindrucksvollste ist der **Maksimir-Park** (S. 67).

DIE COOLSTE STRASSENKUNST ENTDECKEN

Zagreb hat eine spannende Straßenkunstszene; der Graffiti-Künstler **Leon GSK** (S. 65) veranstaltet Führungen.

Oberstadt

VIEL GESCHICHTE UND KOPFSTEINPFLASTER-CHARME

Als ältester Teil Zagrebs präsentiert sich die Oberstadt (Gornji Grad) als ein märchenhaftes Labyrinth aus Kopfsteinstraßen und Plätzen, in dem man wunderbar spazieren gehen kann. Hier, auf den heute durch eine Reihe von Treppen und Durchgängen verbundenen Hügeln Gradec und Kaptol, ist der Ort, wo im Mittelalter der Bau der Stadt begann. Als die beiden Siedlungen 1850 vereinigt wurden, war Zagreb geboren.

Heute sind die uralten Straßen der Oberstadt durchsetzt mit baulichen Wahrzeichen aus allen Etappen der Geschichte Zagrebs; hier finden sich barocke Paläste, klassizistische Villen, mittelalterliche Türme und neugotische Kirchen. Bestimmte Ecken der Oberstadt mögen verschlafen und verlassen wirken, aber in den Kopfsteinstraßen mit ihren historischen Bauten herrscht munteres Leben: Die Cafés an der geschäftigen Tkalčićeva-Straße sind immer gut besucht, und es finden sich hier urige Museen und grüne Aussichtspunkte. Hier gibt's auch viele Events, darunter den Advent im Winter und in Frühjahr und Sommer diverse Festivals.

TOP TIPP

Schlag 12 Uhr muss man auf einen lauten Knall gefasst sein. Man wird erschrecken, braucht aber keine Angst zu haben: Es handelt sich nicht um eine Explosion, sondern um die Kanone Grič, die auf dem Lotrščak-Turm steht und deren Knall schon seit 100 Jahren die Mittagsstunde anzeigt. Die Einheimischen stellen ihre Uhren danach.

Oberstadt

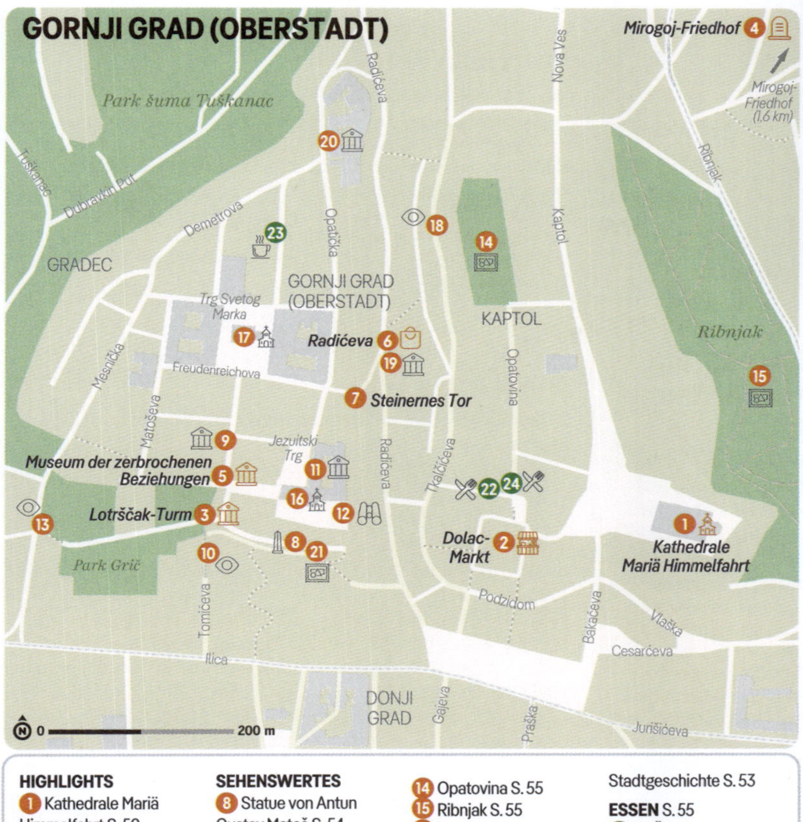

HIGHLIGHTS
1 Kathedrale Mariä Himmelfahrt S. 50
2 Dolac-Markt S. 49
3 Lotrščak-Turm S. 50
4 Mirogoj Friedhof S. 51
5 Museum der zerbrochenen Beziehungen S. 51
6 Radićeva S. 54
7 Steinernes Tor S. 50

SEHENSWERTES
8 Statue von Antun Gustav Matoš S. 54
9 Kroatisches Museum für naive Kunst S. 53
10 Standseilbahn S. 52
11 Galerija Klovićevi Dvori S. 53
12 Gradec Plateau S. 54
13 Grič-Tunnel S. 52
14 Opatovina S. 55
15 Ribnjak S. 55
16 St.-Katharinen-Kirche S. 53
17 St-Markus-Kirche S. 52
18 Tkalča S. 54
19 Zagreb '80s Museum S. 53
20 Zagreber Museum der Stadtgeschichte S. 53

ESSEN S. 55
21 La Štruk
22 Zagreb Gourmet
23 Zakmardi Treppe

AUSGEHEN S. 55
24 Pod Starim Krovovima

Dolac-Markt

Ein Fest des Essens und der Farben

In diesen wuseligen, zentral gelegenen Bauernmarkt mit roten Sonnenschirmen und zahllosen Ständen mit frischem Obst und Gemüse kann man mit allen Sinnen eintauchen.

Mit seinen bunten Farben bietet der „Bauch Zagrebs" beste Gelegenheiten zum Fotografieren. Der Dolac-Markt ist seit den 1930er-Jahren, als die Stadtbehörden das Gebiet an der Grenze zwischen Ober- und Unterstadt als Marktfläche auswiesen, ein Zentrum des Handels.

Verkäufer aus ganz Kroatien kommen täglich hierher, um ihre gartenfrischen Produkte anzubieten. Der Hauptteil des Markts befindet sich auf einem erhöhten Platz; an den überdachten Ständen auf Straßenniveau werden Fleisch, Milchprodukte und Blumen verkauft. Am nördlichen Ende des Markts sind die Stände vollgepackt mit vor Ort produziertem Honig, Öl, Kunsthandwerk; Fast-Food-Anbieter gibt's hier auch.

Lotrščak-Turm

Wundervoller Ausblick und Kanonendonner

Der in der Mitte des 13. Jhs. zum Schutz des südlichen Stadttors gegen Invasoren errichtete mittelalterliche Turm ist ein Wahrzeichen der Oberstadt und ein wunderbarer Aussichtspunkt, von dem aus man täglich (außer montags) den weiten Rundblick über die Stadt bewundern kann. Seit 1877 wird hier täglich um 12 Uhr ein Kanonenschuss abgefeuert, zum Gedenken an einen Tag in der Mitte des 15. Jhs., als man mit einem Kanonenschuss versuchte, die Türken auf Distanz zu halten, die jenseits der Save ihr Feldlager bezogen hatten.

Kathedrale Mariä Himmelfahrt

Wahrzeichen der Stadt und neugotisches Meisterwerk

Zagrebs Kathedrale mit ihren zwei Spitztürmen, Kroatiens größtes religiöses Bauwerk, überragt seit acht Jahrhunderten die Stadt. Nach Bränden und Erdbeben wurde das ursprüngliche Gebäude mehrmals überformt und neu gebaut; seine heute prägende neugotische Gestalt erhielt es zu Beginn des 20. Jhs. Zur Zeit der Recherche war es zu Reparaturen nach dem Erdbeben von 2020, das diverse Beschädigungen verursachte (u. a. brach die Spitze des Südturms ab), geschlossen und eingerüstet.

Steinernes Tor

Stimmungsvoller, mit brennenden Kerzen geschmückter Durchgang

Das Osttor zum mittelalterlichen Gradec ist ein stimmungsvolles Denkmal und ein heiterer Ort für eine Pause beim Streifen durch die Stadt. Nach einer Legende zerstörte ein großer Brand im Jahr 1731 alle Teile des hölzernen Torgebäudes bis auf das Gemälde der *Jungfrau mit dem Kinde* (von einem unbekannten Maler des 17. Jhs). Heute sprechen viele Leute dem Gemälde Wunderkräfte zu und kommen regelmäßig, um zu beten, Kerzen anzuzünden und Blumen als Opfergaben zu hinterlassen. Die rechteckigen Steinplatten sind mit Danksagungen und Gebeten an die Jungfrau Maria bedeckt. Hinter dem Steinernen Tor erblickt man eine Bronzestatue der Dora Krupićeva, einer Figur aus *Das Gold des Goldschmieds,* einem historischen Roman des berühmten kroatischen Schriftstellers August Šenoa aus dem 19. Jh.

Steinernes Tor

Mirogoj-Friedhof

Mirogoj-Friedhof

Letzte Ruhestätte von eindringlicher Schönheit

Der Mirogoj-Friedhof ist einer der schönsten Friedhöfe Europas. Die monumentale Stätte wurde 1876 von dem aus Österreich stammenden Architekten Herman Bollé entworfen, der zahlreiche Gebäude in Zagreb und der Umgebung errichtete. Die majestätische Arkade, die von einer Reihe flacher, efeubewachsener Kuppeln bekrönt ist, wirkt von außen wie eine imposante Festung, zeigt sich innen aber ruhig und anmutig. Als letzte Ruhestätte von rund 300 000 Menschen, darunter vielen kroatischen Berühmtheiten, ist der Mirogoj-Friedhof zugleich eine Kunstgalerie im Freien – ein Spaziergang im Labyrinth der grünen, von Fichten, Kastanien und Ahornbäumen beschatteten Wege lohnt! Die schmuckvollen Grabsteine zeigen die ganze Palette der Friedhofskunst.

Museum der zerbrochenen Beziehungen

Skurriler Ort für alle Gefühle

Von Romanzen, die verwelkten, bis zu zerbrochenen Familienbindungen erkundet dieses wundervoll skurrile Museum die Erinnerungen, die nach dem Ende einer Beziehung zurückbleiben. In den ganz weiß gehaltenen Räumen sind Spenden aus aller Welt, von lustig bis herzzerreißend, ausgestellt, und jedes Stück erzählt eine Geschichte. Diese innovative Sammlung tourte durch die Welt, bis sie hier ein permanentes Zuhause fand. Einen Besuch lohnen der angrenzende Laden – der „Radierer für schlechte Erinnerungen" ist ein Hit – und das gemütliche Café mit Tischen draußen auf dem Pflaster.

ZAGREB CARD

Mit dem Kauf der Zagreb Card kann man die öffentlichen Verkehrsmittel in der Stadt (die Straßenbahnen, Busse und die Standseilbahn der ZET) nutzen und hat freien Eintritt in fünf Museen (Museum der zerbrochenen Beziehungen, Schokoladenmuseum Zagreb, Zagreber Museum der Stadtgeschichte, Museum der zeitgenössischen Kunst & Technisches Museum Nikola Tesla) sowie in den Zagreber Zoo. Außerdem gibt's zusätzlich viele Rabatte.

Man hat die Wahl zwischen der 24 Stunden (20 €) und der 72 Stunden gültigen Karte (26 €). Die Karten sind in den Besucherzentren, in einigen Hotels und online erhältlich.

Mehr über die Zagreb Card erfährt man, wenn man diesen QR-Code scannt.

JURRE WOLTERS/SHUTTERSTOCK ©

Standseilbahn Zagreb

Standseilbahn, Treppen & Tunnel

Zagrebs Hügel bezwingen

Die steilen, von Norden nach Süden ausgerichteten Straßen der Oberstadt strapazieren die Knie, aber glücklicherweise gibt es Abkürzungen und malerische Strecken. Die berühmte blaue Zagreber **Standseilbahn,** die als eine der kürzesten Seilbahnen weltweit gilt, die im öffentlichen Nahverkehr im Einsatz sind, verbindet seit 1890 die Unter- mit der Oberstadt. Die Fahrt dauert 64 Sekunden, bietet eine schöne Aussicht und kostet nur 0,66 €; man nimmt sie von der Tomićeva gleich abseits der Ilica und fährt hinauf zum Lotrščak-Turm.

Der geheimnisvolle **Grič-Tunnel** verbindet die Mesnička mit der Radićeva und bietet an heißen Tagen eine willkommene Erholung von der Hitze. Der Tunnel wurde während des Zweiten Weltkriegs 1943 als Luftschutzbunker gebaut und steht außer bei besonderen Gelegenheiten wie etwa Festivals, wenn hier Kunstinstallationen zu sehen sind, leer. Man betritt ihn von der Mesnička oder unterhalb der Stross und verlässt ihn in einer Gasse gleich abseits der Ilica neben dem Warenhaus NAMA.

Wer die Beinarbeit nicht scheut, kann auch die vielen **Treppen** nutzen; da sind z. B. die Holztreppe neben der Standseilbahn, die Zakmardijeve von der Radićeva hinauf zur Stross und Felbingers Treppe von der Tkalča hinauf zur Oberstadt.

Eindrucksvolle Sakralarchitektur

Die Kirchen bewundern

Die Oberstadt besitzt eine Reihe von Sakralbauten, die eine Besichtigung lohnen. Neben der Kathedrale gehört die **St.-Mar-**

TRADITIONELLES ESSEN IN DER OBERSTADT

Amfora
Das Lokal an der Dolac, in dem die Zeit stehengeblieben zu sein scheint, serviert frische Meeresfrüchte von dem Fischhändler gleich nebenan. €

Stari Fijaker
Hier genießt man kroatische und mitteleuropäische Gerichte alter Schule und das Ambiente der guten alten Zeit. €€

Didov San
In der rustikalen Schenke wird traditionelle Küche aus dem Delta der Neretva serviert, z. B. gegrillter Aal und Frösche im Schinkenmantel. €€

kus-Kirche (13. Jh.) am Markusplatz, an dem auch das kroatische Parlament steht, zu den prägenden Sehenswürdigkeiten der Stadt. Ihr Erkennungsmerkmal ist das bunt geflieste Dach, das links das mittelalterliche Wappen von Kroatien, Dalmatien und Slawonien und rechts das Zagreber Stadtwappen zeigt.

Am Katharinenplatz erhebt sich die **St.-Katharinen-Kirche** (17. Jh.) Obwohl die Kirche durch Feuer beschädigt und nach dem Erdbeben von 1880 wiederaufgebaut wurde, strahlt die Fassade der einschiffigen barocken Schönheit nach wie vor; im Inneren beeindrucken der schöne Altar von 1762 und die aus dem 18. Jh. stammenden Medaillons an der Decke des Schiffs, die Szenen aus dem Leben der hl. Katharina zeigen.

Diese Kirchen sind nur während der Messe geöffnet; falls man gerade vor Ort ist, sollte man unbedingt hineinschauen.

Museen- & Galerien-Hopping

Die Kunstwelt und/oder die Vergangenheit erkunden

Die gesamte Oberstadt ist ein Freiluftmuseum, aber auch einige „echte" Museen lohnen den Besuch. Das im St.-Klara-Konvent (17. Jh.) residierende, **Zagreber Museum der Stadtgeschichte** (Mo. geschl.) präsentiert die Geschichte der Stadt. Zu den Exponaten zählen Funde, die bei der Restaurierung des Gebäudes in den 1990er-Jahren zutage traten; alte Stadtpläne, Lithografien und Dokumente; Altäre und Steinmetzarbeiten aus der Kathedrale und der St.-Markus-Kirche sowie Erinnerungsstücke aus der sozialistischen Ära.

Das **Kroatische Museum für naive Kunst** (Wochenende geschl.) zeigt Werke dieser Kunstform, die hier und weltweit in den 1960er- und 1970er-Jahren *en vogue* war. Die wichtigsten Künstler dieser Richtung wie Generalić, Mraz, Rabuzin und Smajić sind hier alle mit Arbeiten vertreten. Die Schausammlung führt die ganze Palette der farbenfrohen, oft träumerisch anmutenden Stile innerhalb dieses Genres vor Augen.

Definitiv schauen sollte man, was in der **Galerija Klovićevi Dvori** (Mo geschl.), einem der prestigeträchtigsten Räume für Kunst in der Stadt, gerade auf dem Programm steht. Die Galerie veranstaltet das ganze Jahr über Sonderausstellungen. Sie residiert in einem ehemaligen Jesuitenkloster (17. Jh.) und verfügt über ein Atrium, in dem während Festivals Konzerte und andere Events stattfinden, sowie ein nettes Café.

Entschieden retro geht's in den Räumen des **Zagreb '80s Museum** zu. Es gibt typische Wohnzimmer- und Kücheneinrichtungen, einen Raum für Spiele-Ikonen und jede Menge Erinnerungsstücke. Viele Exponate sind interaktiv: Kinder werden Spaß dabei haben, sich im Look der 1980er-Jahre einzukleiden oder herauszufinden, wie all diese Low-Tech-Gadgets funktionieren.

DIE BESTEN SOMMERFESTIVALS DER OBERSTADT

Ljeto na Strossu
Bei dem den ganzen Sommer dauernden Festival gibt's diverse Events auf der grünen Stross, darunter kostenloses Freiluftkino, Konzerte und Kunst-Workshops.

Grič Evenings
Jeden Juli gibt's im Atrium der Galerija Klovićevi Dvori Konzerte; die Palette reicht von Kammermusik über Jazz bis zu Weltmusik.

Höfe/Dvorišta
Im Juli öffnen einige normalerweise geschlossene Höfe zehn Tage lang ihre Tore für Livemusik, Essen und Drinks.

Okolo // Ringsum
Rund zehn Tage lang bringt dieses jährliche Event im August öffentliche Kunstinstallationen und andere „Interventionen" in die Straßen von Zagreb; viele dieser Installationen finden sich in der Oberstadt.

DIE BESTEN BARS IN DER OBERSTADT

Mali Medo
Bis spät in die Nacht geöffnete tolle Bar an der Tkalča mit im Haus gebrauten Bieren.

Valhalla Beer Bar
Muntere Kneipe an der Radićeva mit vielen Bieren vom Fass und toller Stimmung.

Craft Room
Das Lokal an der Opatovina hat eine sagenhafte Auswahl örtlicher Biere, Essen und zwei Außenterrassen.

LÄDEN, DIE MAN NICHT VERPASSEN DARF

Dora Zoričić, die Mitbesitzerin des Koza (@koza_gornjigrad auf Instagram), einem Laden und Atelier für prächtige handgearbeitete Ledertaschen und Accessoires, der sich in der Basaričekova versteckt, verrät ihre Lieblingsläden an der Radićeva.

Boudoir
In dieser angesagten, märchenhaften Boutique nähen zwei Schwestern zauberhafte einmalige Kleider, mit Glitzer, Spitze und eigenen coolen Druckmustern.

Link Gallery
Der tolle kleine Concept-Store bietet beste kroatische Designerstücke von Füllfederhaltern und Turnschuhen bis zu Untersätzen und Rucksäcken.

Lapidarium
Hier wird exquisiter, teils zeitgenössischer, teils traditioneller Schmuck, gefertigt. Der Laden ist zudem eine Plattform für andere kroatische Schmuckdesigner:innen.

Top-Panorama-Aussichtspunkte

Auf der Jagd nach dem besten Blick auf die Stadt

Die Oberstadt ist *der* Ausgangspunkt auf der Suche nach *dem* Panoramablick auf die Stadtt. Zu den besten Orten zählt die Strossmayer-Promenade, der erste öffentliche Spazierweg der Stadt, der heute mit Kastanien und Sitzbänken prunkt. Die Bank mit der **Statue** des wehmütig dreinblickenden Schriftstellers Antun Gustav Matoš ist eine prima Stelle, um zu rasten und den Ausblick zu genießen. Hinreißend ist der weite Rundblick vom Lotrščak-Turm (S. 50), ebenso die Aussicht vom **Gradec-Plateau** über die roten Ziegeldächer auf die Kathedrale.

Shoppen in der Radićeva

Coole Souvenirs aufspüren

Zu den malerischsten Wegen in die Oberstadt zählt die Radićeva eine steile, charmante und kopfsteingepflasterte Straße. Im 19. Jh. war sie ein geschäftiger Handelsplatz, heute sind hier viele Traveller zu Fuß auf dem Weg in die Oberstadt. In den historischen Häusern längs der Straße gibt's viele Läden, die Geschenke, örtliche Kunst und Kunsthandwerk, handwerklich hergestellte Lebensmittel und Designermode anbieten. In manchen gibt's flüssige oder feste Kostproben. Wie wäre es mit einem *Rakija* (Obstbrand) zum Aufwärmen?

Der pastellfarbene Charme der Tkalča

Von einem Straßencafé ins nächste

Ein Bummel auf der bezaubernden Fußgängerstraße, die sich vom Trg Bana Jelačića den Hügel hinauf schlängelt, ist ein beliebtes Freizeitvergnügen der Einheimischen und ein typisches Besuchererlebnis. Vor Jahrhunderten wand sich hier ein mit Wassermühlen besetzter Bach entlang, der die mittelalterlichen Siedlungen Kaptol und Gradec voneinander trennte. Heute ist die Tkalča, wie die Einheimischen die Tkalčićeva nennen, von pastellfarbenen Häusern und Café-Terrassen gesäumt, in denen Tag und Nacht viel Leben herrscht. Man setzt sich an einen Tisch auf dem Bürgersteig, beobachtet die Leute und saugt, mit einem Glas in der Hand, die Vibes der Stadt in sich auf.

Auf der Suche nach den besten Bieren

Die Craft-Bier-Szene erkunden

Zagrebs Craft-Bier-Szene holt auf; mehrere Lokale widmen sich heute Kleinbrauereibieren. Die Kneipen verteilen sich über die ganze Stadt, eine ganze Reihe toller Bierbars finden sich aber

DIE BESTEN BRUNCH-LOKALE IN DER OBERSTADT

Otto & Frank
Bis 12 Uhr gibt's hier herzhaftes Frühstück mit Eiern, Armen Rittern und dergleichen; danach leckere Burger und Kneipenatmosphäre. €

Broom 44
Das Lokal direkt an der Dolac hat Tische bis draußen auf den Markt und serviert von den Küchen der Welt inspirierte, überwiegend pflanzliche Gerichte. €

Salo
Die helle Bäckerei mit Bistro an der Opatovina bietet handwerklich gebackenes Brot, kreative kleine Gerichte und Kaffeespezialitäten. €

Pod Starim Krovovima

in der Oberstadt an der Opatovina, Tkalča und Radićeva, die sich zu einem Kneipenbummel anbieten. Unbedingt einen Halt einlegen auf ein Bier oder ein Glas *gemišt* (mit Sprudel gemischter Weißwein) sollte man in Zagrebs ältestem Café, dem **Pod Starim Krovovima** (an der Basaričekova); hier werden seit 1830 Getränke in bauchigen Gläsern serviert.

Hotspots der Straßenkunst

Die coolsten Malereien finden

In den beiden Parks der Oberstadt, dem winzigen **Opatovina** und dem weitläufigeren **Ribnjak**, der sich unterhalb der Kathedrale erstreckt, kann man Zagrebs coole Straßenkunst entdecken. Nicht versäumen sollte man auch die Ruhmeshalle der Straßenkunst, die **Zakmardi-Treppe** (Zakmardijeve) von der Radićeva hinauf zur Stross.

In die kroatische Küche eintauchen

Štrukli zubereiten lernen

Eine berühmte Speise der kroatischen Küche sind *štrukli*, mit Hüttenkäse gefüllte Klöße. **Zagreb Gourmet** (zagreb gourmet.com) veranstaltet Workshops an der Opatovina, von der Dolac die Treppe hinauf. Der Kurs beinhaltet das Ausrollen des Teigs von Hand und einen kurzen Besuch auf dem Markt, während die *štrukli* im Ofen sind. Wer keinen Teig ausrollen, aber trotzdem *štrukli* probieren will, besucht das Bistro **La Štruk** um die Ecke an der Skalinska, wo man alle möglichen Varianten kosten kann.

MARIJA-JURIĆ-ZAGORKA-STATUE

An der Tkalčićeva 25 steht die Statue von Marija Jurić Zagorka, der ersten kroatischen Journalistin und Aktivistin, die sich im frühen 20. Jh. öffentlich für die Frauenrechte engagierte.

Sie schrieb auch eine Reihe von historischen Romanen, die in Zagreb spielten, darunter die Romanreihe *Die Hexe von Grič*.

Ihre ehemalige Wohnung an der Dolac 8 ist in eine Gedenkstätte umgewandelt worden und zeigt eine Ausstellung zu ihrem Leben und Werk. Es wird vom Zentrum für feministische Studien geführt und ist für Einzelbesucher:innen donnerstags von 11 bis 19 Uhr geöffnet (für Gruppen an anderen Tagen nach Vereinbarung).

LECKERE TEIGTASCHEN

Unbedingt probieren sollte man *štrukli* im Le Bistro (S. 64) des Esplanade Hotels in Zagreb und/oder in einem Restaurant in **Zagorje**, der ursprünglichen Heimat der *štrukli*.

DIE BESTEN BARS IN DER OBERSTADT

Tolkien's House
Ein seit Langem bestehender Favorit an derOpatovina mit schrillem Interieur und einer guten Auswahl an Kleinbrauereibieren.

Bornstein Wine Bar
In dem tollen Gewölbe an der Kaptol gleich oberhalb der Kathedrale hat man die Wahl zwischen mehr als 100 kroatischen Weinen.

MK Krolo
Dies beliebte Kneipe an der Radićeva ist ein Treff für Künstler, Bohemiens, Medienschaffende ...Hipster sind hier eher nicht angesgt.

Unterstadt

PARKS, GRÜNE PLÄTZE UND COOL CAFÉS

Die Unterstadt (Donji Grad) ist mehr oder weniger das gesamte Zagreber Stadtzentrum unterhalb der Oberstadt – alles unterhalb der historischen Hügel, die sich im Norden erstrecken. Grob gesehen liegt sie zwischen der Oberstadt und dem Hauptbahnhof mit seinem historistischen Bahnhofsgebäude, längs der Ilica Richtung Westen und bis zur Martićeva und dem „Designviertel" in den umliegenden Straßen. Die Unterstadt hat ein entschieden altmodisches Flair und eine mitteleuropäische Atmosphäre, dazu einige der ausgefallensten Museen der Stadt, zeitgenössische Kunstgalerien und schöne Beispiele prächtiger Architektur aus der Ära des Habsburgerreichs. Mit ihrer grünen, U-förmigen Reihe von Parks und Plätzen, die als Lenuci-Hufeisen bekannt ist, eignet sie sich wunderbar zum Spazierengehen und zur Erkundung der beschwingten Café-Kultur, für die Zagreb berühmt ist.

TOP TIPP

Mit dem Fahrrad kommt man auf lustige Art in der Unterstadt herum. Dafür bietet sich Nextbike an, ein rund um die Uhr verfügbares Fahrrad-Sharing-System. Man kann ein Rad an 20 festen Stationen überall im Stadtgebiet mieten. Man zahlt beim Vorbeikommen oder kauft einen sieben Tage gültigen Pass. Weitere Infos gibt's auf nextbike.hr.

Bahnhof von Zagreb

HIGHLIGHTS
1 Kroatische Vereinigung der bildenden Künstler S. 58
2 Esplanade S. 64
3 Kroatisches Nationaltheater S. 60
4 Trg Bana Jelačića S. 58
5 Zrinjevac S. 59

SEHENSWERTES
6 Botan. Garten S. 59
7 Cannabis Museum S. 58
8 Schokoladenmuseum S. 58
9 Staatsarchiv S. 59
10 Ethnografisches Museum S. 60
11 Galerija Miroslav Kraljević S. 61
12 Galerija SC S. 61
13 Galerija Šira S. 61
14 Gelandete Sonne S. 63
15 Museum of Hangovers S. 57
16 Museum der Illusionen S. 59
17 Museum of Selfie & Memories S. 57
18 Pilzmuseum S. 58
19 New Wave Museum S. 57
20 Typhlologisches Museum S. 57

TOUREN
21 Blue Bike Tours S. 61
22 Bike Tours Zagreb S. 61
23 Zagreb City Tour S. 65

ESSEN S. 62
24 Fetiš Bistro & Deli
25 Noel
26 Pizzeria Park

AUSGEHEN & FEIERN S. 62 & S. 63
27 Booksa
28 Cafe u Dvorištu
29 Cogito Coffee
30 Eliscaffe
31 Express Bar
32 Filteraj
33 Luta
34 Monocycle
35 Mr Fogg
36 Program
37 Quahwa

UNTERHALTUNG S. 61
38 ZKM

Ausgefallene Museen

Eine ganze Menge, von bizarr bis alkoholselig

Alkoholselige Geschichten hören und angetrunken Darts spielen kann man im **Museum of Hangovers**. Im **Typhlologischen Museum** erlebt man Kunstwerke von Blinden und Sehbeeinträchtigten, besucht einen Dunkelraum und erfährt etwas über Braille. Das **New Wave Museum** entführt die Besucher:innen auf eine musikalische Reise zurück in Zagrebs goldene Ära der 1970er- und 1980er-Jahre, als die Stadt eine sehr aktive Punk- und Rockszene besaß. Die Schnappschüsse im **Museum of Selfie & Memories** machen einfach Spaß.

Cannabispflanze

Zagrebs skurrile Ausstellungen

Natur und Essbares in Museen

Für eine Stadt dieser Größe besitzt Zagreb eine unglaubliche Menge an ungewöhnlichen Museen, die alle Nischen abdecken – vom Reichtum der Natur bis zu einzelnen Pflanzen, die man bestaunen kann. Und einige der Exponate kann man sogar kosten. Einen Besuch lohnen die interaktiven Ausstellungen im **Schokoladenmuseum**, wo im Eintritt Kostproben verschiedener Leckereien direkt in der Eintrittskarte enthalten sind – die ist nämlich eine kleine Pralinenschachtel. Infos zum Unterschied zwischen Hanf, Cannabis und Marihuana (Letzteres ist in Kroatien immer noch illegal) erhält man im **Cannabis-Museum**. Man schaut sich drinnen die Pflanzen an, bekommt Infos zum medizinischen Gebrauch von Cannabis und kann hinterher sogar sein Ticket rauchen. Weiter geht's zu den Pilzen. Im **Pilzmuseum** findet sich eine Sammlung von mehr 1200 gefriergetrockneten Pilzen, darunter einige hochgiftige.

Munteres Leben auf dem Trg Bana Jelačića

Sich auf dem Hauptplatz unter die Einheimischen mischen

Zagrebs Hauptorientierungspunkt, die geografische Mitte und die Trennlinie zwischen der Ober- und der Unterstadt ist der Trg Bana Jelačića. Wer gern Leute beobachtet, setzt sich in eines der Cafés und sieht zu, wie die Menschen aus den Straßenbahnen steigen, sich begrüßen und sich zwischen den Zeitungskiosken und Blumenständen zerstreuen, die in Richtung des Dolac aufgereiht sind.

Der Platz ist nach Josip Jelačić benannt, einen *ban* (Markgrafen) des 19. Jhs., der seine kroatischen Truppen in eine erfolglose Schlacht gegen Ungarn führte, um für sein Volk mehr Autonomie im Rahmen des österreichisch-ungarischen Staatsverbands durchzusetzen. Heute sind die Reiterstatue des Fürsten und der nahegelegene Uhrenturm die wichtigsten Treffpunkte auf dem Platz.

Galerie der Kroatischen Vereinigung der bildenden Künstler (HDLU)

Kroatische Vereinigung der bildenden Künstler

Die ausgestellte Kunst bewundern

Einen Spaziergang östlich des Trg Bana Jelačića erhebt sich am Trg Žrtava Fašizma die Galerie der Kroatischen Vereinigung der bildenden Künstler (HDLU), ein auffälliger kreisrunder Pavillon, der eines der wenigen architektonischen Werke von Ivan Meštrović ist. Die Galerie ist ein Muss unter den Zagreber Kunststätten mit einem abwechslungsreichen Programm über das ganze Jahr – unbedingt hineinschauen! Das Gebäude selbst hatte mehrere faszinierende Nutzungen; so diente es in den 1940er-Jahren im faschistischen Kroatien als Moschee; daher bezeichnen es die Zagreber immer noch als „die alte Moschee".

Die Schönheit des Zrinjevac

Bummel über den grünen Platz

Der grüne, offiziell Trg Nikole Šubića Zrinskog, aber allgemein nur liebevoll Zrinjevac genannte Platz ist ein wichtiger Treff an sonnigen Wochenenden. In Frühjahr und Sommer sowie in der Adventszeit sind hier Stände aufgebaut. Hier steht auch Zagrebs erster Springbrunnen, der nach einem Entwurf von Hermann Bollé 1893 errichtet wurde. Der Platz dient auch als Stätte für Festivals und Events dient, deren Mittelpunkt meist der schmuckvolle Musikpavillon von 1891 ist. Der Zrinjevac ist ein Teil des Grünen Hufeisens oder Lenucci-Hufeisens, einer U-förmigen Reihe von sieben als Parks gestalteten städtischen Plätzen.

Das erstaunliche Museum der Illusionen

Abgefahren und verdreht

Besucher:innen aller Altersstufen können viel Spaß bei diesem fantastischen kleinen Abenteuer für die Sinne haben, das 2015 in Zagreb begann und mittlerweile Filialen in aller Welt, darunter in New York, Dubai und Athen besitzt. Besonders Kinder werden sich hier prächtig amüsieren. Der „schräge Raum" und der „Spiegel der Wahrheit" gehören zu den mehr als 70 faszinierenden Exponaten, Hologramm-Bildern, Puzzles und lehrreichen Spielen, die den Geist auf lustige Weise herausfordern. Im Museumsshop gibt's wundervolle 3D-Puzzle und Dilemma-Spiele – didaktisches Spielzeug, das sich prima als Souvenir eignet.

EINE MÜNZE WERFEN & SICH ETWAS WÜNSCHEN

Der **Manduševac-Brunnen** an der Bana Jelačića ist nach Manda benannt, einem schönen Mädchen, das nach einer örtlichen Legende einem Ritter, der durstig aus der Schlacht zurückgekehrt war, aus dieser alten Quelle Wasser schöpfte.

Die vielen Münzen im Brunnen stammen von Leuten, die sie hineinwarfen, damit ihre Wünsche in Erfüllung gehen.

Die Legende sagt, dass wer von dem Wasser der Quelle trinkt, nach Zagreb zurückkehrt. Wir können nicht empfehlen, das Wasser zu trinken, aber der Brunnen ist auf jeden Fall ein beliebter Treff von Gästen und Einheimischen gleichermaßen.

Blumenpracht im Botanischen Garten

Ein Spaziergang durch die heitere grüne Oase

Ein Labyrinth von sich schlängelnden Wegen zieht sich durch den schönen Garten mitten im Herzen der Stadt, nur wenige Schritte entfernt vom Hauptbahnhof am Marulićev trg. Hier kann man geruhsam herumschlendern und in ruhigen Ecken seinen Gedanken nachhängen. Der 1892 angelegte Garten besitzt ein Arboretum englischen Stils, ein Gewächshaus mit riesigen Seerosen, eine Blumenrabatte und eine hübsche Brücke aus Mahagoni und Lärchenholz.

Spektakuläres Kroatisches Staatsarchiv

Ein Fest des Jugenstils

Zagrebs majestätischstes Jug4endstilgebäude, von dessen Dachkanten massive Eulen der Weisheit herunterblicken, wurde 1913 als National- und Universitätsbibliothek erbaut. Heute beherbergt es das Staatsarchiv. Während der beiden Führungen (tgl. an Werktagen) hat man Gelegenheit, die Pracht innen zu bewundern.

DIE BESTE KLASSISCHE KROATISCHE KÜCHE IN DER UNTERSTADT

Gostionica Ficlek
Zagreber Grundnahrungsmittel auf Oma-Art. Direkt bei Dolac – so frisch wie es nur geht. **€**

Heritage
Snackbar und Fein-kostladen mit traditionellem kroatischem Fingerfood. Nicht leicht, einen Tisch zu bekommen. **€**

Vinodol
Gehobene Küche mit modernem Touch. Wie wär's mit Lamm, Kalbfleisch oder *peka* einem Fleisch-Gemüsemix? **€€**

DEYMOSHR/SHUTTERSTOCK ©

Radfahrer vor dem Kroatischen Nationaltheater

DAS KRAWATTEN-REGIMENT

Von Mitte April bis Mitte Oktober kann man der Wachwechsel-Zeremonie beiwohnen, die zweimal im Monat stattfindet (die genauen Termine erfährt man in den Touristeninformationen).

Sie beginnt um 12 Uhr auf dem Trg Bana Jelačića und setzt sich auf der Plattform vor der Kathedrale fort. Die Zeremonie ist mit der Krawatte verbunden – einer kroatischen Erfindung, die zu den Uniformen der kroatischen Reiterei im Dreißigjährigen Krieg (1618–48) gehörte.

Die Männer, die heute in traditionellen Uniformen diese legendären Reiter spielen, kennt man als das Krawattenregiment.

Kroatisches Erbe im Ethnografischen Museum

Die vielen Artefakte bestaunen

Das Museum, das in einem überkuppelten Gebäude von 1903 am Mažuranićev trg residiert, versammelt das volkskundliche Erbe Kroatiens. Von den 70 000 Objekten sind rund 2750 ausgestellt, darunter Keramiken, Schmuck, Musikinstrumente, Werkzeuge, Waffen und volkstümliche Kleidung, z. B. golddurchwirkte Schals aus Slawonien und Spitze von der Insel Pag.

Sagenhaftes Kroatisches Nationaltheater

Unterhaltung auf hohem Niveau

Das monumentale Theater in einem leuchtend gelben, neubarocken Gebäude am Trg Republike Hrvatske wurde 1895 gegründet und bringt regelmäßig Opern, Ballette und Dramen auf die Bühne. Einen Blick lohnt Ivan Meštrovićs Skulptur *Der Quell des Lebens* (1905) draußen vor der Fassade.

DIE BESTE KREATIVE KROATISCHE & MODERNE EUROPÄISCHE KÜCHE

Teatrium by Filho
Im Atrium des ZKM bietet das Enfant terrible der Zagreber Gastronomie, Filip Horvat, seine berühmten Gerichte. €€€

Noel
Zagrebs erstes und einziges Restaurant mit Michelin-Stern verspricht etwas südlich von der Martićeva eine kulinarische Reise durch Kroatien. €€€

NAV
Das Restaurant in einem Hof abseits der Masarykova punktet mit innovativen, aus besten Zutaten zubereiteten Gerichten des Starkochs Tvrtko Šakota. €€€

Zeitgenössisches Theater im Zagrebačko Kazalište Mladih

Sehen, was im ZKM gespielt wird

Das Zagreber Jugendtheater an der Teslina, besser bekannt als **ZKM,** gilt als Wiege des zeitgenössischen Theaters Kroatiens. Es ist Gastgeber verschiedener Festivals und bietet auch vielen Theatergruppen aus aller Welt ein temporäres Zuhause. Was gerade auf dem Programm steht, erfährt man unter zekaem.hr.

Brennpunkte zeitgenössischer Kunst

Die neuesten Ausstellungen in den Galerien aufspüren

Zagrebs kreative Energie wird von einer Schar junger ehrgeiziger Künstler:innen und Kurator:innen angetrieben. Die Stadt besitzt eine Menge Orte, wo man sowohl heimische Kunst als auch Werke zeitgenössischer internationaler Künstler:innen sehen kann. Wer insbesondere neue Kunsttrends in Kroatien und der Region entdecken will, hat mehrere interessante Anlaufstellen. Zehn Gehminuten vom Kroatischen Nationaltheater entfernt bietet die **Galerija SC** im Studentenzentrum jungen Künstler:innen ein Schaufenstern für ihre Arbeiten, von Fotografie über Skulptur bis hin zu Performances. In einem winzigen Raum am Rand von Zagrebs Designviertel erkundet die **Galerija Miroslav Kraljević** zeitgenössische Kunstpraktiken und zeigt Werke internationaler und kroatischer Künstler:innen. Im Herzen der Unterstadt zeigen Studierende in der von der Akademie der schönen Künste geführten **Galerija Šira** (shira.alu.hr) ihre Werke.

Mit dem Rad durch die Stadt

Geführte Radtouren

Zagreb ist zwar nicht die fahrradfreundlichste Stadt Europas, aber das Radfahren wird immer populärer – kein Wunder, dass die Straßen der Stadt um neue Radwege ergänzt werden. Zagreb bei einer geführten Radtour zu erkunden ist eine tolle Art, die Stadt kennenzulernen. Man kann eine der klassischen dreistündigen Radtouren auf den orangefarbenen Rädern von **Bike Tours Zagreb** (biketours.life) buchen oder sich für eine Thementour von **Blue Bike Tours** (zagrebbybike.com) entscheiden, von „Made in Zagreb", die sich dem örtlichen Kunsthandwerk widmet, bis hin zu „Back to Socialism", bei der man die sozialistische Architektur von Novi Zagreb kennenlernt; für diese Touren ist eine Voranmeldung erforderlich.

DIE BESTEN FESTE & EVENTS IN ZAGREB

Zagrebdox
Bei dem jährlichen internationalen Festival in Zagreb stehen Dokumentarfilme aus aller Welt auf dem Programm. April

Subversive Festival
Europas Aktivisten und Philosophen strömen scharenweise zu Filmvorführungen und Vorträgen nach Zagreb. Mai

Festival of Lights
Zagreb erwacht mit Lichtinstallationen überall auf den Straßen, den Plätzen und in den Parks zum Leben. März

Cest Is d'Best
Zagrebs geliebtes Straßenfestival bringt Musik, Tanz, Theater, Kunst, Sport und anderen Spaß auf Bühnen – überall im Stadtzentrum. Mai

Artupunktura
Diese Plattform für Kunst und Kultur sorgt in jedem Herbst für eine erstaunliche Zahl von Events und für viel Kunst in der Stadt. Oktober/November

DIE BESTEN HOSTELS IN DER UNTERSTADT

Chillout Hostel
Party-Hostel in einer Gasse an der Stadtseilbahn mit sehr geselliger Stimmung, einer Bar, einem Restaurant, Touren und mehr. €

Hostel 63
Das proppere, blitzblanke, gut ausgestattete Hostel wird von sehr hilfsbereitem Personal geführt und hat eine ruhige Lage an einem Hof unweit der Vlaška. €

Swanky Mint
Eine muntere Backpacker-Herberge mit Gartenbar, saisonalem Pool, Schlafsälen, Privatzimmern und einem Restaurant mit asiatischer Fusion-Küche. €

DIE BESTEN ADRESSEN FÜR KUCHEN & GEBÄCK

Amelie
Das französisch angehauchte Lokal an der Vlaška gleich unterhalb der Kathedrale hat leckere Sahnetorten und Tische draußen.

Vincek
Diese *slastičarna* (Patisserie) an der Ilica ist eine Institution in Zagreb und seit den 1970er-Jahren sehr beliebt für seine Eiscreme und seinen Kuchen.

Vis à Vis
Direkt an der Standseilbahn serviert die kleine Schwester des Vincek gesunde Leckereien, teils vegan, teils glutenfrei und ohne weißen Zucker.

Meet Mia
Die Brunch- und Kuchenbar an der Vlaška hat leckere Donuts, tolle Éclairs und andere Leckereien.

Korica
Die traditionell-handwerkliche Bäckerei mit drei Filialen in der Unterstadt hat wundervolles Gebäck und Sandwichs.

Kroatisches Nationaltheater (S. 60)

Trendige Enklave rund um die Martićeva

In Zagrebs „Designviertel“ abhängen

Das einst reizlose Gebiet um die Martićeva am östlichen Rand des Zentrums hat sich zu einem angesagten Viertel gemausert. Die nach einem Festival, das einige Jahre lief, als Designviertel benannte Gegend (die aber heute kaum jemand so nennt), ist ein Treff für Kreative, Designer, Trendsetter und Freidenker. Der Ort, mit dem alles 2004 begann, ist das **Booksa**. Bücherwürmer und Poeten, Schriftsteller und Performer, schräge Leute und Künstler – praktisch alle Kreativen in Zagreb kommen in dieses dem Thema „Buch“ gewidmete Café, um zu plaudern, Kaffee zu trinken, die Bibliothek zu durchstöbern, zu arbeiten oder Lesungen zu hören.

An der verkehrsberuhigten Mala Martićeva mit ihrem bunt bemalten Pflaster, ein paar Türen vom Booksa, und ebenfalls an dem kleinen grünen Grga-Martić-Platz findet sich das **Program,** eine schicke Café-Bar und ein Nachbarschaftstreff. Das **Fetiš Bistro & Deli** an der Ul. Antuna Bauera konzentriert sich auf glutenfreies Essen. Dann kam das **Luta** an der Bauerova, ein Kaffee-Ladengeschäft Berliner Art mit erstklassigem *kava* (Kaffee) und Baristas, die ihren Job verstehen. Das **Noel** und die zugehörige Bäckerei gleich nebenan liegen in einem Radius von fünf Minuten wie auch das geschäftige und verrauchte **Mr Fogg**, eine der coolsten Bars in Zagreb mit düsterem Steampunk-Interieur. Die **Pizzeria Park** an der Mala Martićeva neben dem Booksa ist die angesagte Pizza-Adresse im Viertel.

HERAUSRAGENDE HISTORISCHE HOTELS IN DER UNTERSTADT

Hotel Jägerhorn
Zagrebs ältestes, 1827 eröffnetes Hotel ist eine friedliche Oase an einer Passage nördlich der Ilica. Zurückhaltende Eleganz und eine Café-Terrasse zeichnen es aus. €€

Amadria Park Hotel Capital
Das historische Hotel an der Jurišićeva (wundervolle Zeugnisse der Geschichte!) nutzt die Räumlichkeiten einer ehemaligen Bank und zeigt Art-déco-Anklänge. €€€

Esplanade Zagreb Hotel
Die Grande Dame der Zagreber Hotels ist eine Belle-Époque-Schönheit mit üppigen Zimmern und liegt nur wenige Schritte vom Hauptbahnhof entfernt. €€€

Zagrebs ganz eigenes Sonnensystem

Die neunteilige Kunstinstallation entdecken

Alles begann mit der *Gelandeten Sonne,* der leuchtend goldenen kugelförmigen Skulptur, die der kroatische Künstler Ivan Kožarić 1971 kreierte und als Wahrzeichen auf der Bogovićeva aufstellte, wo sie auch heute noch steht. 2004 schuf dann ein anderer Künstler, Davor Preis, maßstabsgetreue Metallmodelle der Planeten des Sonnensystems, benutzte die *Gelandete Sonne* als Zentrum und platzierte die Modelle in entsprechenden Entfernungen an neun Standorten überall in der Stadt. Man findet sie in recht abgelegenen Vierteln, in die man sich sonst nie verirren würde, aber die Suche macht Spaß, wenn man alle Planeten von Zagrebs ganz eigenem Sonnensystem finden will.

Hier die Standorte der Planeten rund um das Stadtzentrum, die alle leicht zu Fuß erreichbar sind: Merkur – Margaretska 3; Venus – Trg Bana Josipa Jelačića 3; Erde – Varšavska 9 sowie Mars – Tkalčićeva 21.

Der Kaffee-Boom in Zagreb

Von der Bohne in die Tasse zum Ritual

Kaffee ist in Kroatien tief in der Landeskultur verwurzelt, mit einem Schwerpunkt auf Geselligkeit. Fast alles geschieht bei einem *kava,* von Geschäften und Tratsch bis zu Treffen und ersten Verabredungen. Wenn die Einheimischen in Zagreb etwas freie Zeit haben, sitzen sie wahrscheinlich in einem Café.

Diese Vorliebe hat die Verbreitung von Kaffeespezialitäten, die heute zu einer Hauptattraktion der Stadt geworden sind, stark gefördert. Zu den ersten, die diesen Trend lostraten, zählte **Eli's Caffe** an der Ilica, das selbst sortenreine Arabica-Bohnen röstet und einen tollen *triestino* (großer Macchiato Triester Art) serviert. Dann kam **Cogito Coffee,** Kroatiens beste kleine Rösterei gleich neben dem künstlerisch angehauchten **Cafe u Dvorištu,** das frische Kaffeebohnen der Saison importiert und den ganzen Prozess bis hin zu der köstlichen Tasse Kaffee überwacht, die man in einer seiner vier Zagreber Filialen trinkt (dazu kommen zwei in Dubrovnik und eine in Philadelphia).

Eine weiteres Café mit Rösterei, das einen Besuch lohnt, ist das **Quahwa** in einem Hof abseits der Teslina; es serviert erstklassigen Arabica, von superstarken Lattes bis zu traditionellem türkischen Mokka. Andere Lokale, die wegen ihrer Kaffeespezialitäten einen Besuch lohnen, sind die **Express Bar** an der Petrinjska, das **Monocycle** an der Kneza Mislava und das **Filteraj,** ein vegetarisches, Müll vermeidendes Café an der Vlaška.

DER HÖHEPUNKT DER WOCHE IN ZAGREB

Um Zagreb auf dem Höhepunkt seines Freizeitvergnügens – dem geselligen Kaffeetrinken – zu erleben, fährt man zur *špica* ins Stadtzentrum, der sehr eigenen Tradition an jedem Samstag, bei der man vor oder nach dem Besuch auf dem Dolac-Markt (S. 49) zwischen etwa 11 und 14 Uhr einen Kaffee schlürft und die Leute beobachtet.

Bei diesem in den Rang eines Rituals erhobenen Aufmarsch der neuesten Mode und des Klatschs konkurrieren die Leute um die besten Tische draußen auf der Bogovićeva, Preradovićeva und Tkalčićeva.

Man trifft hier Paparazzi, Promis und fein aufgemachte Möchtegern-Sternchen, außerdem jede Menge Action insbesondere an sonnigen Tagen. Es lohnt sich, dieses für Zagreb typische Gewimmel mitzuerleben.

DIE BESTEN ORTE FÜR LIVEMUSIK IN DER UNTERSTADT

Booze & Blues
Eine Anlaufstelle am oberen Ende der Tkalča für Jazz, Blues und Rock'n'Roll. Erstklassiges Livemusikprogramm am Wochenende.

Bacchus Jazz Bar
Lässige Bar in einem Gartenhof nahe dem Bahnhof – mit Live-Jazz, Jam-Sessions und Kneipen-Quiz.

Tvornica Kulture
Ausgezeichneter Multimedia-Treff einige Stufen entfernt von der Martićeva mit vielfältigen Livemusikdarbietungen.

ZAGREB FÜR KINDER

Zagreb ist eine kinderfreundliche Stadt mit einigen wundervollen, speziell für Kinder gedachten Attraktionen sowie einer ganzen Reihe kostenloser geselliger Events, die im Stadtzentrum stattfinden.

Kinder bis sieben Jahre können kostenlos in öffentlichen Verkehrsmitteln mitgenommen werden; bei den meisten Sehenswürdigkeiten zahlen sie keinen oder einen ermäßigten Eintrittspreis.

Zu den tollen Einrichtungen, die sich besonders für Kinder eignen, zählen das Museum der Illusionen (S. 59), der Backo Mini Express mit seiner eindrucksvollen Modellbahnanlage und das Technische Museum Nikola Tesla (S. 68).

Für Sport- und Outdoor-Unternehmungen bieten sich der Boćarski Dom an der Save, der Maksimir-Park, das Sport- & Freizeitzentrum Šalata und die Seen bei Jarun und Bundek an.

Flohmarkt, Britanski trg

Belle-Époque: das Esplanade Hotel

Die Grande Dame unter den Hotels besuchen

Auch wer nicht in dieser Grande Dame der Zagreber Hotels übernachtet, hat Gründe, dem Esplanade Zagreb Hotel einen Besuch abzustatten. Das herrliche Meisterwerk der Belle-Époque-Architektur wurde 1925 als Luxushotel für Gäste erbaut, die mit dem Orient-Express von Paris nach Istanbul reisten.

Für ein typisches kulinarisches Erlebnis bucht man einen Tisch im Hotelrestaurant **Le Bistro** und bestellt die legendären *štrukli*, das handgemachte Gebäck mit frischem Hüttenkäse, das im Le Bistro seit 1951 angeboten wird. An einem sonnigen Tag ist ein Drink auf der prächtigen **Oleander-Terrasse,** die der berühmte kroatische Schriftsteller Miroslav Krleža einst als den Ort bezeichnete, wo der Balkan endet und Europa beginnt, ein wundervolles Erlebnis. Ein weiteres kulinarisches Erlebnis ist ein feines Essen im **Zinfandel's,** dem eleganten Restaurant des Esplanade, dessen Chefköchin Ana Grgić Tomić kreative zeitgenössische Interpretationen klassischer kroatischer Gerichte zaubert.

Straßenparty mit Projekt Ilica: Q'Art

Spaß, Kunst, Spiele und Musik im Straßenraum

Q'Art ist eines der jüngeren städtischen Projekte und Zagrebs Antwort auf eine Straßenparty. Die berühmte Straße Ilica ver-

BESTE STIMMUNG & SPASS IN DER UNTERSTADT

OUT Rooftop Bar
Cocktails, Ausblick, eine Brise und muntere Stimmung direkt abseits der Ilica.

Ritam Grada
Salsa, Bachata, Brettspiele und DJs, direkt am Trg Bana Jelačića.

Swanky Monkey Garden
Bar mit Industrieschick im Hostel Swanky Mint mit mehreren Terrassen und einer Gartenfläche.

wandelt sich zu einem Straßenfest, das Künstler, Kunsthandwerker und Kreative zu einem Tag voller Musik versammelt, an dem man seine Kunstwerke und kunsthandwerklichen Produkte zeigt und verkauft. Das Ziel ist, aufgegebene Räume und vernachlässigte Höfe an der Ilica (Zagrebs längste Durchfahrtstraße), neu zu beleben. Q'Art findet mehrmals im Jahr statt und wurde in letzter Zeit auch auf andere Stadtviertel ausgeweitet.

Weltfestival des Animationsfilms

Das coole Animafest besuchen

Das internationale Festival des Animationsfilms steht auf der Liste der Events, die man in Zagreb besuchen sollte, ganz oben. Seit 1972 findet es in Zagreb statt und zeigt kreative Trick- und Spielfilme aus aller Welt, die um den Großen Preis konkurrieren. An fünf Tagen im Juni bietet das Festival Filmvorführungen an verschiedenen Locations überall in der Stadt – von Parks und Filmtheatern bis zum sommerlichen Freiluftkino Tuškanac.

Stadtführungen aller Art

Zagreb mit einem besonderen Dreh

Wer keine Lust hat, die Kopfsteinstraßen der Oberstadt abzulaufen und die Sehenswürdigkeiten der Unterstadt zu Fuß anzusteuern, kann mit dem Panoramabus von **Zagreb City Tour** fahren, in den man beliebig ein- und aussteigen kann. Die Busse starten mehrmals täglich an der Palmotićeva 2 und halten auf dem Weg nach Mirogoj an sieben Haltestellen im Stadtzentrum (zagrebcitytour.com).

Wer einen Stadtspaziergang mit besonderem Dreh erleben möchte, kann bei **Secret Zagreb** (secret-zagreb.com) einen buchen, der von der inspirierenden Geschichtenerzählerin Iva Silla geführt wird. Die Themen sind ganz verschieden und reichen von den „Badass Women of Zagreb" und „Sleeping Dragon & Other Legends" bis zur Führung „Real City", bei der man mit der Straßenbahn auch nach Novi Zagreb fährt. Man kann auch einen Stadtspaziergang rund um eine historische Person buchen, etwa auf den Spuren Titos (mehr unter walkwithtito.com) oder Teslas, wo man beim Spaziergang zu seinen Stätten in Zagreb erfährt, was den brillanten Erfinder und Visionär inspirierte (teslatourcroatia.com).

Zagreb besitzt eine boomende Straßenkunstszene; beim Spazierengehen sollte man die Augen nach Wand- und Schablonenmalereien offen halten oder einen Stadtspaziergang mit dem Graffitikünstler Krešimir Golubić alias **Leon GSK** (via leongsk.com) buchen.

ANTIQUITÄTENMARKT AM WOCHENENDE

Der am Wochenende stattfindende Flohmarkt auf dem Britanski trg, den die Einheimischen als Britanac kennen, ist eines der größten Vergnügen in Zagreb. Man stöbert auf Tischen voller Kuriositäten und Schnickschnack, von abgefahrenen Sammelstücken bis zu historischen Möbeln und alter Kunst. Der Markt findet bei Regen oder Sonne jeden Sonntag von 8 bis 14 Uhr statt.

Nachdem man sich ausgiebig umgeschaut hat, gönnt man sich in dem Café um die Ecke einen Kaffee.

An anderen Tagen ist der Britanac ein Lebensmittelmarkt mit Ständen, an denen Obst und Gemüse angeboten wird.

NATURPARK MEDVEDNICA

Der Naturpark Medvednica (S. 69) ist ein wundervolles Stück Wildnis mit Wanderwegen und Berghütten.

RESTAURANT-FAVORITEN IN DER UNTERSTADT

Lari & Penati
Das kleine, stilvolle Bistro ist toll für ein Essen unter der Woche, insbesondere mittags. **€**

Mali Bar
Das Lokal in Erdtönen hat eine Terrasse und serviert saisonale kleine Gerichte, die von der mediterranen, der nahöstlichen und der asiatischen Küche inspiriert sind. **€€**

Pod Zidom
Das gehobene Bistro direkt am Dolac-Markt legt den Schwerpunkt auf moderne Küche mit marktfrischen Zutaten. **€€**

Rund um das Zentrum

KUNST, WÄLDER UND SEEN

Jenseits der Unter- und der Oberstadt Zagrebs erstrecken sich einige Viertel bis nach Novi Zagreb jenseits der Save. Hinzu kommen ehemalige Industriegebiete an den Rändern, in denen sich heute einige coole Locations – von schrägen Kunststätten bis zu abgefahrenen Biergärten – eingenistet haben, sowie die grünen Wohnviertel in den Ausläufern der Medvednica.

Man kann in den halb wilden Parks und Wäldern mit ihren Ententeichen herumstreifen oder hinausziehen zu den Refugien an den Seen, wo man Sport treiben, sich erholen, Konzerte hören und bei einem Picknick Bekanntschaften schließen kann.

Außerhalb des Stadtzentrums ist Zagreb unglaublich grün. Es gibt 17 (!) geschützte Parkwälder und außerdem einige herausragende Beispiele modernistischer Architektur sowie Blocks aus der sozialistischen Ära, deren verborgene Schönheit man am besten mit einem Insider erkundet.

Nach dem Erdbeben von 2020 sind derzeit viele Museen wegen Renovierung geschlossen, darunter das Mimara-Museum, der Kunstpavillon, das Atelier Meštrovic, die Strossmayer-Galerie der alten Meister und das Kunstgewerbemuseum. Am besten fragt man im Besucherzentrum nach, wann die einzelnen Einrichtungen wieder geöffnet werden.

TOP TIPP

Die Elektrische Straßenbahn von Zagreb, besser bekannt als ZET, betreibt Busse, wo keine Straßenbahnen fahren, sodass man die meisten hier vorgestellten Orte bequem mit öffentlichen Verkehrsmitteln erreichen kann. Tickets erhält man an den meisten Kiosken, beim Fahrer oder über die App Moj ZET.

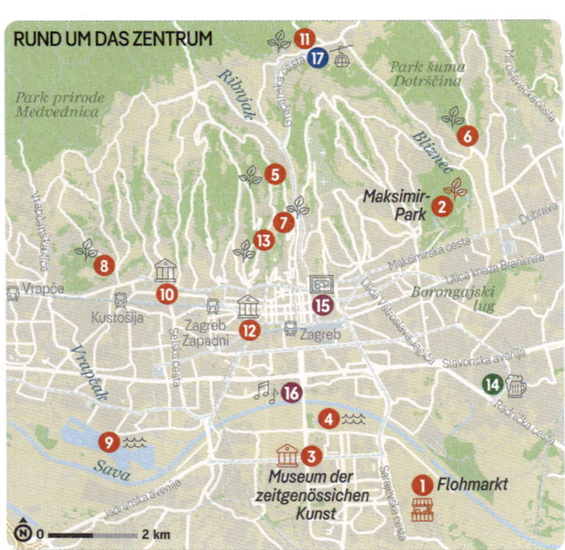

HIGHLIGHTS
1 Flohmarkt S. 68
2 Maksimir Park S. 67
3 Museum der zeitgenössischen Kunst S. 67

SEHENSWERTES
4 Bundek-Park S. 68
5 Cmrok Wiese S. 69
6 Dotrščina S. 69
7 Dubravkin Put S. 69
8 Grmoščica Waldpark S. 69
9 Jarun-See S. 68
10 Lauba S. 67
11 Naturpark Medvednica S. 69
12 Technisches Museum Nikola Tesla S. 68
13 Tuškanac S. 69

AUSGEHEN & FEIERN S. 69
14 Garden Brewery
15 Pogon Jedinstvo
16 Močvara

TRANSPORT
17 Sljeme Seilbahn S. 69

Lauba – Haus der Menschen & der Kunst

Abgefahrene zeitgenössische Kunst

Diese private Kunstsammlung in einer ehemaligen Textilweberei im Industriegebiet Črnomerec im Westen Zagrebs bietet einen Einblick in die zeitgenössische kroatische Kunst von den 1950er-Jahren bis in die Gegenwart. Umgeben von Industrieschick gibt's ein dynamisches Programm von Events und häufig wechselnden Sonderausstellungen. Auf dem Gelände befindet sich die coole, ganztägig geöffnete Café-Bar **Bez Naziva** (dt.: Ohne Titel). Das Lauba ist sonntags geschlossen.

Lauba

Maksimir-Park

Die Wälder und Seen dieses grünen Refugiums erkunden

Die friedliche, 18 ha große bewaldete Enklave ist einer der wertvollsten Parks von Zagreb und befindet sich östlich des Trg Bana Jelačića (15 Min. mit der Straßenbahn). Der 1794 der Öffentlichkeit zugänglich gemachte Park – die erste öffentliche Erholungsanlage in Südosteuropa – ist wie ein englischer Landschaftsgarten gestaltet: mit Alleen, Rasenflächen und einer Reihe von Seen und Wäldchen. Das am häufigsten fotografierte Gebäude hier ist der exquisite, 1843 errichtete **Vidikovac** (Belvedere) mit nettem Café und Plätzen im Freien. Man kann im Echo-Pavillon ein Lied singen und die rustikale Schweizer Berghütte besuchen. Der im Park liegende **Zagreb Zoo** besitzt eine bescheidene Sammlung von Tieren aus aller Welt. Bei der Fütterung der Pelikane, Seelöwen, Kapuzineraffen und afrikanischen Löwen kann man zuschauen.

Maksimir Park

Museum für zeitgenössische Kunst

Mäanderförmiger Kunst-Behemoth in Novi Zagreb

Das in einem mäanderförmigen Wahrzeichen der Stadt untergebrachte Museum in Novi Zagreb (von dem örtlichen Stararchitekten Igor Franić entworfen) zeigt auf 17 000 m² Einzel- und thematische Gruppenausstellungen kroatischer und internationaler Künstler:innen. Die Dauerausstellung präsentiert eine Reihe von interessanten Sammlungen, darunter die Art-brut-Sammlung mit 639 Werken und eine Gemäldesammlung mit 1200 Werken. Alljährlich gibt es ein umfängliches Programm von Filmvorführungen, Konzerten Theater- und Performance-Kunst. Das Museum ist montags geschlossen; am ersten Mittwoch jedes Monats ist der Eintritt frei. An den Samstagen im Sommer werden auf der Dachterrasse Konzerte veranstaltet.

Spaß am Jarun-See

„Zagrebs Meer" erkunden

Der im Süden von Zagreb gelegene Jarun-See ist zu jeder Zeit ein beliebtes Ausflugsziel der Stadtbewohner, ganz besonders aber im Sommer, wenn das klare Wasser des künstlichen Sees ideal zum Baden ist. Obwohl ein Teil des Sees für Boots-Wettbewerbe (Rudern, Kajak- und Kanufahren) abgesperrt ist, bleibt viel Platz für entspanntes Schwimmen. Zu den weiteren Erholungsoptionen vor Ort zählen die vielen Radwege, Rollschuhfahren und Kinderspielplätze. Bei der Ankunft wendet man sich nach links zum **Malo Jezero**, wenn man baden oder ein Kanu oder Tretboot mieten will, oder nach rechts zum **Veliko Jezero** mit einem Kieselstrand und der Gelegenheit zum Windsurfen.

VÖGEL BEOBACHTEN AN DER SAVICA

Ein unerwartetes Stück Wildnis sind die geschützten **Savica-Seen** gleich nördlich der Save. Das Feuchtgebiet umfasst eine Reihe sumpfiger Seen zwischen den Brücken Most Mladosti und Domovinski Most.

Wanderwege ziehen sich durch dieses urtümliche kleine Altwasser- und Naturschutzgebiet, in dem es eine ornithologische Station gibt, in der man mehr als 30 Vogelarten beobachten kann, darunter Eisvögel, Bienenfresser, Wasserrallen und Zwergrohrdommeln.

Es handelt sich um eine ungewöhnlich ruhige und heitere Grünfläche mitten in der Hauptstadt, wo man hin und wieder auf Angler trifft, ansonsten aber nur Ruhe und den Gesang der Vögel findet.

Technisches Museum Nikola Tesla

Eine Hommage an den berühmten Erfinder

Man vergesse Elon Musk und sein Tesla-Unternehmen, hier geht es um den einzig wahren. Wissenschaftsfans und Kinder lieben die bunt zusammengestellte Sammlung, die von Dampflokomotiven über den Nachbau einer Mine und Ausstellungen zu Landwirtschaft, Geologie, Energie und Transportmitteln bis hin zu maßstabsgerechten Modellen von Satelliten reicht. Es gibt auch ein Modell von Nikola Teslas Labor, in dem man Experimente des sagenumwobenen Erfinders sehen kann, sowie ein Planetarium zur Beobachtung des Nachthimmels (für ältere Kinder ab sieben Jahre). Das Museum ist montags geschlossen.

Kroatiens größter Flohmarkt

Einen Ausflug nach Hrelić machen

Kroatiens größter und buntester Flohmarkt ist eine riesige Fläche, vollgepackt mit allem – von Autoteilen und alten Möbeln bis hin zu Kleidung, Schallplatten und Küchengerät – oder, wie der Werbespruch lautet, von Nadeln bis zu Lokomotiven. Hier erlebt man eine Seite von Zagreb, die man anderswo kaum zu sehen bekommt – man findet hier viele Roma, Musik und im Speisebereich rauchendes Grillfleisch. Der Markt, der mittwochs und sonntags bis 15 Uhr stattfindet, liegt ein Stück außerhalb des Zentrums, es gibt aber Busverbindungen.

Hübscher grüner Flecken in Bundek

Spaß und Spiele an den Seen

Bundek, ein weiteres grünes Refugium in Novi Zagreb, besitzt zwei Seen; der **Große See** ist zum Baden, der **Kleine See** ein

ÜBERNACHTEN AUSSERHALB DES ZENTRUMS

Funk Lounge Hostel
Das zeitgenössische Hostel in einem schmucklosen Hochhaus auf dem Weg zum Maksimir-Park bietet Privatzimmer und Schlafsäle. **€**

Puntijar
Der nette kleine historische Gasthof mit musealer Atmosphäre liegt in dem grünen Wohnviertel Gračani. **€€**

Zonar Zagreb
Das schicke neue Hotel in einem Hochhaus außerhalb des Zentrums prunkt mit einer Dachterrasse, auf der sich ein Pool befindet. **€€€**

Naturreservat für Tiere und Pflanzen. Es gibt Rollschuhwege, eine Reihe von Spielplätzen, Sandplätze für Volley- und Handball sowie eine schwimmende Bühne für bis zu 2500 Besucher:innen. Im Sommer werden am See fröhliche improvisierte Feste veranstaltet.

Bierparadies in der Garden Brewery

Lohnender Weg zu Bier und Spaß

Die Kleinbrauerei mit Schankraum lohnt die weite Anreise nach Žitnjak, dem Industriegebiet im Osten von Zagreb. In dem riesigen verglasten Atrium einer alten Ziegelei, in dem mehr als 40 ausgewachsene Bäume stehen, werden 20 frisch gezapfte Biere angeboten (zu empfehlen sind die Hazy Pales und die fruchtigen Kettle-Sours). Im Garden finden diverse Events statt, darunter Bauernmärkte, Pub-Quiz und DJ-Partys. Vor Ort gibt's Straßenkost und an den Wochenenden Brauereiführungen.

Indie-Kultur an der Save

Abseits des Mainstreams in Pogon Jedinstvo und Močvara

Pogon Jedinstvo und Močvara, nebeneinander liegende Stätten am nördlichen Ufer der Save, sind die Bastionen von Zagrebs Indie-Kultur. Das **Pogon** beherbergt in seinen zwei Hallen alles von Experimentalfilmlabors und extremen Musiktheater-Vorstellungen bis hin zum jährlichen CirkoBalkana Festival des zeitgenössischen Zirkus. Das **Močvara** setzt auf sehr alternative Musik wie Synth-Pop, Surf-Rock, Black Metal und Country-Gothic.

SLJEME-SEILBAHN

Die neue Seilbahn führt von der Station in Dolje, die vom Stadtzentrum aus mit der Straßenbahn erreichbar ist, in 10 Minuten hinauf auf den Sljeme, den höchsten Gipfel der Medvednica.

Die Gondel kann bei der Fahrt schaukeln, aber der Blick auf die Stadt ist hinreißend: Man sieht die Stadt, die sich unten ausbreitet, und drumherum die grüne Landschaft der Berghänge.

Oben angekommen, besucht man den neu eröffneten **Aussichtspunkt** auf dem Sljeme-Turm, wo man in 1118 m Höhe den besten Rundblick hat. Irgendwann in der Zukunft sollen ein Drehrestaurant und eine Seilrutsche hinzukommen.

Zagrebs geschützte Parkwälder

Sich in halb wilden Wäldern verlieren

Zagreb ist eine unglaublich grüne Stadt, in der man sich in halb wilden Grüngebieten verlieren kann. Neben dem geliebten Maksimir-Park und dem **Naturpark Medvednica** besitzt Zagreb 17 geschützte Parkwälder unterschiedlicher Gestalt und Größe in verschiedenen Vierteln der Stadt. Einen Besuch lohnen der Weg **Dubravkin Put** von **Tuškanac** zur **Cmrok-Wiese** in der Oberstadt, **Dotrščina** mit seinem antifaschistischen Gedenkpark neben dem Maksimir-Park sowie der **Grmoščica-Waldpark** in den westlichen Vorstädten.

Dubravkin Put

DIE BESTEN CLUB-LOCATIONS AUSSERHALB DES ZENTRUMS

Masters Club
Mehr Underground-Club als hier geht in Zagreb nicht. Die winzige Location liegt neben einem Tennisplatz-Komplex nahe dem Maksimir-Park.

Katran
In dem Industriekomplex abseits der Radnička gibt's eine Reihe von Clubs. In einem von ihnen ist immer etwas los.

Peti Kupe
Dieser Club, einer von Zagrebs Newcomern, bietet hinter dem Bahnhof ein fabelhaftes Aufgebot von DJs und Livebands.

XBRCHX/SHUTTERSTOCK ©

Links: Strigova, Međimurje (S. 83); rechts: Risnjak-Nationalpark (S. 92)

DIE WICHTIGSTEN ZIELE

UMLAND VON ZAGREB
Herrliche Wanderungen, schmucke Städtchen, Weinstraßen. S. 74

ZAGORJE
Burghügel und märchenhafte Dörfer. S. 78

VARAŽDIN
Grandiose Barockarchitektur. S. 81

Inland

ACKERLAND, WILDNIS UND VIEL GESCHICHTE

Ländliche Idylle, märchenhafte Dörfer, malerische Weinstraßen, geschichtsträchtige Städte und Sümpfe wie in Amazonien: Willkommen im grünen, wilden Herzen des kroatischen Inlands.

Die meisten ignorieren diesen großen Teil Kroatiens, der doch nach wundervollen Autotouren und Naturerkundungen abseits ausgetretener Pfade geradezu ruft. Im Norden wartet die ländliche Region Zagorje mit winzigen Dörfern, mittelalterlichen Burgen, Kurorten und Hügeln voller Weinreben auf.

Im äußersten Osten (gen Ungarn) liegt das ebenso beschauliche wie geschichtsträchtige Varaždin mit schöner Barockarchitektur und einem sehr besuchenswerten Sommerfestival.

Südostwärts in Richtung Serbien erstreckt sich die landwirtschaftlich geprägte Region Slawonien in der Pannonischen Tiefebene. Im belebten Osijek an der Drau genießt man hier Kultur und schöne Architektur. In Vukovar finden sich Museen und Kriegsdenkmale. Ilok punktet mit Weinkellern, Đakovo mit einer majestätischen Kathedrale. Danach geht's hinaus in die ländliche Region Baranja, wo Weinstraßen und Bootstouren durch die weiten Sümpfe des Naturparks Kopački Rit locken.

Bei einer Fahrt von Zagreb zur Küste empfiehlt sich ein Abstecher in die dichten Wälder des Gorski Kotar mit dem Risnjak-Nationalpark (s. Bild). Kroatiens Inland ist eine ganz andere Welt als die betriebsamen und überlaufenen Küstenorte. Hauptattraktion: dünn besiedelte Gegenden mit vielen Sehenswürdigkeiten.

MEĐIMURJE
Thermalbäder und tolle Radrouten. S. 83

SLAWONIEN
Hauptstadt am Fluss, grüne Sümpfe und Weingüter. S. 85

GORSKI KOTAR
Tiefe Wälder und jede Menge Wildtiere. S. 92

Erste Orientierung

Mit seinen vielfältigen Landschaften und Attraktionen macht das Inland einen großen Teil Kroatiens aus.

Varaždin, S. 81
Durch das barocke Stadtzentrum bummeln: Hier warten eine Burg mit Türmen und großartig erhaltene Gebäude.

Das Umland von Zagreb, S. 74
Das herrliche Inland rund um Zagreb erkunden: perfekte Wanderberge, schmucke Städtchen und unbekannte Weinstraßen.

Međimurje, S. 83
Idyllisches Landschaftsdreieck im äußersten Norden: Thermalbäder, super Radrouten und Wein.

Zagorje, S. 78
Die Schönheit dieser ländlichen Region entdecken: mittelalterliche Märchenburgen, hübsche Dörfer, einzigartige Museen und Kurorte mit Themalbädern.

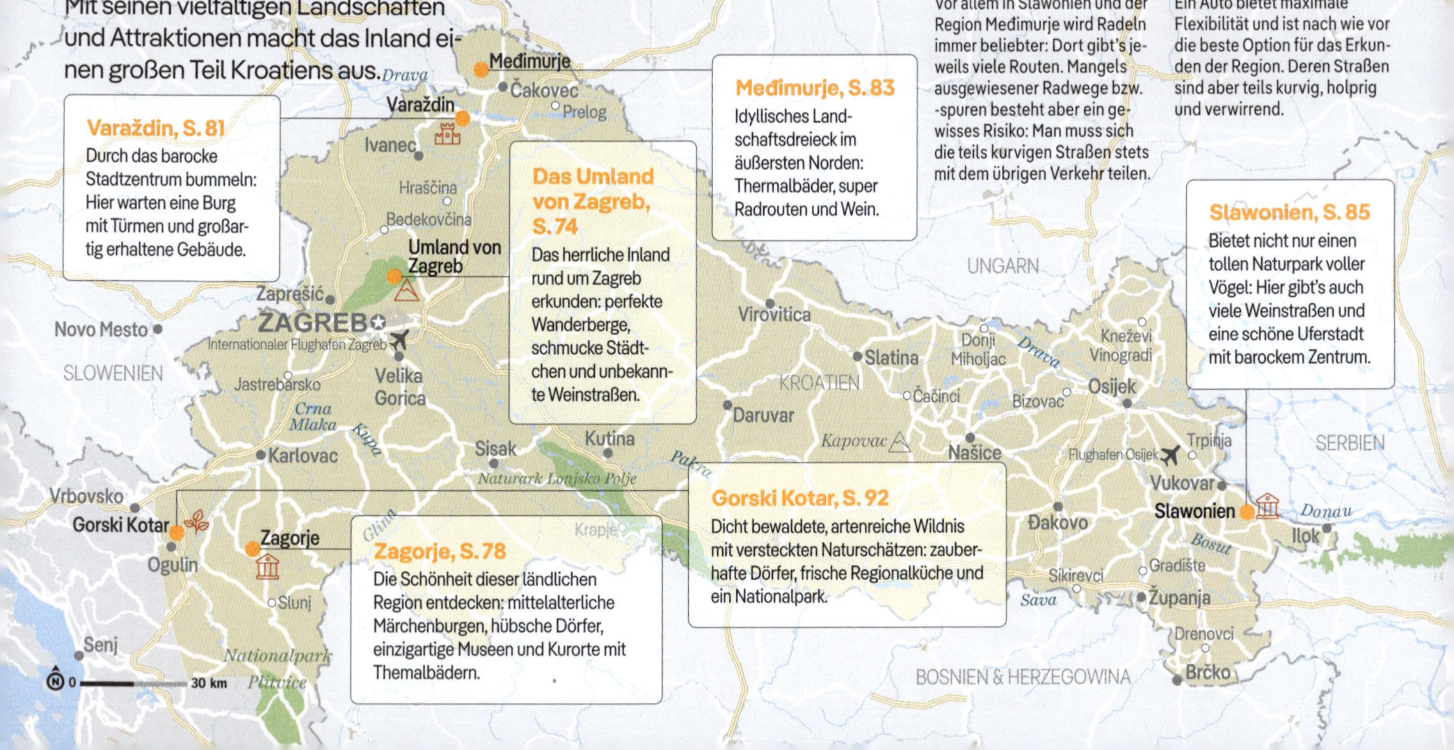

Gorski Kotar, S. 92
Dicht bewaldete, artenreiche Wildnis mit versteckten Naturschätzen: zauberhafte Dörfer, frische Regionalküche und ein Nationalpark.

Slawonien, S. 85
Bietet nicht nur einen tollen Naturpark voller Vögel: Hier gibt's auch viele Weinstraßen und eine schöne Uferstadt mit barockem Zentrum.

FAHRRAD

Vor allem in Slawonien und der Region Međimurje wird Radeln immer beliebter: Dort gibt's jeweils viele Routen. Mangels ausgewiesener Radwege bzw. -spuren besteht aber ein gewisses Risiko: Man muss sich die teils kurvigen Straßen stets mit dem übrigen Verkehr teilen.

AUTO & MOTORRAD

Ein Auto bietet maximale Flexibilität und ist nach wie vor die beste Option für das Erkunden der Region. Deren Straßen sind aber teils kurvig, holprig und verwirrend.

Burg Veliki Tabor, Zagorje (S. 79)

Perfekte Tage

Das vergleichsweise unbekannte Inland lockt mit entspannten Auto- oder Radtouren, netten Kleinstädten und interessanten Wanderwegen.

Wenig Zeit

Bei einem Aufenthalt in Zagreb sollte man ein paar Tage lang auch die Umgebung erkunden: Dort warten z.B. die barocke Schönheit **Varaždin** (S. 81) und die Thermalbäder der **Međimurje** (S. 83). Eine Fahrt durch die **Zagorje** (S. 78) punktet mit Hügelburgen und tollen Museen. Am zweiten Tag empfehlen sich die Weinstraßen der **Plešivica** (S. 77) und Wandern im Naturpark **Žumberak-Samoborsko Gorje** (S. 77).

Fünf Tage Zeit

Nach zwei Tagen in **Zagrebs Umgebung** (S. 74) geht's ostwärts nach Slawonien: Hier zwei Tage in dessen ruhiger Hauptstadt **Osijek** (S. 85) an der Drau verbringen und durch den Naturpark **Kopački Rit** (so etwas wie „Europas Amazonien"; S. 87) schippern. An den Weinstraßen der **Baranja** (S. 87) gibt's traditioelle Küche. Am letzten Tag besucht man **Vukovar** (S. 90) mit seinen Museen und Kriegsdenkmalen.

BESTE REISEZEIT

FRÜHLING
Die Natur erwacht: Herrliche Wanderungen in den Bergen rund um Zagreb und in den Wäldern von Gorski Kotar.

SOMMER
Wenig Betrieb im Inland: Die meisten Leute zieht es an die Küste. In Varaždin steigt das spaßige Špancir-Fest (Aug.).

HERBST
Anlässlich der Weinernte finden in Slawonien z.B. die Wine & Bike Tour (Erdut) und der Wine Marathon (Zmajevac) statt.

WINTER
Skifahren am Sljeme gleich außerhalb von Zagreb oder im Winter-Wunderland von Gorski Kotar.

Umland von Zagreb

NATURWUNDER | SCHMUCKE STÄDTCHEN | TOLLE WEINGÜTER

UNTERWEGS VOR ORT

In Zagrebs Umgebung gibt's recht gute Busverbindungen. Eigene vier bzw. zwei Räder bieten aber mehr Flexibilität. Das Ökozentrum Budinjak (Žumberak) verleiht E-Bikes.

TOP TIPP

Die Medvednica am Rande Zagrebs ist von der Stadt aus leicht erreichbar: Tram 14 bis zur Endhaltestelle nehmen, dort in die Tram 15 umsteigen und bis zu deren Endhaltestelle (Gračansko Dolje) fahren. Hier geht's dann mit der Sljeme-Seilbahn zum Gipfel. Die Alternative ist der Bus 140 (Mihaljevac–Tomislavov Dom).

Das kroatische Inland rund um Zagreb ist ganzjährig eine tolle Option für spontane Trips ab der Hauptstadt: Hier warten zauberhafte Städtchen, tolle Bauernhofrestaurants und spektakuläre Natur. Die malerische Region ist ideal für Wander- oder Skibegeisterte sowie für Gourmets und Weinfans. Denn ihr Spektrum reicht von der idyllischen Mini-Weinregion Plešivica bis hin zu bewaldeten Bergen. Dazu gehört auch die imposante Medvednica, die nördlich von Zagreb zu Tagestouren einlädt.

Das zauberhafte kleine Samobor ist für seine Sahnetorten bekannt. Der umliegende Naturpark Žumberak-Samoborsko Gorje ist perfekt für Abenteuer. Die Region hat zudem ein paar nette Unterkünfte (z. B. Pensionen oder Übernachtungen auf dem Bauernhof) zu bieten. Allerdings ist die Distanz zu Zagreb so gering, dass Tages- oder sogar Halbtagsausflüge am sinnvollsten sind – je nachdem, was man erleben will.

Die mächtige Medvednica

Waldwandern & mittelalterliche Mauern

Die imposante **Medvednica** nördlich von Zagreb (20 Min. ab dem Zentrum) ist perfekt für schnelle Abstecher in die Natur: Die Hauptstädter:innen fahren hier im Winter Ski und wandern im übrigen Jahr über die grünen Hänge des Bergmassivs. Dessen Westteil ist ein geschützter Naturpark mit dichten Wäldern aus Purpurtannen, Traubeneichen und Pannonischen Buchen. Die Einheimischen bezeichnen die Medvednica auch als **Sljeme** (nach ihrem höchsten Gipfel auf 1035 m).

Mit ihrer frischen Bergluft und bewaldeten Landschaft ist die Medvednica ganzjährig ein populäres Wochenendziel – und ideal für Outdoor-Aktivitäten: Neben Radwegen (Gesamtlänge 100 km) gibt's hier über 70 **Wanderwege** mit unterschiedlichen Schwierigkeitsgraden. Zu den beliebtesten Optionen zählen dabei die Naturlehrpfade Bliznec und Miroslavec sowie die Routen Leustek, Bikčević und Horvatove Stube. Im Winter wird

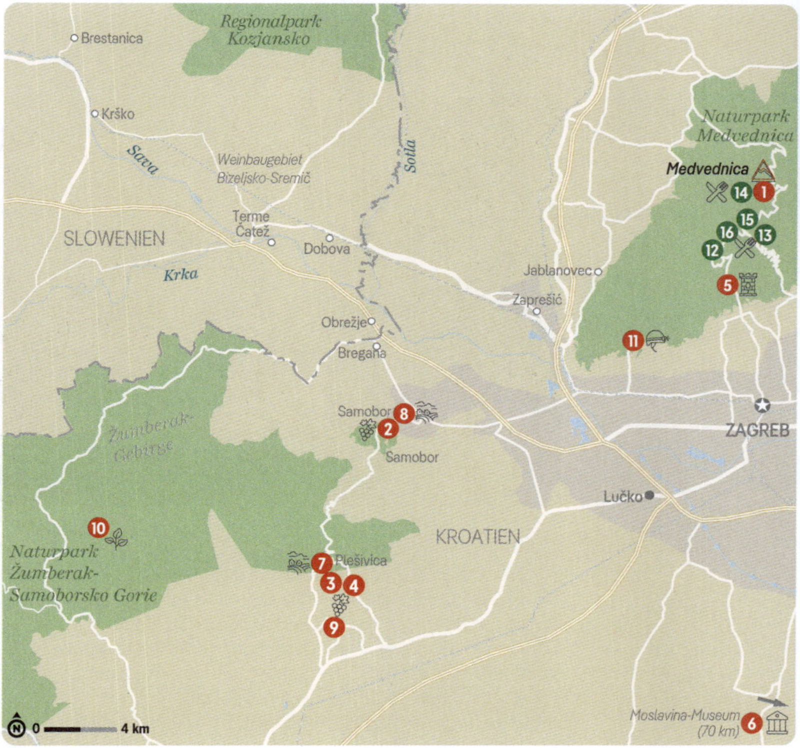

HIGHLIGHTS
1 Medvednica S. 74

SEHENSWERTES
2 Familienkellerei Filipec S. 76
3 Kellerei Korak S. 77
4 Lagradi S. 77
5 Festung Medvedgrad S. 76
6 Moslavina-Museum S. 77
7 Weinstraße Plešivica S. 77
8 Samobor S. 76
9 Šember S. 77
10 Žumberak Samoborsko Gorje S. 77

AKTIVITÄTEN, KURSE & TOUREN
11 Veternica-Höhle S. 76

ESSEN S. 77
12 Grafičar
13 Planinarski Dom Runolist
14 Puntijarka
15 Restaurant Grofica
16 Zlatni Medvjed

die Sljeme trotz inzwischen geringerer Schneemengen zum weißen Wunderland: Schneekanonen bestäuben die insgesamt fünf Skipisten. Am längsten und einfachsten: **Bijela livada** (weiße Wiese). Vor Ort gibt's auch Lifte und Möglichkeiten zum nächtlichen Skifahren. Eine Seilbahn verbindet den Berg direkt mit Zagreb.

DIE BESTEN UNTERKÜNFTE RUND UM ZAGREB

Hiže na Bregu
Ländliches Refugium in zwei traditionellen Schindelhäuschen. In den nördlichen Ausläufern der Medvednica. €

Tomislavov Dom
Berghotel am Sljeme. Sozialistisch anmutende Inneneinrichtung und herrliche Waldlage. €€

Hotel Livadić
Historisches kleines Hotel an Samobors Hauptplatz. Reizend, aber leicht kitschig. €€

PANLUX.PHOTO/SHUTTERSTOCK ©

Samobor

Führungen durch die **Veternica-Höhle** (1 Std.; nur Sa & So) erkunden die ersten 380 m des Gangsystems. Neben skurrilen Tropfsteinen und Fossilien berherbergt die Höhle auch 18 geschützte Fledermausarten. Die sehenswerte **Festung Medvedgrad** (pp-medvednica.hr) wurde 1254 errichtet, um die Stadt vor einfallenden Tataren zu schützen. Im Lauf ihrer langen Geschichte hatte sie über 150 verschiedene Herren. Das neue Besucherzentrum (Mo geschl.) liefert super Infos zu dem sagenumwobenen Bollwerk, in dem es auch spuken soll.

TIPPS, TRICKS – UND ZECKEN

Alle Medvednica-Touren dauernd mindestens drei Stunden (inkl. Rückweg). Zudem kann man sich auf dem dicht bewaldeten Berg sehr leicht verirren. Wer ohne Guide oder gute Ortskenntnisse unterwegs ist, sollte daher früh am Tag starten und vor Sonnenuntergang zurückkehren. Genügend Trinkwasser und warme Bekleidung sind ebenfalls wichtig.

Im Frühjahr besteht hier auch Gefahr durch Zecken, die Krankheiten übertragen können. Darum lange Klamotten tragen, Abwehrspray auftragen und den Körper nach dem Wandern sorgfältig absuchen!

Im Winter braucht man Stiefel mit griffigen Sohlen: Vereiste Pfade sind vor allem talwärts besonders heikel.

Das hübsche Samobor

Sahnetorten & schönes Spaziergänge

Eine kurze Fahrt ab Zagreb führt zum hübschen **Samobor**. In dem landschaftlich schön gelegenen Städtchen relaxen die Hauptstädter bei herzhaftem Essen und Sahnetorten. Im Ortskern lädt der flache, kurvige Bach Gradna zu entspannten Uferspaziergängen ein. Beim Bewundern der schmucken Gebäude und Kirchen in Pastelltönen empfiehlt sich zwischendurch eine der berühmten *kremšnite* (Sahnetorten). Die **Familienkellerei Filipec** ist für ihren *bermet* bekannt. Dieser bittersüße Wein wird mit Wermut, Früchten und ein paar familiären Geheimzutaten aromatisiert. Samobor erfreut sich einer Linienverbin-

DIE BESTEN RESTAURANTS RUND UM ZAGREB

Korak
Weingut mit Michelin-Sterne-restaurant an der Plešivica-Weinstraße. **€€**

Gabreku 1929
Eine Institution und seit 1929 von derselben Familie betrieben. Berühmt für seine *palačinke* (Crêpes; süß oder pikant) in 40 Varianten. **€€**

U Prolazu
Konditorei mit Samabors besten *kremšnite*. Direkt am Hauptplatz **€**

dung ab Zagrebs Hauptbusbahnhof und ist so ein bequem erreichbares Halbtagsziel. Im Februar steigt hier zudem eins von Kroatiens besten **Karnevalsfesten**.

Naturpark Žumberak & Samobor-Hochland

Wandern in der Wildnis

Samobor ist eine gute Ausgangsbasis für Treks im **Žumberak-Samoborsko Gorje** (Naturpark Žumberak und Samobor-Hochland; 333 km²). Der Gebirgszug verbindet die Hochalpen mit den Karsthöhlen und Schluchten der Dinariden. Wiesen, Wälder, Fluss-Canyons, Karsthöhlen und vier Wasserfälle machen den artenreichen Park (Ausweisung 1999) zum beliebtesten Wanderrevier der Region. 1875 begann hier auch das organisierte Bergsteigen in Kroatien.

Die meisten örtlichen Wanderungen sind leicht zu meistern und folgen gut markierten Pfaden. Unterwegs laden diverse Berghütten (geöffnet meist nur Sa & So) zu angenehmen Pausen ein. Die Bergkette besteht aus drei Bereichen: der Oštrc-Gruppe (Zentrum), der Japetić-Gruppe (Westen) und der Plešivica-Gruppe (Osten). Dazwischen verteilen sich mittelalterliche Burgen, Überreste keltischer Friedhöfe, Paragliding-Spots, Kletterfelsen und malerische Dörfer. Die **Website** (park-zumberak.hr) des Parks und die Touristeninformation an Samobors Hauptplatz liefern Details für Outdoorfans.

Die Plešivica-Weinstraße

Gute Tropfen in herrlicher Landschaft

Ein super Tagesziel für Weinfans: Gleich außerhalb von Zagreb erstreckt sich bei Jastrebarsko eine von Kroatiens unterschätztesten Weinregionen. Entlang der kurvigen Ausläufer der **Plešivica-Weinstraße** warten hier einige der besten Lesen und leckersten Gerichte der Region. Die Fahrt durch die grünen Hügel passiert Weinberge und Dörfer mit roten Dächern.

Die herrliche Gegend liegt 20 km südlich von Samobor und 45 km nördlich von Zagreb. Ihre über 40 Weingüter kultivieren z. B. *portugizac, plavec* und *zelenac*. Hauptattraktion sind aber die erstklassigen Schaumweine – daher auch der Spitzname „kroatische Champagne". Der **Tourismusverband der Gespanschaft Zagreb** (visitzagrebcounty.hr) liefert weitere Infos zu den örtlichen Kellereien. Beispiele: **Korak** (korakwinery.com) mit seinem Michelin-Sterne-Restaurant empfiehlt sich für Chardonnay und Pinot Noir. **Šember** (sember.hr) ist für Riesling and Chardonnay bekannt. Das Highlight von **Lagradi** (lagradi.com) ist ein mit der Bronzemedaille ausgezeichneter Muskateller. Führungen mit Verkostung sind fast überall reservierungspflichtig.

BESCHAULICHE MOSLAVINA

Östlich von Zagreb liegt die ruhige, ländliche Region Moslavina mit fruchtbaren Ebenen, dichten Wäldern, Weinbergen und Flüssen.

Im reizenden Ort **Ivanić-Grad** ehrt das **Moslavina-Museum** das regionale Kulturerbe. Zudem steigt hier das Bučijada-Festival (Anfang Okt.) mit vielerlei Kürbisprodukten und erfrischendem *škrlet*-Weißwein.

Auf dem Kezele-Hof in **Šumećani** kann man Herzhaftes aus der Region genießen, heimische Weine probieren und in rustikalen Hütten übernachten. Am Wochenende kommen aber viele Tagesausflügler aus Zagreb hierher (rechtzeitig reservieren!).

HERZHAFTE KLASSIKER FÜR WANDERSLEUTE

An den Hängen der Medvednica genießen die Menschen aus Zagreb sowie hungrige Wandersleute herzhaftes Mittagessen (z. B. Bohneneintopf, Strudel) in 20 Berghütten. Am beliebtesten sind die Optionen **Runolist**, **Grafičar**, **Grofica**, **Puntijarka** und **Zlatni Medvjed.** Alle Hütten haben Fans und servieren Traditionsküche im rustikalen Ambiente.

Zagorje

MÄRCHENHAFTE BURGEN | URALTE GESCHICHTE | KURORTE

UNTERWEGS VOR ORT

Das Erkunden der Zagorje erfordert ein eigenes Fahrzeug. Vorsicht vor steilen, schmalen, kurvigen Straßen voller Schlaglöcher!

TOP TIPP

Unbedingt die Spezialitäten der Zagorje probieren: *Purica* (Truthahn) mit *mlinci* (gebratene Nudeln), *štrukli* (Klöße mit Käsefüllung) und *sir i vrhnje* (Frischkäse-Sahne-Mix) mit regionalem Maisbrot.

Die idyllische Region Zagorje ermöglicht Stadtfluchten in Zagrebs direkter Umgebung. Winzige Dörfer verstecken sich hier zwischen dicht bewaldeten Hügeln, Weinbergen, Kornfeldern und mittelalterlichen Burgen. Die ländliche Gegend ist perfekt für entspante Autotouren und bildet einen ruhigen Gegenpol zum umtriebigen Süden am Mittelmeer. Zudem ist sie oft angenehm menschenleer. An warmen Frühlings- und Herbstwochenenden wird sie aber zum Tagesziel vieler Zagreber Familien.

Die Region beginnt nördlich der Medvednica bei Zagreb und erstreckt sich westwärts bis zur slowenischen Grenze. Gen Norden reicht sie bis nach Varaždin mit seiner großartig erhaltenen Barockarchitektur. Ob herzhafte Speisen in rustikalen Restaurants, Baden im Thermalwasser, Eintauchen ins Dorfleben oder Besichtigung uralter Burgen: All dies ermöglicht die Zagorje, die zu Kroatiens unbekanntesten Ecken zählt.

Kumrovecs altes Dorfmuseum

Landleben wie im 19. Jh.

Im Sutla-Flusstal nahe der slowenischen Grenze liegt das Dorf Kumrovec. Hier wartet der Nachbau eines Dorfs aus dem 19. Jh.: Das ethnografische **Staro-Selo-Museum** (Altes Dorfmuseum) besteht aus 30 restaurierten Häusern bzw. Scheunen aus Stampflehm und Holz. Ein Bach gluckert über das idyllische Freigelände, das lebendige Einblicke in das traditionelle Bauernleben im späten 19. und frühen 20. Jh. gibt. Die *hiže* (regionaltypische

DIE BESTEN RESTAURANTS IN DER ZAGORJE

Vuglec Breg
Ländliches Lokal mit Regionalküche (z. B. *štrukli*) auf einer Aussichtsterrasse. **€€**

Bolfan Vinski Vrh
Tolles Restaurant in einer schönen *klet* (traditionelle Berghütte) mit super Aussicht auf Weinberge. **€€**

Grešna Gorica
Rustikales Lokal auf einer Hügelspitze. Bekannt für Traditionsküche bei grandiosem Blick auf die Burg Veliki Tabor. **€**

Hütten) beherbergen Möbel, Modellpuppen, Spielzeuge, Weinpressen und Backgeräte. So erwecken sie die alten Bräuche, Kunst- und Handwerksformen der Zagorje zum Leben.

Die Märchenburgen der Zagorje

Bollwerke aus dem Mittelalter

Typisch für die Zagorje sind ihre vielen mittelalterlichen Bollwerke, die Kroatiens Inland einst vor Eindringlingen aus dem Osten und Norden schützten. Am eindrucksvollsten sind dabei die ländlich gelegenen Burgen Veliki Tabor und Trakošćan.

Rund 57 km nordwestlich von Zagreb thront die fünfeckige **Burg Veliki Tabor** auf einer Hügelspitze. Bei der Anfahrt bietet sich ein schönes Panorama aus Hügeln, Kornfeldern, Weinbergen und Wäldern. Im 16. Jh. errichtete Kroatiens Adel die ersten Burgen in der Region, um die Osmanen abzuwehren.

Aus dieser Zeit stammt auch Veliki Tabor am Standort einer älteren Anlage. Die vier halbrunden Türme wurden erst später hinzugefügt.

Die goldgelbe Festung in strategischer Lage hat alles, was mittelalterlichen Herrrschern wichtig war: Türme, Zinnen und Maueröffnungen, durch die man Teer und siedendes Öl auf den Feind herabschütten konnte. Sie beherbergt auch den Schädel der Veronika Desinić: Der Legende nach wurde das arme Dorfmädchen hier einst lebendig eingemauert, um es für seine Romanze mit dem Sohn des Burgherrn zu bestrafen.

Allein die Aussicht auf die ländliche Umgebung und die guten traditionellen Restaurants in der Nähe sind schon einen Besuch wert. Vor Ort steigt auch das **Tabor Filmfestival** (Juli; taborfilmfestival.com).

Etwa 80 km nordwestlich von Zagreb lockt die **Burg Trakošćan** mit einem guten Museum und einem attraktiven

DER BERÜHMTESTE SOHN DER ZAGORJE

Josip Broz Tito (Jugoslawiens früherer Präsident) zählt zu den berühmtesten Politikern der Welt. Der Sohn eines kroatischen Vaters und einer slowenischen Mutter wurde 1892 in Kumrovec geboren.

Das winzige Häuschen seiner Familie gehört heute zum **Alten Dorfmuseum**. Im schlichten Inneren gibt's Originalmöbel, Erinnerungsstücke und Briefe ausländischer Staatsmänner zu sehen. Draußen steht eines lebensgroße Tito-Statue aus Bronze.

An Titos Geburtstag (25. Mai) wird das Dorf zum Wallfahrtsort von Anhängern aus ganz Ex-Jugoslawien und anderen Ländern.

DIE KURORTE DER ZAGORJE

Die Kurorte der Zagorje erstrecken sich rund um heilkräftige Thermalquellen mit hohem Schwefel-, Magnesium- und Kalziumgehalt. Darin baden neben Tagesgästen aus Zagreb auch ältere Patient:innen im Rahmen von Reha-Programmen.

Die Quellen von **Tuheljske** und **Krapinske Toplice** sowie die **Terme Jezerčica** und **Stubaki** laden jeweils zu tollen Badetagen mit Wasserpark-Spaß ein. Tipp: Im Sommer am besten unter der Woche besuchen, da am Wochenende starker Betrieb herrscht.

GORAN_SAFAREK/SHUTTERSTOCK ©

Burg Trakošćan

Gelände. Der genaue Baubeginn der Burg ist unbekannt. Sie wurde jedoch 1334 erstmals offiziell erwähnt. Der Restaurierung im neugotischen Stil (1850er-Jahre) fielen viele der romanischen Originalelemente zum Opfer. Damals wurde auch das Burggelände (87 ha) in einen Landschaftspark im Stil der englischen Romantik verwandelt (samt exotischen Bäume und einem künstlichen See).

Bis 1944 lebte hier die Adelsfamilie Drašković. Deren Originalmöbel, Schwert- und Portraitsammlungen sind auf insgesamt drei Stockwerken ausgestellt. Das Untergeschoss beherbergt eine zeitgenössische Küche. Das Stilspektrum der Räume reicht von Neo-Renaissance und Gotik bis hin zum Barock.

Europas größte Neandertaler-Stätte

Die Anfänge der Menschheit

Das zauberhafte **Krapina** zählt zu den größten Ortschaften der Zagorje. Berühmt ist es für sein schmuckes Zentrum und das **Neandertaler-Museum Krapina**: 1899 legten Archäologen in einer Höhle am Hušnjakovo-Hügel diverse Menschen- und Tierknochen frei. Diese stammten von einem Neandertaler-Stamm, der hier während der Altsteinzeit (100 000–35 000 v. Chr.) lebte. Neben den Überresten von 876 Menschen (darunter 196 Einzelzähne verschiedener Personen) wurden dabei auch Werkzeuge und Waffen aus Stein entdeckt. Als bislang größte bekannte Neandertaler-Stätte Europas hat Krapina einen hohen wissenschaftlichen Stellenwert.

Das großartige Museum ist auch super für Familien: Seine unterhaltsamen, farbenfrohen Hightech-Ausstellungen beleuchten die Geschichte des Universums, der Erde und der Menschheit. In einem Raum gibt's Repliken von Neandertaler-Schädeln von allen bedeutenden Stätten der Welt zu sehen. Draußen kann man den grünen Hügel mit dem originalen Fundort erklimmen. Diesen markiert heute eine Skulptur von keulenschwingenden Neandertalern.

Varaždin

MITTELALTERLICHE GESCHICHTE | BELEBTE KULTURSZENE | REIZVOLLE MUSEEN

Varaždins attraktive Altstadt ist ein echtes Schmuckstück: Sie kombiniert makellos restaurierte Barockarchitektur mit gut gepflegten Gärten und Parks. Traveller haben Varaždin jahrelang ignoriert und fast nur als Zwischenstation auf dem Weg nach bzw. ab Ungarn benutzt. Inzwischen schätzen sie aber den Reiz der Stadt: So kommen nun z. B. auch immer mehr Tagesgäste ab Zagreb hierher. Die exquisiten Innenstadtbauten im Barockstil stammen aus dem 18. Jh.: Damals war Varaždin Hauptstadt und wichtigstes Wirtschaftszentrum des Landes. Für einen Architekturbummel empfehlen sich die Fußgängerzonen, die sternförmig vom Trg Kralja Tomislava wegführen.

Höhepunkt ist dabei ein Besuch des strahlend weißen, turmbesetzten Stari Grad mit dem Stadtmuseum. Viele von Varaždins Adelsvillen und eleganten Kirchen wurden im Zuge der langjährigen Bewerbung für die Aufnahme ins UNESCO-Weltkulturerbe restauriert.

UNTERWEGS VOR ORT

Der Busbahnhof bietet Verbindung zu Zielen in der Stadt und zu umliegenden Dörfern. Zentrum und Altstadt sind leicht zu Fuß erkundbar.

Varaždins Altstadt-Juwel

Imposante Festung

Ein gepflegter Park umgibt die strahlend weiße Festung **Stari Grad** (Mo geschl.). Dieses Juwel der mittelalterlichen Militärarchitektur wurde ab dem 14. Jh. errichtet. Der heutige Komplex im Gotik- und Renaissancestil stammt aus dem 16. Jh.: Damals war dies das regionale Bollwerk gegen die Osmanen.

Das örtliche **Stadtmuseum Varaždin** zeigt vielerlei Möbel, Gemälde, Uhren, Glaswaren, Deko-Gegenstände, Wappentafeln und Waffen. Die jahrhundertealte Sammlung verteilt sich auf 30 Räume. Die Architektur der weitläufigen Festung ist aber noch interessanter: Nach dem Überqueren einer Zugbrücke warten hier Bogengänge, Höfe und Kapellen.

TOP TIPP

Westlich von Stari Grad (10 Gehmin.) liegt der ruhige **Varaždin-Friedhof.** Der Wiener Architekt Hermann Helmer entwarf dieses Meisterwerk der Gartenbaukunst im Jahr 1905. Grabsteine und über 7000 Bäume (z.B. Magnolien, Buchen, Birken) säumen die Wege, Alleen und Promenaden des Geländes.

Kulturevents in Varaždin

Barockarchitektur & künstlerische Vielfalt

Ende August wirkt Varaždin am interessantesten und betriebsamsten: Dann belebt das bunte und spaßige **Špancirfest** (spancirfest.com) die Parks, Straßen und Plätze mit Weltmusik, Straßenkunst, Theater, Kreativ-Workshops, traditionellem Kunsthandwerk und moderner Kunst. Zudem steigt hier mit den zweiwöchigen **Varaždiner Barockabenden** (Sept. oder Anfang Okt.; Details und Tickets unter vbv.hr) seit 1970 ein berühmtes Musikfestival. Dabei spielen einheimische und internationale Orchester in der Kathedrale sowie in Kirchen und Theatern in der ganzen Stadt.

DIE BESTEN UNTERKÜNFTE IN VARAŽDIN

Park Boutique Hotel
Schicke Zimmer im skandinavischen Stil (helles Holz, deckenhohe Fenster) plus Hausrestaurant und tolle Aussicht ins Grüne. €€€

Pansion Maltar
Gemütliche, familiengeführte Pension. Altmodische, aber gut gepflegte Zimmer mit Holzvertäfelung und schmalen Bädern. €

Hotel Turist
Gut gepflegte Zimmer in super Lage. Jedoch etwas charakterlos. €€

Varaždins Insektenwelt

Kerbtiere bewundern

Die **Insektenwelt** befindet sich im klassizistischen **Hercer-Palast**, der zum Stadtmuseum Varaždin gehört. Unter den fast 4500 Exponaten der schrägen entomologischen Sammlung sind 1000 verschiedene Insektenarten. Die gut präsentierten Ausstellungen beleuchten auch Nester, Habitate und Fortpflanzungsaktivitäten diverser Kerbtiere. Das Museum stellt Audioguides zur Verfügung und eignet sich gut, um kindliches Interesse an der Natur zu wecken.

DIE BESTEN RESTAURANTS IN VARAŽDIN

Verglec
Traditionsküche auf einer Terrasse und in einem großen Speiseraum. Maximal zentrale Lage. €€

Restoran Angelus
Beliebter Einheimischentreff in einem Gewölbekeller. Lange Karte mit Pizzen, Nudel- und Reisgerichten. €

Bedem
Kreative Regionalküche inkl. super preiswerter *gableci* (Mittagsgerichte; Mo–Fr). An den alten Stadtmauern. €€

Međimurje

GRANDIOSE LANDSCHAFT | THERMALBÄDER | TOLLE RADTOUREN

Nordöstlich von Varaždin erstreckt sich die fruchtbare Hügellandschaft der Međimurje bis an die Grenzen zu Slowenien und Ungarn. Die Gegend ist toll für Fluchten ins Grüne: Bei Auto- oder Radtouren passiert man hier Felder, winzige Dörfer und steile Hügel voller Reben.

Unterwegs laden ein paar aufstrebende Weingüter und tolle Landrestaurants zu netten Zwischenstopps ein. Am Ende einer Tagestour empfehlen sich die erholsamen Thermalbäder im hübschen Kurort Sveti Martin.

Die Međimurje ist ein kroatisches Erfolgsbeispiel in puncto sanfter Tourismus: 2023 erhielt die Region als erste des Landes und vierte weltweit das begehrte Prädikat einer *Green Destination*. Auch deshalb ist dieses hübsche Landschaftsdreieck an Kroatiens Nordrand immer einen Besuch wert.

UNTERWEGS VOR ORT

In der Međimurje gibt's praktisch keine öffentlichen Verkehrsmittel: Hier braucht man ein eigenes Auto oder Fahrrad. Die **Terme Sveti Martin** verleiht Drahtesel.

TOP TIPP

In der hügeligen Weinregion Štrigova erhebt sich der Mađerkin Breg. Ein neuer Aussichtsturm aus Holz bietet hier einen spektakulären Panoramablick auf vier Länder: Österreich, Slowenien, Ungarn und die Slowakei (an klaren Tagen). Der Turm dient auch als Infostation für Radfahrer.

Weinguttouren in der Štrigova

Verkostungen in Familienbetrieben

Hier im hügeligen Norden kultivierten die alten Römer einst die ersten Reben. Heute ist die Gegend als **Međimurje-Weinstraße** bekannt. Unter ihren fast 30 Probierstuben und Kellereien ist z. B. **Lovrec** (vino-lovrec.hr) im Dorf **Sveti Urban**. Rund 20 km nordwestlich der Regionalhauptstadt Čakovec gibt's hier Führungen (nach Vereinbarung) über das Weingut mit 300 Jahre altem Keller, das nunmehr in der sechsten Generation betrieben wird. Dabei bekommt man interessante Infos zur örtlichen Bio-Weinproduktion (inkl. Betriebsgeschichte) und kann diverse Sorten (z. B. Chardonnay, *graševina*) verkosten.

Ebenfalls hervorragend ist der Familienbetrieb **Cmrečnjak** (cmrecnjak.hr), der seit 1884 keltert.

RUDOLF STEINER

Rudolf Steiner (1861–1925) war Philosoph, Sozialreformer, Künstler und Begründer der Anthroposophie.

Die spirituelle Geisteswissenschaft des faszinierenden Österreichers (geboren in Kroatien) ist Grundlage der Waldorf-Pädagogik. Zudem entwickelte Steiner u.a. das Konzept der biologisch-dynamischen Landwirtschaft.

Das **Dr.-Rudolf-Steiner-Zentrum** (Donji Kraljevec; www.centar-rudolf-steiner.com) informiert über sein Erbe. Sein Geburtshaus ist ebenfalls zu besichtigen. Die Terme Sveti Martin ist von Steiners Leben und Werk inspiriert.

Thermalbäder in Sveti Martin

Mineralreiches Nass

Das hübsche Dorf **Sveti Martin** ist die Hauptattraktion der Međimurje: Kroatiens erster Urlaubsort für Fahrradbegeisterte (Routennetz: über 700 km) beheimatet auch die **Terme Sveti Martin,** die als Europas erstes „Healthness-Resort" einen einzigartigen Mix aus Heilanwendungen und Wellness anbietet. Ihre Freiluft-, Indoor- und Thermalbecken sind auch per Tagesticket nutzbar.

Der Komplex umfasst zudem einen kinderfreundlichen Badepark, Tennisplätze, Waldwege und mehrere gute Restaurants (Tipp: Le Batat mit super Regionalküche!). Das hauseigene Wellness-Zentrum punktet mit erholsamen Anwendungen (z. B. Ganzkörperpackungen mit grüner Tonerde, Reflexzonen- und Thai- Massagen).

ESSEN IN DER MEĐIMURJE

Terbotz
Reizendes, familiengeführtes Weingut mit Restaurant. Malerische Hügellage in Železna Gora. **€€**

Mala Hiža
Kreative Varianten von regionalen Klassikern im Dorf Mač Kovec. Bei Zagreber Gourmets sehr beliebt. **€€€**

Goričanec
Tolle Traditionsküche, viele Freilufttische im Grünen und Ausritte in idyllischer Lage an einem See. **€**

Slawonien

PANORAMASTRECKEN | FRUCHTBARE FELDER | STÄDTE AM FLUSSUFER

Drei große Flüsse (Save, Drau, Donau) begrenzen das fast ebene Slawonien. Kroatiens landwirtschaftliches Herz steht im Zeichen eines endlosen Schachbretts aus grünen Gemüse- und gelben Rapsfeldern. Bei einer Autotour sieht man hier mit etwas Glück auch ein paar Adler.

Slawoniens kleine, aber belebte Hauptstadt Osijek an der Drau ist Kroatiens IT-Zentrum und die beste Ausgangsbasis für Erkundungen: Von hier aus geht's z. B. zu den Sümpfen des Kopački Rit oder zu den Weinregionen Baranja und Erdut.

Slawoniens Südosten litt am schwersten unter dem Balkankrieg in den 1990er-Jahren. Das historische Vukovar lockt hier aber nun langsam immer mehr Besucher:innen mit seinen Museen. Weinfans entdecken Ilok an der serbischen Grenze. Slawonien ist bislang die am wenigsten besuchte Region Kroatiens – und genau das macht seinen Reiz aus.

UNTERWEGS VOR ORT

Zwischen allen größeren Städten Slawoniens bestehen Busverbindungen. Trips zu den kleineren Dörfern rund um Baranja erfordern aber eigene vier bzw. zwei Räder.

TOP TIPP

Während des Balkankriegs in den 1990er-Jahren wurden Osijek und Umgebung stark vermint. Die meisten Landminen wurden inzwischen geräumt. In den Sümpfen nördlich der Drau besteht aber bis heute Lebensgefahr! Im Sommer herrscht im Kopački Rit eine Moskitoplage: Lange Bekleidung tragen und Insektenspray verwenden.

Osijeks belebte Zitadelle

Barocke Schönheit aus dem 18. Jh.

Im 18. Jh. errichteten die Habsburger Osijeks kompakte Zitadelle **Tvrđa** als Schutz gegen osmanische Angriffe. Die barocke Anlage wurde im Balkankrieg der 1990er-Jahre nur wenig beschädigt. Ihre Kopfsteinpflasterstraßen, weitläufigen Plätze und prachtvollen Villen bilden eine bemerkenswerte architektonische Einheit mit der Atmosphäre eines stark belebten Freilichtmuseums: Viele der Villen beherbergen heute Uni-Fakultäten und weiterführende Schulen. Dies sorgt auch für eine muntere und jugendliche Stimmung in den lokalen Café-Bars.

Die Tvrđa beherbergt auch ein paar Hotels und Restaurants sowie das hervorragende **Slawonien-Museum** mit Infos zur Regionalgeschichte. Eine weitere örtliche Attraktion ist das Museum **Gloria Maris**, das das Leben im Süß- und Salzwasser beleuchtet. So zeigt es u. a. Muschelschalen, einen Megalodon-Zahn, 650 Mio. Jahre alte Fossilien und ein Präparat des giftigsten Meerestieres der Welt (ein Oktopus von den Philippinen).

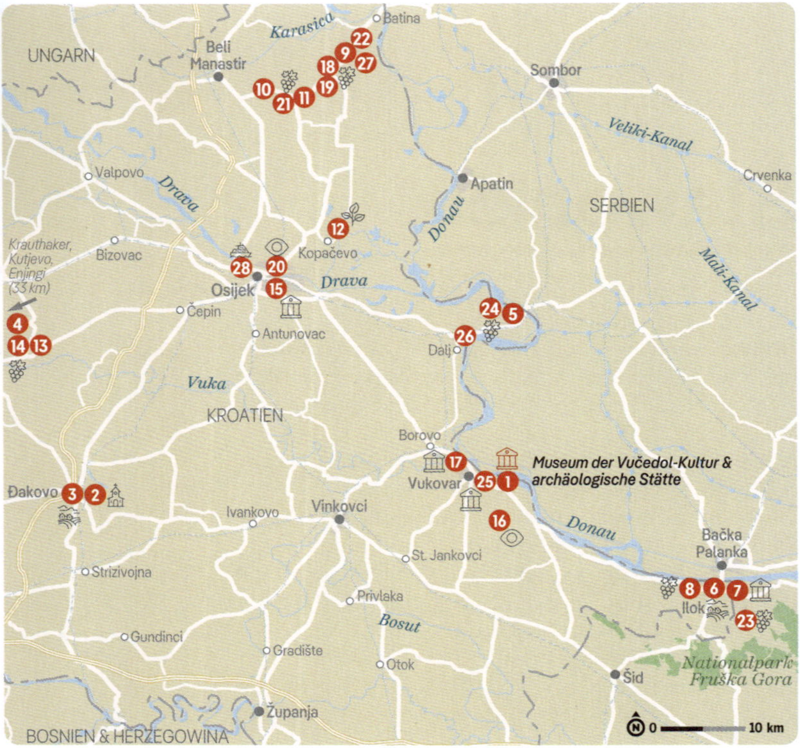

HIGHLIGHTS
1 Museum der Vučedol-Kultur & Archäologische Stätte S. 90

SEHENSWERTES
2 Kathedrale St. Peter S. 88
3 Đakovo S. 88
4 Enjingi S. 88
5 Erdutski Vinogradi S. 89
6 Ilok S. 91
7 Gemeindemuseum Ilok S. 91
8 Iloks Kellereien S. 91
9 Josić Restaurant & Kellerei S. 89
10 Karanac S. 87
11 Kneževi Vinogradi S. 87
12 Naturpark Kopački Rit S. 87
13 Krauthaker S. 88
14 Kutjevo S. 88
15 Slawonien-Museum S. 85
16 Ovcara-Denkmal S. 90
17 Denkmal: Krankenhaus Vukovar 1991 S. 90
18 Kolar S. 89
19 Suza S. 87
20 Tvrđa S. 85
21 Vina Belje S. 89
22 Gerstmajer S. 89
23 Vina Papak S. 89
24 Vinarija Brzica S. 89
25 Wasserturm Vukovar S. 90
26 Vina Antunović S. 89
27 Zmajevac S. 87
28 Gornjodravska obala S. 87

DIE BESTEN UNTERKÜNFTE IN OSIJEK

Hostel Stara Pekara
Top-Adresse in Tvrđa: Blitzblanke, gut gepflegte Zimmer plus Garten, Terrasse und Gemeinschaftsbereich. **€**

Boutique Hotel Tvrđa
Stilvolles Refugium in einem historischen Stadthaus. Hat auch eine kleine Dachterrasse mit Tauchbecken. **€€**

Maksimilian
Großartige Pension mit gemütlichen Zimmern und freundlichem Personal (spricht Englisch). Im Herzen von Tvrđa. **€€**

Grüne Sümpfe voller Vögel

Europas Amazonien

Etwa 12 km nordöstlich von Osijek erstreckt sich mit dem **Naturpark Kopački** eins von Europas größten Feuchtgebieten. Seine vielfältige Flora zu Wasser und zu Lande umfasst z. B. Seerosen, Schwertlilien, Entengrütze, Weidelgras, Eichen und Pappeln. Das riesige Augebiet am Zusammenfluss von Drau und Donau besteht aus diversen Teichen, Altwassern und zwei Hauptseen (Sakadaško, Kopačevo). Zusammen mit der Mur bilden diese Gewässer ein UNESCO-Biosphärenreservat. Hiesige Hauptattraktion sind über 290 Vogelarten (z. B. seltene Schwarzstörche, Seeadler, Haubentaucher, Purpurreiher, Löffler, Wildgänse). Beste Beobachtungszeit ist die Zugperiode im Herbst.

Der Haupteingang mit dem Besucherzentrum liegt an der Straße Bilje–Kopačevo. Mehrere strohgedeckte Häuschen beherbergen hier ein Café und ein nettes Naturlehrzentrum mit interaktiven Ausstellungen. Vor Ort können Besucher auch über Plankenstege (2 km) spazieren und zu Bootstouren auf dem Sakadaško-See starten. Der Park veranstaltet auch geführte Fotosafaris und Vogelbeobachtungen.

BOOTSTOUREN

Ab Osijek sind tolle Flussboot-Touren (1 Std.–halber Tag) auf der Drau möglich. Diese starten meist am Anleger an der **Gornjodravska obala**. Unterwegs schippert man durch Auwälder, speist in Fischrestaurants und besucht Weingüter.

Landidylle & historische Weinstraßen

Eine von Kroatiens schönsten Ecken

Im äußersten Nordosten Kroatiens liegt die kleine dreieckige Region Baranja am Zusammenfluss von Drau und Donau. Von Osijek aus gesehen erstreckt sie sich ostwärts gen Serbien, nordwärts bis nach Beli Manastir und gen Südwesten bis nach Đakovo.

Die Baranja ist stark ungarisch geprägt: Alle Orte hier haben Namen in zwei Sprachen. Das größtenteils landwirtschaftlich genutzte Gebiet mit Sümpfen, sanft gewellten Hügeln, hübschen Dörfern, Obstgärten und Weizenfeldern lockt nach wie vor nur recht wenige Tourist:innen an. Dennoch wird es zunehmend beliebter: Neben guten Radrouten warten hier auch *surduci* (traditionelle Weinstraßen) mit Weingütern. In Dörfern wie **Karanac**, **Suza**, **Zmajevac** und **Kneževi Vinogradi** findet man jeweils mehrere hervorragende Kellereien mit eigenen Restaurants.

Rund 8 km östlich von Beli Manastir ist das traditionelle Bauerndorf Karanac bestens auf Gäste eingestellt. Mit Kirschbäumen, gepflegten Gärten und gut erhaltenen Gebäuden im pannonischen Stil gibt es authentische Einblicke ins slawoni-

NATURKUNST

Nikola Faller zählt zu Slawoniens begabtesten Multimedia-Kunstschaffenden. Unter seinen Werken mit Naturbezug ist z. B. das faszinierende Projekt *Four Seasons*: Er harkt Laub in interessante Formen (Herbst), erschafft Eisskulpturen (Winter), mäht Gras zu schönen Mustern (Frühling) und erzeugt flüchtige, aber großartige Bilder im Sand der Drau (Sommer).

Fallers Atelier in Tvrđa (Führungen über Facebook/Slama Land Art arrangierbar) beherbergt auch ein paar seiner Strohskulpturen. Reizvoll ist zudem das Sommerfestival **Slama Land Art** im Geisterdorf Kozjak (Baranja), das Faller aktuell in eine Künstlerkolonie verwandelt.

DIE BESTEN UNTERKÜNFTE IN OSIJEK

Hotel Central
Gutes Frühstück und gepflegte Zimmer in unschlagbarer Lage am Hauptplatz. €€

Hotel Osijek
Osijeks schickstes Business-Hotel in einem Turm aus Glas und Beton. Zimmer mit tollem Direktblick auf die Drau. €€€

Waldinger
Prachtvolles Mini-Hotel mit altmodischem Charme, gehobenem Restaurant und stimmungsvollem Café. Im Stadtzentrum. €€

sche Landleben. Vor Ort gibt's auch drei Kirchen (evangelisch, katholisch, orthodox).

Im hübschen Dorf Suza arbeitet Daniel Asztalos in einer schmucken Dampfmühle (100 Jahre alt). Seine Töpferkurse zum Mitmachen (obligatorische Reservierung über Facebook/Asztalos Keramika) sind ein toller Einstieg ins traditionelle Handwerk der Baranja. Er glasiert seine großartigen Keramiken mit Schlamm aus einem Fischteich und verkauft sie auch direkt vor Ort.

Lipizzaner & Neuromanik

Vollblüter & herrliche Sakralarchitektur

Nur 35 km nördlich von Osijek lädt **Đakovo** zu Tagestrips ein: Die belebte Provinzstadt inmitten von Feldern hat als Hauptattraktion die eindrucksvolle **Kathedrale St. Peter** im neuromanischen Stil zu bieten. Die rote Backsteinkirche am weitläufigen Hauptplatz hat zwei 84 m hohe Glockentürme und ist der ganze Stolz der Einheimischen. Bunte Fresken mit Szenen aus dem Alten Testament und dem Leben des hl. Petrus zieren das Innere. Dank regelmäßiger Öffnungszeiten (in Kroatien eine Seltenheit) lässt sich die Kathedrale leicht besichtigen.

Nach dieser Dosis Sakralkunst empfiehlt sich eine Führung durch das örtliche **Lipizzaner-Gestüt** bei Ergela: Die edlen Vollblüter (Zuchtbeginn im 16. Jh.) werden hier per Dressur zu erstklassigen Kutsch- und Reitpferden ausgebildet. Für echte Pferdefans lohnt sich ein zusätzlicher Abstecher nach **Ivandor** (6 km), wo die Koppeln mit den (Hengst-)Fohlen liegen.

STICKEREIKUNST-FEST

Seit 1967 steigt in Đakovo das großartige **Đakovački Vezovi** (Stickereikunst-Fest Đakovo). Das bunte Event am ersten Juliwochenende steht im Zeichen von Lipizzaner-Pferden, Folklore-Shows, Tänzen, traditionellen Gesängen, Kunsthandwerk und regionaler Kochkunst.

Mit von der Partie sind dabei bis zu 70 internationale Folkloregruppen (insgesamt ca. 4000 Leute) in unterschiedlich bestickten Trachten.

Slawoniens Weinstraßen

Malerische Weinguttouren

Reben werden in Slawonien seit Jahrtausenden kultiviert: „Baranja" ist angeblich eine Ableitung vom ungarischen Wort für „Weinmutter". Nach zeitweiliger Stagnation erlebt die Region nun eine kräftige Renaissance. Ihre Weißweine aus heimischen Traubensorten (z. B. *graševina*) sind zu Recht berühmt. Zudem entstehen hier kräftige Rotweine (vor allem *frankovka* bzw. Lemberger, Merlot und Cabernet Sauvignon). Weingutführungen sollten überall vorab per Telefon vereinbart werden.

Kutjevo (kutjevo.com) in der gleichnamigen Ortschaft hat einen mittelalterlichen Lagerkeller von 1232, der einst zu einem Zisterzienserkloster gehörte. Hier gibt's Führungen mit Verkostung. In der Nähe locken zwei von Slawoniens besten Weingütern: **Krauthaker** (krauthaker.hr) erhält regelmäßig Top-Prädikate für seine *graševina*- und Süßweine. **Enjingi** (gegr. 1890; enjingi.hr) zählt zu Kroatiens führenden Bio-Winzern.

ESSEN IN OSIJEK

Lumiere
Schickes, aber zwangloses Lokal im Jugendstilbau des Urania Cinema. Seafood-Klassiker plus Hauptgerichte mit Fleisch. €€

Lipov Hlad
Beliebter, alteingesessener Einheimischentreff mit super Pizzen, leckeren Hauptgerichten und tollen veganen Optionen. €€

Čarda Kod Baranjca
Spartanisches Restaurant mit Gerichten aus Flussfisch (z. B. *fiš paprikaš* oder *perkelt*-Eintopf mit Wels, Karpfen oder Barsch). €

FENG WEI PHOTOGRAPHY/GETTYIMAGES ©

Kathedrale St. Peter, Đakovo

Auf den sanft gewellten Hügeln rund um **Kneževi Vinogradi** erlebt die Weinindustrie der Baranja ein weiteres Revival: Vor allem in den Dörfern Zmajevac und Suza profilieren sich aufstrebende Newcomer an gut markierten Weinstraßen. **Gerštmajer** (gerstmajer.com) bewirtschaftet seine Weinberge (11 ha) auf traditionelle Weise und bietet Führungen mit Verkostung an. Am Fuß desselben Hügels betreibt **Josić** (josic.hr) als größter regionaler Winzer auch ein Spitzenrestaurant.

An der Hauptstraße im benachbarten Suza punktet **Kolar** (suzabaranje.com) mit einem Restaurant, einem Laden und Verkostungen in einem 100 Jahre alten Keller. **Vina Belje** (vinabelje.hr) in Kneževi Vinogradi kombiniert uralte Keller mit grandiosem Weinbergblick. Historische Keller inmitten von Rebenreihen haben auch die **Ilok-Kellerei** (ilocki-podrumi.hr) und ihr Nachbar **Vina Papak** (vinapapak.com) in **Ilok**.

Besuchenswert sind zudem die Weingüter von Erdut entlang der Donau. Besonders attraktiv: Bei den Führungen von **Erdutski Vinogradi** (erdutski-vinogradi.hr) besichtigt man einen Keller von 1730 und folgt einem hübschen Durchgang mit Weinranken. Zum kleineren Gelände von **Vinarija Brzica** (brzica.com) gehört ein Verkostungsbereich mit tollem Flussblick unter einem Schatten spendenen Walnussbaum.

In Dalj nördlich von Vukovar betreibt die einzige regionale Winzerin ihr Weingut **Vina Antunović** (vina-antunovic.hr), das für seine preisgekrönten *graševina*-Sorten bekannt ist.

SLAWONIEN: RADFAHREN

Die Region wird bei Radfans immer beliebter: Eine Route verbindet Bilje mit Osijek. Entlang der Donau und durch das Kopački Rit führt der **Pannonische Friedenspfad** (80 km) von Osijek nach Sombor (Serbien).

Ebenso beliebt ist der regionale Abschnitt der **EuroVelo 6** (140 km). Diese Route folgt Kroatiens Ostgrenzen zu Ungarn und Serbien in Richtung Schwarzes Meer.

Der malerische **Amazon of Europe Bike Trail** (aoebiketrail.com) verläuft entlang von Mur, Drau und Donau.

Normale Leihfahrräder gibt's z.B. beim öffentlichen Bikesharing-Programm **Nextbike** (nextbike.hr). E-Bikes lassen sich u.a. bei der Decathlon-Filiale in Osijek mieten.

ESSEN IN DER BARANJA

Kovač Čarda
Schlichtes Lokal unter ungarischer Leitung und bekannt für Baranjas beste, pikanteste *fiš paprikaš*. An der Straße in Suza. **€**

Citadela
Traditionsküche à la Baranja (Tipp: *perkelt od podolca* bzw. Rindereintopf) an der Straße in Vardarac. **€€**

Čingi Lingi Čarda
Luftiges Scheunenrestaurant mit herzhaften regionalen Klassikern. Liegt ca. zehn Fahrtminuten ab Osijek am Fluss. **€€**

Die Vučedol-Kultur

Uralte Überreste

Rund 5 km flussabwärts von Vukovar markiert das **Museum der Vučedol-Kultur** eine von Europas bedeutendstenarchäologischen Stätten. Hier gibt's Einblicke in eine der wichtigsten, aber auch unbekanntesten Frühzivilisationen der Menschheit: Während der Kupferzeit blühte hier die Vučedol-Kultur (3000–2500 v. Chr.), die Europas ersten Kalender schuf und angeblich auch dessen erstes Bier braute.

Die topmodernen Ausstellungen erwecken die Blütezeit der Siedlung mit faszinierenden Animationen zum Leben. Auf Besucher:innen warten u. a. originale Grabtafeln, verzierte Keramiken, der Nachbau eines Vučedol-Hauses und ein Raum mit spannend präsentierten Schädeln. Alle Exponate haben gute Infotafeln (zweisprachig). Das Museum bietet auch Führungen auf Englisch an. Vom Hauptgebäude führt ein Fußmarsch (5 Min.) zum bunkerartigen **Megaron** mit Oberlichtern. Durch diese schaut man auf Skelette in einer Sandgrube. Darunter sind auch Hirschknochen, die einst von Schamanen genutzt wurden.

SLAWONIEN: BESTE FESTE & EVENTS

HeadOnEast
(Ende Sept./Anfang Okt.) Zweitägiges Festival in Tvrda (Osijek) mit Essen, Wein, Kunst, Kultur und anderen Freuden des Lebens.

Wine & Bike Tour Erdut
(2. Wochenende im Sept.) Wein-Radrennen mit Konzerten in den malerischen Weinbergen.

Vinski Maraton
(Ende Sept.) Spaßiger Wein-Marathon im regionalen Dorf Zmajevac. Unterwegs gibt's Verkostungen entlang der traditionellen *surduci* (steile Straßen mit Weinkellern).

Vukovars Kriegsdenkmale

Ergreifende Zeugen der Belagerung von 1991

Im heutigen Vukovar kann man sich den hübschen Vorkriegszustand der stark geschädigten Donaustadt nur noch schwer vorstellen: Früher wurden die örtlichen Straßen von eleganten Barockvillen, Kunstgalerien und Museen gesäumt. Dies änderte sich jedoch mit der Belagerung von 1991, die hier Wirtschaft, Kultur, Infrastruktur und soziale Harmonie zerstörte.

Seit der Rückgabe an Kroatien (1998) hat Vukovar große Fortschritte beim Beheben der Kriegsschäden gemacht. Dennoch sind viele lokale Fassaden weiterhin von Einschüssen und Explosionsspuren geprägt. Der frühere **Wasserturm Vukovar** an der Straße nach Ilok wurde inzwischen in ein Mahnmal mit Museum verwandelt.

Das **Denkmal: Krankenhaus Vukovar 1991** ist ein ergreifendes Multimedia-Museum: In der früheren Klinik erinnert es an die tragischen Ereignisse, die sich hier während der Belagerung abspielten. Das **Ovčara-Denkmal** liegt 6 km außerhalb der Stadt in Richtung Ilok. Auf dem Gelände einer früheren Schweinezucht markiert es den Ort, an dem über 250 Zivilisten und Verwundete aus Vukovars Krankenhaus nach der Kapitulaton der Stadt (Nov. 1991) misshandelt und erschossen wurden. Im Inneren des düsteren Baus werden Fotos der Opfer auf die Wände projiziert. In der Mitte brennt eine einzige Kerze.

ESSEN IN DER BARANJA

Baranjska Kuća (Karanac)
Viele traditionelle Regionalgerichte und ein Hinterhof (inkl. Ethno-Museum) unter Kastanien. **€€**

Piroš Čizma (Suza)
Slawonische Gerichte mit Pfiff. Gleichzeitig ein Hotel. **€€**

Josić (Zmajevac)
Bestes regionales Restaurant an einer historischen Weinstraße. Tipp: der *perkelt*-Enteneintopf mit *graševina*. **€€€**

Mittelalter & Wein am Fluss

Burgen & historische Weinkeller

Das winzige **Ilok**, das auf das Mittelalter zurückgeht, ist Kroatiens östlichste Ortschaft. Von dem grünen Städtchen auf einem Hügel schaut man über die Donau auf die serbische Region Vojvodina. Rund herum erstrecken sich die Weinberge der Region Fruška Gora, die schon seit der Römerzeit für Rebenanbau berühmt ist. Wie Vukovar (37 km weiter westlich) gehört Ilok zur Gespanschaft Srijem.

Von seinen einst mächtigen Mauern sind heute noch ein paar große Reste übrig. Der gut erhaltene **Odescalchi-Palast** oberhalb der Donau beherbergt das attraktive **Gemeindemuseum Ilok**. Vor Ort findet man auch zwei seltene osmanische Überbleibsel: einen Hammam aus dem 16. Jh. und das *turbe* (Grab) eines türkischen Adligen.

Dank der wiederbelebten Weinproduktion kann man in der Gegend nun 20 Winzer besuchen. Sehr interessant sind z. B. die **Iločki Podrumi** (Alte Weinkeller; podrumi.hr): Die Führungen (30 Min.) besichtigen auch den unterirdischen Lagerkeller mit Eichenfässern. Hier unbedingt den trockenen weißen *traminac* (Gewürztraminer) probieren, der einst bei der Krönung von Elisabeth II. ausgeschenkt wurde.

MARIO KRPAN/SHUTTERSTOCK ©

Wasserturm, Vukovar

WARUM ICH DIE BARANJA LIEBE

Anja Mutic, Autorin

Bei meinem ersten Besuch (ca. 2005) habe ich mich in die Baranja verliebt. Die Region litt damals noch unter den Kriegsfolgen und begrüßte Tourist:innen besonders herzlich. Dabei wirkte sie sehr unentdeckt, rein und echt.

Ihre Straßendörfer (z.B. Karanac, Suza) und *surduci*-Weinstraßen sind so märchenhaft wie friedvoll. Gleiches gilt für das grüne Kopački Rit, das mich mit seinen Wasserläufen zeitweise etwas an Amazonien erinnert.

Ich habe einfach ein Faible für die Baranja.

Gorski Kotar

MAJESTÄTISCHE WÄLDER | ARTENREICHTUM | WILDE IDYLLE

UNTERWEGS VOR ORT

Zwischen den Städten und entlang der Bergstraßen sind Autotouren möglich (Vorsicht vor scharfen Kurven und Schnee im Winter!). Am schönsten lässt sich die Region aber per pedes oder mit dem Fahrrad erkunden.

Die bergige Wildnis des Gorski Kotar erstreckt sich zwischen Rijeka und Karlovac. „Kroatiens grüne Lunge" ist zu 85 % bewaldet und nur schwach bevölkert. Neben Bären, Wölfen und vielen Vogelarten leben hier auch bedrohte Eurasische Luchse. Seit ein paar Jahren ist die Region bei Outdoorfans aus Zagreb und Rijeka schwer angesagt. Sie wird aber kaum von Ausländern besucht.

Der Gorski Kotar ist ganzjährig attraktiv: Im Winter wird er zum weißen Wunderland mit Skiliften. Im Sommer lädt das kühle Klima zum Wandern, Rafting und Höhlenerkunden ein. Vor Ort warten auch Seen, kristallklare Flüsse, stufenförmige Wasserfälle und Karstformationen.

Seit kurzer Zeit gibt's hier auch ein paar ländliche Refugien (z. B. einsame Hütten, gemütliche Chalets, schicke Lodges). Und damit noch mehr Gründe, sich von der Küste zu Kroatiens wildem Herz aufzumachen.

☑ TOP TIPP

Die sehr unterhaltsamen und sachkundigen Guides von **Lynx and Fox** (lynxandfox.com) zeigen Interessierten die Geheimnisse des Gorski Kotar. Unterwegs warten tiefe Schluchten, schroffe Gipfel und dichte Wälder. Im Angebot sind Gruppen- und Individualtouren.

Tiefe Wälder

Tolles Wandern im Nationalpark Risnjak

Der **Nationalpark Risnjak** (63 km²) liegt nur 32 km nordöstlich von Rijeka, ist aber recht abgeschieden und kaum besucht. Sein höchster Gipfel ist der Veliki Risnjak (1528 m). Zwischen den Alpen und dem Balkangebirge kombiniert der Park dichte, größtenteils naturbelassene Wälder (Buchen, Kiefern) mit Wiesen und Wildblumen. Mit kühler Bergluft und nur wenigen Siedlungen ist dies ein idealer Rückzugsort, wenn einem Hitze und Betrieb an der Küste zuviel werden. Tierbeobachtungen sind ein örtliches Highlight.

Gleich westlich des Dorfs **Crni Lug** beginnt am Infobüro des Parks der schattige, leicht zu meisternde **Leska-Pfad** (4,2 km; hin & zurück ca. 2 Std.). Entlang der Route liefern zahlreiche Infotafeln (kroatisch, englisch) alle Details zur örtlichen Geschichte, Topografie, Geologie, Flora und Fauna.

Der Pfad passiert kristallklare Bäche, Wälder aus mächtigen Tannen, bizarre Felsformationen, eine Futterstation für Hirsche und eine Berghütte mit Picknicktisch.

Die meisten kommen zum Wandern nach Risnjak, wobei der Leska-Pfad bei Tagesgästen am beliebtesten ist. Weiter drinnen im Park lassen sich die kleineren Berge Risnjak und Snježnik erklimmen. Entsprechende Infos gibt's beim Parkbüro, das man auch unbedingt vor dem Start zur **Kupa-Quelle** kontaktieren sollte: Dieser Trek ist ein weiteres Highlight, bei Regen aber mitunter schwierig. Im Park sind auch Angeln, Rafting und Mountainbiken möglich.

WILDTIERE IN RISNJAK

Mit Braunbären, Wölfen und Eurasischen Luchsen beheimatet der Park drei faszinierende Raubtierarten. Risnjak gilt in Kroatien als eins der letzten Refugien für Luchse und ist auch nach diesen benannt (*ris* bedeutet „Luchs" auf Kroatisch). Alle drei Spezies sind sehr scheu: Sichtungschancen bestehen jeweils nur in Begleitung eines Guides und/oder bei mehrtägigen Besuchen. Ansonsten leben hier auch Wildkatzen, Wildschweine, Hirsche, Gemsen und 500 Schmetterlingsarten.

Hinzu kommen 114 Vogelarten (letzte Zählung): Beobachter freuen sich vor allem über Auerwild, Wanderfalken, Sperlings-, Ural- und Waldkäuze sowie über Weißrücken- und Dreizehenspechte.

ESSEN & ÜBERNACHTEN IN GORSKI KOTAR

Vagandina Koliba
Berghütten-Lokal im Wald. Aus diesem stammen auch die Zutaten (z. B. Wildkräuter und Fleisch) für die servierten Köstlichkeiten. **€**

Japodi Boutique Hotel
Reizendes Berghütten-Hotel im Nest Sunger. Drum herum liegen malerische Wiesen. **€€**

Hotel Bitoraj Fužine
Behagliches Hotel (gegründet in den 1930er-Jahren) in einer der schönsten Ortschaften des Gorski Kotar. Mit gutem Restaurant und Mini-Spa. **€**

Istrien

KÜSTENSTÄDTE, IDYLLISCHE LANDSCHAFTEN, GASTRONOMISCHE KÖSTLICHKEITEN

Diese sonnenverwöhnte Halbinsel in der nördlichen Adria ist reich an jahrhundertealter Architektur, traumhaften Landschaften und vielen verborgenen Schätzen.

Im Norden wird das herzförmige Istrien von einer felsigen Küste mit kristallklarem Wasser und sanften Hügeln geprägt, den Süden bestimmen fruchtbare Ebenen. Im Nordosten erhebt sich der majestätische Berg Učka – eine regionale Grenze und zugleich ein Wahrzeichen, das von überall auf der Halbinsel zu sehen ist.

Die Küstengebiete Istriens werden oft als das „Blaue Istrien" bezeichnet. Das Meer symbolisiert das maritime Erbe und die traditionelle Fischerei dieser Region sowie den wirtschaftlichen und kulturellen Einfluss der Venezianer, die hier einst herrschten.

Heute erstrecken sich entlang der Küste große Hotelkomplexe und moderne Strandresorts, die in den Sommermonaten Sonnenhungrige aus aller Welt willkommen heißen.

Begibt man sich von der Küste ins Landesinnere, stößt man auf Steindörfer und Bergstädte inmitten einer Landschaft aus sanften Hügeln und grünen Tälern. Das „grüne Istrien" ist das landwirtschaftliche Herz mit Weinbergen und Olivenhainen.

Die Böden Istriens leuchten in vier verschiedenen Farben: schwarz, grau, weiß und rot. Letztere, das „rote Istrien", wird als „terra rossa" bezeichnet und ist ein schwerer, poröser Boden, der sich ideal für den Anbau von Obst und Gemüse sowie von Weintrauben und Oliven eignet.

Unabhängig von der Farbe liefert das fruchtbare Land das Olivenöl und die ausgezeichneten Weine, für die Istrien bekannt ist, und gastronomische Spezialitäten wie Pilze und wilden Spargel sowie schwarze und weiße Trüffel, die in den dichten Wäldern wachsen.

MISLAW/SHUTTERSTOCK ©

DIE WICHTIGSTEN ZIELE

PULA
Ein römisches Amphitheater und reich an Geschichte. S. 100

ROVINJ
Eine Stadt wie aus einem Bilderbuch mit pastellfarbenen Fassaden. S. 105

POREČ
Römische Ruinen und byzantinische Mosaike. S. 109

INU/SHUTTERSTOCK ©

Links: Motovun (S. 113) Rechts: Rovinj (S. 105)

MOTOVUN
Ein märchenhaftes Städtchen auf einem Hügel mit Wäldern voller Trüffel. **S. 113**

PAZIN
Eine Burg auf Klippen und ein berühmter Abgrund. **S. 118**

LABIN
Juwel auf einem Hügel mit venezianischem Flair. **S. 124**

Erste Orientierung

Mit einer Fläche von 2820 m^2 ist Istrien so klein, dass man sich leicht zurechtfindet und auch mit wenig Zeit viel entdecken kann. Da es sich um eine Halbinsel handelt, ist das Meer nie weit entfernt.

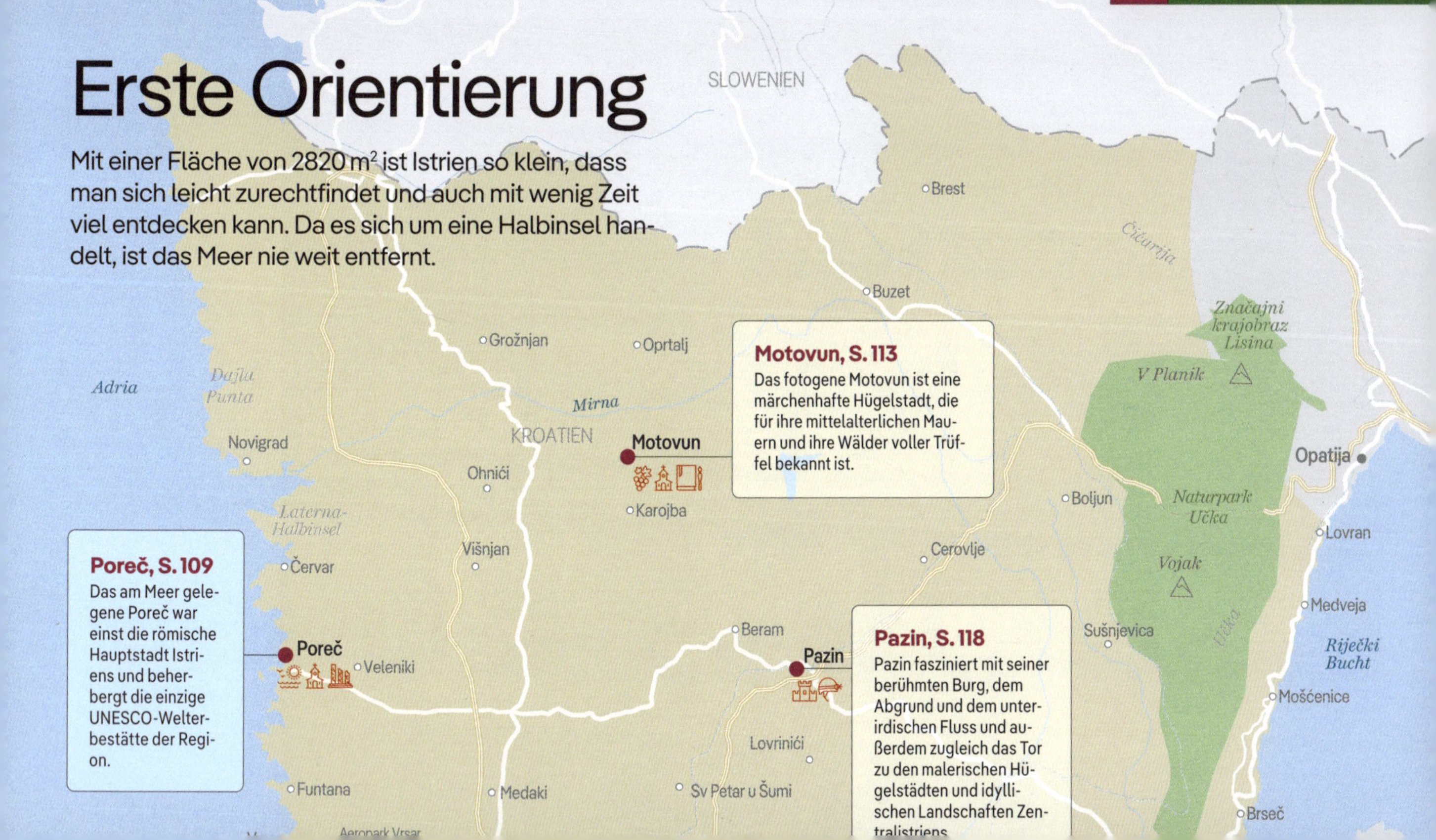

Motovun, S. 113
Das fotogene Motovun ist eine märchenhafte Hügelstadt, die für ihre mittelalterlichen Mauern und ihre Wälder voller Trüffel bekannt ist.

Poreč, S. 109
Das am Meer gelegene Poreč war einst die römische Hauptstadt Istriens und beherbergt die einzige UNESCO-Welterbestätte der Region.

Pazin, S. 118
Pazin fasziniert mit seiner berühmten Burg, dem Abgrund und dem unterirdischen Fluss und außerdem zugleich das Tor zu den malerischen Hügelstädten und idyllischen Landschaften Zentralistriens

Rovinj, S. 105

Rovinj, das auf einer eigenen Halbinsel aus dem Meer ragt, besticht mit seiner venezianische Architektur und pastellfarbenen Fassaden.

Labin, S. 124

Das farbenfrohe Labin ist bekannt für seine venezianische Architektur, Gassen mit Kopfsteinpflaster, eine gute Auswahl an Kunstgalerien und seine faszinierende Bergbauvergangenheit.

Pula, S. 100

TRABANTOS/SHUTTERSTOCK ©

Die größte Stadt Istriens hat ein beeindruckendes römisches Amphitheater und eine bedeutende Vergangenheit als österreichisch-ungarisches Marine- und Schiffbauzentrum.

AUTO

Istrien verfügt über ein ausgezeichnetes Straßennetz und eine Y-förmige Autobahn (mautpflichtig). Die Fahrt von Norden nach Süden und von der West- zur Ostküste dauert je kaum mehr als eine Stunde.

BUS

Istriens größere Städte sind durch Busse von Arriva und Brioni miteinander verbunden – die allerdings nur sehr selten verkehren. Fahrpläne und Tickets gibt's online unter arriva.com.hr oder brioni.hr.

ZUG

Ein Zugnetz verbindet Pula mit Buzet sowie mehreren dazwischen liegenden Städten. Fahrpläne und Tarife gibt's auf der Website der kroatischen Eisenbahn (prodaja.hzpp.hr/de/ticket), wo man auch online buchen kann.

Perfekte Tage

Istrien hat zu jeder Jahreszeit seinen Reiz. Während man im Sommer das Meer genießen kann, ist der ebenfalls sonnige Winter ideal zum Radfahren oder Wandern. Und gastronomisch verspricht jeder Tag des Jahres Genuss.

Römisches Amphitheater, Pula (S. 100)

Wenig Zeit

● Istriens Charme ist überwältigend. Hat man nur wenig Zeit, bietet sich ein Roadtrip zu einigen der beeindruckendsten Ziele an. Los geht's in dem malerischen, direkt am Meer gelegenen Städtchen **Rovinj** (S. 105), dessen charmante, verschlungene Gassen der pastellfarbenen Altstadt zu einem ausgiebigen Bummel einladen.

● Anschließend fährt man weiter in Richtung Norden nach **Motovun** (S. 113), einer auf 277 m ü. M. gelegenen Hügelstadt, die von massiven Mauern aus dem 13. Jh. umgeben ist.

● Als Nächstes sollte man sich Zeit nehmen, um den Zauber der malerischen Gassen und Steinhäuser in **Grožnjan** (S. 116) zu genießen.

Beste Reisezeit

Im Juli und August erreichen Temperaturen, Menschenmassen und Preise ihren Höhepunkt. Auch im Frühling und Herbst ist es hier warm, und die Winter sind mild und sonnig.

APRIL

Der Frühling ist die Zeit, in der man in den Wäldern nach wildem Spargel und Knoblauch sucht – beides kulinarische Köstlichkeiten.

MAI

Am letzten Sonntag im Mai ist **Tag des Weines**. Dann öffnen die Winzer ihre Weinkeller und bieten Verkostungen ihrer Weine an.

JULI

Filmliebhaber strömen im Juli nach Pula zum **Pula Film Festival** mit abendlichen Vorführungen unter dem Sternenhimmel.

Ein paar Tage Zeit

● Hat man ein paar Tage mehr Zeit, kann man einen Ausflug nach **Pula** (S. 100) unternehmen – in der Stadt warten das am besten erhaltene römische Amphitheater der Welt und andere Schätze römischer Architektur.

● Anschließend geht's weiter nach **Poreč** (S. 109), um die einzige UNESCO-Stätte Istriens zu besichtigen: den prächtigen Bischofskomplex der Euphrasius-Basilika aus dem 5. Jh.

● Dann kann man sich auf die Spuren von Jules Verne begeben und **Pazin** (S. 118) besuchen, um dort den 100 m tiefen Abgrund und die Felsenburg zu besichtigen, die einst die Fantasie des französischen Schriftstellers beflügelten. Ganz in der Nähe liegt das übersichtliche **Beram** (S. 121) mit der winzigen Wallfahrtskirche Maria im Fels mit prächtigen, vom Boden bis zur Decke reichenden Fresken aus dem 15. Jh.

Eine Woche Zeit

● Bei einer ganzen Woche in Istrien lohnt ein Abstecher nach **Labin** (S. 124), das auf einem Hügel mit Blick auf die Ostküste thront. Zahlreiche Galerien und Künstlerateliers laden zum Stöbern ein, bevor man den Glockenturm der St.-Justina-Kirche erklimmt, um von dort einen Panoramablick über die malerischen Inseln in der Kvarner-Bucht zu genießen.

● In **Fažana** (S. 104) geht's mit dem Boot zum **Nationalpark Brijuni** (S. 104). Die autofreie Insel erkundet man am besten mit dem Fahrrad. Unterwegs im Safaripark und bei den faszinierenden Ruinen eines römischen Castrums Halt machen!

● Istrien ist zu Recht berühmt für gutes Essen und guten Wein. Also unbedingt selbigen (und das Olivenöl der Region) bei **Verkostungen** (S. 115 & 116) probieren, die von den Erzeugern selbst geleitet werden, und/oder an einer **Trüffelsuche** (S. 115) teilnehmen.

AUGUST

Grisia, die beliebte Kopfsteinpflasterstraße von Rovinj, verwandelt sich am zweiten Sonntag im August in eine Freiluftgalerie mit Werken lokaler Künstler.

SEPTEMBER

September ist die Zeit der Weinlese, und Trüffelsucher begeben sich in den Wäldern auf die Suche nach der seltenen Art *magnatum Pico*.

OKTOBER

Zeit, um die ersten köstlichen Tropfen des Olivenöls der Saison zu probieren, das unmittelbar nach der Ernte frisch gepresst wird.

NOVEMBER

Am 11. November wird **Martinje** (Martinstag) zu Ehren des St. Martin gefeiert, des Schutzpatrons der Wein- und Olivenbauern.

Pula

UNTERIRDISCHES LABYRINTH | RÖMISCHE ARCHITEKTUR | SPEKTAKULÄRE KULTUR

UNTERWEGS VOR ORT

Während der Hochsaison pendelt ein regelmäßiger Shuttlebus zwischen dem Flughafen und dem Busbahnhof von Pula. Informationen gibt's auf der Website des Flughafens (airport-pula.hr/de). Taxis vom Flughafen sind in der Regel überteuert.

Das Unternehmen Pulapromet (pulapromet.hr/de) bietet Vorort- und Überlandbusverbindungen an.

E-Roller und E-Bikes können stundenweise über die NextBike-App (nextbike.hr) gemietet werden. Cammeo (cammeo.hr/de/cities/pula) ist ein App-basierter Taxidienst, der in Pula tätig ist.

Das am Meer gelegene Pula ist die größte Stadt Istriens und befindet sich an der südwestlichen Spitze der Halbinsel. Das gut erhaltene römische Amphitheater aus dem 1. Jh. ist das Wahrzeichen und die Hauptattraktion der Stadt. Weitere Überreste und Erinnerungen an die römische Vergangenheit zeigen sich im antiken römischen Straßennetz der Altstadt und in anderen architektonischen Highlights: von antiken Bögen und Mosaiken bis hin zu Tempeln und Theatern.

Während der österreichisch-ungarischen Ära war Pula über 150 Jahre lang ein wichtiger Marinestützpunkt und ein Zentrum des Schiffbaus.

Zweisprachige Straßenschilder erinnern daran, dass Pula zu jenen istrischen Städten zählt, in denen Italienisch offizielle Zweitsprache ist. Seit 1953 findet in der Stadt auch das alljährliche Pula Film Festival statt, bei dem sich das Amphitheater in ein Open-Air-Kino verwandelt.

Die Einheimischen lieben es, auf dem Lungomare zwischen Valkane und Valsaline zu flanieren und spazieren zu gehen, ein schöner Weg, der entlang der felsigen, von Pinien gesäumten Küste verläuft.

Pulas architektonische Highlights

Auf den Spuren der Römer

Jeder Besuch in Pula beginnt im Amphitheater, das den Hafen überblickt und in der Region als **Arena** bekannt ist. Dieses architektonische Highlight aus Kalkstein wurde im 1. Jh. erbaut und ist eines von nur sechs erhaltenen römischen Amphitheatern auf der Welt. Einst kämpften hier Gladiatoren vor 20 000 Zuschauer:innen, heute bietet die Arena bei Open-Air-Konzerten und dem **Pula Film Festival** Platz für bis zu 5000 Menschen.

Nur ein paar Schritte entfernt befindet sich das faszinierende **Haus des istrischen Olivenöls** (*Kuća istarskog maslinovog ulja*). In diesem Museum erfährt man alles über die Geschichte des Olivenanbaus in Istrien, eine Tradition, die bis zu den

TOP TIPP

Das Amphitheater von Pula verwandelt sich im Sommer in eine stimmungsvolle Bühne für große Künstler:innen. Ein Konzert unter dem Sternenhimmel, umgeben von den antiken Gemäuern, ist ein einmaliges Erlebnis.

SEHENSWERTES
1 Sergierbogen S. 101
2 Arena S. 100
3 Forum S. 101
4 Haus des istrischen Olivenöls S. 100
5 Memo Museum S. 102
6 Altes Rathaus S. 101
7 Römische Bodenmosaike S. 101
8 Kleines römisches Theater S. 101
9 Augustustempel S. 101
10 Zerostrasse S. 102

UNTERHALTUNG
11 Lighting Giants S. 102

SHOPPEN
12 Stadtmarkt S. 102

Römern zurückreicht. Bei geführten Verkostungen kann man die preisgekrönten lokalen Olivenöle genießen.

Ganz in der Nähe liegt das **Kleine römische Theater** (*Malo rimsko kazalište*) aus dem 1. Jh., das 2023 zu neuem Leben erwachte, als die Bühne und der halbrunde Sitzbereich restauriert wurden. Heute bietet es mit bis zu 1700 Plätzen einen stimmungsvollen Rahmen für Konzerte und Kulturveranstaltungen.

Der **Sergierbogen** (*Slavoluk Sergijevaca*), der Triumphbogen am Trg Portarata, stammt aus der Zeit um 27 v. Chr. Wenn man durch das Tor geht und der Sergijevaca folgt, einer von Geschäften und Restaurants gesäumten Kopfsteinpflastergasse, wird man auf Schilder stoßen, die nach links zu den **Römischen Bodenmosaiken** führen. Die gut erhaltenen Mosaike aus dem 3. Jh. zeigen die *Bestrafung der Dirke* und waren einst die kunstvollen Fußböden einer römischen Villa.

Weiter geht's auf der Sergijevaca zum **Forum**, einem hübschen Platz, der einmal das bürgerliche Herz der römischen Stadt war. Der Palast aus dem 13. Jh., der mit einer gewölbten Kolonnade geschmückt ist, beherbergt das **Alte Rathaus** (*Zgrada gradske vijećnice*). Daneben befindet sich der prächtige **Augustustempel** (*Augustov Hram*), der von sechs hohen korinthischen Säulen getragen wird und zwischen 2 v. Chr. und 14 n. Chr. errichtet wurde.

ESSEN IN PULA

Fresh Sandwiches & Salads
Beliebter Imbiss mit Snacks und Smoothies, auch für Vegetarier. €

Jupiter
Die beliebte Pizzeria mit gemütlicher Terrasse serviert gute Pizza, Pasta und gegrillte Fleischgerichte. €

Pjero Istrian Gourmet
Hier genießt man istrische Spezialitäten in herrlicher Lage unter Kastanienbäumen in der Nähe des Stadtmarkts. €

Trattoria Vodnjanka
Das familiengeführte Restaurant serviert traditionelle istrische Gerichte. €

ÜBERNACHTEN IN PULA

Grand Hotel Brioni Pula
Neu renoviertes Luxushotel mit gemütlichen Zimmern mit Balkon und Meerblick sowie einem Spa- und Wellness-Center. €€€

Boutique-Hotel Valsabbion
Kleines Hotel an einer ruhigen Bucht in Pješčana Uvala mit hübschen Zimmern, Außenpool und Strandbar. €€€

Rock Hostel
Saubere, gemütliche Zimmer und Schlafsäle in rockigem Style und in bester Lage im Stadtzentrum. €€

PULAS BESTE CAFÉS & BARS

Lorena Boljunčić, Unternehmerin und Gründerin des **Hauses des istrischen Olivenöls** (@museumoleihistriae), verrät ihre Lieblingsbars und -cafés in Pula.

The Shipyard Pub
In einem hübschen Innenhof, der etwas versteckt liegt und leicht übersehen wird. Abends herrscht hier eine lebhafte Atmosphäre.

Wine Bar Boca
Tolle Stimmung, oft spielen hier Jazzbands.

Pomidor Bar
Strandbar in der Nähe des Lungomare. Ich komme vor allem wegen der Umgebung her – die Bar liegt unmittelbar am Meer mitten in einem Pinienwald.

Uliks
Liegt direkt neben dem Sergierbogen und ist berühmt für die Statue von James Joyce auf der Veranda. Ganzjährig geöffnet.

Dvojka
Auf der Giardini, Pulas von Bäumen gesäumter Promenade. Kulturelle Atmosphäre, tolle Musik und guter Service.

Zerostrasse

Das zeitgenössische Pula erkunden

Neues Leben für alte Stätten

Will man sich unter die Einheimischen mischen, dann gibt's kaum einen besseren Ort als den **Stadtmarkt** (Tržnica). Sein Herzstück bildet ein schönes Gebäude aus Schmiedeeisen und Glas, das 1903 unter österreichischer Herrschaft eröffnet wurde. Der Fischmarkt befindet sich auf der unteren Ebene, Treppen führen nach oben zu einigen Geschäften und kleinen Restaurants. Der stimmungsvolle Obst- und Gemüsemarkt erstreckt sich im Freien entlang einer Reihe originaler Steintische, die im Schatten hochgewachsener Kastanienbäume stehen. Der Markt ist auch ein beliebter Ort für einen Kaffee am frühen Morgen.

Anschließend begibt man sich auf einen nostalgischen Trip im skurrilen **Memo Museum**, wo Alltagsgegenstände aus den 1950er- bis in die späten 1980er-Jahre einen Einblick in das Leben in sozialistischer Zeit geben. Kinder lieben die interaktiven Ausstellungen von frühen Computern, Schreibmaschinen, Kassettenrekordern, Rollschuhen und Modelleisenbahnen. Die Hauptattraktion ist jedoch der Zastava 750, ein kleines Kult-Auto, das die „guten alten Zeiten" Jugoslawiens symbolisiert.

Danach geht's in den Untergrund zur **Zerostrasse**, ein faszinierendes Labyrinth unterirdischer Tunnel aus dem Ersten Weltkrieg. Man kann durch schaurige Gänge wandeln, die einst als Luftschutzbunker und Munitionslager genutzt wurden. Diese dunkle Unterwelt ist auch ein ungewöhnlicher Schauplatz für kulturelle Veranstaltungen und Elektromusikkonzerte.

Von Juni bis September kann man bei Einbruch der Dunkelheit die **Lighting Giants** erleben, eine spektakuläre Lichtshow auf der Uljanik-Werft aus dem 19. Jh., einem wichtigen wirtschaftlichen Symbol der Stadt. Zu jeder vollen Stunde erwachen acht hoch aufragende Kräne für jeweils 15 Minuten zum Leben, um ein gigantisches Spektakel aus 16 000 verschiedenen Farbgestaltungen zu bieten, die von dem renommierten Lichtdesigner Dean Skira entworfen wurden.

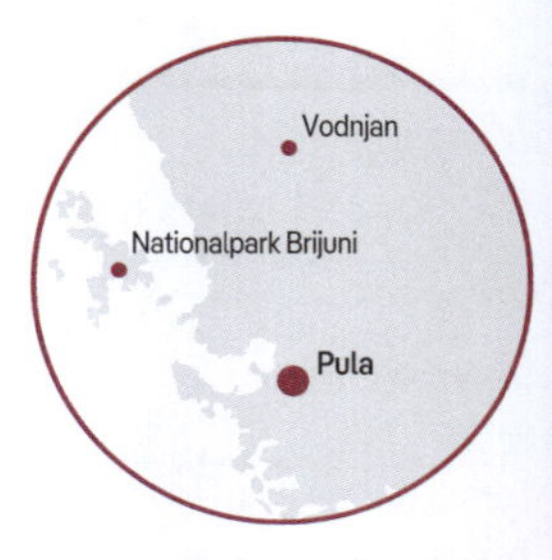

Rund um Pula

Es warten Geschichte, Inseln und wilde Strände, und die nahe gelegene Stadt Vodnjan ist voller Überraschungen.

Die Lage am Meer macht Pula zu einem beliebten Ziel für Strandfans. Im Sommer wimmelt es in den Badeorten und auf den Campingplätzen von Medulin und Premantura südöstlich der Stadt nur so von Sonnenanbeter:innen. Etwa 15 km südlich, an der südlichsten Spitze Istriens, liegt Kap Kamenjak, eine unbewohnte Halbinsel mit wilden Stränden und ruhigen Felsbuchten, die als Naturschutzgebiet ausgewiesen ist. Die Westküste lädt zum Schwimmen und Schnorcheln ein, die Ostküste zum Wind- und Kitesurfen. Abenteuerlustige kommen an die mächtigen Klippen im Süden zum Klippenspringen oder zum Tauchen in den magischen Unterwasserhöhlen.

Orte

Vodnjan S. 103
Nationalpark Brijuni S. 104

UNTERWEGS VOR ORT

Vodnjan liegt an der Bahnlinie Pula-Buzet und kann auch mit dem Vorortbus erreicht werden. Um nach Fažana zu gelangen (für Boote zu den Brijuni-Inseln), nimmt man von Pula aus den Vorortbus 22. Überlandbusse von Autotrans oder Brioni halten auf dem Weg nach und von Pula ebenfalls in beiden Städten. Der Nationalpark Brijuni liegt mit der Fähre 20 Minuten vom Hafen Fažana entfernt.

Die Wunder von Vodnjan

Mumien und Straßenkunst

Mit dem Bus 22 geht's von Pula gen Norden ins 12 km entfernte **Vodnjan**. Bröckelnde Fassaden verleihen der Stadt auf den ersten Blick eine triste Stimmung, doch bei näherem Hinsehen kommt ihr Charme zum Vorschein. Gotik-, Renaissance- und Barockgebäude säumen die Straßen, die von gusseisernen Laternen beleuchtet und von gewölbten Durchgängen unterbrochen werden. Geht man durch sie hindurch, entdeckt man blumengeschmückte Innenhöfe, versteckte Gassen und hübsche Plätze. Vodnjan ist der Hauptsitz von Infobip, dem globalen kroatischen IT- und Telekom-Unternehmen, das hier seinen Ursprung hat.

Überall schmücken **Street-Art-Wandbilder** die Fassaden alter Gebäude und verwandeln die Stadt in eine Open-Air-Galerie. In der **Touristeninformation** am Narodni Trg erhält man eine Karte, auf der fast alle 40 Werke verzeichnet sind, die von internationalen Künstlern geschaffen wurden.

OLIVENPLANTAGEN IN VODNJAN BESUCHEN

Brist
Paul und Lena führen durch die Weinberge ihrer Familie – mit anschließender Verkostung im Freien.

Chiavalon
In der Mühle von Chiavalon kann man im Rahmen einer Verkostung den gesamten Herstellungsprozess kennenlernen.

Oio Vivo
Verkostung istrischer Olivenölsorten, gepaart mit lokalen Spezialitäten und mit Blick auf die Brijuni-Inseln.

TOP TIPP

Bei Sonnenuntergang einfach den Schildern zum „Vidikovac" folgen, einer Aussichtsplattform am südlichen Ende von Kamenjak, von der aus man einen unvergesslichen Blick auf das Meer hat.

ISTRISCHES OLIVENÖL: FLÜSSIGES GOLD

Die Tradition der Olivenölherstellung in Istrien reicht bis zu den Römern zurück. Ein Olivenbaum auf der Insel Veliki Brijun ist dafür ein lebendiges Zeugnis – er wächst hier seit über 1600 Jahren.

In Istrien gibt es mehr als 1,8 Mio. Olivenbäume (fast die Hälfte davon in der Gemeinde Vodnjan) und mehr als 30 Olivenmühlen (vor gut 20 Jahren waren es rund 350000 und drei Mühlen). In Istrien gibt es fast 100 Olivenölerzeuger, darunter viele kleine Familienbetriebe, die für ihre hochwertigen nativen Olivenöle extra eine Reihe internationaler Auszeichnungen erhalten haben.

Auf eine Zeitreise begibt man sich im **Ecomuseum Istrian de Dignan**. Unterschiedliche Räume, die auf mehreren Etagen angeordnet sind, geben Einblicke in das Alltagsleben der Einwohner:innen von Vodnjan vor mehr als einem halben Jahrhundert. Eine bäuerliche Küche, das Atelier einer Näherin und eine Schusterwerkstatt sind nur einige der Highlights.

Doch die skurrilste Attraktion Vodnjans verbirgt sich hinter den Altären der neobarocken **St.-Blasius-Kirche**. In einem schwach beleuchteten Raum liegen die auf wundersame Weise erhaltenen, nicht ausgegrabenen Mumien von vier Heiligen, die 1818 aus Venedig hierher gebracht wurden. Die Kirche ist eine Art Aufbewahrungsort, in dessen Sakristei 300 Reliquien – Finger, Zungen, Knochen und andere Körperteile – von 150 Heiligen verwahrt werden.

Nationalpark Brijuni

Eine Insel als Freilichtmuseum

Von der Hafenstadt Fažana an der Südwestküste Istriens ist es nur eine kurze Fahrt mit der Fähre nach **Veliki Brijun**, der Hauptinsel des **Nationalparks Brijuni**, auf der sich alle Sehenswürdigkeiten befinden. Die autofreie Insel ist ein faszinierendes Freilichtmuseum mit römischen Ruinen, Dinosaurierfußabdrücken und archäologischen Stätten. Zudem birgt sie eine vielfältige Flora und Fauna. Mit einem Leihfahrrad oder elektrischen Golfwagen lässt sich die Insel bequem erkunden.

In der **Bucht von Dobrika** kann man die Ruinen eines antiken byzantinischen Castrums besichtigen, das sich über eine Fläche von 1 ha am Uferrand erstreckt und die Überreste von Backsteinöfen, Weinkellern und Olivenpressen beherbergt.

Am nördlichen Ende der Insel liegt der **Safaripark**, in dem südamerikanische Lamas, afrikanische Strauße, Zebras aus Guinea, somalische Schafe sowie heimische Ziegen und Ochsen leben. Die Elefantenkuh Lanka – ein Geschenk der indischen Premierministerin Indira Gandhi an Tito – lebt hier seit 1974.

In den südlichen Buchten von Kap Ploče, Kap Kamnik und Kap Trstike kann man nach **Dinosaurierfußabdrücken** suchen, die an denFelsstränden verewigt sind. Am Kap Vrbanj steht eine 7 m hohe, lebensgroße Figur eines Theropoden.

Die faszinierende **Ausstellung Tito auf Brijuni** sollte man sich nicht entgehen lassen. Sie zeigt über 200 Fotos, die berühmte Würdenträger dokumentieren, die Tito zu Gast hatte, darunter Winston Churchill, Königin Elisabeth II. und Che Guevara, aber auch die Filmstars Sophia Loren, Richard Burton und Elizabeth Taylor. Eine Attraktion ist der Cadillac Eldorado des ehemaligen kubanischen Präsidenten aus dem Jahr 1953.

Der Nationalpark Brijuni ist heute ein Schutzgebiet mit reicher Artenvielfalt. Ab 1949 diente der 14 Inseln umfassende Archipel als Militärstützpunkt und Sommerresidenz des ehemaligen jugoslawischen Präsidenten Tito. Bis zu seiner Ernennung zum Nationalpark im Jahr 1983 war der Zutritt streng verboten. Die App *Brijuni Pocket Guide* beschreibt alle Attraktionen und Dienstleistungen des Parks in acht Sprachen.

BESUCH DES NATIONALPARK BRIJUNI

Tickets sind online oder am Schalter bei der Anlegestelle in Fažana erhältlich, wo die Fähren zu den Inseln ablegen (Fährfahrt inklusive). Mit diesem QR-Code kann man online buchen:

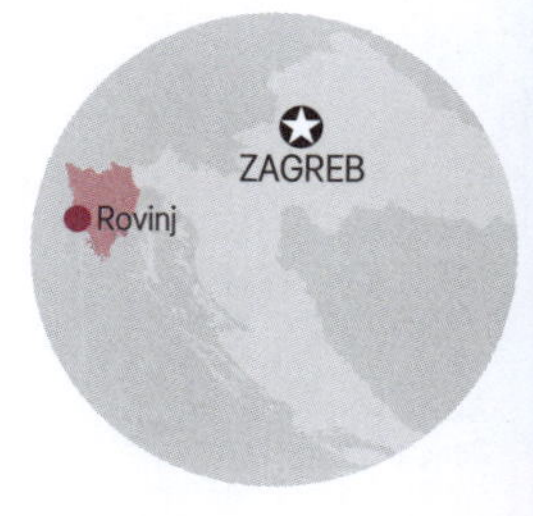

Rovinj

BERÜHMTE WAHRZEICHEN | GROSSARTIGE ARCHITEKTUR | STRANDVERGNÜGEN

Die malerische Küstenstadt Rovinj ist eines der beliebtesten Reiseziele Kroatiens und ein absolutes Muss für jeden Traveller. Es ist auch die Stadt in Kroatien, die die meisten Übernachtungen verzeichnet.

Schon der erste Blick auf Rovinj ist imposant! Auf einer hügeligen Halbinsel gelegen, scheint die Stadt aus dem Meer zu wachsen. Die Kirche der hl. Euphemia erhebt sich über den Dächern, und entlang des Ufers reihen sich hübsche Gebäude mit Kalkputzfassaden in harmonischen Pastelltönen aneinander.

Aufgrund der vielen Akzente aus Renaissance und Barock, die in die Architektur eingeflosen sind, ist der venezianische Einfluss nicht zu übersehen.

Die Landzunge, auf der Rovinj liegt, war einst eine Insel, die 1763 mit dem Festland verbunden wurde. In den umliegenden, blaugrün schimmernden Gewässern liegt ein Archipel aus etwas mehr als einem Dutzend größeren und kleineren Inseln. Im 17. Jh. war Rovinj stark von der Schifffahrt geprägt, und die Tradition des Fischfangs ist noch immer lebendig, wie die vielen Fischerboote im Hafen bezeugen.

UNTERWEGS VOR ORT

Die Altstadt von Rovinj ist autofrei und nur für Fußgänger zugänglich. Einige Hotels bieten ihren Gästen einen Shuttle- und Gepäckservice mit elektrischen Golfwagen an.

TOP TIPP

Rovinj erkundet man am besten ohne eine Liste von Sehenswürdigkeiten, die man abarbeiten will, denn das Beste an Rovinj ist seine besondere Atmosphäre. Also einfach ohne Plan durch die kleinen, jahrhundertealten Gassen schlendern und die Stadt auf sich wirken lassen!

Die Wahrzeichen von Rovinj entdecken

Entlang der Grisia zur Kirche der hl. Euphemia

Die **Grisia** ist eine Gasse mit glattem Kopfsteinpflaster, die zum höchsten Punkt und wichtigsten Wahrzeichen von Rovinj hinaufführt. Sie beginnt mit einem kurzen Spaziergang vom weißen **Balbi-Bogen** auf dem Marschall-Tito-Platz (*Trg Maršala Tita*), der direkt am Meer liegt. Etwas Zeit nehmen sollte man sich für das barocke Bogentor, das mit dem geflügelten Löwen von Venedig verziert ist und für das ursprüngliche Haupttor der Stadt steht, das sich einst an dieser Stelle befand.

Hat man den Bogen durchquert, taucht linkerhand schon bald das Restaurant **Balbi** auf. Wenn man hier rechts und dann gleich wieder links abbiegt, stößt man auf die bekannteste Gasse Rovinjs und zugleich eine der pulsierendsten Adern der Alt-

ÜBERNACHTEN IN ROVINJ

B&B Baron Gautsch
Pension mit komfortablen Zimmern, einige mit Blick auf das Meer und die Altstadt, in einer ruhigen, grünen Straße gelegen. €€

Hotel Angelo d'Oro
Stilvolle Zimmer mit antiken Möbeln und ein schön angelegter Garten machen dieses charmante, historische Hotel in der Altstadt zu einem echten Schmuckstück.

Melegran
Farbenfrohe und komfortable Zimmer mit luxuriöser Ausstattung in einem restaurierten Steingebäude im Herzen der Altstadt. €€€

Spirito Santo Palazzo Storico
Hotel im Boutique-Stil mit eleganten Zimmern in einem restaurierten Stadthaus in einer Altstadtgasse von Rovinj. €€€

stadt. Hier warten zahlreiche Kunstgalerien, Ateliers und Geschäfte, in denen handgefertigter Schmuck und Souvenirs angeboten werden.

Der Grisia-Straße leicht bergan folgend, erreicht man schließlich das Plateau mit der **Kirche der hl. Euphemia** aus dem 18. Jh. mit einem 60 m hohen Glockenturm, der von einer Bronzestatue der Schutzheiligen gekrönt wird. Wer die 200 Stufen des Turms hinaufsteigt, wird mit einem herrlichen Blick über die terrakottafarbenen Dächer und die nahen Inseln belohnt.

Seit 1967 hat die Grisia ein eigenes Fest: Jedes Jahr am zweiten Sonntag im August feiert die **Grisia Art Fair** in allen verfügbaren Ecken und Winkeln die künstlerische Tradition der Stadt mit den Kreationen lokaler Künstler:innen.

Batana Eco-Museum

Eine Hommage an die Fischerboote von Rovinj

Die *batana,* ein einfaches, hölzernes Fischerboot mit flachem Boden, ist ein Symbol für die Fischereikultur und das maritime Erbe Rovinjs. Dem kleinen, traditionellen Fischerboot wird mit einem multimedialen Museum, das in einem kleinen Gebäude direkt am Meer untergebracht ist, ein eigenes Denkmal gesetzt.

Zu sehen sind maritime Gegenstände und traditionelle Werkzeuge, die von Rovinjer Bürgern gespendet wurden. Videoprojektionen, Audio- und Musikclips erzählen von der kulturellen und sozioökonomischen Bedeutung der *batana*, und ein Zeitraffervideo zeigt jede Phase des komplizierten, zwei Monate dauernden Baus eines solchen Bootes.

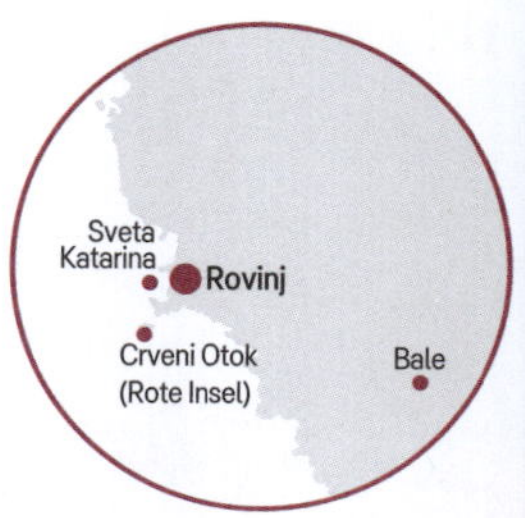

Rund um Rovinj

Jenseits der historischen Altstadt von Rovinj liegen autofreie Inseln und eine felsige, von malerischen Buchten durchzogene Küste.

In Rovinj gibt es zahlreiche Bademöglichkeiten, sogar in der Altstadt: Balota ist ein felsiger Strand direkt unterhalb der Stadtmauern und ein fantastischer Ort, um den Sonnenuntergang zu beobachten. Verlässt man den Hafen in Richtung Süden, gelangt man zum Strand Mulini und ein Stück weiter zu den felsigen Buchten und Stränden von Zlatni Rt (Goldkap) – Teil einer kleinen Halbinsel, die den Naturpark Zlatni Rt bildet. Dieses Waldreservat mit riesigen Schirmkiefern und majestätischen Eichen beherbergt auch zahlreiche exotische Baumarten, die aus fernen Ländern wie Mexiko und Japan stammen.

Zum Rovinj-Archipel gehören etwas mehr als ein Dutzend winziger Inseln, darunter einige beliebte Badestellen, die durch regelmäßige Fährverbindungen leicht zu erreichen sind.

Faulenzen an Inselstränden

Ein Tag voller Spaß in der Sonne

Von der Rovinjer Anlegestelle Delfin sind es nur 10 Minuten mit dem Boot zur bewaldeten **Insel Sv. Katarina** (*Sveta Katarina*), auf der sich auch ein großes Hotel befindet – das Maistra Select Island Hotel Katarina. Der Kieselstrand erstreckt sich am südlichen Ende der Insel, aber auch Richtung Westen gibt es viele schöne Buchten.

Die **Rote Insel** (*Crveni Otok*) ist in 20 Minuten mit der Fähre erreichbar und besteht eigentlich aus zwei Inseln, die durch einen Damm verbunden sind: die 1,9 km lange **Insel St. Andreas** (Sveta Andrija) und die noch winzigere **Insel Maškin**. Hier befinden sich die Ruinen eines Klosters und einer Kirche aus dem 6. Jh. sowie das Island Hotel Istra, das einzige Hotel auf der Insel. St. Andreas ist von Fels- und Kieselstränden geprägt. Maškin ist ruhiger und verfügt über viele einsame Felsbuchten.

Die verträumten Gassen von Bale

Architektur und Atmosphäre

15 km südöstlich von Rovinj liegt das hübsche **Bale**, das ursprünglich eine illyrische Festung war und später zu einem römischen Castrum wurde. Heute ist es ein typisches istrisches

Orte

Rote Insel S. 107

Insel Sv. (Heilige) Katarina S. 107

Bale S. 107

UNTERWEGS VOR ORT

Die Boote zu den Inseln Sv. Katharina (Sveta Katarina) und St. Andreas (Sveta Andrija) legen vom Anleger Delfin in Rovinj ab.

Busse von Arriva verkehren bis zu 10-mal täglich zwischen Rovinj und Bale.

TOP TIPP

Der Radweg 221 (9,2 km) schlänget sich durch den Waldpark „Goldkap" (Zlatni Rt Park), vorbei an hoch aufragenden Zypressen, majestätischen Kiefern und Himalaya-Zedern.

NACKTBADEN IN ISTRIEN

Die Buchstaben „FKK“ an den Stränden in Istrien (und anderen Teilen Kroatiens), meist an felsigen oder abgelegenen Stränden, weisen auf einen FKK-Strand hin. Die Geschichte des Naturismus bzw. der deutschen *Freikörperkultur* (FKK)-Bewegung reicht in Kroatien bis ins frühe 20. Jh. zurück.

An der Küste Istriens befinden sich einige der größten und bestentwickelten FKK-Resorts und FKK-Campingplätze Kroatiens. Nördlich von Rovinj liegen der **FKK-Strand Punta Križ** und das nahe gelegene **Naturistencamp Valalta** sowie die autofreie Insel **Koversada** mit dem ältesten Naturistencamp Europas.

Weitere beliebte FKK-Spots sind der **Naturisten-Campingplatz Ulika** nördlich von Poreč, das 49 ha große **Naturisten-Resort Solaris** bei Tar und der **Campingplatz Kanegra FKK** im Nordwesten Istriens nahe der slowenischen Grenze.

Rathaus von Bale

Städtchen mit dem imposanten **Palast Soardo-Bembo** aus dem 15. Jh., der mit einer Kombination aus gotischer und Renaissance-Architektur besticht (für Besucher:innen geschlossen).

Weitere beeindruckende Gebäude sind das **Rathaus** aus dem 14. Jh. mit seinem hübschen gotischen Bogenportal und die aus weißem Stein erbaute **Kirche Mariä Heimsuchung**, die als fünfte Kirche an jener Stelle errichtet wurde, an der ursprünglich eine Basilika aus dem 9. Jh. stand.

Trotz nur weniger klassischer Touristenattraktionen ist Bale eine sehenswerte Stadt mit den typischen Kopfsteinpflastergassen und Steinhäusern. Es lohnt sich, einen Rundgang zu unternehmen und die schöne Architektur und die besondere Atmosphäre bei einem Glas Wein unter den Steinbögen vor dem **Kamene Priče** zu genießen, einem Restaurant, das auch als Jazz-Club bekannt ist.

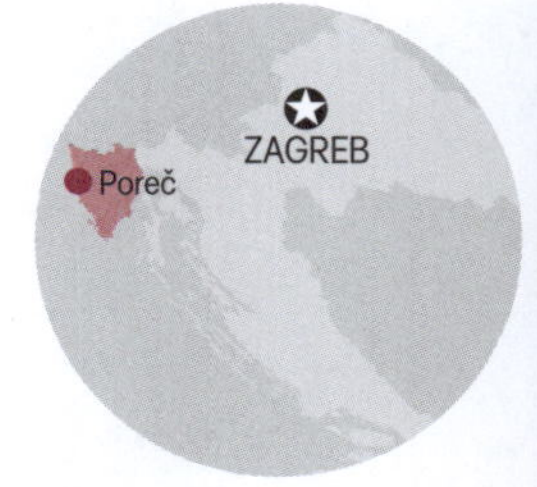

Poreč

UNESCO-WELTERBESTÄTTE | RÖMISCHE ARCHITEKTUR | BYZANTINISCHE KUNST

Zur Zeit der Römer hieß Poreč *Parentium* und hatte den ehrenvollen Status, die Hauptstadt Istriens zu sein. Die Römer hinterließen ihre Spuren in der Altstadt – die Überreste der antiken Vergangenheit sind überall in den engen Kopfsteinpflastergassen und den steinernen Ruinen sichtbar.

In Poreč befindet sich auch das einzige UNESCO-Weltkulturerbe Istriens: der prächtige Bischofskomplex der Euphrasius-Basilika aus dem 5. Jh. mit seinen beeindruckenden byzantinischen Mosaiken.

Das eigentliche Highlight hier sind für die meisten Reisenden jedoch die Strände. Die Badeorte entlang der Küste nördlich und südlich des Stadtzentrums ziehen jeden Sommer große Menschenmassen an. Der felsige Brulo-Strand liegt nur einen Katzensprung südlich der Altstadt entfernt. Etwas nördlich lädt der Parentino-Kieselstrand zum Schwimmen mit Blick auf die historische Altstadt ein.

Poreč ist auch Gastgeber des jährlichen Weinfestivals VinIstra, an dem Winzern aus ganz Istrien teilnehmen.

UNTERWEGS VOR ORT

Die übersichtliche Altstadt von Poreč ist autofrei und kann leicht zu Fuß oder mit dem Fahrrad erkundet werden. Fahrräder und E-Bikes kann man vor Ort mieten.

Poreč Altstadt – Highlights

Römische Straßen und Relikte

Das kleine Stadtzentrum von Poreč erstreckt sich über eine 500 m lange und 200 m breite Halbinsel. In den engen Gassen stößt man auf eine ansprechende Mischung aus gotischen Palazzi sowie romanischen und barocken Gebäuden mit Geschäften, Bars, Restaurants, Eisdielen und Souvenirläden.

Das typisch römische Straßennetz der Stadt hat in Ost-West-Richtung die Decumanus als Hauptverkehrsader, die den Trg Slobode mit dem Trg Marafor verbindet. An der Kreuzung mit dem von Norden nach Süden verlaufenden Cardo Maximus kann man die schönen Biforenfenster des gotischen **Palasts Zuccato** aus dem 15. Jh. bestaunen. In dem Gebäude befindet sich die avantgardistische Kunstgalerie **Galerija Zuccato** (poup.hr/o-nama/lokacije/galerija-zuccato).

☑ TOP TIPP

Am besten lässt sich die kleine Stadt Poreč mit dem Fahrrad erkunden. An Next-Bike-Stationen kann man sowohl E-Bikes als auch Fahrräder stundenweise über eine App (nextbike.hr) mieten.

> **ESSEN IN POREČ**
>
> **Artha Bistro**
> Klassische Nudelgerichte (auf vegane Art zubereitet) oder leckere Platten mit Tofu, Tempeh und Seitan. €
>
> **Chili Fusion Streetfood**
> Kleines Restaurant mit Poke Bowls, Sushi, Wraps und anderen leckeren panasiatischen Gerichten. €
>
> **Restaurant Spinnaker**
> Feinschmecker-Restaurant mit Tischen im Freien, nur wenige Schritte von der Uferpromenade entfernt, mit Fisch-, Fleisch- und vegetarischen Degustationsmenüs. €€
>
> **Sv Nikola**
> Schickes Restaurant mit Blick auf die gleichnamige Insel, das köstliche Meeresfrüchte- und Fleischgerichte serviert. €€

Der **Trg Marafor** (Mars-Platz) war einst das antike römische Forum und Zentrum täglichen Lebens. Sehenswert ist das **Romanische Haus** aus dem 13. Jh. mit seinem hölzernen Balkon (nicht öffentlich zugänglich). In der Nähe befinden sich einige steinerne Überreste des **Neptuntempels** aus dem 1. Jh.

Byzantinische Kunst & Architektur

Der bischöfliche Komplex der Euphrasius-Basilika

Die Hauptattraktion von Poreč ist die UNESCO-Welterbestätte des **Bischofskomplexes der Euphrasius-Basilika**, ein Schatz aus dem Jahr 553 n. Chr. und eines der schönsten Beispiele byzantinischer Kunst und Architektur in Europa. Der Komplex umfasst eine frühchristliche Kirche, ein Atrium, ein Baptisterium und einen bischöflichen Palast. Das Herzstück ist die Basilika, insbesondere die prächtigen Blattgoldmosaike in der Apsis, wo Christus und die Apostel, die Jungfrau Maria und eine Schar von Heiligen zu sehen sind. Achtzehn Marmorsäulen mit kunstvollen Kapitellen, die mit Vögeln und Blumen verziert sind, stützen die hohe Decke.

Im Lapidarium im Untergeschoss des Bischofspalasts sowie im Innenhof befinden sich farbenfrohe Bodenmosaike aus dem 4. und 5. Jh. Über das achteckige Baptisterium gelangt man auf die Spitze eines Glockenturms aus dem 16. Jh. Von hier aus bietet sich ein weiter Blick über die Altstadt. Im Sommer verwandelt sich der Komplex in einen stimmungsvollen Veranstaltungsort für klassische Konzerte.

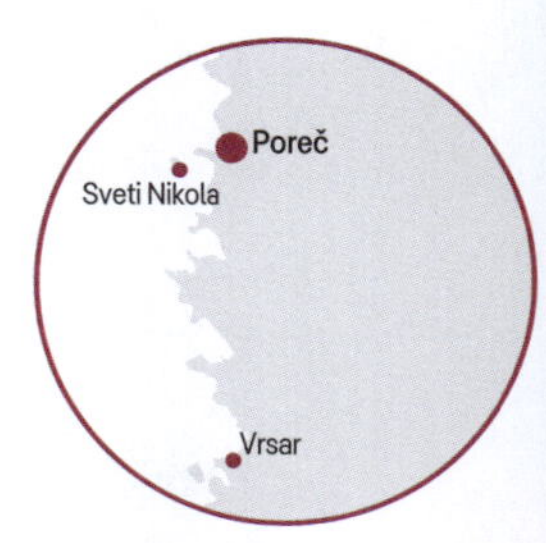

Rund um Poreč

Eine zerklüftete Küste mit felsigen Stränden, duftenden Pinienwäldern und charmanten Städten am Wasser.

Orte

Vrsar S. 111

St.-Nikolaus-Insel S. 112

Eine Bootsfahrt in Richtung Süden, vorbei an den Küstenstädten Funtana und Vrsar, führt zur Mündung des 600 m breiten Limski-Kanals. Dieser dramatische Einschnitt mit tiefgrünem Wasser wird von steilen Talwänden flankiert, die bis zu 100 m hoch aufragen und ist eine der beeindruckendsten Sehenswürdigkeiten Istriens. Die Naturattraktion ist auch über eine Straße zu erreichen. Unterwegs gibt es mehrere Aussichtspunkte, an denen man anhalten kann, um die sensationelle Aussicht zu genießen.

Fährt man weiter gen Norden ins Landesinnere Richtung Slowenien, kommt man zu den hübschen Hügelstädten Brtonigla und Buje. Anschließend geht es zurück an die Küste, um die Altstadt und die Strände von Umag zu erkunden.

Vrsar – eine Küstenidylle

Skulpturen und Meerblick

Das hübsche Vrsar, 10 km südlich von Poreč, ist ein kleines Städtchen mit verwinkelten Gassen, blühender Bougainvillea und pastellfarbenen Fassaden, das auf einem zum Meer hin gelegenen Hügel thront. Bekannt wurde der Ort, weil Casanova in den 1700er-Jahren zweimal hier zu Besuch war. Der italienische Abenteurer verweilt nun für immer in Vrsar, verewigt als **Bronzestatue** neben der winzigen Kirche des Heiligen Antonius von Padua. Der Glockenturm der **Pfarrkirche St. Martin** ist ein Neubau aus dem Jahr 1991, der das in den 1920er-Jahren abgerissene Original ersetzt. Eine Innentreppe führt zu einem der besten Aussichtspunkte mit Blick über die Dächer der Stadt und auf die nahe gelegenen Inseln. Hinter der Kirche führt eine Steintreppe hinunter zum Jachthafen und zu den Stränden.

Ausschau halten sollte man unbedingt nach den **Steinskulpturen**, die viele Plätze, Parks und die Uferpromenade der Stadt zieren. Es handelt sich um Werke, die im Rahmen der jährlich stattfindenden Montraker International Sculpture School aus Steinen aus dem nahe gelegenen Montraker-Steinbruch geschaffen wurden. Weitere Skulpturen sind in dem 24 000 qm großen **Skulpturenpark Dušan Džamonja** zu sehen, einem ruhigen, kontemplativen Ort, der die Arbeiten des verstorbenen Künstlers und Parkgestalters Dušan Džamonja zeigt.

UNTERWEGS VOR ORT

In Poreč kommt man mit Cammeo, einem App-basierten Taxidienst (ähnlich wie Uber), gut von A nach B. Wer allerdings über die Stadtgrenze hinaus will, sollte idealerweise ein eigenes Fahrzeug haben.

TOP TIPP

Mehrere Radwege schlängeln sich von Poreč aus an der Küste entlang und ins Landesinnere. Auf der Website von Istria Bike (istria-bike.com/de) gibt es Details zu den einzelnen Routen.

ÜBERNACHTEN IN POREČ

Camping Zelena Laguna
Riesiger Campingplatz mit Pool, Wasserrutsche und mehreren Stränden (5 km von der Altstadt). €

Hotel Mauro
Hotel aus österreichischer Zeit mit eleganten Zimmern und Balkonen mit Meerblick. Kostenloser Shuttleservice zum Strand. €€€

Valamar Riviera
Haus am Wasser in der Altstadt mit gemütlichen Zimmern und kostenlosem Transport zur Insel Isabella. €€€

Hotel Laguna Parentium Porec
Großes Hotel außerhalb der Stadt mit drei Pools. Jedes Zimmer verfügt über einen Balkon, und die meisten Zimmer haben Meerblick. €€€

Pfarrkirche St. Martin, Vrsar (S. 111)

Abkühlung am Strand

Autofreier Inselurlaub

Für einen Strandbesuch auf einer autofreien Insel nimmt man die Fähre zur **Insel St. Nikolaus** (Sv. Nikola), die nur eine kurze Fahrt von der Anlegestelle in Poreč entfernt liegt. Die Insel war einst das Eigentum einer italienischen Adelsfamilie, die hier ein Schloss als Sommerresidenz errichtete. Das Schloss wurde umgebaut und in ein großes Hotel der gehobenen Klasse – das **Valamar Isabella Island** – verwandelt, mit vielen neuen Nebengebäuden und gepflegten Gartenanlagen. Die Strände sind hier alle öffentlich, und der Blick auf die Altstadt von Poreč ist großartig.

ZAGREB
Motovun

Motovun

PANORAMABLICK | GOTHISCHE ARCHITEKTUR | GAUMENFREUDEN

Der erste Blick auf das märchenhafte Motovun, das 277 m hoch auf einem Hügel thront, ist überwältigend. Dank seines mittelalterlichen Erscheinungsbildes ist Motovun eine der meistfotografierten und bekanntesten Städte Istriens.

Die gut erhaltene Zitadelle aus venezianischer Zeit ist von zwei massiven Mauerreihen aus dem 13. Jh. umgeben, die von Wehrtürmen unterbrochen sind. Innerhalb dieser Mauern befinden sich ein Glockenturm aus dem 13. Jh. sowie Kirchen aus der Gotik und der Spätrenaissance inmitten bunter Gebäude aus der Romanik, Gotik und Renaissance.

Die dichten Wälder unterhalb der Stadt bergen besondere Schätze: Hier werden jeden Winter die berühmten weißen Trüffeln Istriens geerntet.

Motovun war viele Jahre lang ein bedeutendes kulturelles Zentrum, da es von 1999 bis 2023 das bekannteste Sommerfilmfestival Kroatiens ausrichtete. (Ab 2024 findet es in Petehovac, Gorski Kotar, statt).

In der Hochsaison tummeln sich Reisegruppen in den kopfsteingepflasterten Gassen – kommt man aber im Winter her, hat man die Stadt für sich allein.

UNTERWEGS VOR ORT

Ein Bus verbindet den Parkplatz unterhalb von Motovun mit der Altstadt auf dem Gipfel des Hügels. Für diejenigen, die gerne zu Fuß gehen: Kopfsteingepflasterte Wege schlängeln sich den Hang hinauf durch ein Wohngebiet mit blumengeschmückten Steinhäusern und bieten Einblicke in das alltägliche Leben.

Spaziergang entlang der monumentalen Mauern von Motovun

Kirchen, Schlösser und weite Ausblicke

Los geht es an der **Venezianischen Loggia**, von der sich ein herrlicher Blick auf das Tal des Flusses Mirna bietet. In dem Gebäude wurden einst Rechtsangelegenheiten verhandelt und wichtige Ankündigungen gemacht. Ein paar Schritte weiter öffnet sich der Torbogen des Haupttors der Stadt zum **Trg Andrea Antico**, dem Hauptplatz von Motovun. Beachtenswert sind die geflügelten Markuslöwen über dem Tor, ein Symbol der ehemaligen Republik Venedig. Auf diesem hübschen, kopfsteingepflasterten Platz steht das romanische **Rathaus** aus dem

TOP TIPP

Den digitalen Reiseführer für Motovun herunterladen (app.skeniraj.me/de/1-6306). Er bietet viele Informationen zu den historischen Sehenswürdigkeiten sowie zu Unterkünften, Weinkellereien, Restaurants, Familienbetrieben u.v.m.

SEHENSWERTES
1 Kirche St. Stephan S. 114
2 Palast Polesini S. 114
3 Rathaus S. 113
4 Weingut Roxanich S. 115
5 Tiskara Antico S. 114
6 Weingut Tomaz S. 115
7 Trg Andrea Antico S. 113
8 Venezianische Loggia S. 113
9 Vina Fakin S. 115

KURSE & TOUREN
10 Miro Tartufi S. 115

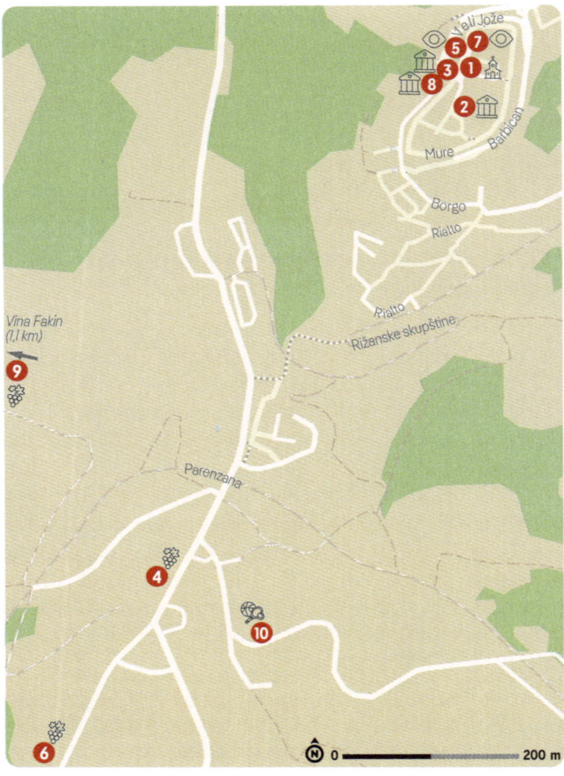

PARENZANA RAD- UND WANDERWEG

Dieser beliebte Weg hat seinen Namen von der Schmalspurbahn, die früher auf dieser Strecke verlief. Sie wurde 1903 in der österreichisch-ungarischen Zeit eröffnet und verband die Hafenstadt Triest mit Poreč an der Westküste Istriens, bis sie 1935 unter italienischer Herrschaft stillgelegt wurde.

Im Jahr 2006 wurde der ehemalige Bahnverlauf als Offroad-Trail wiederbelebt, der sich durch idyllische Landschaften und die malerischen Hügelstädte Buje, Grožnjan, Završje, Oprtalj, Livade, Motovun und Vižinada windet. Schilder kennzeichnen die einstigen Standorte der 35 ehemaligen Bahnstationen.

Der 123 km lange Weg führt durch drei Länder: Italien, Slowenien und Kroatien, wobei der längste Abschnitt mit 78 km durch den kroatischen Teil Istriens führt.

13. Jh., eines der größten Rathäuser Istriens. Es dient noch immer als Gemeindeamt; auch das Fremdenverkehrsamt ist hier untergebracht. Das Herzstück des Platzes ist jedoch die **Kirche St. Stephan** aus dem 18. Jh., deren markanter, mit Zinnen versehener Glockenturm einen ganz eigenen Stil aufweist. E wurde im 13. Jh. erbaut, an der Stelle einer früheren Kirche.

Das Hotel Kaštel befindet sich in dem magentaroten **Palast Polesini** aus dem 18. Jh., dem ehemaligen Wohnsitz einer mächtigen Patrizierfamilie. Auf der herrlichen Terrasse, die von drei majestätischen Kastanienbäumen beschattet wird, kann man wunderbar verweilen und bei einem kühlen Getränk eine Pause vom Sightseeing einlegen.

Als Nächstes sollte man sich im Fremdenverkehrsbüro ein Ticket für die Festungsmauern besorgen. Der Rundgang auf den Mauern, die die Stadt über viele Jahrhunderte schützten, dauert nicht länger als 15 Minuten, abhängig davon, wie oft man unterwegs anhält, um die fantastische Aussicht auf das grüne Tal und die Wälder zu genießen.

Die Tour endet mit einer kleinen Zeitreise in der **Tiskara Antico**, einer mittelalterlichen Druckerei, in der u.a. die Ausführung des traditionellen Handdrucks auf einer nachgebauten Gutenberg-Presse gezeigt wird.

Trüffelsuche & Verkostung

Nach Schätzen graben

Die tiefen Wälder am Fuße von Motovun sind ein beliebtes Ziel von Trüffelfans, die hier nach diesen schwer zu findenden, edlen Knollen suchen, darunter auch der hoch geschätzte weiße Trüffel (*magnatum Pico*).

Miro Tartufi (miro-tartufi.com/de) bietet ein dreistündiges Trüffelerlebnis inklusive Suche und Verkostung an. Zu Beginn werden die Besucher:innen von Mirjana, der Inhaberin, mit einem Getränk willkommen geheißen, anschließend folgt eine Einführung in die Eigenschaften der schwarzen und weißen Trüffeln. Danach geht es mit ihrem Mann Miro und den beiden ausgebildeten Hunden Bela und Nera in den Wald, wo man lernt, wie man die 25 cm unter der Erde wachsenden Trüffeln aufspürt. Sobald die Hunde eine der Knollen erschnüffeln, gräbt Miro sie vorsichtig aus.

Im Anschluss an die Suche serviert Mirjana Platten mit regionaler Pasta, Rührei, hausgemachtem Käse und Wurst – alles reichlich gewürzt mit der edlen Gourmet-Delikatesse.

Istriens beste Tropfen

Besichtigung der Weingüter von Motovun

Das Vorgebirge von Motovun ist von üppigen Weinbergen umgeben, in denen einige namhafte Weingüter zu finden sind, die Verkostungen ihrer hochwertigen Tropfen anbieten.

Auf einer Fläche von 30 ha erstrecken sich die Rebhänge von **Vina Fakin** (fakinwines.com), einem Weingut, das für seine aus eigenen Trauben hergestellte Malvazija- und Teran-Weine schon etliche prestigeträchtige Auszeichnungen erhalten hat. In dem hellen Verkostungsraum und im Laden kann man typische istrische Weine probieren.

Im Weingut **Tomaz** (vina-tomaz.hr) kann man sich in einem schicken, modernen Verkostungsraum mit Blick auf die Weinberge und das malerische Motovun durch edle und gereifte Weine probieren.

Bei **Roxanich** (roxanich.com) liegt der Schwerpunkt auf Bio-Weinen. Besucher:innen können das hochmoderne Weingut im Rahmen einer geführten Verkostungstour besichtigen, die in vier Etappen die einzelnen Schritte der Weinproduktion zeigt. Abgerundet wird der Besuch mit einer Verkostung von Rot-, Weiß- und Rosé-Weinen.

DER GRÖSSTE TRÜFFEL DER WELT

Der Trüffel ist eine Knolle, die in der Erde dichter Wälder wächst und nur von speziell ausgebildeten Hunden aufgespürt werden kann.

Während der schwarze Trüffel das ganze Jahr über zu finden ist, kann der scharfe, weiße Trüffel (bekannt als *tuber magnatum Pico)* nur in bestimmten Monaten aufgespürt werden, in der Regel von September bis Januar – daher gilt er auch als absolute Luxusdelikatesse.

Im Wald von Motovun wurde 1999 der größte Trüffel der Welt ausgegraben, der einen Preis von 5000 U$ erzielte.

Ausgegraben wurde der 1,31 kg schwere, weiße Trüffel von Giancarlo Zigante und seinem Hund Diana – was ihnen einen Guinness-Weltrekord einbrachte. Heute betreibt Giancarlo ein Restaurant im nahe gelegenen Livade und bietet diverse Trüffelprodukte unter der Marke „Zigante“ an.

ANGENEHM ÜBERNACHTEN IN MOTOVUN

Roxanich Design Hotel
Gemütliche Zimmer im Retro-Design, ein Infinity-Pool und ein Gourmet-Restaurant. Oberhalb des Weinguts Roxanich. €€€.

Villa Borgo B&B
Top-Lage in der verträumten Altstadt – mit Frühstück auf einer Dachterrasse mit Aussicht. €€€

Hotel Kaštel
Zimmer im Boutique-Stil in der Burg von Motovun (17. Jh.) mit Innenpool, Sauna und diversen Spa-Anwendungen. €€€

Rund um Motovun

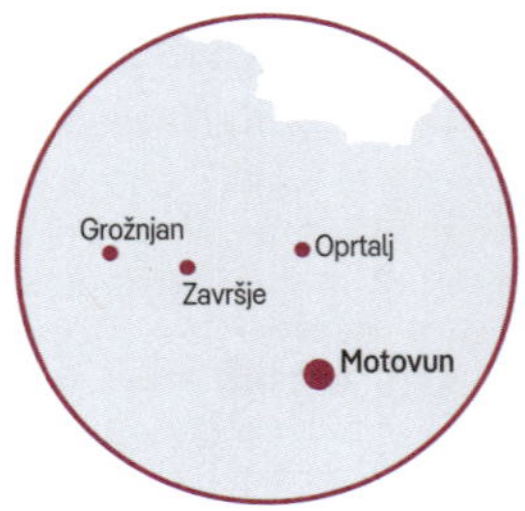

Charmante Dörfer und bezaubernde Hügellandschaften mit jahrhundertealten Rebhängen und Olivenhainen laden zu unvergesslichen Entdeckungstouren ein.

Orte

Mirna River Valley S. 116
Grožnjan S. 116
Oprtalj S. 116
Završje S. 117

UNTERWEGS VOR ORT

Wer gern körperlich aktiv ist, kann die Landschaft und die Städte in der Umgebung von Motovun mit dem Fahrrad oder auch zu Fuß auf dem Parenzana-Weg erkunden. Andernfalls ist die einzige Möglichkeit, sich in dieser Gegend fortzubewegen, das Auto.

TOP TIPP

Grüne Schilder mit der Aufschrift *Cesta Maslinova Ulja* (Olivenölstraße) weisen den Weg zu den regionalen Weingütern mit Verkostungsmöglichkeiten.

Schon der weite Blick von den Festungsanlagen von Motovun auf das grüne Flusstal Mirna und die fernen Hügel mit ihren malerischen Dörfern verspricht zahlreiche, wunderbare Eindrücke – man muss sich nur auf den Weg machen.

Der Mirna ist der längste Fluss Istriens. Er entspringt in Kotli und fließt 53 km gen Westen, bevor er schließlich in die Adria mündet. Das grüne Tal, das er durchfließt, sowie die ihn umgebenden Wälder sind eine Quelle gastronomischer Köstlichkeiten, die man in den regionalen Tavernen genießen kann. Viele der heimischen Wein- und Olivenproduzenten bieten Besucher:innen die Verkostung ihrer hauseigenen Produkte und Spezialitäten an. In den umliegenden Hügeln verteilen sich Städte und Dörfer aus jahrhundertealtem Stein, die sich ihren ursprünglichen Charme bewahren konnten, auch wenn ihre Blütezeit schon lange vorbei ist.

Auf zu Istriens Gipfeln

Idyllische Städte und herrliche Aussichten

Eine Fahrt 18 km nach Nordwesten führt in eines der schönsten und am besten restaurierten Bergdörfer Istriens. **Grožnjan** war so gut wie verlassen, als die italienischen Bewohner:innen nach dem Zweiten Weltkrieg nach Italien gingen und Istrien unter jugoslawische Herrschaft kam. Jahrzehnte später wurden die bröckelnden Steinhäuser von Künstler:innen und Musiker:innen wieder zu neuem Leben erweckt. Bei einem Spaziergang durch die verwunschenen Gassen kann man die besondere Atmosphäre am besten genießen. In Galerien, Ateliers und Boutiquen werden Kunsthandwerk und Schmuck angeboten. Gelegentlich kann man den Klängen einer Geige oder eines Klaviers lauschen, die aus den Ateliers dringen, in denen die Musiker:innen während der jährlich stattfindenden Jeunesses International Summer School proben und üben.

Eine Serpentinenstraße mit engen Kurven führt durch Kiefernwälder auf 366 m hinauf zum reizvollen **Oprtalj**. Einen ersten Halt sollte man an der schönen Stadtloggia aus dem 18. Jh. einlegen, wo eine Steintafel mit dem Löwen von Venedig zu sehen ist. Durch die gotischen Bogenfenster hat man einen herr-

Oprtalj

lichen Blick auf das darunterliegende Tal. Weiter geht es durch das Stadttor und durch die engen Gassen, in denen viele verlassene Ruinen Seite an Seite neben restaurierten Gebäuden stehen.

Von Oprtalj führt eine schöne Strecke durch grüne Felder und dann auf einer kurvenreichen Straße durch einen Kiefernwald hinunter nach **Završje**. Dieses winzige, stimmungsvolle Bergdörfchen mit nur ein paar Dutzend Einwohnern scheint in der Zeit stehengeblieben zu sein. Bei genauerem Hinsehen wird man feststellen, dass die **Kirche der Heiligen Jungfrau Maria vom Heiligen Rosenkranz** aus dem 16. Jh. einen schiefen Turm hat. In ihrem Inneren befindet sich die älteste Pfeifenorgel Istriens aus dem Jahr 1740 und der wertvollste Schatz, ein Kelch aus dem 15. Jh.

GAUMENFREUDEN IM FLUSSTAL MIRNA

Konoba Mondo in Motovun
Charmante Taverne in der Altstadt von Motovun mit istrischen Spezialitäten aus regionalen Zutaten. **€€**

Restoran Stara Škola in Krasica
Feinschmeckererlebnis mit frischesten Zutaten im eleganten Ambiente einer ehemaligen Schule. **€€**

Restaurant Zigante in Livade
Der Rekordhalter für die Ausgrabung des größten Trüffels der Welt bietet in seinem Gourmet-Restaurant Trüffel-Degustationsmenüs an. **€€**

Ponte Porton in Kostanjica
Rustikale Taverne mit istrischer Küche, die auf traditionelle Art zubereitet wird; außerdem gibt es eine separate vegane und glutenfreie Speisekarte. **€€**

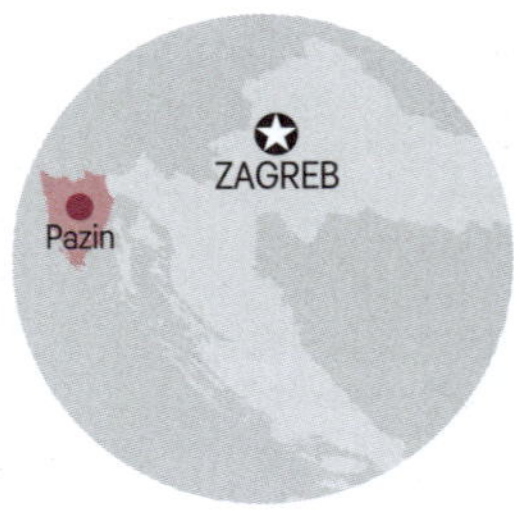

Pazin

TRAUMHAFTE LANDSCHAFT | MITTELALTERLICHE BURG | ACTION UND ABENTEUER

UNTERWEGS VOR ORT

Pazin lässt sich wunderbar zu Fuß erkunden – binnen 15 Minuten hat man die kleine Stadt durchquert. Sie ist zudem ein guter Ausgangspunkt zur Erkundung der Region.

Pazin, die Verwaltungshauptstadt der Halbinsel, liegt im Herzen Istriens, umgeben von sanft geschwungenen, grünen Hügeln.

Obwohl der französische Schriftsteller Jules Verne nie persönlich in dieser Gegend gewesen ist, war er so fasziniert von der 100 m tiefen Schlucht, dem unterirdischen Fluss und dem Felsen, der von einer Burg aus dem 9. Jh. gekrönt wird, dass er sie 1885 in sein Abenteuerbuch „Mathias Sandorf“ aufnahm.

Die spektakuläre Umgebung der Stadt, die am Rand einer 130 m hohen Felswand mit Blick auf den berühmten Abgrund liegt, ist ein ebenso beliebtes Ausflugsziel wie die Wanderwege entlang des Flusses Pazinčica und seiner zahlreichen Wasserfälle.

Die Lage Pazins im Zentrum Istriens macht die Stadt zu einem idealen Ausgangspunkt für die Erkundung der Region, da die meisten Ziele kaum mehr als eine halbe Stunde Autofahrt entfernt sind.

TOP TIPP

Da Pazin im Zentrum Istriens liegt, verfügt es über gute Bus- und Bahnverbindungen zu vielen Städten der Region. Deshalb eignet es sich perfekt als Basis, wenn man kein eigenes Fahrzeug hat.

Das Felsenschloss von Pazin

Eine Reise durch die Geschichte

Die **Burg von Pazin** ist die am besten erhaltene mittelalterliche Festung in Istrien. Erstmals wurde sie im 10. Jh. als *Castrum Pisinum* in einem Dokument des römisch-deutschen Kaisers Otto II. erwähnt. Die Festung mit ihren mächtigen Steinmauern ist das Wahrzeichen der Stadt und findet sich auch im Stadtwappen wieder. Nachdem sie über lange Zeit der Sitz zahlreicher Bischöfe und Herrscher war, diente sie viele Jahrhunderte lang als Rathaus.

Heute beherbergt die Burg zwei Museen, die sich denselben Platz und Eintrittspreis teilen: das **Museum der Stadt Pazin** und das **Istrische Volksmuseum**. Die ethnografischen Sammlungen vermitteln ein faszinierendes Bild des Alltagslebens in Istrien im späten 19. und frühen 20. Jh. Durch eindrucksvolle Multimedia-Vorträge kann man in die Rolle von Webern, Fischern, Töpfern, Bergmännern oder Fassmachern schlüpfen.

Pazin von oben & unten

Seilrutschen und unterirdische Höhlen

Für einen Schuss Adrenalin und einen Blick in den berühmten Felsenabgrund von Pazin gibt es kaum etwas Besseres als einen Flug über die Baumwipfel mit der **Pazin Zipline**. Vom Startplatz am Rand einer Klippe direkt unterhalb des Hotels Lovac schwebt man 100 m über dem schwindelerregenden Abgrund (Schlucht von Pazin). Von den beiden Ziplines sollte man die 280 m lange Variante wählen: Sie bietet nicht nur maximalen Nervenkitzel, sondern ist auch die Längste und mit 50 km pro Stunde auch die Schnellste.

Danach wartet ein dreistündiges Höhlenabenteuer, das, von erfahrenen Guides begleitet, in die geheimnisvollen Tiefen der **Höhle von Pazin** (pazin-cave.com/de) führt. Nachdem man sich einen Helm aufgesetzt hat, geht es im Licht einer Stirnlampe 100 m durch das faszinierende Netz aus Kalksteinhöhlen in den Canyon des Flusses Pazinčica hinab. Ein Pfad führt über Brücken aus Felsblöcken zu einem kleinen unterirdischen See, wo man eine kurze Fahrt mit der Seilbahn zu einer Sandbank unternehmen kann.

ÜBERNACHTEN IN PAZIN & ZENTRALISTRIEN

Apartments Laura in Pazin
Komfortable Zimmer, Studios und Apartments, einige mit Balkon und Blick auf die Hügel, unweit der Burg von Pazin. **€€**

Apartments Pruga in Lovrinići
In einem ruhigen Dorf gelegene, schicke Apartments für Selbstversorger in einem rekonstruierten Steinhaus. Mit Infinity-Pool. **€€€**

Casa della Grofica in Kringa
Charmantes, voll ausgestattetes istrisches Gästehaus mit eleganten Zimmern auf B&B-Basis und einem Außenpool. **€€€**

MEHR NERVENKITZEL
Weitere spannende Outdoor- und Zipline-Abenteuer gibt's auf S. 199.

ELISABETTA DANIELLI/SHUTTERSTOCK ©

Danse macabre (Totentanz), Kirche Maria im Fels

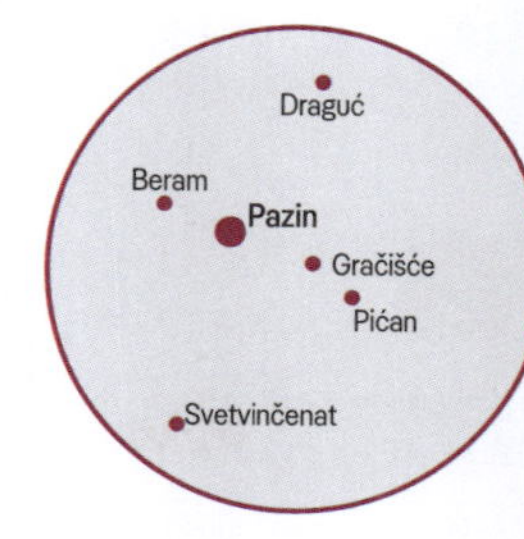

Rund um Pazin

Abseits jeglichen Touristenrummels warten malerische Hügellandschaften mit mittelalterlichen Dörfern wie aus dem Bilderbuch.

Dies ist das Kernland Istriens mit bezaubernden Dörfern und friedlichen Landschaften, die von Rebhängen überzogen sind und herrliche Blicke auf den in der Ferne aufragenden Berg Učka bieten. In den einst befestigten, aus jahrhundertealtem Stein gebauten Hügeldörfern verstecken sich winzige Kirchen mit bunten Fresken aus dem Mittelalter. Selbst Orte, die kaum touristisch erschlossen sind, bestechen durch ihren Charme und die Atmosphäre vergangener Zeiten – hier gibt es immer etwas zu entdecken. Die Menschen sind freundlich, das Lebenstempo ist gemächlich. Die unberührte Landschaft ist ebenso ein Genuss wie die Slow-Food-Köstlichkeiten und der hervorragende Wein, der in den rustikalen Tavernen angeboten wird. Hier findet man die Seele Istriens, ohne danach suchen zu müssen.

Orte

Beram S. 121
Draguć S. 121
Gračišće S. 122
Pićan S. 122
Svetvinčenat S. 122

UNTERWEGS VOR ORT

Wer Zentralistrien und seine Städte erkunden will, braucht ein eigenes Fahrzeug – öffentliche Verkehrsmittel oder Taxis gibt es hier kaum.

Die verborgenen Schätze von Beram & Draguć

Ein Highlight mittelalterlicher Freskenkunst

Von Pazin führt eine 10-minütige Autofahrt gen Westen nach **Beram** – oder alternativ ein 6 km langer, gut markierter Weg (Wanderweg 711) durch den Wald. Versteckt in den Wäldern am Fuße dieser Hügelstadt liegt die unscheinbar wirkende **Kirche Maria im Fels**. Niemals würde man vermuten, dass sich in dem Inneren dieses Gotteshauses einige der schönsten Fresken Istriens verbergen. Jeder Zentimeter der Wände und Decken ist mit bunten Malereien verziert, die laut der lateinischen Inschrift um 1474 von Vinzenz von Kastav geschaffen wurden.

Das auffälligste Fresko ist der **Totentanz** *(Danse macabre)*, das die Wand über dem Haupteingang schmückt. Zu sehen sind tanzende Skelette, von denen eines eine Sense hält, die den Tod repräsentiert und eine Prozession von Menschen anführt, darunter ein Papst, ein Kardinal, ein Bischof, ein König und eine Königin, ein Gastwirt, ein Kind, ein Bettler und ein Soldat. Die Fresken wurden nach der Beulenpest geschaffen und vermitteln die Botschaft, dass wir im Angesicht des Todes alle gleich sind. Für die Besichtigung der Fresken ist eine vorherige Anmeldung erforderlich (☎052-622 903 oder 091 580 6083).

☑ TOP TIPP

Die Unterkünfte in diesem Gebiet bestehen größtenteils aus Selbstversorger-Apartments und Villen – oft mit eigenem Pool.

Ebenso prächtig sind die deckenhohen Fresken der winzigen **Kirche des hl. Rok** in dem charmanten Ort **Draguć**, den man von Pazin aus auf einer 25-minütigen Fahrt in nordöstliche Richtung erreicht. Im 16. Jh. als Votivgabe nach der Pest erbaut, wurden die Wände und Decken des kleinen Kirchleins von Antonius von Padua über und über mit Szenen aus biblischen Geschichten verziert, darunter die Anbetung der Heiligen Drei Könige, die Taufe Christi und die Versuchung Christi. Den Schlüssel zur Kirche erhält man, indem man entweder an die Tür von Haus Nr. 21 klopft oder unter ☎052-665 186 anruft.

ISTRIENS FANTASTISCHE FRESKEN

In ganz Istrien gibt es über 140 Kirchen und Kapellen, deren Innenräume mit Fresken in leuchtenden Farben geschmückt sind. Tatsächlich galt im 15. Jh. eine Kirche als unvollständig, wenn ihre Wände und sogar die Decken nicht mit Wandmalereien verziert waren.

Im nachfolgenden Jahrhundert kamen Fresken offensichtlich aus der Mode – sie wurden überputzt, um dann Hunderte von Jahren später wiederentdeckt und Anfang des 20. Jhs. restauriert zu werden.

Außerhalb der Gottesdienstzeiten sind die Kirchen oft verschlossen, aber in der Regel ist ein Schlüssel bei einer Person im Dorf hinterlegt, die Besucher:innen gern die Türen öffnet. Einfach Einheimische nach der Adresse der Kontaktperson fragen.

Ausflug in die Berge

Hügelstädte mit traumhaften Ausblicken

Von Pazin aus erreicht man nach 8 km in südöstliche Richtung die idyllische, mittelalterliche Stadt **Gračišće**. Passiert man das Stadttor mit der venezianischen Loggia, erblickt man rechts die winzige **Kirche der Seligen Jungfrau Maria auf dem Platz**. In ihrem Inneren verbergen sich prächtige Fresken aus dem 15. Jh. – wer einen Blick hineinwerfen möchte, kann im Haus Nr. 31 nach dem Schlüssel fragen. Gegenüber der Kirche steht der auffällige, aber etwas bröckelnde gotische **Palast Salamon**, direkt daneben befindet sich mit dem ehemaligen **Getreidespeicher**, ein weiteres prächtiges Gebäude. Keinesfalls entgehen lassen sollte man sich die atemberaubende Aussicht vom Hof hinter der **Kirche St. Vitus**, von dem man aus einer Höhe von 457 m über die sanften Hügel und auf den Berg Učka blickt.

Von hier führt ein schöner, 4 km langer Wanderweg (716) durch Wälder und Weinberge hinunter ins magisch anmutende **Pićan**. Bis zum 18. Jh. war diese befestigte, mittelalterliche Stadt der Sitz einer Diözese und die Heimat von Bischöfen. Mit seinen typischen Steinhäusern, gepflasterten Gassen und einer Reihe jahrhundertealter Kirchen zählt Picán zu den besonderen istrischen Hügeldörfern, die man unbedingt besuchen sollte. Sehenswert sind hier vor allem die **Pfarrkirche Mariä Verkündigung** und der **Aussichtspunkt von Franz Ferdinand** – so genannt, weil der Erzherzog einst von hier oben den atemberaubenden Blick über einen Teil seines Königreichs genoss.

Die mittelalterliche Burg von Svetvinčenat

Hohe Türme und verborgene Kammern

In **Svetvinčenat** begibt man sich auf eine Zeitreise ins Mittelalter. Nach einer Pause auf dem hübschen Marktplatz der Stadt

ESSEN IN ZENTRALISTRIEN

Konoba 2 Peron in Cerovlje
Istrische Spezialitäten, Pizza und Pastagerichte in stilvollen Innenräumen oder im Freien. €€

Konoba Marino in Gračišće
Charmante Taverne mit herzhaften, istrischen Gerichten wie hausgemachte Nudeln oder Schinkenspezialitäten. €€

Konoba Vela Vrata in Beram
Kleines, rustikales Restaurant mit traditioneller Speisekarte und einer Terrasse mit schöner Aussicht. €€

XBRCHX/SHUTTERSTOCK ©

Svetvinčenat

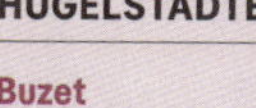

WEITERE SEHENSWERTE HÜGELSTÄDTE

Buzet
Die auf einem Felsen gelegene, stimmungsvolle Stadt ist als Trüffelhochburg bekannt.

Roč
Eine befestigte Stadt aus dem 15. Jh. mit mittelalterlichen und romanischen Kirchen sowie Sehenswürdigkeiten aus römischer und venezianischer Zeit.

Hum
Die kleinste Stadt der Welt ist eine Erkundung wert. Hier sind Bauwerke mit glagolitischen Inschriften zu sehen – dem ältesten slawischen Alphabet.

Kotli
In diesem malerischen Weiler mit Steinhäusern und einer alten Mühle stürzen Wasserfälle in Kaskaden ein Flussbett aus Kalkstein hinunter.

Boljun
Ein hübsches Burgstädtchen im Schatten des Berges Učka im wenig erschlossenen Nordosten Istriens.

kann man das gut erhaltene Kastell Morosini-Grimani aus dem 15. Jh. im Rahmen eines Abenteuerspiels erkunden. **Escape Castle Svetvinčenat** bietet Familien die spannende Möglichkeit, einen Nachmittag lang durch Türme und versteckte Kammern zu stromern, um die Geheimnisse der Burg zu lüften.

Labin

VIELFÄLTIGE GESCHICHTE | VENEZIANISCHE ARCHITEKTUR | KUNST & KULTUR

UNTERWEGS VOR ORT

Die Altstadt von Labin, in der sich sämtliche Sehenswürdigkeiten befinden, ist winzig und nur für Fußgänger zugänglich. Die abschüssigen und unebenen Gassen mit Kopfsteinpflaster können für Menschen mit eingeschränkter Mobilität eine Herausforderung darstellen. Auf dem Parkplatz des Friedhofs von Labin, 1 km von der Altstadt entfernt, kann man kostenlos parken und mit dem (ebenfalls kostenlosen) elektrischen Golf-Cart-Shuttle in die Altstadt fahren (nur von Juni–Sept.)

TOP TIPP

Im Sommer werden kostenlose nächtliche Rundgänge durch die Altstadt angeboten. Die Führungen beginnen immer dienstags um 21.30 Uhr vor dem Informationszentrum in der Altstadt.

Das auf einem Hügel gelegene Labin ist mit seiner faszinierenden Geschichte, seinem künstlerischen Flair und vielen unerwarteten Überraschungen ein wunderbares Kleinod. Die schönen Plätze, umgeben von farbenfrohen Fassaden, die Kunstgalerien und Töpferwerkstätten sind unbedingt eine Erkundung wert. Zahlreiche Aussichtspunkte bieten Ausblicke auf grüne Hügel und herrliche Meereslandschaften.

Die Attraktionen konzentrieren sich auf die verträumte, auf 320 m Höhe gelegene Altstadt von Labin – der neuere Teil der Stadt (Podlabin) erstreckt sich am Fuße des Hügels. Die Stadt lebte fast 400 Jahre lang vom Bergbau, bis das Bergwerk 1988 stillgelegt wurde.

Labin ist auch für seine rebellische Ader bekannt, denn die Stadt führte 1921 eine antifaschistische Revolution an, als die Bergarbeiter 38 Tage lang gegen die italienische Herrschaft streikten und ihre Unabhängigkeit als Republik Labin erklärten.

Jeden Sommer wird hier die Labin Art Republika gefeiert, ein Fest der Künste mit Kunstausstellungen, Livemusik, Tanz und Theater.

Auf den Spuren der Venezianer

Highlights der Altstadt

Venezianische Architektur prägt einen Großteil der Altstadt von Labin – die **Loggia** am Tito-Platz ist eines der fünf ersten Beispiele hierfür, auf die man außerhalb der Stadtmauern aus dem 17. Jh. stößt.

Über dem Haupteingang der Stadt, dem **Stadttor St. Florus** aus dem 16. Jh., thronen geflügelte Markuslöwen – ein Beleg dafür, dass dies einst venezianisches Gebiet war. Von hier aus geht es leicht bergauf zum schönen **Stari trg** mit seinen in Ocker-, Siena- und Pastellrosatönen gestrichenen Gebäuden. Das leuchtend gelbe, vierstöckige ehemalige Rathaus beherbergt heute das Stadtgericht, während das romanische Gebäude mit dem Uhrenturm das **Teatrino,** das Kleine Theater, ist.

In der schmalen Gasse gegenüber befindet sich eine weitere Ansammlung architektonischer Highlights. Die **Kirche Ma-**

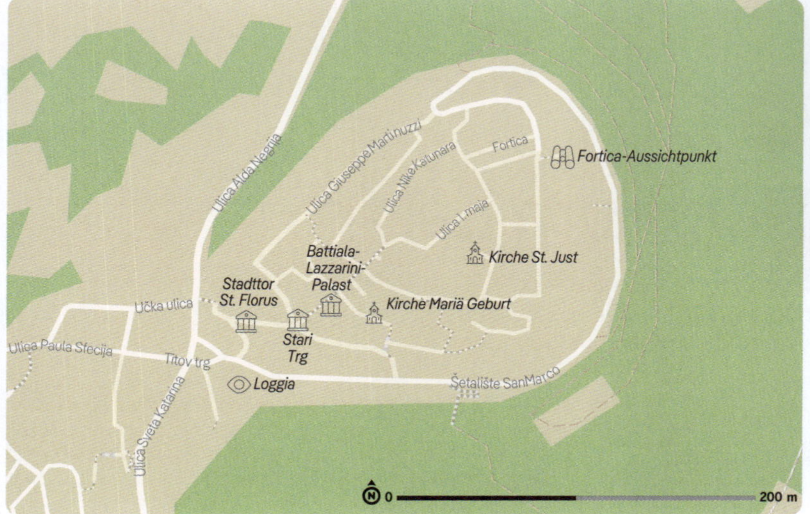

riä Geburt aus dem 14. Jh. trägt ebenfalls einen geflügelten Löwen, das allgegenwärtige Symbol der Serenissima. Ein paar Türen weiter steht das **Palais Battiala-Lazzarini**, ein leuchtend rotes Barockgebäude, in dem das sehenswerte **Volkskundemuseum von Labin** untergebracht ist. In dem weitläufigen Palazzo mit seinen hohen bemalten Decken und knarrenden Holzböden sind Sammlungen von Alltagswerkzeugen und -geräten sowie traditionellen istrischen Instrumenten und historischen Erinnerungsstücken zu sehen. Das herausragendste Ausstellungsstück ist jedoch ein nachgebautes Stollennetz, durch das man wandern kann, um einen Einblick in das Leben im Bergbau zu bekommen.

Schilder führen zum **Fortica-Aussichtspunkt**, von dem aus man einen herrlichen Blick auf den darunter liegenden Ferienort Rabac hat. Einen weiteren malerischen Rundblick über die Täler und bewaldeten Hügel im Nordosten Istriens und die nahe gelegene Insel Cres bietet der 35 m hohe Glockenturm der **Kirche St. Just**.

WARUM ICH LABIN LIEBE

Isabel Putinja, Autorin

Mein liebster Teil Istriens sind definitiv die sanften Hügel und die mittelalterlichen Hügelstädte und Dörfer im Landesinneren. Die spektakulären Landschaften, die engen Gassen und alten Steinhäuser enthüllen die wahre Seele Istriens. Das gilt ganz besonders für Labin. Ich liebe es, durch die jahrhundertealten Kopfsteinpflastergassen zu schlendern, die farbenfrohen Fassaden zu bestaunen und die versteckten Plätze und Winkel zu erkunden. Es ist wirklich nicht verwunderlich, dass Labin ein Ort ist, der Kunstbegeisterte inspiriert. Immer gibt es irgendeine Ausstellung in einer der vielen Galerien oder einen schönen Töpferladen, in dem man stöbern kann.

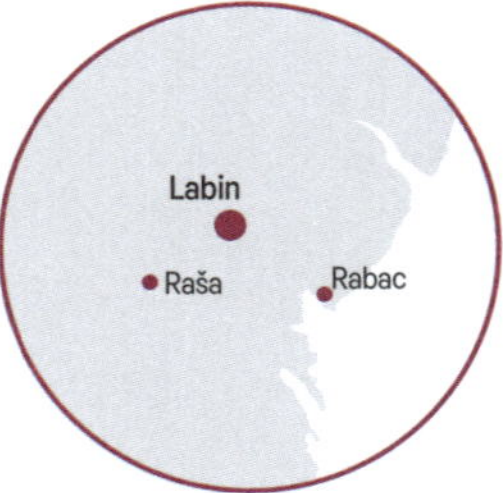

Rund um Labin

Nachdem man Labin besichtigt hat, laden die schönen Strände an der Ostküste Istriens und die vielen Naturpfade zur Erkundung ein.

Orte

Rabac S. 126
Raša S. 126

UNTERWEGS VOR ORT

Die Busse von Arriva (arriva.com.hr/en-us/home) und Brioni (brioni.hr/en-gb) verbinden Labin mit Pula und zahlreichen weiteren Städten, darunter auch Raša. Busse zwischen Labin und Rabac verkehren dagegen nur selten.

TOP TIPP

Unbedingt *krafi* probieren, eine traditionelle Delikatesse aus Labin und Umgebung, die ähnlich wie Ravioli geformt und mit einer Mischung aus Käse, Rosinen und Zucker gefüllt ist.

Hat man den Meerblick von Labin ausreichend bewundert, lohnt es, die wenigen Kilometer bis zu den verlockenden Kieselstränden von Rabac hinunterzufahren – oder die noch etwas weiter südlich liegenden, einsameren Strände Sveta Marina, Drenje und Ravni zu besuchen.

Einige der schönsten Wanderwege Istriens haben hier ihren Ausgangspunkt – darunter mehrere Pfade, die sich durch den Wald von Labin nach Rabac hinunterschlängeln. Für erfahrene Wanderer gibt es eine Handvoll Fernwanderwege, die durch tiefe Wälder, vorbei an Bächen und Wasserfällen und auf Berge führen, von wo aus man einen herrlichen Blick auf die Kvarner-Inseln hat.

Wer in die Geschichte des Bergbaus eintauchen möchte, sollte unbedingt die jüngste Stadt Istriens, die Bergbausiedlung Raša, besuchen, die von Mussolini binnen 547 Tagen errichtet wurde.

Strand-Hopping in Rabac

Ein Tag am Meer

Von Labin aus sind es nur 5 km bergab nach Rabac, einem ehemaligen Fischerdorf, das heute ein Badeort mit mehreren großen Hotelkomplexen ist. Die schönsten Strände befinden sich östlich der Stadt entlang der Promenade, die von herrlichen Buchten mit weißen Kieselsteinen und dem türkisblau leuchtenden Wasser umrahmt wird, für das dieser Teil Istriens bekannt ist.

Der traumhafte **Strand St. Andrea** besteht aus einer Ansammlung kleiner Kieselbuchten. Der **Strand Lanterna**, mit seinen Strohschirmen und dem blauen Wasser, lässt einen fast glauben, man sei in der Karibik, wären da nicht die Kieselsteine unter den Füßen. Der **Strand Girandella** hat kleine, geschützte Buchten und ein sanft abfallendes Ufer, was ihn besonders bei Familien mit kleinen Kindern beliebt macht.

Besuch in Istriens jüngster Stadt

Die Geschichte des Bergbaus in Istrien

Raša ist eine ehemalige Bergbaustadt in einer atemberaubenden Naturlandschaft, nur 5 km westlich von Labin. Die binnen 547

Strand in Rabac

Tagen erbaute und 1937 unter Mussolini eingeweihte Stadt war eine geplante Siedlung, die ausschließlich auf die Bedürfnisse der Bergleute ausgerichtet wurde. Das Bergwerk wurde 1966 geschlossen, doch die Stadt ist nach wie vor ein herausragendes Beispiel der italienischen rationalistischen Architektur. Die **Kirche der hl. Barbara** (Schutzpatronin der Bergleute) hat die Form eines umgestürzten Kohlewagens mit einem Turm, der an eine Grubenlampe erinnert.

Das kleine Museum **Bergmannshaus „Arsia“** ist ein faszinierendes Zeugnis der Bergbauvergangenheit Istriens und bietet eine multimediale Sammlung aus Gegenständen, Bildern, Filmen und Klängen. Wechselnde Lichtkontraste veranschaulichen die tiefe Dunkelheit der Minen und das zermürbende Leben der Bergleute, während das Geräusch von Explosionen an die Katastrophen erinnert, die viele Menschenleben forderten. Zwei Räume mit alten Möbeln, Parkettböden und Kohleöfen zeigen die ursprüngliche Inneneinrichtung eines Bergarbeiterheims und bieten einen Einblick in das bescheidene Alltagsleben einer Bergarbeiterfamilie.

BESTE WANDERUNGEN MIT MEERBLICK

Andrej Đapić (@outbackcircle), ein Wander-, ATV- und Radtour-Guide, verrät die besten Wanderungen mit Meerblick in Istriens Osten.

Wanderungen „Göttliche Quellen“ und „Göttin Sentona“
Beide führen entlang eines hübschen Bachs und an malerischen Wasserfällen vorbei. Sie können zu einem Rundweg kombiniert werden.

Wanderung „Terra Magica“
Eine schöne, entspannte Wanderung von Labin nach Rabac durch ein Schutzgebiet mit alten Färber-Eichen.

Wanderung „Bellavista“
Der Weg beginnt an der Strandpromenade von Rabac und führt 474 m hinauf zum Gipfel des Standar, von wo aus man einen fantastischen Blick auf die Kvarner-Bucht und die Inseln hat.

Wanderung „Quarnero“
Ein Rundweg, der in Sveta Marina am Meer beginnt und über 500 m durch Wälder bis zum Oštri, einem steinigen, alpin anmutenden Gipfel, ansteigt.

XBRCHX/SHUTTERSTOCK ©

Links: Insel Rab (S. 156); rechts: Opatija (S. 139)

DIE WICHTIGSTEN ZIELE

RIJEKA
Zukunftsorientierte, musikbegeisterte Stadt.
S. 134

OPATIJA
Herrschaftliche Eleganz und Wiener Dekadenz.
S. 139

KRK
Große geschichtsträchtige Insel mit viel Umweltbewusstsein. **S. 144**

Kvarner Bucht

PULSIERENDE STÄDTE UND WENIGER TOURISTISCHE INSELN

Idyllische Kieselstrände, charmante Fischerdörfer, bewaldete Inseln und eine Jahrtausende alte Geschichte – die Kvarner Bucht hat viel mehr zu bieten, als zunächst ins Auge fällt.

Das Gebiet um die Kvarner-Bucht (im Altertum: Liburnien) ist vielleicht weniger bekannt als ihre Pendants im Süden, aber genau das macht den Reiz aus. Hier kannst man die Geheimnisse der Inseln Krk, Cres, Lošinj und Rab erkunden, die dynamischen Gemeinden Rijeka und Opatija kennenlernen und die Fischerdörfer der Opatija Riviera entdecken, die abseits der ausgetretenen Pfade liegen.

Umgeben vom Wasser der Adria und von Dalmatien durch Berge abgegrenzt, ist die natürliche Schönheit der Kvarner-Bucht nicht zu übersehen.

Historisch betrachtet waren sowohl die Venezianer als auch Österreich-Ungarn jahrhundertelang vor Ort und lieferten sich gegenseitig (und gelegentlich auch den Osmanen) erbitterte Kämpfe um Land und Handel, was sich auch in der lokalen Architektur und Gastronomie niederschlug. Kurz gesagt bedeutet dies, dass die Region genauso schön und voller Kultur ist wie ihre Nachbarn im Süden – eine Region, die noch immer sehr stark mit ihren landwirtschaftlichen Wurzeln verbunden ist. Sie bietet daher viele kulinarischer Feste, die den Wechsel der Jahreszeiten feiern und traditionelle Anbaumethoden werden hier bis heute beibehalten, sodass eine fantastische Vielfalt an biodynamischen, regionalen Gerichten und Restaurants der Spitzenklasse entstanden ist. Und Abenteuerlustige laden die Berge und Hänge zu malerischen Wanderungen ein – außerdem findet zwischen den Musikfestivals und Heiligenfesten immer mal wieder ein Marathon oder Triathlon statt.

CRES
Insel voller wilder, rauer Natur.
S. 149

LOŠINJ
Malerische Städte umgeben von Luxusboutiquen.
S. 152

RAB
Sandstrände und eine Stadt mit historischer Stadtmauer.
S. 156

Erste Orientierung

Das überwiegend an der Küste gelegene Gebiet mit seinem milden Klima erstreckt sich von Istrien im Westen bis nach Dalmatien im Süden und umfasst zahlreiche Inseln in der Kvarner Bucht.

Opatija, S. 139

Der erste Badeort des Landes wurde von der österreichisch-ungarischen k.u.k.-Monarchie gegründet, und noch heute gibt's hier prachtvolle Hotels und Villen.

Rijeka, S. 134

Die kulturelle Hauptstadt der Kvarner-Bucht (in mehr als einer Hinsicht) ist eine zukunftsorientierte, musikbegeisterte, leicht schräge Metropole mit einer unvergleichlichen Café-Kultur.

Krk, S. 144

Die größte Insel Kroatiens ist voll von faszinierender römischer und mittelalterlicher Geschichte, köstlichen lokalen Delikatessen, einem starken Umweltbewusstsein und atemberaubenden Stränden

ÖFFENTLICHER NAHVERKEHR

Die Städte, Dörfer und Inseln der Region sind gut an den öffentlichen Nahverkehr angebunden, aber das Jonglieren mit Bus- und Fährfahrplänen kann sich als kniffig erweisen. Am besten beginnst man mit der Planung ein paar Monate im Voraus unter www.arriva.com.hr/de-de/home.

FÄHRE

Die Fähren in der Kvarner Bucht können das ganze Jahr über genutzt werden, da die Inselbewohner:innen auf eine zuverlässige Verbindung zum Festland angewiesen sind. Allerdings gibt es in der Nebensaison nur einen spärlichen Fährbetrieb, der im Sommer ausgeweitet wird. Siehe unter www.jadrolinija.hr/de.

MIETWAGEN

Die beste Art, sich in der Region fortzubewegen, ist es, sich ein Auto oder Moped zu mieten. In Kroatien sind die Autobahnen und Hauptverkehrsstraßen sind gut instand gehalten, eben, landschaftlich reizvoll und leicht zu befahren.

Cres, S. 149

Zerklüftete, weitläufige Landschaften mit freilaufenden Schafen und alten Bergdörfern – Cres ist ländlich und entspannt.

Rab, S. 156

Sandstrände, atemberaubende Altstadtarchitektur und nur eine kurze Überfahrt mit der Fähre machen Rab zu einer der beliebtesten Inseln Kroatiens.

Lošinj, S. 152

Ob Delfine beobachten, Waldbaden oder faulenzen am Strand – wer diesen rustikalen, farbenfrohen kleinen Hafen besucht, wird ihn nicht mehr verlassen wollen.

Raški-Bucht
Kvarner-Bucht
Merag
Cres
Creski-Bucht
Loznati
Lubenice
Helm
Vrana-See
Cres
Martinšćica
Zeča
Televrina
Osor
Unije
Nerezine
Adria
Unijski-Kanal
Lošinjski-Kanal
Pogana
Lošinj
Mali Lošinj
Veli Lošinj
Lošinj
Korne
Vele Orjule
Ilovik
Kormati
Stara Baška
Baška
Senj
Brinje
Žuta Lokva
Sv Juraj
Prvić
Kvarnerić
Lopar
Goli Otok
Rab
Rab (Ort)
Mišnjak
Dolin
Lun
Paški-Kanal
Jakišnica
Kvarnerić
Velebitski-Kanal
Novalja
Žigljen
Straško
Vidalići
Karlobag
Mandre
Kolan
Škrda
Šimuni
Pag (Ort)
Maun
Pag
Silba
Olib
Velika Plana
Kruščičko-See
Perušić
Lički Osik
Smiljan
Gospić
Velebit
Siljevača
Vaganski vrh

0 20 km

Perfekte Tage

In dieser Region sollte man es ruhig angehen lassen, vor allem, wenn man die Inseln besuchen möchte. Man sollte mehr Zeit für Fährüberfahrten einplanen und gemächlich reisen, während man die angenehme Luft und den lokalen Charme genießt.

SERENITY-H/SHUTTERSTOCK ©

Vrbnik, Krk (S. 144)

Wenig Zeit

- Man fliegt zum Flughafen Rijeka auf der **Insel Krk** (S. 144) und bleibt dann möglichst für eine oder zwei Nächte auf der Insel.

- Die Stadt Krk ist eine hervorragende Basis, um die Kvarner-Bucht kennenzulernen und die römischen Ruinen, den Meerblick und die ausgezeichneten Restaurants zu genießen. Die Stadt liegt im Zentrum der Insel und ist der ideale Ausgangspunkt für die Erkundung des östlich gelegenen Dorfes **Baška** (S. 147) mit seinen Zeugnissen zur glagolitischen Schrift und umwerfenden Stränden oder für eine Fahrt nach Norden in das auf einem Hügel gelegene Dorf **Vrbnik** (S. 147), wo die ruhigen, gewundenen Gassen für zeitlose Stille und Ruhe sorgen.

Beste Reisezeit

An der Kvarner-Bucht ist das ganze Jahr über viel los. Im Sommer bietet sich Inselhopping an, und im Frühjahr oder Herbst kann man die malerischen Dörfer an der Opatija Riviera erkunden.

FEBRUAR

Karneval, am letzten Sonntag vor der Fastenzeit (normalerweise im Feb.), wird in Rijeka und auf den meisten Kvarnerinseln groß gefeiert.

APRIL

Zu **Ostern** erlebt man auf den Inseln und in den Städten auf dem Festland wunderbare dörfliche Volkstraditionen mit Tanz und Musik.

MAI

Einer der besten Monate des Jahres für einen Besuch – die Sommersaison hat gerade erst begonnen, aber die Strände sind noch nicht überfüllt.

HAPPY WINDOW/SHUTTERSTOCK ©, IVANSMUK/ISTOCK/GETTY IMAGES ©, PABLO DEBAT/SHUTTERSTOCK ©

Eine Woche Zeit

● Von Krk aus nimmt man die Fähre hinüber nach **Merag** auf Cres (S. 149) und verbringt dort ein paar Nächte, um die außergewöhnlichen Landschaften aufzusaugen. Es lohnt sich, in dem alten Bergdorf **Beli** (S. 151) zu übernachten und sich das Schutzzentrum für Gänsegeier (S. 151) anzusehen, bevor man an den Stränden entspannt.

● Anschließend setzt man mit der Porozina-Fähre an die Opatija Riviera über und verbringt eine Nacht in **Mošćenička Draga** (S. 142) oder **Lovran** (S. 142), wo man die Kirchen besichtigt und dann schwimmen geht, um sich Appetit auf ein fantastisches Essen mit Meeresfrüchten zu holen.

● Zum Abschluss der Tour geht's ins pulsierende **Rijeka** (S. 134), wo man unbedingt einen Abstecher in eines der Geschichtsmuseen machen sollte, bevor man den Abend mit Live-Musik ausklingen lässt.

Einen ganzen Sommer lang

● An der Kvarner-Bucht gibt's viele schöne Ferienhäuser und -wohnungen, die sich ideal für einen entspannten Familiensommer eignen. Wer ein paar Wochen bleiben kann und sich auf die Lebensweise der Einheimischen einlässt, kann hier so richtig auf Tuchfühlung gehen.

● Am besten bucht man eine Ferienwohnung in **Rab** (S. 156) zur Sommermesse **Rabska Fjera** (S. 156) vom 25. bis 27. Juli für ein unvergessliches Erlebnis. Während man den mittelalterlichen Prunk bestaunt schlendert man durch die Gassen einer der schönsten Altstädte Kroatiens – und dazwischen macht man natürlich immer mal wieder einen Abstecher zum Sandstrand.

JUNI
Auf dem **Kirschenfest** in Lovran kann man Kirschstrudel verzehren, die von eingeladenen Bäcker:innen aus heimischen Kirschen zubereitet werden.

JULI
Das dreitägige **Weinfest *žlahtina*** in Vrbnik (Krk) sollte man nicht verpassen; Geschichtsfans begeistert der mittelalterliche Festumzug in Rabska Fjera.

SEPTEMBER
Die **Regatten** auf Lošinj erinnern an die starken nautischen Traditionen in der Region. Außerdem ist dies ein herrlich sonniger Monat.

DEZEMBER
Der preisgekrönte **Advent-Weihnachtsmarkt** in Opatija ist einer der schönsten und beliebtesten in Kroatien.

Rijeka

FASZINIERENDE GESCHICHTE | VIEL MUSIK | ATEMBERAUBENDE ARCHITEKTUR

UNTERWEGS VOR ORT

Rijeka ist eine überschaubare, kompakte Stadt mit dicht beieinander liegenden kulturellen Einrichtungen und Restaurants, durchzogen von einer großen Fußgängerpromenade mit Cafés und Läden. Rijeka ist auch ein Verkehrsknotenpunkt mit internationalen und nationalen Bussen, die direkt im Zentrum halten, und saisonalen Flügen, die nur eine kurze Busfahrt entfernt auf dem Flughafen Rijeka landen.

TOP TIPP

Wer in einer Unterkunft für Selbstversorger untergebracht ist oder Lust auf ein Picknick hat, kann sich auf dem Stadtmarkt mit frischen Produkten aus der Region eindecken.

Rijeka (kroatisch für „Fluss") steht oft im Schatten ihrer dalmatinischen Pendants, aber die unterschätzte Kulturmetropole kann sich sehen lassen. Die eher linksgerichteten Einheimischen lieben ihre Hafenstadt ohne Massentourismus, sodass die Stadt einer der erschwinglichsten Orte ist, um wie die Locals zu leben und die Musik- und Gastronomieszene zu genießen, und das nur fünf Autominuten von einem Strand entfernt.

Rijeka hat eine bewegte Geschichte: Dank ihrer strategischen Lage und des tiefen Wassers war sie ein begehrter Hafen, z. B. für die Römer und die österreichisch-ungarische k.u.k-Monarchie – diese hielt die Stadt 450 Jahre lang bis 1918. Später wurde Rijeka von den italienischen Faschisten und von den Nationalsozialisten besetzt, bevor sie 1945 von der Sozialistischen Republik Kroatien zurückerobert und damit ein Teil Jugoslawiens wurde. Heute ist Rijeka nicht nur ein Zentrum des Punkrocks, sondern auch dafür bekannt, zukunftsorientiert und aufgeschlossen zu sein und seinen Gästen viel Spaß zu bieten.

Rijekas altehrwürdige Erhabenheit

Kroatiens schmucke Hafenstadt

Das heutige Rijeka ist das Ergebnis einer nachhaltigen Stadtplanung der österreichischen Habsburger, die ihre größte Hafenstadt nach einem Erdbeben in den 1750er-Jahren wieder aufbauten. Der Großteil der prächtigen Architektur im Zentrum stammt aus dem späten 19. Jh., als die Stadt die habsburgische Marine und darüber hinaus kulturelle Einrichtungen beherbergte. Besonders sehenswert sind der barocke **Uhrenturm** über dem Stadttorbogen, der 1876 von Filbert Bazarig entworfen wurde, und das **Kroatische Nationaltheater Ivan Zajc**, das 1885 wiederaufgebaut wurde und einige frühe Werke von Gustav Klimt enthält. Der von Buro Fellner & Helmer entworfene und 1885 errichtete **Palast Modello** ist ein weiteres Überbleibsel dieser Epoche. Das kolossale **Jadrolinija-Gebäude**, eine

HIGHLIGHTS
1 Kroatisches Nationaltheater Ivan Zajc S. 134

SEHENSWERTES
2 Uhrenturm S. 134
3 Glavanova-Strand S. 138
4 Jadrolinija-Gebäude S. 134
5 Kostrena-Strand S. 138
6 Seefahrts- & Geschichtsmuseum der kroatischen Küste S. 138
7 Palast Modello S. 134
8 Ploče-Strand S. 138
9 Kastell von Trsat S. 136

AUSGEHEN & FEIERN
S. 137 & S. 138
10 Academia Coffee House
11 Filodrammatica
12 Grad
13 Štriga

UNTERHALTUNG
14 Pogon Kulture S. 137
15 Youth Club S. 137

1897 fertiggestellte Neorenaissance-Schichttorte, diente ursprünglich als Verwaltungszentrum für die österreichisch-ungarische Regierung, die die Stadt von hier aus regierte.

Klimts Werk in der Stadt

Das Frühwerk des Wiener Meisters

Rijeka kann mit Stolz behaupten, dass es Klimt schon entdeckte hatte, bevor er berühmt war. Gustav, sein Bruder Ernst Klimt und ihr Kollege Franz Matsch arbeiteten in den 1880er-Jahren an neun Leinwandbildern für die Decke des neu errichteten **Nationaltheaters**, von denen drei von dem 23-jährigen Gustav Klimt stammten. Die Gemälde wurden in Wien angefertigt und dann nach Rijeka transportiert, wo sie heute von einer Aussichtsplattform aus zu sehen sind, wenn sie gerade dort sind – die Originale gehen nämlich oft auf Reisen.

EINKAUFEN WIE DIE LOCALS

Rijekas prachtvoller **Marktplatz**, der 1913 erbaut wurde, ist immer noch sehr lebendig und bietet die besten regionalen Produkte und fangfrischen Fisch. Hier kauft man Obst, Gemüse, Nüsse, Honig, Olivenöl und natürlich Meeresfrüchte der Saison, die aus dem Umland in die Stadt geliefert werden.

DIE BESTEN BARS IN RIJEKA

Book Caffe Dnevni Boravak
Unaufdringlich und mühelos cool, bietet dieses tagsüber als Café und nachts als Bar betriebene Lokal tolle Live-Musik.

Nemo Pub
Einfaches Ambiente am Fluss mit Drinks zu sehr günstigen Preisen.

Celtic Caffe Bard
Sehr witzige, beliebte irische Bar mit Live-Musik an den meisten Abenden der Woche.

Der größte Karneval in Kroatien

Die Parade in Rijeka ist ein Spektakel

Jedes Jahr am letzten Sonntag vor Beginn der Fastenzeit findet in Rijeka ein riesiger **Karneval** statt. Eine Parade aus 10 000 kostümierten Menschen tanzt, marschiert und feiert den Korzo entlang, angeführt vom Bürgermeister der Stadt, der Karnevalskönigin und dem Ehrenbürgermeister des Tages, Meštar Toni, der für die Dauer der Parade die Schlüssel der Stadt erhält.

Der Höhepunkt des Umzugs wird (natürlich) bis zum Schluss aufgespart. Eine Gruppe von 100 Männern, die *halubajski zvončari*, erscheinen in gestreiften Hemden und maskiert als imaginäre, aber sehr wilde Tiere. Sie hüpfen, um die Glocken an ihrem Gürtel laut klingen zu lassen. Der Krach soll böse Geister, den Winter und – der Legende nach – die osmanische Armee verscheuchen. Als die Osmanen die Stadt einnehmen wollten, setzten sich die Männer echte Tierköpfe auf und wehrten die osmanischen Soldaten ab, die durch die Masken verängstigt waren.

Man muss aber nicht Mitglied einer Karnevalsgruppe sein, um sich zu verkleiden: Das Motto in Rijeka lautet: Sei, was immer du sein willst. Nach dem Umzug wird bis in die frühen Morgenstunden gefeiert, wobei viele junge Einheimische die Gelegenheit nutzen, möglichst viel Alkohol zu trinken.

SECHS NAMEN SIND BESSER ALS EINER

Als Rijeka 2020 zu einem unglücklichen Zeitpunkt Kulturhauptstadt Europas wurde, wurde eine zweite Beschilderung für die Gassen, Plätze und Durchgangsstraßen des alten Zentrums fertiggestellt.

Auf den kleinen silbernen Tafeln, die auf die bewegte Geschichte dieser kopfsteingepflasterten Straßen hinweisen, sind jeweils alle früheren Namen verzeichnet.

Die schmale St.-Barbara-Straße trug z. B. sechs Namen, abhängig von der Sprache der jeweiligen Besatzer, darunter Piazza di San Barbara, Piazza delle Erbe, Ulica Janeza Trdine und schließlich wieder die kroatische Version ihres ursprünglichen Namens, Trg Svete Barbare.

Das Himmelsschloss von Trsat

Die beste Aussicht auf die Stadt

Im auf einem Hügel gelegenen Vorort Trsat thront das **Kastell von Trsat** über Rijeka, eine frankopanische Festung aus dem 13. Jh., deren Ursprünge bis in die Römerzeit zurückreichen. Der Blick geht hier in der einen Richtung weit über das Meer und in der anderen über den Fluss und die Schlucht. Die 560 Stufen hinauf lohnen sich auf jeden Fall – vor allem, wenn man sich mit einem Drink im **Vintage Café** auf den Zinnen belohnt.

Rijeka rockt

Ein musikalisches Zentrum für Generationen

Es gibt mehrere Theorien, warum Rijeka die Musikhauptstadt Jugoslawiens war. Vielleicht war es der Liverpool-Effekt: eine belebte Hafenstadt, in der Schiffe aus den USA ein- und ausliefen und die neuesten Rockmusik-LPs zuerst hierher brachten, was bedeutete, dass alles von Rock 'n' Roll bis Punkrock für die jungen Leute in Rijeka leicht zugänglich war. Oder es waren die vielen leeren Lagerhallen nach dem industriellen Niedergang der Stadt, die geradezu danach schrien, als Proberäume und improvisierte Auftrittsorte genutzt zu werden.

DIE BESTEN RESTAURANTS IN RIJEKA

Konoba Feral (Seafood Restaurant Feral)
Skurriles Fischrestaurant mit maritimem Dekor und gemütlicher Atmosphäre. €

Bistro Mornar
In dieser Institution in Rijeka gibt es das beste Seafood der Stadt (und auch sonst eine sehr gute Küche). €€

Maslina
Tolles italienisches Restaurant mit Spaghetti mit Tintenfischtinte, die äußerst lecker sind, und der besten Pizza der Gegend. €

TRABANTOS/SHUTTERSTOCK ©

Kastell von Trsat

Was auch immer der Grund sein mag, Rijeka brachte eine Yu-Rock-Band (kurz für jugoslawischer-Rock) nach der anderen hervor, und zwar über Jahrzehnte und Genres hinweg, und gilt immer noch als Kroatiens Musikhauptstadt, wobei die New-Wave-Punks Paraf, die Synth-Pop-Gruppe Denis i Denis und die Noise-Rocker Grč auch heute noch ihre Fans haben.

Vor allem die lokale Institution Let 3 schmettert auch nach 30 Jahren noch ihren rauen Punk. Als Kroatiens Beitrag zum Eurovision Song Contest 2023 trat die Band mit ihrem provokanten Song „Mama ŠČ!" auf, wobei sie falsche Atombomben in das Publikum warf und (mit leicht verschlüsselten Texten, um das Verbot politischer Äußerungen zu umgehen) den weißrussischen Präsidenten Alexander Lukaschenko für seine Unterstützung der russischen Invasion in der Ukraine anprangerte.

Abgesehen von den legendären Punks blüht die Musikszene Rijekas immer noch, genährt durch das **Ri-Rock-Festival**. Die Organisator:innen veranstalten nicht nur das größte jährliche Rockfestival der Stadt, sondern betreiben auch die Musikschule Ri-Rock Academy und die Music Box, ein erschwingliches, aber hochwertiges Übungsstudio, in dem junge Leute jammen und sich vom Festivalteam beraten lassen können.

EINTAUCHEN IN DIE ROCK-SZENE VON RIJEKA

Vinko Golembiowski, Vizepräsident des Ri-Rock Festivals, rirock.hr.

Ich erzähle den Leuten immer, wie cool Rijeka ist und was hier alles los ist. Die Stadt ist voller kleiner Kneipen, in die die Einheimischen gern gehen, um zu sehen, welche Musiker:innen gerade spielen. Hier lieben alle Musik. Wir würden die Stadt nicht als Rockstadt bezeichnen, die Menschen hier sind bescheiden, aber tatsächlich ist sie genau das.

Besuche so viele Konzerte wie möglich und du wirst die Szene bald kennenlernen. Sprich einfach mit den Leuten und sie werden dir sagen, was los ist.

Die meisten der Live-Musik-Organisationen hier betreiben auch Vereine zur Unterstützung der LGBTIQ+-Szene oder von Unterkünften für Menschen, die vor häuslicher Gewalt flüchten.

Let 3 sind jetzt international bekannt, die Musik aus Rijeka kommt zu dir. Sie ist da. Du kannst dich ihr nicht entziehen.

LIVEMUSIK IN RIJEKA

Youth Club
Diese Café-Bar hat eine studentische Atmosphäre, wird aber von Gästen jeden Alters besucht.

Pogon Kulture
Die beliebte Spelunke bietet ein echtes Punk-Erlebnis.

Filodrammatica
Prunkvoller Ballsaal aus der italienischen Ära, der offen im Verborgenen liegt.

EIN EINSCHLÄGIGER ERFOLG

1866 machten ein einheimischer Erfinder und ein britischer Ingenieur Rijeka durch eine gefährliche neue Erfindung berühmt: den Torpedo.

Die Stadt gehörte noch zur österreichisch-ungarischen Monarchie, als Ivan Lappis Kaiser Franz Joseph seine Idee einer Vorrichtung vorstellte, mit der Schiffe vom Land aus gesteuert zerstört werden konnten. Mit der Unterstützung des Kaisers arbeitete Lappis mit dem britischen Ingenieur Robert Whitehead, dem Leiter des Unternehmens Stabilimento Tecnico Fiumano, zusammen, um die Waffe zu entwickeln, die die Seekriegsführung für immer veränderte.

Mit den daraus erzielten Einnahmen verwandelte sich Rijeka in eine kosmopolitische Stadt mit beeindruckender neuer Architektur, die zum Teil von Whitehead selbst gebaut wurde und in seinem Besitz war.

TRABANTOS/SHUTTERSTOCK ©

Seefahrts- und Geschichtsmuseum der kroatischen Küste

Nautisch und schön

Die Verbindung zwischen der *Titanic* und Rijeka

Wer den Gouverneurspalast aus dem 19. Jh. betritt, in dem sich das **Seefahrts- und Geschichtsmuseum der kroatischen Küste** befindet, entdeckt hier ein besonderes Artefakt: Eine Rettungsweste der *Titanic* ist in einer Glasvitrine inmitten eines Raumes ausgestellt, der der Katastrophe gewidmet ist.

Aber was hat Rijeka mit der *Titanic* zu tun? Sehr viel: Der Großteil der Besatzung der *RMS Carpathia*, des Schiffes, das dem Notruf der *Titanic* folgte und die Überlebenden rettete, bestand aus Seeleuten aus Rijeka. Einer der Matrosen, die an der Rettungsaktion beteiligt waren, bewahrte die Rettungsweste auf, die Jahrzehnte später von seiner Familie gefunden und dem Museum geschenkt wurde. Sie ist Teil der ständigen Sammlung des Museums, das den Eintritt von 4 € wert ist.

Café-Kultur im Mittelpunkt

Rijeka versteht wirklich etwas von Kaffee

Rijeka war über ein Jahrhundert lang eine autonome Stadt mit einer überwiegend italienischen Bevölkerung. Nach dem Zweiten Weltkrieg wurde die Stadt Teil Jugoslawiens, und heute sind die Einwohner:innen Kroaten, aber der italienische Einfluss ist weiter spürbar – der lokale Dialekt klingt venezianisch, und ein Cafébesuch ist ein wesentlicher Bestandteil des Tages. Es gibt über 20 Cafés an der Flaniermeile Korzo und unzählige weitere in der Stadt. Im Café **Grad** an der Uferpromenade kann man wunderbar draußen sitzen und einen Espresso und eine der leckeren Torten genießen. **Štriga**, am Kanalbecken, ist ein gemütlicher Ort mit einer tollen Kaffeekarte und das **Academia Coffee House** ist ein eleganter Rückzugsort vom Trubel.

DIE BESTEN BADEPLÄTZE IN DER NÄHE VON RIJEKA

Ploče
Dieser mit der Blauen Flagge ausgezeichnete Strand ist wegen seines klaren Wassers beliebt und allen zugänglich.

Glavanova
Mit seichten Wasser und schattenspendenden Bäumen entlang des Ufers ideal für Familien.

Kostrena
Dank der Quellen in den Bergen ist das Wasser an den unbeschreiblichen Stränden dieser Halbinsel angenehm kühl.

Opatija

FEINSCHMECKER-OASE | PRUNKVOLLES RESORT | SPAS & WELLNESS

Grüne Rasenflächen, hohe Bäume und tropische Gärten säumen die luxuriösen Gebäude aus dem 19. Jh. in Opatija, einer eleganten Stadt nur 18 km westlich von Rijeka. Die prunkvollen Hotels und Villen aus der Zeit der Habsburger sind heute makellos gepflegt und verleihen den Straßen ein nostalgisches Flair wie aus einer anderen Zeit.

Schon lange vor dem Bau der Habsburger Eisenbahnlinie aus Wien lebten hier Menschen (die Benediktinerabtei in der Stadt stammt von 1420), aber es waren die Österreicher, die die Stadt in den 1870er-Jahren bekannt machten, als sie deren Potenzial als Badeort erkannten und den ersten Fremdenverkehrsort an Kroatiens Küste errichteten.

Opatija ist eine kleine Stadt, in der die Hauptbeschäftigungen darin bestehen, Kuchen zu essen (in den Cafés herrscht immer noch ein Wiener Flair), fantastische Meeresfrüchte zu verzehren und im kristallblauen Wasser zu baden – und man wird kaum einen luxuriöseren Ort in Kroatien finden, um all dies zu tun.

UNTERWEGS VOR ORT

Opatija ist eine kleine Stadt und daher gut zu Fuß zu erkunden. Im nahen Matulji befindet sich der Bahnhof Opatija Matulji, und es gibt einen lokalen Bus, der die Opatija Riviera abfährt.

Kuren wie die Könige!

Kroatiens erster Badeort am Meer

Wer als reiche/r Österreicher:in etwas auf sich hielt, fuhr zur Kur in ein Hotel am Meer. Der Wiener Hof nahm das Thema Kuren sehr ernst. Nachdem die Habsburger in den 1860er-Jahren Venedig und dessen Lido im Krieg verloren hatten, erteilten sie ihren Ärzten den Auftrag, einen Ort zu finden, an dem sie einen neuen Kurort errichten konnten. Die Wahl fiel auf Opatija, weil hier das ganze Jahr über die Sonne scheint – im Winter herrschen Durchschnittstemperaturen von 10 °C – und weil die frische salzhaltige Luft an jedem Tag der Woche eine Wohltat für die Atemwege ist.

Die heutige Vorstellung von einem Wellness-Aufenthalt geht weit über Sonnenschein und Meeresluft hinaus, aber glücklicherweise beherzigen viele Hotels in und um Opatija dies und

TOP TIPP

Opulente Hotels machen zwar den Reiz von Opatija aus, aber auch wenn das Budget zu schmal dafür ist, sollte man sich nicht abschrecken lassen! In dieser kleinen, überschaubaren Stadt gibt es Tausende von Ferienwohnungen zu erschwinglichen Preisen sowie einen gut sortierten Fischmarkt und Supermärkte für Selbstversorger:innen.

EIN UNVERGLEICHLICHER ADVENT

Feste zum Advent gibt es fast in jeder kroatischen Stadt, aber das von Opatija ist preisgekrönt und berühmt für die ganz besondere Atmosphäre.

An zentralen Orten wie dem Park Angiolina, dem Park svetog Jakova, der Plaža Slatina, der Promenade Lungomare und dem benachbarten Fischerdorf Volosko wird Opatija von Tausenden kleiner Glühbirnen zart beleuchtet, was vor allem in den Gärten eine märchenhafte Stimmung erzeugt.

Neben einem der besten Weihnachtsmärkte des Landes werden auch Live-Musikveranstaltungen geboten, und wer zur richtigen Zeit hier ist, kann Anfang Dezember auch das **Schokoladenfestival** miterleben. Details, Termine und weitere Informationen gibt's auf der Seite des örtlichen Fremdenverkehrsamtes (visit opatija.com/de).

haben einige erstklassige Wellness-Einrichtungen in ihre Räumlichkeiten eingebaut.

Das stilvolle **Hotel Miramar** verfügt über einen Innen- und Außenpool mit Meerwasser, und auch Aqua-Aerobic, Pilates und Yoga sind im Angebot enthalten – was die Gäste dazu anregen soll, ihre neu gewonnenen guten Gewohnheiten auch zu Hause beizubehalten.

Das **Hotel Ambassador** an der Küste ist ein Neuzugang aus den 1960er-Jahren und bietet ein außergewöhnlich schickes Spa mit finnischer Sauna und türkischem Bad. Eine kurze Autofahrt weiter westlich in Ika hat das **Ikador Luxury Boutique Hotel & Spa**, das zu den Leading Hotels of the World gehört, einen Raum mit Himalaja-Salz, in dem man sich nach einem Besuch im Dampfbad oder Whirlpool entspannen kann. Man kann sogar eine Klangheilung buchen, bei der mit speziellen Kristallklangschalen die Seele beruhigt wird.

ÜBERNACHTEN IN OPATIJA

Hotel Kvarner
Das älteste Strandhotel Kroatiens ist noch immer genauso elegant wie an dem Tag, als es gebaut wurde. **€€€**

Bristol Hotel Opatija
Das beste Mittelklassehotel liegt im Herzen der Stadt und bietet ein schön gepflegtes Ambiente. **€€**

Ikador
Wahrhaft großartiges, luxuriöses Boutiquehotel für einen (sehr) dicken Geldbeutel. **€€€**

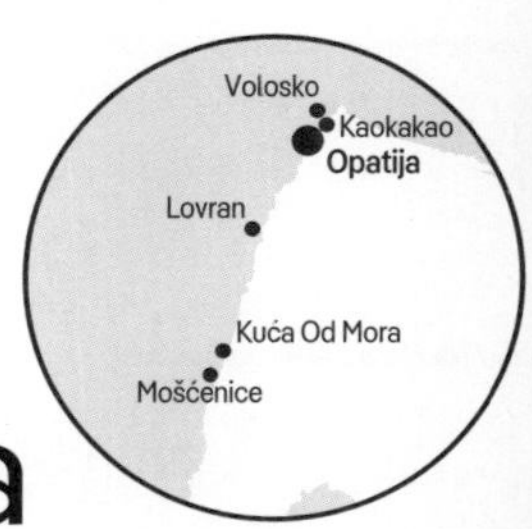

Rund um Opatija

Faszinierende Städte und Dörfer säumen diesen ruhigen, wenig besuchten Küstenabschnitt, der voller Kultur und Tradition ist.

Orte

Volosko S. 141
Kaokakao S. 141
Lovran S. 142
Mošćenička Draga S. 142
Kuća od Mora S. 143

Die Fischerhäfen und Bergdörfer der Opatija Riviera sind weit weniger belebt als die Häfen und Dörfer an der Küste im Süden des Landes und daher perfekt für all jene, die auf der Suche nach unberührtem, rustikalem Charme sind.

Das geschäftige Opatija ist ein idealer Ausgangspunkt für die Erkundung des benachbarten Volosko oder für einen Ausflug nach Westen entlang der Küste zu den prächtigen Villen von Ika, den mittelalterlichen Gassen von Lovran, den Fischrestaurants im Fischerdorf Mošćenička Draga oder den auf Hügeln gelegenen Dörfern Mošćenice und Brseč. Zwischen diesen Orten ist man nur kurz mit dem Auto bzw. dem Bus unterwegs, und es ist eine reizvolle Region, in der saisonale kulinarische Festivals stattfinden, die an das bedeutsame Erbe von Landwirtschaft, Fischerei und Segeln in dieser oft übersehenen Ecke der Region erinnern.

Die süße Seite von Volosko

Zuckerrausch in der Patisserie Kaokakao

Das mittelalterliche Fischerdorf **Volosko**, das nur 1000 Einwohner:innen hat, ist älter als sein Nachbar Opatija (drei Autominuten entfernt) und sicherlich weniger herausgeputzt; die vielen Schichten faszinierender Architektur sind weitaus schlichter in Gestaltung und Dekor.

Es mag also unwahrscheinlich erscheinen, dass man hier eine der besten Bäckereien Kroatiens findet, aber die fantastische **Patisserie Kaokakao**, in der die Inhaberin und Konditorin Anja Zulic göttliche Leckereien kreiert, ist ein absoluter Besuchermagnet.

Ohne jegliche Zusatzstoffe und mit hochwertigen Zutaten backt Zulic nach französischen, deutschen und italienischen Rezepten, wobei sie sich gelegentlich von alten Speisekarten inspirieren lässt und manchmal eigene Süßigkeiten von Grund auf neu kreiert, wie die Deliciana, eine Torta frankopan, oder den Kaokakao, den wahrscheinlich besten Schokoladenkuchen, den man jemals gegessen hat.

UNTERWEGS VOR ORT

Nahverkehrsbusse fahren von Rijeka über Opatija und weiter durch die Küstenstädte Ika, Lovran und Mošćenička Draga. Arriva (arriva.com.hr/de-de/home) bietet vier Fahrten pro Tag an, das Busunternehmen Nomago (intercity.nomago.de) drei.

TOP TIPP

Im Sommer kann man in dieser ländlichen Region Mopeds mieten, um sich fortzubewegen.

DIE BESTEN LECKEREIEN

Anja Zulic, Inhaberin und Konditorin der Patisserie Kaokakao (facebook.com/kaokakaopatisserie).

Ich habe mich entschieden, meine Patisserie hier zu eröffnen, weil ich persönlich mit Volosko verbunden bin. Ich bin hier aufgewachsen, meine Nona hat hier gelebt, und es ist eine kleine, charmante Stadt mit einer großartigen Gastronomie.

Ich liebe den Mandrac-Hafen mit seinen tollen Restaurants und Cafés.

Ich empfehle, durch die kleinen Gassen zu schlendern, die Galerien zu besuchen und sich ein *gelato* zu gönnen, um es auf einer Bank am Meer zu genießen – besonders an einem heißen Sommerabend.

Die kulinarischen Feste in Lovran

Das größte Omelett der Welt?

Lovran, eines der Highlights an der Küste und nur 10 Autominuten von Opatija entfernt, ist ebenso malerisch wie geschichtsträchtig. Die kopfsteingepflasterten Gassen und Straßen führen an bescheidenen Gebäuden vorbei, die aus der Zeit um 1600 stammen, als die Stadt von einer Mauer umgeben war und als Zufluchtsort für diejenigen diente, die vor den einfallenden osmanischen Armeen flohen. Aber hier sollte man nicht nur auf die faszinierende Gestaltung (wie der türkische Kopf und die glagolitische Schrift in der **Kirche St. Georg**) achten. Dreimal im Jahr finden in Lovran große kulinarische Feste statt: das Spargelfest im April, das Kirschenfest im Juni und das Kastanienfest im Oktober – alle auf dem Platz der Freiheit.

Beim **Spargelfest** sieht die ganze Stadt zu, wie ein Gastkoch ein riesiges Spargelomelett zubereitet, für das 1000 Eier und 30 kg Spargel verwendet werden, die von 10 Freiwilligen drei Tage lang am Berg Učka gesammelt wurden. Sobald das Omelett fertig ist, erhalten alle Gäste eine kostenlose Portion.

Fangfrischer Fisch in Mošćenička Draga

Kleines Dorf, großer Feinschmeckerort

Feinschmecker haben dieses Fischerdorf an der Opatija Riviera schon vor langer Zeit entdeckt. **Mošćenička Draga** ist ein winziges, aber dicht besiedeltes Dorf mit einigen der besten Fischrestaurants des Landes.

Die **Konoba Zijavica** ist eines der besten JRE-Restaurants Kroatiens (Jeunes Restaurateurs – eine französische Organisation für junge Spitzenköche), und die Zubereitung fantastischer Fischgerichte liegt hier im Blut. Der Vater des sympathischen Küchenchefs Stiven kommt aus der Fischerei, während seine Frau die köstlichen Süßspeisen zubereitet.

In der **Konoba Pescaria** werden fangfrischer, gegrillter Fisch, Garnelen und vieles mehr auf traditionelle kroatische Weise zubereitet und in großen Portionen zu guten Preisen serviert.

Und dann gibt es da noch das **Johnson**, ein weiteres traditionelles Restaurant mit herrlichem Blick auf das Tal und die Bucht unterhalb des Ortes, dessen Spaghetti- und Risottogerichte ebenso lecker sind wie der jeweilige Fisch des Tages.

Verständlicherweise gibt es hier eine starke nautische Tradition, die man unbedingt kennenlernen muss. Die Einheimischen feiern sie jedes Jahr Anfang Juli, wenn eine **Regatta** stattfindet, bei der Fischerboote an der Promenade und am kleinen Hafen vorbeifahren.

DAS BESTE SEAFOOD AN DER OPATIJA RIVIERA

Bistro Yacht Club, Opatija
Bodenständiges Kleinod. Empfehlenswert ist der göttliche *bacalar bianco* (gesalzener Kabeljau), egal, welcher Fisch sonst gerade angesagt ist. **€€**

Plavi Podrum, Volosko
Elegantes Restaurant mit außergewöhnlichen Gerichten (Tintenfischtinte satt). **€€€**

Ganeum, Lovran
Gemütliches Bistro im Bijou-Design; unbedingt die Muscheln und den gegrillten Fisch probieren – oder man wagt es, das Rindfleisch zu bestellen. **€€**

Hoch hinauf: Mošćenice

Ort mit ungewöhnlicher Olivenölpresse

Der auf einem Hügel gelegene Weiler **Mošćenice** liegt oberhalb Mošćenička Draga und war die Heimat von Menschen, die vom Fischfang, der Schafzucht und der Olivenölproduktion lebten.

Es ist ein charmantes mittelalterliches Dorf mit zwei Loggien im italienischen Stil (eine innerhalb und eine außerhalb der Stadtmauern, damit die Menschen keine Krankheiten ins Dorf brachten) und einer malerischen Barockkirche, die mit italienischem Marmor aus Rijeka gebaut wurde.

Leider lebt niemand mehr richtig hier; die Schule wurde vor einigen Jahren geschlossen. Es lohnt sich aber, vorbeizukommen, um die gepflasterten Straßen und die perfekt erhaltene Olivenölmühle zu sehen. Sie wurde 1972 letztmals benutzt und kann täglich zwischen 11 und 15 Uhr besichtigt werden. Für 3 € gibt's eine kleine Führung durch den örtlichen Kurator.

Mošćenice

SERGIO DELLE VEDOVE/SHUTTERSTOCK ©

DAS HAUS DES MEERES

Kuća od Mora, oder auf Deutsch „Das Haus des Meeres", ist eine Liebeserklärung an die lokale Fischereiindustrie vergangener Tage. Das preisgekrönte ethnografische Heimatmuseum in Mošćenička Draga wurde von den Einheimischen konzipiert und wird von ihnen verwaltet. Sie haben die Artefakte und Gegenstände aus den Sammlungen ihrer Familien gespendet, die den Besucher:innen die harte Arbeit und den Einsatz der Seeleute und Fischer von Mošćenička Draga im Wandel der Zeiten veranschaulichen.

Die Ausstellung ist teilweise interaktiv, mit Exponaten, die man anfassen kann, um ein Gefühl für die Gerätschaften und die Risiken zu bekommen, die die Männer auf See und die Frauen an Land auf sich genommen haben. Außerhalb der Saison ist das Museum geschlossen, aber wenn man im Café rechts daneben fragt, öffnet man wahrscheinlich seine Türen.

Krk

KÜSTE & STRÄNDE | FASZINIERENDE FOLKLORE | RÖMISCHE GESCHICHTE

UNTERWEGS VOR ORT

Krk ist über eine mautfreie Brücke erreichbar, sodass die Busse von Arriva (arriva.com.hr/de-de/home) von Rijeka bis in die Altstadt von Krk fahren können und unterwegs Omišalj, Njivice und Malinska passieren. Von dort gibt es Verbindungen nach Baška in der östlichsten Ecke der Insel. Von Rijeka aus fahren auch Busse zum südlichen Fährhafen von Krk, Valbiska, wo Jadrolinija eine regelmäßige Verbindung nach Cres anbietet.

TOP TIPP

Unbedingt den Grappa probieren! Traubenschnaps oder *lozovača* wird auf Krk aus vergorenen edlen Weintrauben destilliert, um eines der stärksten alkoholischen Getränke der Welt herzustellen. Traditionell bieten die Einheimischen von Krk ihren Gästen bei der Ankunft ein Glas zusammen mit getrockneten Feigen an – *živjeli*!

Krk hat mehr zu bieten als seine paradiesischen Strände. Die größte Insel Kroatiens ist auch für ihre schönen Küstenstädte und ihr reiches Kulturerbe bekannt. Von den alten Liburnern und fleißigen Römern bis zu den dynastischen Frankopanen und slawischen Priestern – Krk ist von Geschichte durchdrungen.

Die Folklore und das immaterielle Erbe machen die Insel zu einem wahren Erlebnis, bei dem eindringliche Flötenklänge und der Duft von Heilkräutern durch den Äther wehen.

Krk ist ein sehr beliebtes Reiseziel sowohl für ausländische (ca. 100 000 kommen jeden Sommer) als auch für kroatische Gäste. Die Brücke, die die Insel mit dem Festland verbindet, macht die Anreise ebenso einfach wie der Flughafen Rijeka, der von April bis Oktober regen internationalen Flugverkehr aufweist.

In den Weinbergen wird *vrbnička žlahtina* angebaut, ein süffiger trockener Weißwein, und Olivenöl gibt's in Hülle und Fülle, d. h., die Insel hat ein tolles Angebot an Bio-Produkten und gesunder Lebensweise.

Splendidisimi Krk

Ein antiker römischer Altersruhesitz

Die alten Römer entspannten genauso gern am Meer wie alle anderen. Der Ort Krk oder Curicum, wie er vor 2000 Jahren hieß, beherbergte nicht nur ein, sondern zwei Thermalbäder, einen Tempel für die Göttin Venus, ein Marktforum und Villen mit Mosaikböden – von denen einige noch heute erhalten sind und den Meeresgott Triton umgeben von Delfinen darstellen.

Eine römische Tafel an einem Gebäude der Vela Placa zeigt lateinische Inschriften, die auf die „schönste Stadt Krk" hinweisen – *splendidisimi Civitatis Curictarum*. Die Inschrift stammt vom Sockel einer Skulptur eines reichen Feldherrn (dessen Name nicht mehr bekannt ist), der sich hierher zurückzog, nachdem er drei Kaisern gedient hatte, um ein *„splendidisimi"* Leben zu führen. Das zeigt, dass Krk in der Römerzeit ein wohl-

habender Außenposten mit hoher Lebensqualität war, ganz ähnlich wie es auch heute noch der Fall ist.

Im Hinterhof der Bar **Volsonis**, die nach Volson, einem römischen Herrscher von Krk, benannt ist, befindet sich ein riesiger Garten voller römischer Ruinen. Volsons Grabstein wurde zusammen mit den anderen Überresten im Garten der Besitzer gefunden, nachdem man 700 Lastwagen Schutt abtransportiert hatte. Besuchen sollte man auch die Reste des Venustempels, die man durch den Glasboden in dem Laden **Memento** sehen kann. Der römischen Göttin der Liebe und der Schönheit waren im Römischen Reich nur wenige Tempeln gewidmet, da nur das Geschlecht der Julier (zu dem auch Julius Cäsar gehörte) den Bau erlauben konnte, weshalb der Tempel hier sehr bedeutend ist.

SEHENSWERTES
1 Baška S. 147
2 Haludovo Palace Hotel S. 148
3 Kornić S. 146
4 Kras S. 146
5 Omišalj S. 146
6 Poljice S. 146
7 Vinarija Gospoja S. 147
8 Vrbnik S. 147
9 Vrh S. 146

ESSEN S. 147
10 Konoba Nono
11 Restaurant Konoba Nada
12 Restaurant Rivica

AUSGEHEN S. 145
13 Volsonis

SHOPPEN S. 145
14 Memento

DIE ÖKO-ZIELE VON KRK

Kann eine Insel mit 20 000 Einheimischen und 100 000 Besucher:innen im Sommer klimaneutral sein? Auf Krk arbeitet man daran, dieses Ziel zu erreichen. Krk hat eine historische Beziehung zur Natur, sei es bei der saisonalen Landwirtschaft oder bei der Verwendung lokaler Heilkräuter. Jetzt richtet sich der Blick auf die Zukunft, denn es wird Pionierarbeit bei der Installation von Solaranlagen geleistet. Ziel ist es, energieautonom und kohlenstoffneutral zu werden, in der Hoffnung, dass Krk bis 2030 ein Vorbild für die Region sein wird.

ÜBERNACHTEN AUF KRK

Heritage Hotel Forza, Baška
Rustikale Atmosphäre in diesem Boutique-Hotel im Boho-Stil mit unglaublicher Aussicht. €€

B&B Villa Maris, Punat
In diesem hervorragend geführten B&B, in dem Gastfreundschaft an erster Stelle steht, fühlt man sich wie zu Hause. €€

Hotel Marina, Altstadt von Krk
Dieses Boutiquehotel liegt direkt am Wasser und ist unschlagbar, was die Lage und das Wellnessangebot angeht. €€

DAS GUTE LEBEN AUF KRK

Slanica Peričić, Geschichtenerzählerin und Guide auf Krk.

Ich könnte nirgendwo anders leben, denn wir haben auf Krk eine so hohe Lebensqualität. Wir sind eine sehr grüne Insel mit autarkem Wasserverbrauch und wir arbeiten daran, keinerlei Müll mehr zu erzeugen.

Die Natur ist unglaublich, wir haben die größte Artenvielfalt aller Mittelmeerinseln, also achten wir darauf, sie zu erhalten und Bio-Produkte zu konsumieren, wie unseren Schafskäse oder unser Olivenöl.

Es ist so sicher und friedlich hier, ideal für Familien, und Kinder sowie ältere Menschen werden hier gut umsorgt. Und es ist ganz leicht, mit einem Roller oder zu Fuß einen einsamen Teil der Küste und Ruhe für sich zu finden.

Vrbnik

Traditionelle Melodien und Tänze

Gesang und Tanz

Immaterielles Kulturerbe findet man auf allen kroatischen Inseln in Hülle und Fülle. Die meisten Regionen haben ihre eigenen traditionellen Tänze, Trachten und Musik, und so hat die größte Insel des Landes natürlich auch hier einiges zu bieten.

Das Besondere ist die überirdisch klingende Musik, die auf der Sopile-Flöte gespielt wird, die früher aus der gedrehten Rinde des Maulbeerbaums hergestellt wurde. Heute gibt es einen letzten Kunsthandwerker auf der Insel, der diese Flöten fertigt: Marijan Orlić Senkić schnitzt sie in seiner Werkstatt im Dorf **Kras**.

Der dazugehörige *Tanac po staro*, der traditionelle Tanz von Krk, gehört zum UNESCO-Weltkulturerbe und wird am Ostermontag auf dem Stadtplatz von **Omišalj** aufgeführt.

Auch andere Dörfer wie **Kornić, Poljice** und **Vrh** haben eigene Volkstanzgruppen, die das ganze Jahr über bei Veranstaltungen wie dem **Krk-Musikfest** und **Lovrečeva** oder dem **St.-Laurentius-Tag** Mitte August auftreten.

DIE BESTEN OLIVENÖL-ERZEUGER AUF KRK

OPG UTLA, Malinska
Besichtigung der Olivenhaine mit anschließender Olivenölverkostung – da geht man nicht mit leeren Händen nach Hause.

Nono Oleoteka, Altstadt von Krk
Nono stellt in seiner Taverne mit einer Ölpresse köstliches Olivenöl her, das auch zum Mitnehmen angeboten wird.

Krk maslinovo ulje 10-30-10, Vrh
Olivenöl mit Lebensqualität, angebaut und gepresst von David Mrakovčić. Online-Buchung (ulje103010.com/103010-en).

Dorfleben in Vrbnik

Entschleunigung im Tempo des Dorfes

Viele, die bereits mehrfach auf Krk waren, nennen bei der Frage nach ihrem Lieblingsort auf der Insel das malerische und vergleichsweise ruhige **Vrbnik** an der Nordküste.

Heute leben hier vor allem Künstler:innen und Kreative, die die gewundenen, kopfsteingepflasterten Gassen und die weiten Ausblicke lieben. Das auf einem Hügel gelegene Dorf ist dafür bekannt, dass die hier Lebenden sehr gebildet sind, denn jahrhundertelang war es in Vrbnik Tradition, dass jede Familie mit Söhnen mindestens einen Sohn zum Priester ausbilden ließ (die einzigen Menschen, die damals lesen und schreiben konnten). Deshalb gibt es im Büro des Fremdenverkehrsamtes auch eine umfangreiche Bibliothek mit glagolitischen Schriften.

In Vrbnik wird außerdem der lokale Wein von Krk angebaut, der *žlahtina*, der in den Weinbergen auf den Ebenen im Tal unterhalb von Vrbnik wächst. Man bekommt ihn in fast jedem Restaurant auf der Insel oder kann in der **Vinarija Gospoja** im Dorf selbst eine Weinprobe machen.

Das glagolitische Krk

Die mittelalterliche Schrift der Insel

Die so geheimnisvoll erscheinende glagolitische Schrift wurde im Mittelalter in ganz Kroatien verwendet und gilt als das älteste bekannte slawische Schrift. Die Form ist der kyrillischen Schrift nicht unähnlich, doch hat die Sprachwissenschaft auch armenische, griechische und hebräische Einflüsse ausgemacht. Die Schrift wurde im 9. Jh. vom hl. Kyrill (von Saloniki) und dessen Bruder Methodius weiterentwickelt, zwei Missionaren aus Thessaloniki in Griechenland, die das glagolitisches Alphabet benutzten, um das Christentum unter den slawischen Völkern im Norden zu verbreiten.

Krk war eine Hochburg der glagolitischen Kultur, und die älteste bekannte glagolitische Inschrift, die **Baška-Tafel** aus **Baška** auf Krk, stammt aus dem 11. Jh. Es handelt sich um eine 800 kg schwere Steintafel, auf der beschrieben wird, wie der kroatische König Zvonimir der Gemeinde Land schenkte.

Heute ist die Originaltafel in der Strossmayer Galerie der Alten Meister in Zagreb ausgestellt, aber wer auf Krk die Augen offen hält, wird eine beeindruckende Anzahl von Kirchen entdecken, in deren Altäre, Türen und Schreine glagolitische Worte eingemeißelt sind. In der Bibliothek des idyllischen Dorfes Vrbnik im Norden gibt's noch mehr von dieser Schrift zu sehen.

TOP-EVENTS

Eines der größten Feste auf Krk ist **Lovrečeva**, ein alljährlich stattfindendes Fest zu Ehren des Schutzpatrons der Insel, des hl. Laurentius.

Das Fest findet jedes Jahr Mitte August statt und wird 2024 sein 500-jähriges Bestehen feiern, sodass man es auf jeden Fall besuchen sollte.

Ein großartiger Markt umrahmt historische Darbietungen, darunter mittelalterliche Sportarten wie Fechten, sowie Live-Musik und Volkstänze an Orten in und um die Altstadt von Krk.

Es gibt köstliche lokale Produkte wie Krk-Käse, *šurlice* (hausgemachte Nudeln mit Gulasch), *žlahtina*-Wein und Krk-Grappa – und nicht zu vergessen Kroatiens einzigen Wettbewerb im Schneiden von Schinken von Hand!

Aktuelle Infos bietet die Website des örtlichen Tourismusverbands (tz-krk.hr/de).

ESSEN AUF KRK

Konoba Nono, Krk (Ort)
Leckere Calamari, köstliche Muscheln und die besten *pljukanci* (handgerollte Nudeln) der Insel. **€€**

Restaurant Konoba Nada, Vrbnik
Der Tintenfisch oder der Thunfisch sind Leckerbissen, aber auch Schafkäse lässt sich hier wunderbar genießen. **€€**

Restaurant Rivica, Njivice
In diesem familiengeführten Lokal kommt der Fisch direkt aus dem Meer auf den Tisch, und die Languste hier wird unvergessen bleiben. **€€**

WARUM ICH KRK LIEBE

Lucie Grace, Autorin

Krk ist einer dieser glücklichen Flecken auf der Erde, die einfach alles bieten. Die Insel ist unendlich faszinierend und geschichtsträchtig und zugleich wunderschön und friedlich; ein wahrhaft idyllischer Ort zum Entspannen und Erholen.

Es war die erste Insel des Landes, die ich besuchte, da die Familien vieler meiner kroatischen Freund:innen dort Sommerhäuser haben – die Insel ist bei den Einheimischen sehr beliebt. Ich komme Jahr für Jahr immer wieder dorthin zurück, weil es einfach so viel zu sehen, zu tun, zu lernen und zu probieren gibt.

Man könnte 10 Jahre lang jeden Sommer nach Krk kommen und jedes Mal eine völlig andere Erfahrung machen, wobei man weiß, dass man auf der umweltfreundlichsten und naturverbundensten Insel im Mittelmeer wohnt.

Das grandiose verlassene Hotel auf Krk

Verblasster Gigant der Hotelarchitektur

Die Erkundung verlassener Architektur ist kein neuer Trend – „Ruinenporno" war im 18. Jh. durchaus populär –, aber dank der sozialen Medien lassen sich heute mehr derartige Gebäude aufspüren als je zuvor. Kroatien ist dafür ein Paradies, denn an der Küste gibt es viele Hotelruinen aus der jugoslawischen Ära.

Die spektakulärste kroatische Betonruine ist das palastartige **Haludovo Palace Hotel** in Malinska, nordwestlich von Krk. Das touristenfreundliche Malinska floriert noch immer. Nach einem Kaffee im Zentrum läuft man 10 Minuten nördlich am Wasser entlang zum Haludovo-Strand und blickt hinauf – der Betonriese ist unübersehbar.

Miteigentümer des Haludovo war Bob Guccione, der Gründer des *Penthouse*-Magazins, der angeblich 45 Mio. US$ in das Projekt steckte, zu dem einst auch ein Kasino, ein Spa und ein Jachthafen gehörten. Der luxuriöse Komplex wurde 1972 von dem lokalen Architekten Boris Magaš entworfen und galt damals als Vorreiter in Sachen Design. Selbst im verfallenen Zustand strahlt er noch Eleganz aus, denn die Bistrotische sind noch an Ort und Stelle, ebenso wie die Bareinrichtung, die Kacheln und die holzgetäfelten Decken.

Nach dem Zerfall Jugoslawiens und den darauf folgenden Kriegen wurde das Hotel von Geflüchteten bewohnt und dann von den neuen Besitzern 20 Jahre lang sich selbst überlassen, sodass das riesige, heruntergekommene Gebäude heute überall mit Graffiti bedeckt ist – was sehr schade ist, denn es sieht immer noch so aus, als könnte es gerettet werden.

Haludovo Palace Hotel

Cres

RUHE UND FRIEDEN | HERRLICHE STRÄNDE | BEEINDRUCKENDE LANDSCHAFT

Cres gehört zu den Inseln, die die Fantasie beflügeln. Die einzigartige Landschaft mit ihren zerklüfteten Felsen und die dichte, aromatische Luft ziehen jeden Menschen in ihren Bann – schon wenn man die Fähre hinter sich gelassen hat fühlt man sich mit jedem Kilometer entspannter und erholter.

Die Insel ist dünn besiedelt, hier leben mehr Schafe als Menschen, und die traditionellen landwirtschaftlichen Methoden schreiben immer noch vor, dass die Schafherden frei umherlaufen – ein herzerfrischender Anblick.

Abgesehen vom farbenfrohen, kulturellen Zentrum der Insel, der Ort Cres, sind die charmanten Dörfer wie die auf Hügeln gelegenen Beli und Lubenice oder das Fischerdorf Valun meist nur in den Sommermonaten bewohnt. Die Strände sind die eigentliche Attraktion der Insel. Das kristallblaue Wasser der Adria umspült Küstenabschnitte auf beiden Seiten dieser unberührten, langen, schmalen Insel.

UNTERWEGS VOR ORT

Von Pula, Rijeka oder Zagreb aus fährt ein Arriva-Bus direkt in die Altstadt von Cres (arriva.com.hr/de-de/kvarner/cres), und von der Altstadt aus geht es weiter nach Süden bis Mali Lošinj. Die kleineren, alten Dörfer wie Beli und Lubenice werden aufgrund der engen Straßen nicht angefahren, daher sollte man ein Moped oder Auto mieten, um die Insel weiter zu erkunden.

Die venezianische Altstadt von Cres

Ein kleines bisschen wie Venedig

Da die Insel Cres fast acht Jahrhunderte lang zum venezianischen Reich gehörte, brauchte sie einen starken Verwaltungssitz um ihre landwirtschaftlichen Güter umschlagen zu können, und so wurde um den bereits bestehenden römischen Hafen eine befestigte Stadt errichtet. Von den Steinmauern ist nicht mehr viel übrig, aber man kann prächtige Stadttore und einen imposanten runden Wachturm sehen, die einst dazu gehörten.

Innerhalb der Stadtmauern von Cres bauten die Venezianer Paläste, Kirchen, ein Arsenal und eine Loggia (ein Gerichtsforum), von denen die meisten heute noch zu sehen sind. Das **Cres-Museum** ist in einem dieser Paläste untergebracht, und egal, ob man die lokalgeschichtliche und ethnografische Sammlung im Inneren besucht oder einfach nur vorbeigeht, die wun-

TOP TIPP

Vorsicht vor dem Wind! Mit den nordöstlichen Winden der Adria, die um den Golf peitschen und auf Kroatisch *bura* genannt werden, ist nicht zu spaßen. Als eine der äußeren Inseln in der Kvarner-Bucht kann es auf Cres zu Windgeschwindigkeiten von bis zu 220 km/h kommen – man sollte sich also über die aktuellen Windverhältnisse informieren, bevor man mit dem Fahrrad oder Moped losfährt.

DIE MAGIE VON LUBENICE

Das bescheidene Bergdorf **Lubenice** hat eine Anziehungskraft, die sich nur schwer in Worte fassen lässt. Die Häuser sind nicht extravagant und die Gassen nicht mit Marmor gepflastert – tatsächlich leben dort nur sieben Menschen.

Vielleicht spürt man an diesem Ort, an dem einst eine prähistorische Siedlung mit Blick auf die Adria lag, 4000 Jahre menschliche Besiedlung.

Die Römer errichteten auf der steinzeitlichen Stätte eine befestigte Stadt, und obwohl heute keine römischen Überreste mehr vorhanden sind, kann man die Mauern noch immer erkennen, wenn man durch die Straßen schlendert. Ein Besuch ist ein Muss, bevor es zum 380 m tiefer gelegenen Strand geht.

derschönen Spitzbogenfenster der venezianisch-gotischen Architektur sind sehr beeindruckend.

Abgesehen von den architektonischen Besonderheiten erinnern die pastellfarbenen Fassaden der Gebäude rund um den Hafen an die venezianischen Inseln Murano oder Burano. Alles in allem ist „Klein-Venedig" ein treffender Spitzname für den Ort Cres.

Campen, Glampen oder Wohnmobil?

Die Campingplätze von Cres ziehen Wohnmobilfans an

Eine Kolonne von Wohnmobilen, die sich wie eine mittelalterliche Karawane die einzige Straße von Cres hinunterschlängelt, ist in den Sommermonaten kein ungewöhnlicher Anblick; die

DIE BESTEN STRÄNDE AUF CRES

Koromačna
Diese weitläufige Bucht im Osten der Insel bietet strahlend blaues Wasser.

Strand von Beli, Beli
Diese idyllische Bucht ist gesäumt von alten Fischerhütten – viel mehr gibt es hier nicht.

Plaža Sv Ivan, Lubenice
Der schönste Strand der Insel ist die Wanderung dorthin wert.

Insel ist voller Küstenwälder, die eine perfekte schattige und doch am Meer gelegene Umgebung für einige wirklich ausgezeichnete Campingplätze bieten. Daher ist die Insel bei Wohnmobilfans aus Nord- und Mitteleuropa sehr beliebt, die Campingplätze unterschiedlichster Preisklassen und Größen ansteuern, wobei auch Platz für Zelte vorhanden ist.

Ganz oben auf der Liste steht der Campingplatz **Kovacine** etwas außerhalb der Altstadt von Cres, der in Bezug auf Ausstattung, Lage und hilfsbereites Personal unschlagbar ist. Der etwas abgelegenere Platz **Baldarin** in Pogana an der Südspitze von Cres ist ein idyllisches Fleckchen Erde, das die Fahrt dorthin wert ist.

Rettet die Geier!

Beli auf Cres beherbergt besondere Gäste

Das auf einem Hügel gelegene Dorf **Beli** ist einer der abgelegensten Orte auf Cres. Aber die etwas abenteuerliche Fahrt über kurvenreiche Felsenstraßen dorthin lohnt sich auf jeden Fall, denn zwischen den ausgezeichneten rustikalen Gästehäusern und Restaurants gibt es hier ein sehr ungewöhnliches Schutzgebiet. Die Mitarbeiter des **Schutzzentrums für Gänsegeier** kümmern sich um die letzten 100 Familien dieser Vögel in Kroatien, die alle über der Kvarner-Bucht kreisen.

Das Zentrum bietet nicht nur tierärztliche Hilfe und Futter für die Geier, wenn es gebraucht wird (man darf also nicht erwarten, dass Hunderte von ihnen vor Ort sind, wenn man vorbeikommt, das ist kaum vorhersehbar), sondern verfügt auch über einen Schulungsraum für Workshops und ein Heimatkundemuseum.

Freilaufende Schafe auf Cres

Wahrscheinlich das beste Lammfleisch von Kroatien

Das Erste, was einem auffällt, wenn man die Fähre in Cres verlässt, sind die Schafe. Die kleinen Herden zeigen ihre wilden Kletterkünste und tauchen an Stellen am Hang auf, an denen man das nicht für möglich gehalten hätte.

Diese Creska-Schafe laufen seit Jahrhunderten frei auf der Insel herum, da die Bauern dort eine sehr traditionelle, naturnahe Aufzucht pflegen. Allerdings sollte man keine Gefühle für sie entwickeln – diese kleinen, wolligen Tiere werden in erster Linie wegen ihres Fleisches gezüchtet.

Dank der Bio-Haltung mit aromatischen Gräsern und Kräutern auf ganz Cres bieten die örtlichen Restaurants das schmackhafteste Lammfleisch des Landes an, das aufgrund seines geringen Fettgehalts und seines Geschmacks geschätzt wird. In einer *peka* (einem breiten, flachen Topf) zubereitet und mit Polenta serviert, ist es das Gericht, das man auf Cres unbedingt probieren sollte. Allerdings sollte man sich vorher mit der *konoba* (Taverne) seiner Wahl in Verbindung setzen (**Hibernicia** in Lubenice oder **Bistro Melin** in der Stadt Cres sind die Top Tipps), da die Zubereitung einige Stunden dauert.

ENTSPANNEN IN VALUN

Valun mag zwar ein paar tausend Jahre jünger sein als Beli und Lubenice, aber dieses malerische Fischerdorf mit seinen bunten Reihenhäusern mit Terrakotta-Dächern, die sich wellenförmig an den bewaldeten Hang schmiegen, ist ebenso reizvoll.

Heute leben hier zwar nur etwa 60 Menschen, aber das Dorf hat eine bedeutende Seefahrts-Vergangenheit. Valuns Geschichte reicht bis ins 17. Jh. zurück, als das benachbarte (inzwischen aufgegebene) Bućov einen Hafen und eine Anlegestelle für seinen mittelalterlichen Weiler gründete.

Valun ist ein großartiger Ort für ein Bad am kleinen Kieselstrand, gefolgt von einem Essen mit fangfrischen Meeresfrüchten in der **Konoba Toš**, benannt nach der hauseigenen Olivenölpresse.

Lošinj

DELFINBEOBACHTUNGEN | CHARMANTE STÄDTCHEN | GRIECHISCHER SCHATZ

UNTERWEGS VOR ORT

Arriva-Busse (arriva.com.hr/de-de) aus Cres fahren auf dem Weg nach Mali Lošinj durch Osor – man kann den Fahrer bitten, einen in Osor aussteigen zu lassen, wenn man den Ort besuchen will. Veli Lošinj wird nicht angefahren, sodass man ein Auto, Moped oder Taxi braucht, um von Mali Lošinj nach Veli Lošinj zu gelangen.

TOP TIPP

Die Fahrt zur winzigen Insel Susak westlich von Lošinj dauert nur 30 Minuten mit der Fähre Sie wirkt wie eine große Sanddüne, die von Schilfgras gesäumt wird, das die 3,8 km² große Insel bedeckt. Es ist ein idyllischer Ort, an dem nur wenige leben – die meisten Menschen sind in den 1940er-Jahren in die USA ausgewandert. Susak ist bekannt für seine bunte Tracht, die die Frauen zu Festtagen und Hochzeiten tragen. Seit einigen Jahren findet alle zwei Jahre im Mai eine Kunstbiennale statt, die **Susak Expo**.

Lošinj hat etwas Besonderes an sich: Das wärmere Mikroklima, die heilsamen Wälder und der legendäre altgriechische Schatz geben dieser Insel mit ihren zwei Hauptorten – Mali Lošinj und Veli Lošinj – das Gefühl, besonders gesegnet zu sein.

Lošinj, das früher eine natürliche Verbindung zu Cres hatte, bis die Römer die Landbrücke durch den Bau eines Kanals bei Osor durchtrennten, ist heute die ideale Insel für einen Erholungsurlaub mit einem Wellness-Tourismus, der bis in die 1880er-Jahre zurückreicht. Es gibt zwar noch andere Dörfer auf der Insel, aber die meisten Menschen zieht es nach Mali Lošinj und Veli Lošinj. Die beiden hübschen Orte ähneln sich auf den ersten Blick (vor allem in der Neben- oder Zwischensaison), denn beide haben einen schmucken Hafen, der von bunten Gebäuden gesäumt wird. Doch durch den Einfluss des Geldes haben sich die beiden Orte auseinanderentwickelt, denn Veli Lošinj hat sich den Charme der alten Welt bewahrt, während Mali Lošinj für sehr wohlhabenden Reisenden aufgehübscht wurde.

Highlife in Mali Lošinj

Luxuriöse Auffrischung der Altstadt

Mali Lošinj ist bei internationalen Gästen recht bekannt. Im Mittelalter war die Stadt einer der größten Häfen an der Adria, später, als die Insel zum Reich der Habsburger gehörte, wurde sie zum beliebten Urlaubsort österreichischer Badegäste, die sich im benachbarten **Čikat** luxuriöse Villen bauten. Heute wirken die malerischen pastellfarbenen Häuser, die den Hafen säumen, bei einem Spaziergang entlang der Promenade etwas unpassend, denn im Sommer verwandelt sich der Hafen in einen ausgewachsenen und überfüllten Luxus-Jachthafen. Dadurch wird ein Besuch in der Hochsaison für normale Reisende zu einer Herausforderung, da die Preise in die Höhe schnellen und viele der 7000 Einheimischen die Stadt verlassen, um ihre Häuser über Airbnb zu vermieten.

SEHENSWERTES
1 Archäologische Sammlung Osor S. 155
2 Boutique Hotel Alhambra S. 155
3 Lošinj-Museum S. 155
4 Mali Lošinj S. 152
5 Museum des Apoxyomenos S. 154
6 Palača Fritzy S. 154
7 Susak S. 152
8 Televrin S. 155
9 Veli Lošinj S. 155
10 Villa Elisabeth S. 155

AKTIVITÄTEN, KURSE & TOUREN
11 Lošinj Marine Education Centre S. 154
12 Sveti Gaudent S. 155

SCHLAFEN S. 154
13 Camping Čikat

ESSEN S. 154
14 Konoba Bonifacic
15 Konoba Mandrac
16 Restaurant Za Kantuni

WICHTIGE INFOS ZUR DELFIN-BEOBACHTUNG

Barbara Sucich, Ausbilderin im Marine Education Centre Lošinj.

„Wer sich für eine Delfinbeobachtungstour entscheidet, sollte einige Fragen stellen. Niemand kann hundertprozentig garantieren, dass man Delfine sieht, deshalb sollte man nicht mitfahren, wenn jemand das behauptet. Denn diese Leute werden Delfine jagen und das ist nicht gut.

Wir sind nicht gegen Veranstalter von Delfinbeobachtungen. Hier auf Lošinj gibt es viele, die das tun – aber auf die richtige Art und Weise! Wir drucken Broschüren mit einem Verhaltenskodex, die wir zu Beginn des Sommers verteilen. Darin wird empfohlen, sich den Delfinen von der Seite zu nähern, nicht von vorn oder von hinten, einen Mindestabstand von 50 m einzuhalten, sich rücksichtsvoll zu verhalten, den Motor abzustellen, wenn man sich den Delfinen nähert, und nicht länger als 30 Minuten bei einer Gruppe zu bleiben."

Trotzdem ist es ein schöner Ort für einen Tagesausflug (vor allem in der Nebensaison), um die historischen Sehenswürdigkeiten wie das Museum des Apoxyomenos und den **Palača Fritzy** zu besichtigen oder sogar eine Bootstour zu den Stränden zu unternehmen. Allerdings sollte man sich überlegen, ob man nicht lieber im preiswerteren Veli Lošinj oder auf dem Campingplatz in Čikat übernachten möchte.

Veli bedeutet „groß", aber es ist die kleinere Stadt, während *mali* „klein" bedeutet, aber die Stadt größer ist. In Mali Lošinj hat sich viel getan, ausländische Investoren haben eine Mega-Marina und teure Hotels gebaut. Günstigere Unterkünfte gibt's in Veli Lošinj, von wo aus Mali Lošinj leicht zu erreichen ist.

Lošinjs seltene Bronzestatue

In jeder Hinsicht ein Schatz

Das Highlight von Mali Lošinj, das **Museum des Apoxyomenos**, wurde 2016 eröffnet und beherbergt die antike griechische Bronzestatue des – leicht zu erraten – Apoxyomenos. Die Skulptur ist eine von nur fünf ihrer Art weltweit und sie ist in einem erstaunlich guten Zustand, da sie 2000 Jahre lang auf dem Meeresgrund vor Lošinj lag. Das Museum musste darum kämpfen, nicht von größeren Museen in Zadar und Zagreb überboten zu werden. Es leistet hervorragende Arbeit, indem es die erstaunliche Geschichte der Entdeckung, Restaurierung und Ausstellung dieses seltenen Schatzes erzählt.

Delfinbeobachtung richtig gemacht

Kroatiens Profis der Meeresbiologie

Das 1999 gegründete Blue World Institute erforscht an den drei Standorten Veli Lošinj, Vis und Murter die Population der Großen Tümmler in der Adria mittels nichtinvasiver Foto-Identifikationsmethoden und setzt damit ein Zeichen für den ethischen Umgang mit den beliebten Meeressäugern.

Seit der Eröffnung des **Lošinj Marine Education Centre** in Veli Lošinj bietet das Team täglich um 13 Uhr (Frühling bis Herbst) Delfinbeobachtungstouren an der Ostküste von Lošinj an.

Großer Tümmler

Um eine Gruppe ausfindig zu machen, benutzen die Skipper Ferngläser und folgen den Trawlern der Fischer, so wie es die Delfine tun. Die Teilnahmegebühr

ESSEN IN LOŠINJ

Konoba Mandrac, Veli Lošinj
Der ausgezeichnete neue Küchenchef serviert gegrillten Fisch vom Feinsten und tolle hausgemachte *pljukanci*. **€€**

Restaurant Za Kantuni, Mali Lošinj
Typisch kroatisches Ambiente mit köstlichen Fisch- und regionalen Lammgerichten **€€**

Konoba Bonifacic, Osor
In diesem tollen Gartenrestaurant sollte man im Voraus einen Tisch mit Meerblick reservieren. **€**

(Kinder/Erw. 50/60 €) deckt nicht nur die Kosten der Tour, sondern unterstützt außerdem die großartige Arbeit der Meeresbiolog:innen, die auch eine Schildkröten-Rettungsstation betreiben, die der Öffentlichkeit nicht zugänglich ist.

Waldbaden in den Wäldern von Lošinj

Einmal tief durchatmen

Die „Insel der Vitalität", wie Lošinj auch genannt wird, ist seit über 100 Jahren ein Wellness-Zentrum. Die ersten Kurhäuser aus der Habsburgerzeit wurden in den 1880er-Jahren hier errichtet. Die aus Japan stammende Therapie *shinrin-yoku*, was wörtlich übersetzt Waldbaden bedeutet, verjüngt nachweislich das Immunsystem, senkt den Blutdruck, baut Stress ab und fördert die Entspannung. Und mit den dichten Pinienwäldern, die Lošinj bedecken, gibt es keinen besseren Ort dafür. Qualifizierte Therapeut:innen bieten Waldbäder jetzt im Rahmen ihrer Gesundheitsprogramme im **Boutique Hotel Alhambra** und in der **Villa Elisabeth** an, also reservieren und ausprobieren!

Osor – das Tor zu Lošinj

Entdeckungsreise rund um Mali und Veli

Osor ist eine faszinierende Stadt, die sich beiderseits des alten römischen Kanals erstreckt, der Cres und Lošinj trennt. Die charmanten gepflasterten Straßen zeugen von einer 4000 Jahre langen Geschichte, von der ein großer Teil noch immer in einem der archäologischen Projekte der Region ausgegraben wird.

Osor, in dem heute etwa 100 Menschen leben, war einst eine pulsierende antike Metropole mit 20 000 Einheimischen. Man kann sich das zwar heute kaum noch vorstellen, aber es gibt moderne Technologien, die dabei helfen können – dank der **Archäologischen Sammlung Osor**, die einen Virtual-Reality-Tour durch die antike Stadt entwickelt hat. Der einstündige Rundgang mit einer VR-Brille umfasst 11 Stationen.

Im Frühling oder Spätherbst ist das Klima ideal für eine 6 km lange Wanderung westlich der Altstadt von Osor auf einem gut begehbaren Weg hinauf nach **Sveti Gaudent**, das 274 m hoch auf dem Lošinjer Berg Osorščica liegt. Hier gibt es eine schöne Hütte mit herrlicher Aussicht, leckerem Bier und einem Bett für die Nacht, wenn man vorher telefonisch reserviert (☎098 424 137 oder 098 278 950). Der höchste Punkt des Osorščica-Gebirges, **Televrin**, ist nur 4 km entfernt, aber wegen des steilen Anstiegs auf 588 m ist die Wanderung etwas anspruchsvoller. Der Blick auf beide Küsten der schmalen Insel ist die Mühe jedoch wert.

DIE GESCHICHTE VON LOŠINJ

Nikola Andrijčić, Kurator des Museums des Apoxyomenos.

Palača Fritzy
Unbedingt ansehen. Er gibt einen guten Eindruck von der Geschichte dieser Gegend.

Kirche der Engelsmadonna
In Veli Lošinj gibt es auch eine große Barockkirche voller Fresken, die Kirche der Engelsmadonna. Sie ist die Kirche mit dem größten kulturellen Reichtum in der Kvarner-Bucht. In der Nähe der Kirche befindet sich ein kleines Museum in einem 600 Jahre alten venezianischen Turm, in dem die Geschichte der Seefahrt dieser Region erklärt wird.

Kirche des hl. Martin
Diese Kirche wurde 1450 zu Ehren des Schutzpatrons von Mali Lošinj erbaut. Hier kann man etwas über die Geschichte von Lošinj erfahren. Die Priester, die einst in dieser Kirche wirkten, schrieben glagolitisch.

DIE BESTEN BADESTELLEN AUF LOŠINJ

Veli Žal
Wunderschöner Kieselstrand mit vielen Restaurants, Sonnenliegen und Duschen.

Plaža Vale Škura
Eine wilde Felsenbucht mit wunderbar blauem Wasser – unbedingt Badeschuhe tragen!

Plaža Plieski
Wer dieses Fleckchen Erde erreicht, wird froh sein, dass er sich die Mühe gemacht hat.

Rab

SANDSTRÄNDE | KULTUR & GESCHICHTE | TOLLE FESTE

UNTERWEGS VOR ORT

Wenn man mit der Fähre von Krk oder Rijeka nach Rab fährt, kommt man am Busbahnhof Lopar an. Von hier aus fährt Arriva 7-mal täglich in die 15 Minuten entfernte Altstadt von Rab (www.arriva.com.hr/de-de/bus-lopar-rab). Ansonsten ist es am besten, ein Moped oder ein Auto zu mieten, um die Insel zu erkunden.

Die kleine, aber mächtige Insel Rab ist ein beliebtes Reiseziel, denn hier gibt es mehr Sandstrände als irgendwo sonst an der Adria, üppig grüne Hänge, die sich hervorragend für Rad- und Wandertouren eignen, sowie Städte und Dörfer, die von Geschichte durchdrungen sind. Rab ist nur eine kurze (12 Min. an einem guten Tag) Fährfahrt von Stinica auf dem kroatischen Festland entfernt, und die Fähre verkehrt stündlich zwischen dort und Mišnjak auf Rab. Man kann auch die Fähre von Krk oder Pag aus nehmen, die einmal täglich in beide Richtungen fährt.

Die befestigte Altstadt ist eine der schönsten im Land, und es gibt so viele Festivals, Sportveranstaltungen und kulturelle Feierlichkeiten, dass nur ein Besuch hier eigentlich nicht ausreicht.

TOP TIPP

Wenn man den Besuch rund um die wichtigsten Feste wie den Sommerkarneval, Ostern oder Weihnachten plant wird man nicht enttäuscht werden.

Die reiche Kulturgeschichte von Rab entdecken

Viel mehr als nur Sandstrände

Für eine so kleine Insel ist Rab ziemlich reich an kulturellen Traditionen. Wer außerhalb der Saison hierher kommt, wird beim **Karneval von Lopar** belohnt, der normalerweise im Februar stattfindet. Er ist vielleicht nicht so groß wie der in Rijeka, aber die Einheimischen geben sich alle Mühe – sie tragen lustige *klobuk*-Hüte und Masken, während sie durch ihr Viertel ziehen, traditionelle Lieder singen und Grappa und Bier trinken.

Wer seinen Sommerbesuch in die Zeit der **Rabska Fjera** legen kann, wird es nicht bereuen: Das Fest ist das älteste und größte mittelalterliche Sommerfest in Kroatien – es soll bereits 1364 ins Leben gerufen worden sein. Es findet an den Festtagen der Heiligen Jakob, Anna und Christophorus (25., 26. und 27. Juli) statt. Während des Festes wird die ganze Stadt ins Mittelalters zurückversetzt, mit einem Krämermarkt, auf dem in einem improvisierten Fischerdorf am Strand gebratene *šulčići* verkauft werden.

Zu Ostern wird ein Kreuz durch die Altstadt getragen und im **Advent** gibt es ein schönes Lichterfest. Aber egal, in welchem Monat man hierher kommt, man sollte auf jeden Fall nach den *klapa,* a-cappella-Sängern, Ausschau halten, denn ihr Stil und ihre Lieder sind Rab-spezifisch und ziemlich eindringlich.

In der lokalen Umgangssprache sagt man „*kanata*", wenn die Arbeit getan ist, und so wird das Ende jeder touristischen Saison auf Rab mit **Kanata** gefeiert, einem kulinarischen Wettbewerb, der mit einem Food-Festival verbunden ist. Die Besucher:innen können auf dem Platz Municipium Arba in der Altstadt von Rab einige lokale Bio-Lebensmittelproduzenten kennenlernen, die einen *brudet*-Fischeintopf zubereiten, und sehen, wer von ihnen der Jahresbeste ist.

DAS KLEINE SAN MARINO

San Marino, eines der kleinsten und reichsten Länder der Welt (gemessen am BIP), ist ein souveräner Staat in Norditalien und wurde 301 von einem Steinmetz aus Rab, dem hl. Marinus, gegründet.

Der christliche Handwerker war auf der Flucht vor dem römischen Kaiser Diokletian (der Christen abschlachten ließ) und floh nach Rimini. Dort weihte der örtliche Bischof Marinus zum Diakon und dann lebte Marinus als Einsiedler auf dem Monte Titano, dem höchsten Punkt von San Marino.

Die Kapelle und das Kloster, die er dort errichtete, gelten als Fundament für den ältesten souveränen Staat und die älteste konstitutionelle Republik der Welt.

DIE BESTEN STRÄNDE AUF RAB

Sahara
Dieser herrliche Sandstrand ist so wild und unberührt, wie es auf Rab nur sein kann.

Padova III
Weitläufiger Kiesel- und Sandstrand im Resort Banjol, in der Nähe der Altstadt von Rab.

Kozica
Wilder und abgelegener Strand mit absolut traumhaftem Wasser.

Norddalmatien

VON BERGEN ZU INSELN UND ZURÜCK

Weltberühmte Seen, eine Segelszene, die allen anderen im Land davonschippert und einige der frühesten kroatischen Siedlungen: In Norddalmatien gibt es Natur, Geschichte und Aktivitäten im Überfluss.

Verglichen mit allen anderen Ecken Dalmatiens bietet die nördliche Region einfach alles. Sie beheimatet fantastische antike Städte und mittelalterliche Orte. Fünf von den insgesamt acht Nationalparks Kroatiens kann man hier erkunden, einschließlich dramatischer, zerklüfteter Bergketten und türkisfarbener Wasserlandschaften mit unzähligen Wasserfällen. Auf den wunderschönen Inseln Norddalmatiens kann man mühelos mehrere Tage verbringen, u.a. in einigen der schönsten Buchten des Landes.

Trotzdem ist die nördliche Region seltsamerweise sehr viel weniger besucht als der Süden – Bustouren führen zwar zu den Seen, halten sich dort aber nicht lange auf. Doch ein Besuch lohnt sich, denn all diese Schätze warten nur darauf, entdeckt zu werden.

In Norddalmatien befinden sich auch die ersten echten kroatischen Sieldungen, wo im 9. Jh. Könige gekrönt wurden und die früheste kroatische Kultur vor Beginn der venezianischen Invasion blühte und gedeihte. Zadars altrömische Straßen sind lebendig und angefüllt mit kulturellen Angeboten für die Einheimischen, die noch immer in der Altstadt und Umgebung leben. Hinzu kommt eine Segel- und Jachtindustrie, die dieser Tage zweifellos zu den besten im ganzen Land gehört.

Das Renaissance-Wunder Šibenik wird noch immer sträflich unterschätzt, obwohl es eines der besten Michelin-Sternerestaurants im ganzen Land und eine atemberaubende gothische Kathedrale vorzuweisen hat.

Zwischen beiden Städten liegen die einzigartigen Nationalparks Plitvicer Seen, dessen Gewässer eine der meistbesuchten Attraktionen Kroatiens sind, sowie Krka und Paklenica, die alle einen ausgiebigen Besuch mehr als lohnen. Worauf also noch warten?

INAVANHATEREN/SHUTTERSTOCK ©

DIE WICHTIGSTEN ZIELE

ZADAR
Römische Ruinen und Segeln ohne Grenzen.
S. 164

NATIONALPARK PAKLENICA
Ein Wanderparadies.
S. 171

PAG
Käse, Spitze und Nachtclubs. S. 173

PHOTOGRAPHER IN SPAIN/SHUTTERSTOCK ©

Links: Schafskäse von der Insel Pag (S. 173); Rechts: Nationalpark Plitvicer Seen (S. 175)

NATIONALPARK PLITVICER SEEN & LIKA
Die atemberaubendsten Seen in Europa. **S. 175**

ŠIBENIK
Ein Renaissance-Juwel, das endlich Aufmerksamkeit bekommt. **S. 177**

NATIONALPARK KRKA
Wasserfälle, Klöster, römische Ruinen und mehr.
S. 182

Erste Orientierung

Das Velebit-Gebirge teilt Norddalmatmien in das grüne, urige Lika im Norden davon und die Küstenebenen von Zadar sowie unzählige Inseln im Süden. Schließlich treffen die Berge auf die Gespanschaft Šibenik-Knin und den Nationalpark Krka.

Nationalpark Plitvicer Seen & Lika, S. 175

Kroatiens zweitmeistbesuchte Attraktion ist ein Wunder der Natur, mit 16 türkisfarbenenen Seen, die sich in Stufen über ein Travertinkarstlager verteilen, das das Wasser in ihnen schimmern lässt.

Pag, S. 173

Je nachdem, wen man fragt, ist Pag bekannt für Feiern oder seine reiche Spitzenkunsttradition sowie den schmackhaftesten Käse im Land.

Nationalpark Paklenica, S. 171

Zerklüftete Berge, Schluchten und umwerfende Ausblicke sorgen für herausragende Wanderungen - doch das Gelände sollte ernstgenommen und ein Trip gut vorbereitet werden.

Zadar, S. 164

Die ehemalige Hauptstadt Dalmatiens und modernes Segelzentrum läuft über mit antiker Geschichte, zeitgenössischer Kultur und köstlicher Gastronomie – ganz zu schweigen von den besten Sonnenuntergängen.

Nationalpark Krka, S. 182

Die atemberaubenden Wasserfälle sind hier der Hauptanziehungspunkt, doch der Nationalpark Krka hat weitaus mehr Kultur und Geschichte zu bieten als auf Anhieb zu erkennen.

Šibenik, S. 177

Dieses oft übersehene Renaissance-Juwel bietet einige der Höhepunkte von Architektur, Stränden und Restaurants des Landes, aber lässt die massiven Menschenmengen vermissen, die andere Küstenstädte anziehen.

BUS

Öffentliche Busse von Arriva und Flixbus fahren aus Rijeka oder Zagreb weiter im Norden nach Zadar, und die meisten von ihnen reisen weiter nach Šibenik (und machen unterwegs Halt in Küstenorten wie Primošten), bevor sie die Region verlassen und in Richtung Split fahren.

FÄHRE

Zadar ist ein bedeutender Hafen, also sind die Inseln der Region, wie Ugljan und Dugi Otok mühelos via Fähre zu erreichen. Oder man bucht einen Tagesauflug und chartert ein Boot. Šibenik hat außerdem Segelausflüge im Angebot sowie Fähren zu der nahen Insel Zlarin.

AUTO

Mit einem Mietauto (oder -moped) fährt man am besten, wenn man Inlandziele in Lika, Paklenica, Nin oder Pag erkunden will (das über eine Brücke mit dem Festland verbunden ist), da diese Gegenden nicht mit regelmäßigen Bussen aus Zadar bedient werden.

REISEZIELE

NORDDALMATIEN

Perfekte Tage

Es gibt unzählige Ausflüge, die man in Norddalmatien unternehmen kann, vom Rückzug aufs Land in Lika und einer Wanderung im Nationalpark Plitvicer Seen bis zu einem sommerlichen Segeltörn ab Zadar oder herbstlicher Entspannung an der Šibenik-Küste.

DALIU/SHUTTERSTOCK ©

Nationalpark Krka (S. 182)

Wenig Zeit

● Ist nicht mehr Zeit als ein Wochenende, dann ist der **Nationalpark Plitvicer Seen** (S. 175) absolutes Pflichtprogramm, um die berühmten Seen und die 16 atemberaubenden Wasserfälle, die sie verbinden, mit eigenen Augen zu sehen.

● Nach dem Parkbesuch übernachtet man in einem Baumhaus oder auf einem Öko-Landgut in der Nähe oder man nimmt sich ein Zimmer in einem denkmalgeschützten Hotel in **Šibenik** (S. 177), ein paar Stunden Autofahrt weiter in Richtung Süden.

● Am folgenden Tag stehen die Erkundung der Altstadt von Šibenik und die Besichtigung der prächtigsten Kathedrale Kroatiens auf dem Programm. Zum Abschluss unternimmt man am nächsten Morgen einen Ausflug in den **Nationalpark Krka** (S. 182). Noch ein Abstecher zum Wasserfall Skradinski Buk, und schon hat man die größten Naturwunder Kroatiens gesehen.

Beste Reisezeit

Frühlingswanderungen, Fahrradurlaub, sommerliche Segeltörns und ein Herbst voller Erlebnisse rund um die türkis schimmernden Seen und Wasserfälle – einfach himmlisch!

APRIL

Ostertraditionen in Hülle und Fülle und die besten Temperaturen zum Radfahren, Reiten und für andere Outdoor-Aktivitäten.

MAI

Die ideale Zeit für eine Wanderung im **Velebit-Gebirge im Nationalpark Paklenica** oder eine Radtour auf der Insel **Ugljan.**

JUNI

Den Touristenmassen zuvorkommen und zu Saisonbeginn segeln gehen, bevor die Temperaturen steigen.

DEN ROZHNOVSKY/SHUTTERSTOCK ©, NINOPAVISIC/SHUTTERSTOCK ©, XBRCHX/SHUTTERSTOCK ©

Eine Woche Zeit

● **Zadar** (S. 164) ist die perfekte Basis, um eine Woche in der Region zu verbringen. Nachdem man ein paar Tage der Geschichte, der Gastronomie und der Live-Musik der antiken Metropole gewidmet hat, ist man bestens vorbereitet für eine Erkundung des Umlands.

● Das entzückende Städtchen **Nin** (S. 169), Heimat der ersten kroatischen Könige, steckt voller frühester kroatischer Kultur, und die benachbarten Strände sowie eine Heilschlammbucht sorgen für besondere Naturerlebnisse.

● Ein Tag in **Pag** (S. 173) ist ein Muss für Wein- und Käseliebhaber:innen, bevor man die restliche Zeit damit verbringt, die Inseln zu erkunden; **Ugljan** (S. 168) ist von Zadar aus leicht mit der Fähre zu erreichen und bietet ausgezeichnete Radwege, Strände und Restaurants.

Längerer Aufenthalt

● Wer lieber langsam reist und sich für ein paar Wochen oder länger eine Wohnung nehmen kann, sollte nach Mietoptionen in **Šibenik** (S. 177) suchen. Die entspannte Stadt am Meer mit ihrem fantastischen Renaissance-Altstadtkern, unglaublichem Essen und einer authentischen lokalen Atmosphäre ist bisher vom Massentourismus verschont geblieben. Entsprechend sind Unterkünfte sehr viel preisgünstiger als in anderen Orten an der dalmatischen Küste.

● Da Šibenik sehr zentral gelegen ist, kann man von hier auch mühelos den **Nationalpark Plitvicer Seen** (S. 175), den **Nationalpark Krka** (S. 182) und die Fußgängerinsel **Zlarin** (S. 181) erkunden. Zumindest, wenn man sich von den Nachbarstränden Šibeniks losreißen kann.

JULI

Der Sommer bringt Events und Feste – es warten Essen, Spaß und zahlreiche Vorführungen auf dem prächtigen **Forum Romanum in Zadar**.

AUGUST

Das jährliche **Festival Light is Life** in Šibenik erstrahlt am 28. August, um die frühe Einführung des Wechselstroms zu feiern.

SEPTEMBER

Die **Nationalparks Krka** und **Plitvicer Seen** sind eine wahre Augenweide, wenn die Laubfärbung im Herbst einsetzt.

DEZEMBER

Die Weihnachtszeit bringt traditionelle Adventsmärkte mit sich, und die Städte **Zadar** und **Šibenik** legen sich dabei mächtig ins Zeug.

Zadar

RÖMISCHE GESCHICHTE | SUPERBES SEGELN | FANTASTISCHE KÜCHE

UNTERWEGS VOR ORT

Ab dem Flughafen oder Busbahnhof Zadar gelangt man mit Bussen oder Taxis (per App) zur Altstadt, die komplett autofrei ist und zahlreiche Unterkünfte bietet.

Einer von Zadars größten Fans, Regisseur Alfred Hitchcock, schrieb in das Gästebuch seines Altstadthotels, dass die Stadt die besten Sonnenuntergänge böte, die er je gesehen habe. Abend für Abend wird das Hafenviertel der antiken Stadt in kräftige Rot-, Pink- und Violetttöne getaucht, die man in dieser Intensität an keinem anderen Ort in Kroatien findet.

Doch Zadars größter Reiz ist seine prachtvolle römische Altstadt, die noch immer von einer lebendigen Gemeinschaft Einheimischer bewohnt ist, die sich noch nicht vom Massentourismus haben vertreiben lassen. Wer auf den Märkten stöbert, die hübschen

HIGHLIGHTS
1 Archäoligisches Museum Zadar S. 165
2 Meeresorgel S. 166

SEHENSWERTES
3 Vladimir Nazor Park S. 165
4 Queen Jelena Madijevka Park S. 165
5 Roman Forum S. 165

ESSEN S. 166
6 Foša
7 Kastel
8 The Botanist

AUSGEHEN
9 Ledana Lounge Bar & Club S. 165

SHOPPEN
10 Galeria Sv Petar
11 Markt von Zadar S. 166

Cafés besucht und die Nächte im Nachtclub im Park durchtanzt, ist als Gast in der Minderheit.

Mit seiner aufstrebenden Gastronomieszene, üppiger Natur in unmittelbarer Umgebug und Segelanbietern, die nur darauf warten, einen zu den herrlichen Inseln der Meerenge zu bringen, ist Zadar ein absolutes Highlight und immer einen Besuch wert.

Zadars reiche Geschichte

Eine lebendige, antike, moderne Stadt

Während die Region Zadar heute wahrscheinlich vor allem als Segel-Mekka Kroatiens bekannt ist (mehr dazu im Abschnitt Rund um Zadar), ist es doch überaus lohnend, auch dieser antiken Stadt etwas Zeit und Aufmerksamkeit zu widmen, bevor man an Bord eines Schiffes geht. Zadar besitzt einen unglaublichen Charme, wenn man sich darauf einlässt, ihn mit offenen Augen zu entdecken.

Die Altstadt ist eine absolute Fundgrube für gelebte Geschichte – wo sonst findet man eine Cafébar in einer Kirche aus dem 11. Jh., eine Bank in einer mittelalterlichen Kirche und eine winzige romanische Kirche, die nun als Souvenirladen **Galeria Sv Petar** mit schönen Stücken lokaler Kunsthandwerker dient?

Was vom antiken Zadar übrig ist – 80 % wurden im Zweiten Weltkrieg dem Erdboden gleichgemacht – wird akribisch erhalten. Entsprechend überblickt die umwerfende modernistische 1970er-Jahre-Architektur des **Archäologischen Museums Zadar** das 2000 Jahre alte **Forum Romanum** – das besterhaltene im Land –, das wiederum an die **Meeresorgel** angrenzt, ein kreatives Meisterwerk aus dem 21. Jh. Zadar ist tatsächlich eine der ältesten Städte an der Adria – gegründet 1000 v. Chr. von den Illyriern –, die die frühe Metropole zur Hauptstadt ihrer Region Liburnia machten, welche sich über die Kvarner-Bucht nach Norden erstreckte und die nördlichen Inseln mit einschloss.

Mit 300 Inseln, die die Stadt nach Süden hin schützten, und dem Velebit-Gebirge als Verteidigung im Norden wurde Zadar von den Römern begehrt, die die Stadt im 1. Jh. v. Chr. eroberten und die Stadt sehr wohlhabend machten, indem sie Salinen um die Lagunen im Norden anlegten, die reiche Einkünfte brachten. Der Reichtum stieg in einem solchen Maße an, dass nur die oberen Ränge der römischen Gesellschaft und des Militärs hier leben konnten. Deshalb entstand hier das extrem seltene Forum mit unterschiedlich großen Läden, zwei Stockwerken und einer Galerie – eine römische Mall, könnte man sagen.

PARKLEBEN IN ZADAR

Šime Botica, Tourguide (art-and-nature-travel.com).

Zadar ist die grünste Stadt an der Küste, und das macht es ungemein lebenswert, nicht zuletzt wegen seiner weitläufigen Parks.

Park der Königin Jelena Madijevka
Der erste Park, der Park der Königin Jelena Madijevka, eröffnete 1829. Dort gibt es eine Bar und den Nachtclub **Ledana**, was „Eisland" bedeutet, da der Ort früher von den Reichen genutzt wurde, um Eis zu lagern.

Vladimir Nazor Park
Ganz in der Nähe liegt ein noch größerer Park, in dem man viele Einheimische mit ihren Hunden antrifft und ein Gefühl für die lokale Gemeinschaft bekommt.

Stadtmauer
Zu guter Letzt gibt es an unserer Stadtmauer aus dem 16. Jh. kleine Grünflächen und Bänke, wo man sich setzen und entspannen kann. Auf keinen Fall verpassen!

ÜBERNACHTEN IN ZADAR

Teatro Verdi Boutique Hotel
Diese minimalistisch-moderne Unterkunft im Herzen der Altstadt ist gemütlich und komfortabel. **€€**

Hotel Bastion
Entspannen im exzellenten Spa oder auf der grünen Terrasse mit Ausblick auf den Segelhafen darunter. **€€**

Almayer Art & Heritage Hotel
Eine herrliche Vier-Sterne-Unterkunft in einem denkmalgeschützten Gebäude am Ende der Altstadthalbinsel. **€€**

ZADARS SEGELSZENE
Siehe S. 168 für mehr Infos zum nautischen Zadar.

Die Meeresorgel macht nicht nur Lärm

Die Kunst der Wiedergeburt

Sich den Sonnenuntergang anzusehen, begleitet von den hypnotischen Klängen des Meeres und wundervollen Farben, die um einen herum erstrahlen, ist zu einer atemberaubenden Abendaktivität und einem Synonym für einen Ausflug nach Zadar geworden. Die in den nordwestlichen Zipfel der Altstadthalbinsel eingebetteten Skulpturinstallationen *Meeresorgel* (2005) und *Gruß an die Sonne* (2008) stammen von dem brillanten kroatischen Architekten Nikola Bašić und sind überaus beliebt.

Diese Skulpturen dienen nicht nur als wunderschöne Dekoration für belebten Ort – sie bedeuten der Bevölkerung Zadars auch viel. Bevor die Skulpturen entworfen wurden, war die Promenade, an der sie aufgebaut sind, sowohl im Zweiten Weltkrieg als auch erneut im Kroatienkrieg der 1990er-Jahre Schauplatz schrecklicher Bombardements und blieb über Generationen in einem baufälligen Zustand. Mit dem Ziel, die Uferregion zu erneuern, gab die Stadt eine Ausschreibung für eine Skulptur heraus, und Bašićs grandioses Konzept einer vom Meer gespielten Orgel erhielt nicht nur den Auftrag, sondern wurde 2006 vom Barcelona Institute of Architecture auch als Installation des Jahres ausgezeichnet.

Im Sommer mischen sich die Studierenden der Universität Zadar in ihren Pausen unter die Tourist:innen, die sich hier sonnen und im Meer baden, sodass Bašićs Plan, diesem einst so negativ behafteten, zerstörten Ort wieder neue Hoffnung und Leben einzuhauchen, von melodischem Erfolg gekrönt wurde.

SO SCHMECKT ZADAR

Saša Began, Chefkoch im Restaurant Foša

Der Star der Region Zadar und unseres Restaurants sind die lokalen Produkte. Wir bieten Trüffel, Safran und sehr hochwertige Adria-Fische an, ohne die Dinge zu verkomplizieren. In meinen Meisterkursen betone ich immer, dass wir versuchen, jeden Teil des Fisches zu verwenden – Fisch ist nicht nur das Filet.

Ich bin seit 2016 Chefkoch im Foša und habe viele Veränderungen in der Food-Szene der Stadt und ganz Kroatiens erlebt. Wir lernen von internationalen Gastköchen und teilen unser Wissen mit der Welt. Wir sind sehr stolz auf die Region Zadar.

Zadars wunderbare Küche

Hotspot für feinste Meeresfrüchte

Die hervorragende Küchewar schon immer Zadars Aushängeschild, was der einzigartigen Lage der Stadt zwischen dem Meer und dem Velebit-Gebirge zu verdanken ist. Inzwischen bekommt Zadar dank zweier von Michelin empfohlener Restaurants und unzähliger umwerfender Meeresfrüchte-*Konobas* endlich die Anerkennung, die es als kulinarischer Hotspot verdient.

Wer denFreiluft-**Lebensmittelmarkt** besucht, der für die Identität der Stadt eine entscheidende Rolle spielt, erlebt hier mit etwas Glück eines der immer häufiger veranstalteten und vielfältiger werdenden Food-Festivals, wie das **Tuna, Sushi & Wine Festival** im April oder das **Street Food Festival** im September.

ESSEN IN ZADAR

The Botanist
Zadars grünes Restaurant bietet eine vegane, dalmatische Küche im Fine-Dining-Stil und präsentiert jedes Gericht als Kunstwerk. €€

Kaštel
Dieses in einer Festung aus dem 13. Jh. untergebrachte Restaurant bietet außergewöhnliche Meeresfrüchte und regionale Lammgerichte. €€€

Foša
Für den preisgekrönten Koch Saša Began sind es vor allem die regionalen Produkte, die das Niveau dieses hochgeschätzten Restaurants ausmachen. €€€

SPAZIERGANG DURCH ZADARS ALTSTADT

Egal wie man in die Altstadt von Zadar gelangt, man wird sie vermutlich durch das Neue Tor auf der Ostseite der Halbinsel betreten, wo Straßen mit Marmorpflaster zum **1 Nationalplatz** führen, der von prächtigen Gebäuden gesäumt ist und den perfekten Ausgangspunkt für einen Rundgang bietet. Man sollte die versteckte **2 St.-Laurentius-Kirche in der Caffe Bar Lovre** besuchen, eine Ruine aus dem 11. Jh., die als Veranstaltungsraum genutzt wird, aber vor allem die vielschichtige Geschichte dieser Stadt widerspiegelt.

Der Široka-Straße entlang geht es zur mittelalterlichen **3 Kirche Sv. Donat**, wo man einen Blick auf den Glockenturm St. Anastasia erhascht, bevor man das **4 Archäologische Museum Zadar** besucht, das eine beeindruckende Sammlung lokaler Antiquitäten bietet. Geh durch das **5 Forum Romanum** vor dem Museum und Du findest an seinem äußersten Ende die **6 Säule der Schande & römische Tempelruine** mit den Gesichtern dreier Götter, die alles sind, was von ihr übrig ist.

Auf der **7 Zadar-Promenade** geht es weiter zur **8 Meeresorgel**, wo man den Klängen der Wellen lauschen kann, bevor man den **9 Gruß an die Sonne** überquert. Bei Sonnenuntergang verspricht dieser Ort unvergessliche Erlebnisse.

Zurück im Stadtzentrum, sollte man sich bei **10 Slasticarna Donat Eis**, eine Erfrischung gönnen und danach die **11 Kirche und den Glockenturm St. Anastasia** besichtigen. Vom Turm genießt man einen fantastischen Blick über die Stadt. Ein Stück weiter gen Norden gelangt man zum **12 Eingang der Stadtmauer**, von der sich herrliche Ausblicke auf den Hafen von Jazine bieten. Im **13 Park der Königin Jelena Madijevka** kann man den Spaziergang gemütlich auf einer Parkbank ausklingen lassen.

Rund um Zadar

Weitläufige Inseln mit azurblauen Grotten in der einen Richtung, bezaubernde antike Städtchen in der anderen und im Hintergrund Kroatiens atemberaubender Velebit-Gebirgszug.

Orte

Dugi Otok S. 168
Kornaten S. 168
Ugljan S. 168
Uvala Frnaza S. 168
Nin S. 169

UNTERWEGS VOR ORT

Die nationale Fährgesellschaft Jadrolinija bedient die Inseln von Zadars Hafen Gaženica aus. Zur Hochsaison fahren größere Schiffe für Autos, Motorräder und Mopeds stündlich nach Ugljan, Dugi Otok und weiter. Passagiere zu Fuß können vom Altstadthafen den Jadrolinija-Katamaran nach Ugljan nehmen. Unter jadrolinija.hr/en findet man die Fahrpläne. Ins Hinterland von Nin fahren vom Busbahnhof Zadar Regionalbusse (liburnija-zadar.hr), jedoch sehr unregelmäßig, sodass es besser ist, ein Moped oder zu Auto mieten.

Seine strategische Bedeutung über die Jahrtausende hinweg verdankt Zadar seiner einzigartigen Geographie. Die ausgedehnten Inseln im Süden dienten als Verteidigungsbarriere zwischen der Stadt und dem offenenen Meer, während die Ebene im Landesinneren zwischen der Küste und dem Velebit-Gebirgszug ausreichend Fläche für Salinen und geschützte Plätze für Siedlungen bot, die zu frühen Zentren des Christentums wurden.

Beeindruckenderweise sind all diese kulturellen Elemente noch 2000 Jahre später sehr lebendig, deshalb lohnt es sich, den Landgang über Zadar hinaus auszudehnen und sich den frischen, nach Salz schmeckenden *bura* (kalter Nordostwind) um die Nase wehen zu lassen, romanische Architektur zu bestaunen und überwältigende Naturansichten zu genießen, die überall im Umland von Zadar zu finden sind und es mehr als wert machen, diese Region weiter zu erkunden.

Schiff ahoi!

Dalmatiens maritime Highlights

Zadar blickt auf eine lange Geschichte der Segelschifffahrt zurück, sowohl mit Handel- als auch mit Kriegsschiffen, doch der Boom des nautischen Tourismus, der die Region und ihre traumhaften Inseln zu einem beliebten Hotspot für Vegnügungfahrten gemacht hat, setzte erst in den letzten fünf Jahren ein.

Lokale Skipper steuern große Segelboote mit Leuten, die zum ersten Mal dabei sind, für gewöhnlich durch die Kanäle und ankern an einigen Inseln für Badepausen oder Paddeltouren.

Die gefragtesten Angebote sind zweifellos die privaten Tagesausflüge nach **Dugi Otok**, **Ugljan** und zur nahen Bucht **Uvala Frnaza** – einer der spektakulärsten Ecken der Region. Die meisten Debütgäste gehen auf Segeltagestouren, doch es gibt auch Unternehmen, die Wochenausflüge anbieten sowie die Möglichkeit, Segelschiffe mit oder ohne Crew zu chartern.

Ein solch längerer Ausflug bietet genug Zeit, um die **Kornati-Inseln** (Kornaten) zu erreichen, ein wunderschöner Archipel, der auch als Nationalpark Kroatiens ausgewiesen ist. Er liegt weit weg von Zadar und lässt sich daher am besten bei einem Übernachtungstrip oder einem Tagesausflug ab Šibenik erkunden.

Wer Zeit hat, in Dugi Otok anzulegen, sollte sich das bezaubernde Städtchen **Sali** anschauen, dessen kleiner Hafen im Sommer von vielen Ausflugsbooten und Jachten angesteuert wird. Die rustikalen Restaurants sind gut besucht, aber auch die winzige öffentliche Bibliothek sollte man sich unbedingt ansehen.

Die alten Ritter von Nin

Winziges Städtchen mit reicher Geschichte

Die Kroaten erreichten **Nin** erstmals im 8. Jh. unter der Führung von Višeslav, einem örtlichen Herzog, der ab 785 n. Chr. herrschte. Unter Historiker:innen heißt es, dass die erste kroatische Staatengemeinschaft überhaupt mit diesen Fürsten begonnen hat, doch es war Tomislav I., Nins Herrscher ab 925 n. Chr., der in einem Brief des Vatikans als Erster offziell als König anerkannt wurde. Vielleicht war dies ein Zugeständnis als Antwort auf das Bekenntnis der Region zum Christentum, denn Nin war Sitz des ersten kroatischen Bischofs überhaupt.

Die Blütezeit dieses frühen Kroatiens dauerte vom 8. bis zum 13. Jh., und die Fürsten, Könige und Bischöfe von Nin spielten eine große Rolle bei der Bildung der kroatischen Identität wie sie heute wahrgenommen wird. Deshalb trifft man hier viele einheimische Tourist:innen und Schulklassen, die in das winzige Städtchen auf der Halbinsel kommen, um die antiken Kirchen zu bewundern.

Die **Kirche des hl. Nikolaus**, ein prächtiges mittelalterliches Bauwerk, das man bei der Anreise nach Nin auf einem kleinen Hügel thronen sieht, steht bereits seit 900 Jahren und wird als Krönungsstätte der ersten kroatischen Könige sehr verehrt. Leider sind die Türen verschlossen, und man kann nicht hinein, doch selbst von außen ist sie überaus beeindruckend.

Die **Heilig-Kreuz-Kirche** aus dem 9. Jh., die noch immer in ihrem Originalzustand ist, ist ein weiteres wertvolles Beispiel für die frühe kroatische Architektur und eines der Wahrzeichen von Nin. Die Bischöfe von Nin waren starke Befürworter des glagolitischen Alphabets, und in der ganzen Stadt findet man Denkmäler mit dieser Schrift, um daran zu erinnern. Wer aber wirklich ein Gefühl für die frühe kroatische Geschichte bekommen möchte, sollte sich das **Museum der Nin-Antiquitäten** anschauen, dessen Sammlung all das zum Leben erweckt.

TOP-TIPP

Die Inseln rund um Zadar eignen sich hervorragend für Radtouren im Frühling und im Herbst, vor und nach der Hitze des Sommers.

DAS TAU FEST IM GRIFF

Anna Kostov, Miteigentümerin von Zadar Adventure (zadarsup.com/adventure)

Ich segle schon mein ganzes Leben – mein Vater hatte ein Boot und mein Bruder ist ein olympischer Segler, dadurch bin ich auf Booten groß geworden. Das Allerschönste an einem Segelausflug um die Inseln in der Region Zadar, wie Ugljan, Dugi Otok und die Kornati-Inseln, ist, dass ihre Strände und Grotten versteckte Juwelen sind, die man anders nicht erreicht. Das Wasser ist unglaublich, und da draußen zu schwimmen ist ein ganz besonderes Erlebnis.

Wir halten auch viele Regatten ab, an denen Menschen aus der ganzen Welt teilnehmen – man braucht ein Gefühl für das örtliche Wetter, aber es gibt viele Nischen zum Rasten.

DIE BESTEN SEGELANBIETER IN ZADAR

Red-Sails-Bootsverleih Zadar
Dieser Anbieter besitzt eine kleine Flotte aus Schnellbooten, die man zu günstigen Preisen mieten kann. (boatrentalzadar.com)

Zadar Adventure
Auf den Segelbooten von Anna gelangt man zu den besten Badestellen abseits der Massen. (zadarsup.com/adventure)

Marlin Sailing
Als Veteran der Szene hat Marlin Segeltouren sowie eine Segelschule im Angebot. (marlin-sailing.com)

EIN RIESIGES HEILSCHLAMMBAD

Nins Altstadt ragt in eine Lagune hinaus, flankiert von antiken Salinen im Norden und Sandstränden im Süden.

Das überwältigende Panorama vom **Königinnenstrand** reicht bis zum Velebit-Gebirge am gegenüberliegenden Ufer.

Doch die eigentliche Attraktion hier ist das Schlammbaden. Im Süden des Strandes enthält ein kleines Becken, das durch Dünen von der Lagune getrennt ist, einen besonderen Schlamm, der seit Generationen heilkundlich genutzt wird und offiziell als Thalassotherapie bekannt ist.

Am besten kommt man im Sommer her, wenn das Wasser niedrig genug ist, um den Heilschlamm bequem herausschöpfen zu können. Diesen trägt man dann vor dem Sonnenbaden auf die Haut auf, lässt die wertvollen Mineralstoffe einwirken und wäscht ihn schließlich im Meer wieder ab.

VILIAM.M/SHUTTERSTOCK ©

Königinnenstrand

Nationalpark Paklenica

NATÜRLICHE WILDNIS | BERGWANDERUNGEN | MALERISCHE AUSBLICKE

Dieser Nationalpark zählt zu den ursprünglichsten des Landes und erstreckt sich mit einer Fläche von 95 km² über die Gespanschaften Zadar und Lika-Senj. Sein Kernstück bildet der Velebit-Gebirgszug, der sich durch die gesamte Länge des Parks zieht. Die höchsten Gipfel sind der Vaganski Vrh (1757 m) und der Sveto Brdo (1753 m). Die Natur ist von einmaliger Schönheit und bei Wander:innen wie Bergsteiger:innen gleichermaßen beliebt. Man sollte allerdings die unterschiedlichen Geländebeschaffenheiten beachten und eine Route festlegen, bevor man aufbricht. Die südliche, dem Meer zugewandte Seite der Berge ist ein anspruchsvolles Terrain und lässt sich am besten im Rahmen einer geführten Tour erkunden, wenn man wenig wandererfahren ist. Die nördliche Lika-Seite der Kette hingegen hat einen weichen Untergrund aus Gras und Moos.

UNTERWEGS VOR ORT

Öffentliche Verkehrsmittel gibt es in dieser Gegend kaum – Zadar ist mit Gospić und Šibenik verbunden, ohne viel dazwischen. Am besten mietet man sich ein Auto oder heuert einen lokalen Wanderguide an, um die Highlights der Region Paklenica zu sehen.

WANDERTIPPS

Dragan Jurjević, Wanderführer (facebook.com/hiking adventurecroatia)

Wenn ich hier wandern gehe, ist es für mich das Schönste, mich mit den Leuten in den Bergdörfern zu unterhalten – die sind ungemein witzig, kennen die Gegend in- und auswendig und teilen ihr Wissen gern.

Was ich am meisten daran mag, oben in den Bergen oder in der Paklenica-Schlucht zu sein, ist, dass es keinen Handyempfang gibt. Man ist 24 oder 48 Stunden nicht erreichbar. Das ist ungemein friedlich.

Um fürs Wandern fit zu werden, trainiert man am besten das Gehen mit einem 4-kg-Rucksack, da man unbedingt zwei bis drei Liter Wasser pro Person dabei haben sollte. Außerdem lohnt sich eine Wander-App mit Offline-Karten, die man auf dem Handy speichern kann.

PHOTO VOLCANO/SHUTTERSTOCK ©

Nationalpark Paklenica

Bergsteigen in Paklenica

Nicht alle Helden tragen Capes

In einer stillen Seitenstraße von Zadars Altstadt befindet sich das Clubhaus des **Bergsteigerverbands Paklenica**. Gegründet 1899, kümmert sich die Gruppe aus 700 Freiwilligen um das 180 km langes Wegenetz im **Nationalpark Paklenica**, der eine der ausgedehntesten Gebirgsregionen des Landes ist. Die Verbandsmitglieder bieten auch Wander- und Klettertouren an und stellen die Bergwacht.

Der Süd-Velebit ist besonders felsig und bietet keinerlei Schatten, also wird es dort sehr heiß. Die Spitzen der Gipfel sind ziemlich gefährlich, da sich dort zwei Mikroklimas mischen; das Aufeinandertreffen der heißen Südseite und der kühleren, grünen Lika-Seite erzeugt einen hohen Druck oben in der Mitte. Wer mit diesen Bedingungen nicht vertraut ist, muss sich gut vorbereiten, egal wie viel Erfahrung man mitbringt, und es ist wichtig, die richtige Ausrüstung dabei zu haben und zu wissen, wo Wasser zu finden ist. Auf Nummer Sicher geht man mit einem der erfahrenen Guides des Bergsteigerverbands, die in ihrer Freizeit häufig Wandertouren anbieten und Natur- und Wanderfans nur allzu gern die Schönheit des Velebit-Gebirges zeigen. Die Guides von **Magic Croatia** (magic-croatia.hr) oder **Hiking Adventure Croatia** (facebook.com/hikingadventure croatia) bieten sichere Touren durch die malerische Paklenica-Schlucht und die UNESCO-geschützten Buchenwälder an.

ÜBERNACHTEN IM & RUND UM DEN NATIONALPARK PAKLENICA

Ferienhaus Mušaluk
Mit einer grandiosen Aussicht auf die Velebit-Berge und zahmen Rehen, die einem aus der Hand fressen. **€€**

Agrotourismus Stara Lika
Umgeben von Wald, mit allem modernen Komfort und sehr beeindruckenden Aussichtspavillonen. **€€**

Bergsteigerhütten
Kroatische und internationale Bergsteiger:innen erhalten Rabatt in diesen Unterkünften in den Bergen des Parks. **€**

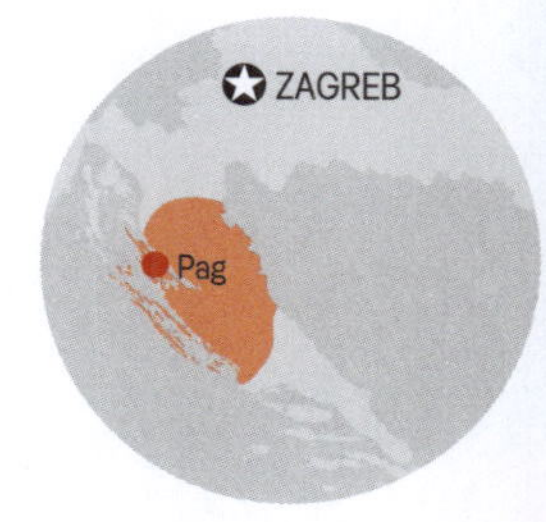

Pag

LECKERES ESSEN | PARTYKULTUR | REGIONALES HANDWERK

Die lange, schmale Insel Pag, die sich an das kroatische Festland schmiegt, ist in vielerlei Hinsicht wild. Die 60 km von Nordwesten nach Südosten sind hauptsächlich raues, felsiges Terrain, gepeitscht von den berüchtigten nord-nordöstlichen Adriawinden, die als *bura* bekannt sind und dem Großteil der Insel einen Hauch von *Sturmhöhe* verleihen.

Dieser *bura* ist es auch, der für die großartigen regionalen Lebensmittelerzeugnisse sorgt: Das Aroma des Lamms, des beliebtesten lokalen Gerichts, wird angeblich durch die Meereswinde intensiviert, ebenso wie das der Schafsmilch und folglich des berühmten Pager Käses. Ganz gleich, ob man Hartkäse oder Ricotta bevorzugt – die regionalen Erzeugnisse sind ebenso köstlich wie gesund und enthalten viele Omega-Öle und Vitamine.

Die Strände, das Nachtleben und die EDM Festivals von Novalja stehen wiederum für eine ganz andere „wilde Seite“: Willkommen in der Party-Hochburg! Diese ist jedoch leicht zu umgehen und liegt weit genug weg von der Pager Altstadt und den ländlichen Käsefabriken, somit ist jedem und jeder selbst überlassen, welche Art von Wildnis es sein darf.

UNTERWEGS VOR ORT

Ein Jadrolinija-Katamaran (jadrolinija.hr) verbindet Novalja täglich mit Rab (55 Min.) und Rijeka (2¾ Std.). Jadrolinija-Autofähren verbinden Žigljen an der Nordostküste von Pag mit Prizna auf dem Festland (15 Min.). Sie fahren ca. alle 90 Minuten, im Juli und August sogar stündlich.

Busse verbinden Novalja und Stadt Pag ganzjährig mit Zadar. Täglich pendeln drei bis elf Busse zwischen Stadt Pag und Novalja (40 Min.).

Pag hat mehr zu bieten als Partys

Reiche Kultur in Pag

Der **Zrće-Strand** nahe Novalja in Pags nordwestlichster Ecke ist als das Ibiza von Kroatien bekannt geworden. Junge Raver:innen strömen fast das ganze Jahr über in die Nachtclubs wie **Cocomo** und **Euphoria**, und riesige Sommerfestivals wie **Hideout** locken eine feierwütige Menge an. Doch dieser Seite des Städtchens kann man leicht ausweichen, sodass man Pag auf keinen Fall einfach auslassen sollte, nur weil man nicht in Feierlaune ist – die Insel hat noch eine andere Seite, mit einem reichen kulturellen und gastronomischen Erbe.

TOP TIPP

Pager Spitze sollte man hier kaufen, da man sie nirgendwo anders in Kroatien findet. Es ist eine der besten Handwerkskünste des Landes – die Komplexität der Entwürfe und das nötige Geschick für die Anfertigung der Tischläufer, Platzdeckchen oder Wandbehänge, machen das Kopieren so gut wie unmöglich.

KÄSE-GEHEIMNISSE

Antonia Vrkiç, Käseexpertin und Verkäuferin in der Käserei Gligora (gligora.com).

Meine Familie hatte früher 60 Schafe, meine Großeltern haben sie gehalten.

In Pag haben Schafe ein gutes Leben – sie werden allein gelassen, können den Großteil des Jahres frei umherziehen und werden nur von Januar bis Mai gemolken. Ihre Milch ist reich an Geschmack, da der *bura*-Wind kräftig über Pag hinwegfegt – er kommt direkt vom Meer zu der Insel, sodass das Gras und Kräuter wie Rosmarin und Salbei allesamt salziger schmecken. Wenn die Pager Schafe also dieses ganze Grünzeug fressen, schmeckt ihre Milch würziger, und die nutzen wir dann, um den Käse herzustellen.

Die ältere Generation liebt besonders den härteren, einjährigen Käse, der Grana Padano sehr ähnelt und überaus kräftig schmeckt.

Pags Altstadt ist vor allem für ihre begabten Spitzenklöpplerinnen bekannt, die die unglaublichsten und komplexesten Stücke anfertigen, die man je gesehen hat. Hier kann man älteren Damen dabei über die Schulter schauen, wie sie *Paška čipka* klöppeln, wie die Pager Spitze auf Kroatisch heißt, eine Handwerkskunst, die erstmals im 16. Jh. von Nonnen im **Benediktinerkloster Sv. Margarite Pag** ausgeübt wurde. Heute kann man ihren Konvent besuchen und dort köstliche hausgemachte Backwaren probieren. Ihre wie auch von anderen geklöppelte Spitzenarbeiten sind in der **Pager Spitzengalerie** ausgestellt.

Heute hat die Klöppelei einen neuen Meister gefunden. Der Verein der Pager Spitzenklöpplerinnen „Frane Budak" wurde 1997 gegründet, um die Herstellung der Pager Spitze für eine jüngere Generation zu fördern und zu erhalten – diese faszinierende Fähigkeit stirbt also auf keinen Fall aus, selbst wenn die meisten Spitzenklöpplerinnen, die man auf der Straße sieht, langsam in die Jahre kommen.

Nachdem man durch die Kopfsteinpflasterstraßen der Altstadt und des Hafens geschlendert ist, besucht man eine von Pags Käsefabriken und geht auf Verköstigungstour. Die preisgekrönte **Käserei Gligora** gehört zu den absolut Highlights. Das Personal führt Besucher:innen durch die Fabrik, erklärt den Herstellungsprozess und bietet verschieden alte Käsesorten zur Degustation an, die – ebenso wie Wein – mit dem Alter immer kräftiger und teurer werden.

Nationalpark Plitvicer Seen & Lika

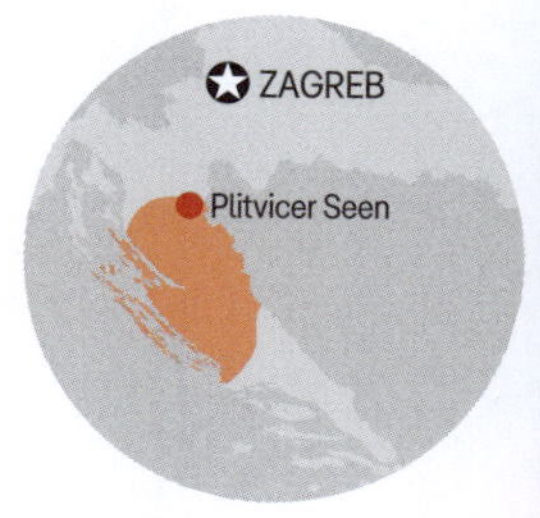

WASSERFÄLLE & SEEN | WILDE NATUR | OUTDOOR-AKTIVITÄTEN

Die grüne Region Lika ist eine von Kroatiens oft übersehenen Ecken, aber genau das macht ihren Charme aus. Abgesehen von den berühmten Plitvicer Seen liegt Lika noch immer abseits der ausgetretenen Pfade, und nur die engagiertesten Ausflügler:innen machen hier Halt, um in die unberührte Natur einzutauchen.

Die meisten Gäste kommen aus Zagreb oder Zadar für einen Tagestrip nach Plitvice. Manche Kulturfreund:innen besuchen auch Nikola Teslas Heimatstadt Smiljan, wo ein Museum in seinem Elternhaus untergebracht ist. Aber wer ein paar Nächte in dieser grünen Region verbringt, kann noch vieles mehr entdecken.

Vom Rafting oder Kanufahren auf der Gacka über Reiten oder Radfahren auf ruhigen Landstraßen mit Blick auf das Velebit-Gebirge, bis hin zu Entdeckertouren im Höhlenpark Grabovača nahe Perušić kann man hier unterschiedlichste Aktivitäten unternehmen, bevor oder nachdem man Kroatiens berühmte türkisfarbene Seen besucht.

UNTERWEGS VOR ORT

Es sind etwa zwei bis drei Stunden mit dem Bus von entweder Zagreb oder Zadar, je nachdem, welche Route er fährt. Mit dem Auto kann es schneller gehen (etwa zwei Stunden) und einen Parkplatz gibt es am Eingang des Parks.

TOP TIPP

Braunbären gibt es im Nationalpark Plitvicer Seen nicht zu sehen, die leben mehrere Kilometer nördlich des Sees. Wer ein paar von Europas größten – aufgrund des in Kroatien leider noch immer legalen Jagens gefährdeten – Tieren besuchen will, findet im Kuterevo Bärenrefugium verwaiste Bärenjunge in Pflege.

Seenliebe im Nationalpark Plitvicer Seen

Kroatiens meistbesuchter Park ist ein wahres Naturwunder

Der älteste und mit jährlich mehr als einer Million Gäste bei weitem beliebteste Nationalpark des Landes ist ein idyllisches Paradies – zumindest außerhalb der Haupt-, bzw. während der Zwischensaison. Im Sommer wird es hier aus gutem Grund sehr voll: Schon allein die 16 überwältigenden, türkis leuchtenden Seen rauben einem den Atem, aber die sie verbindenden Wasserfälle – darunter **Veliki Slap**, mit 62 m Kroatiens höchste Kaskade– sind ein geradezu erhabener Anblick. Calciumkarbonat in den fließenden Gewässern und das darunter liegende Tuffsteinkarstbett sorgen für das unvergessliche Spektrum aus türkisblauen und grünen Farbtönen.

Die Seen machen weniger als ein Prozent der Gesamtfläche des Parks aus, der Heimat von Braunbären, über 300 Schmetterlingsarten, 150 verschiedenen Vogelarten und 1200 Pflan-

LIKAS BLÜHENDE GRÜNE SZENE

Vom Ökotourismus hin zu regionalen, grünen Initiativen blüht Lika zunehmend auf und wartet nur darauf, dass weitere Naturliebhaber:innen sich anschließen. Das ist keinesfalls eine neue Bewegung: Bereits seit 20 Jahren veranstaltet die GTF-Initiative für nachhaltiges Wachstum alljährlich im Juni ein Permakulturenprojekt, bei dem Freiwillige aller Altersgruppen in Gemüsegärten in Perušić zusammenarbeiten.

Auch die Tourismusindustrie hat das begriffen und in den letzten Jahren dafür gesorgt, dass immer mehr neue, umweltbewusste Unterkünfte entstehen.

Orte wie **Linden Tree Retreat & Ranch** nahe Gospić verfügen über Tipis oder Holzhütten im dichten Wald, während **Treehouse Lika 1** in Raduč ein Baumhaus anbietet.

zengattungen ist. Eine Erkundung der Seenufer zu Fuß dauert sechs Stunden, doch wem das zu viel ist, kann ein paar Stunden einsparen und die kostenlosen Elektroboote und Verbindungsbusse des Parks nutzen, die von April bis Oktober im Halbstundentakt fahren.

Falls man den Park nur für einen halben Tag besucht, sollte man die untere Seenschlucht priorisieren, bekannt als Route A, die zum Veliki Slap, dem **Großen Wasserfall**, führt. Bewundern sollte man ihn von oben, doch von den Holzstegen über die Seen und entlang des Wasserfalls kann man auch von unten einige schöne Blicke erhaschen. Es gibt sieben verschiedene Pfade unterschiedlicher Länge, die man sich vorab auf der Park-Website ansehen kann (np-plitvicka-jezera.hr/en/plan-your-visit/istrazite-jezera/activities/lake-tour-programmes).

INTERESSANTE UNTERKÜNFTE RUND UM PLITVICE

BeaR's LOG
Eine authentische Holzhütte mit rustikalem Charme und mit einem Whirlpool zur Erholung nach dem Seenausflug. **€€€**

Zeltplatz Korana
Ein Wohnmobilpark und Zeltplatz mit gemütlichen Bungalows direkt im Dickicht des Parks. **€€**

Plitvice Holiday Resort
Dieses Ressort verfügt über supertolle Baumhäuser, die im Kreis um einen eigenen kleinen See gebaut sind. **€€**

Šibenik

ARCHITEKTURJUWELEN | STRANDLEBEN | SPEKTAKULÄRES FESTIVAL

Das charmante Šibenik hat 34 000 Einwohner:innen und ist längst nicht so überlaufen wie andere Städte an der dalmatischen Küste. Entsprechend herrscht hier, umgeben von malerischer, mittelalterlicher Architektur, noch immer ganz normaler Alltag, begleitet von einer heiteren Stimmung und einer frischen Meeresbrise.

Anders als viele andere dalmatische Küstengemeinden war Šibenik keine griechische oder römische Siedlung, sondern wurde im 11. Jh. aus strategischen Gründen von dem kroatischen König Petar Krešimir IV. gegründet, der den in eine schmale Bucht zwischen Zadar und Split eingebetteten Standort für seine Verteidigungsstellungen auswählte. Aber die kleine Stadt hat durchaus Gemeinsamkeiten mit ihren Nachbarn, war sie im Mittelalter doch auch ein erfolgreiches Seehandelszentrum, das von der Republik Venedig erobert wurde.

Heute versetzen die prächtige Renaissance-Architektur und marmorgepflasterten Straßen in der Altstadt Besucher:innen in diese längst vergangenen Zeiten zurück, während die köstliche Gastronomieszene und lebendigen Festivals Šibenik fest im 21. Jh. verankern.

UNTERWEGS VOR ORT

Der Busbahnhof von Šibenik liegt nahe der Altstadt und bietet regelmäßige Verbindungen zu den wichtigsten Städten und Dörfern, z.B. nach Split (1½ Std.), Zadar (1½ Std.) und Dubrovnik (6½ Std.).

TOP TIPP

Nicht von der Karten-App austricksen lassen – es gibt viele Treppen in Šibeniks Altstadtzentrum. Man kommt zu Fuß überall gut und schnell hin, und ist man erstmal hier, sind Verkehrsmittel nicht mehr nötig, da die Busstation immer nur wenige Gehminuten entfernt ist, direkt am Meeresufer.

Wunderbare Architektur

Das geheime Juwel Dalmatiens

Von der **Riva**, Šibeniks Strandpromenade, führen Stufen hinauf zur **Kathedrale des hl. Jakob**, einem der größten Schätze dalmatischer Archiktektur. Das Meisterwerk des Zadarer Baumeisters Juraj Dalmatinac, der 1441 zu dem höchst anspruchs-

ÜBERNACHTEN IN ŠIBENIK

Bellevue Hotel
Perfekte Lage nahe der Altstadt, und die Mehrkosten für ein Zimmer mit Meerblick sind absolut lohnend. **€€**

Heritage Hotel Life Palace
Charmante Unterkunft in einem renovierten Renaissance-Palast mitten in der Altstadt. **€€**

Armerun Heritage Hotel & Residences
Šibeniks führendes Boutique-Hotel, versteckt am Nordende der Riva. **€€€**

WIESO ICH ŠIBENIK LIEBE

Lucie Grace, Autorin

Ich habe mich auf den ersten Blick in Šibenik verliebt, als ich vor ein paar Jahren an einem Sommerabend ankam und einen herrlichen violetten und feurig-orangefarbenen Sonnenuntergang über dem Kanal des hl. Antonius zu sehen bekam, bevor ich in der Dämmerung durch die von Laternen erleuchteten Renaissance-Straßen schlenderte.

Es ist eine der seltenen kroatischen Küstenstädte, die der Massentourismus noch nicht entdeckt hat und in denen nicht täglich Kreuzfahrtschiffe ankern. Ich genieße hier die Beschaulichkeit, die Architektur, die unglaublichen Restaurants, aber vor allem die Nähe zur Natur. Mit Stränden in jeder Richtung und dem Nationalpark Krka gleich in der Nähe bekomme ich in Šibenik alles, was ich brauche, und ich kann es nur mehr als empfehlen.

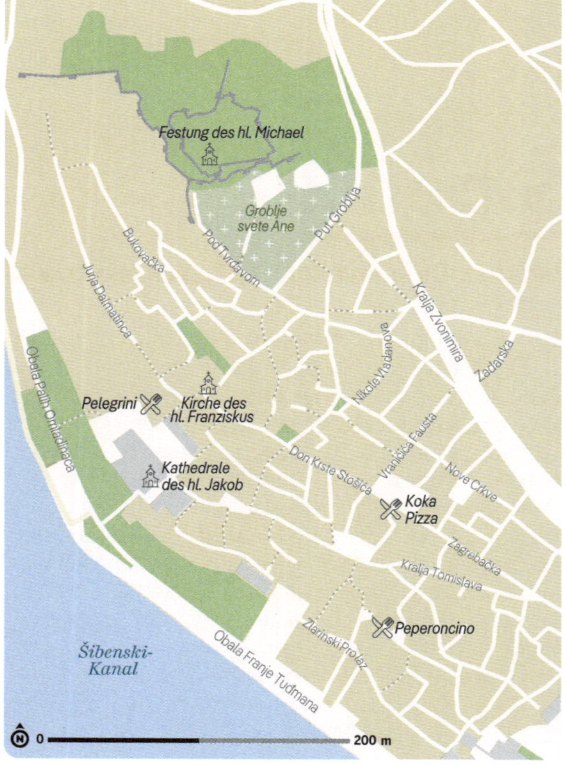

vollen Projekt hinzugezogen wurde, ist ein Wunder aus hellem Stein, der von den Nachbarinseln Brač und Korčula stammt.

Inzwischen UNESCO-Weltkulturerbe, präsentiert sich hier ein Mix aus Architekturstilen verschiedener Epochen, bei dem Gotik- und Renaissance-Elemente zum Abschluss der Kathedrale im Jahr 1536 wie bei einer Torte übereinandergeschichtet wurden. Ihr faszinierendstes Element ist der Fries aus 71 Köpfen, der eine Seite des Gebäudes ziert. Die Gesichter ziehen alle möglichen Grimassen – von urkomisch bis erschreckend – und stellen allesamt Karikaturen von Einheimischen aus dem 15. Jh. dar.

Rund um die Kathedrale birgt das kompakte Zentrum 22 Kirchen. Das **Kloster des hl. Laurentius** mit seinem wunderschön angelegten Garten sollte man unbedingt besuchen. Auch die

ESSEN IN ŠIBENIK

Koka Pizza
Dieses wunderbare Restaurant in Familienbesitz serviert das, was oft als beste Pizza Kroatiens gepriesen wird. **€**

Peperoncino Kitchen & Bar
Lust auf Thunfisch-Gnocchi? Oder Cheesesteak-Sandwiches? Dieses charmante Terrassenrestaurant auf keinen Fall verpassen. **€€**

Pelegrini
Eine Speisekarte, die die Lebensgeister weckt, mit moderner Interpretation dalmatischer Küche vom örtlichen Chefkoch Rudolf Štefan. **€€€**

Festung des hl. Michael ist ein absolutes Muss. Sie thront auf einem Hügel und bietet einen herrlichen Blick über die Stadt. Über die Jahrhunderte viele Male zerstört und wieder aufgebaut, wurde die Zitadelle 1066 erstmals als Kirche verzeichnet und wird heute als Freiluftbühne genutzt, auf der schon Bryan Ferry, Róisín Murphy und The National gespielt haben.

Elektrisches Šibenik

Frühe Erfinder des Wechselstroms

Eines der ersten Wasserkraftwerke der Welt wurde 1895 am Fluss Krka gebaut, das zweite seiner Art nach dem von Nikola Tesla an den Niagarafällen. Das Kraftwerk der Šibeniker Firma war sicherlich inspiriert vom Landsmann Tesla, der in der Region geboren wurde und seine Technologie der Stadt Zagreb angeboten hatte (die jedoch nicht interessiert war).

Der lokale Ingenieur und Erfinder Ante Šupak arbeitete gemeinsam mit seinem Sohn an dem bahnbrechenden Kraftwerk, dessen Überreste noch immer im **Nationalpark Krka** zu sehen sind. Dort erinnert ein riesiges Turbinenrad daran, dass Šibenik die dritte Stadt der Welt war, die ein Straßenbeleuchtungssystem mit Wechselstrom hatte und die erste mit dem kompletten System aus Erzeugung, Verteilung und Übertragung. Jedes Jahr wird dieses bedeutende Ereignis von 1895 am Jahrestag der Erleuchtung gefeiert, dem 28. August.

Beim **Festival Light is Life** (sibenik-tourism.hr/eventi/light-is-life/48/en.html) wird ganz Šibenik beleuchtet, von den Festungen bis zur Strandpromenade, und in manchen Jahren sogar die kleinen Segelboote in der Bucht. Die gigantische Lichtershow umfasst Installationen, Skulpturen und ein großes Feuerwerk. Konzerte und Musik auf der Riva machen die Partystimmung komplett. Ein absolutes Highlight im dalmatischen Sommerkalender.

NICHT AUF DEN HUT KLOPFEN

Die *Šibenska kapa*, oder Šibeniker Kappe, ist eines der markantesten Symbole am Tag des hl. Michael. Jedes Jahr am 29. September zieht zu Ehren des Stadtpatrons ein Festzug durch die Straßen, und die Einheimischen tragen stolz ihre traditionellen Kostüme, darunter die unverwechselbare orangene Kappe mit zwei Reihen aus schwarz gestickten Verzierungen – *bule* auf Kroatisch.

Die Šibeniker Kappe steht seit 2008 sogar auf der Liste des immateriellen Nationalerbes. Die grandiose Fremdenführerin und Kulturexpertin **Zvonimira Krvavica** (instagram.com/kzvonimira) ist eine von nur wenigen Einheimischen, die Workshops für die nächste Generation leiten, in denen sie lehrt, wie man die *Šibenska kapa* herstellt, und so sicherstellt, dass diese Tradition nicht in Vergessenheit gerät.

Festival Light is Life

Rund um Šibenik

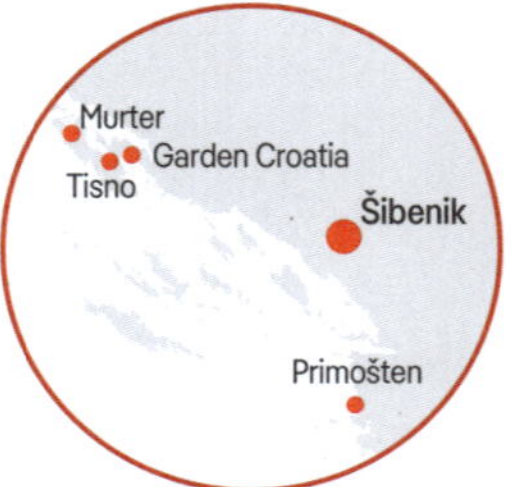

Mittelalterliche Dörfer, blühende Musikfestivals, traumhafte Nischen und wenig bekannte Strände – die Gegend rund um Šibenik hat viel zu bieten.

Orte

Insel Murter S. 180
Primošten S. 180
Tisno S. 180
The Garden Croatia S. 181

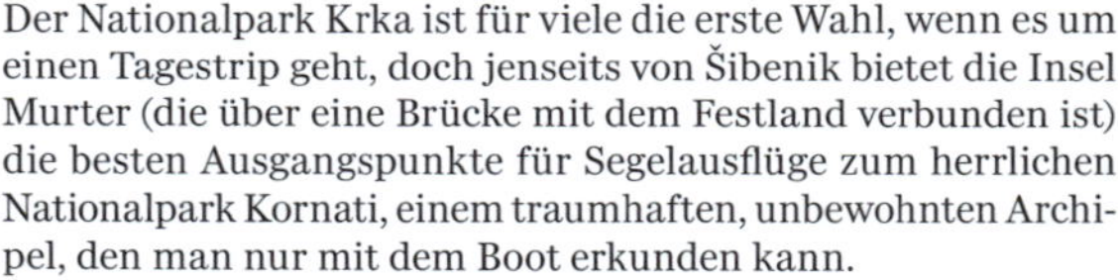

Der Nationalpark Krka ist für viele die erste Wahl, wenn es um einen Tagestrip geht, doch jenseits von Šibenik bietet die Insel Murter (die über eine Brücke mit dem Festland verbunden ist) die besten Ausgangspunkte für Segelausflüge zum herrlichen Nationalpark Kornati, einem traumhaften, unbewohnten Archipel, den man nur mit dem Boot erkunden kann.

Auch das bildschöne Primošten ist sehenswert, ein winziges Städtchen aus dem 16. Jh., das im Sommer voller Leben steckt und mit seinen charmanten Straßen und seinem herrlichen Strand begeistert. Und dann wäre da noch Tisno, ein Ort, der von Musikfans aus aller Welt besucht wird, und der eine EDM-Festivalszene hat, auf die Länder aus der ganzen Welt neidisch sind.

UNTERWEGS VOR ORT

Die nationale Busgesellschaft Arriva (arriva.com.hr/en-us) verbindet Šibenik sechsmal am Tag in beide Richtungen mit Primošten. Die Fahrt dauert etwa eine halbe Stunde ab der Zentralen Busstation Šibenik. Die örtliche Busgesellschaft Autotransport Šibenik (atpsi.hr) verbindet Šibenik viermal am Tag via Tisno mit Murter; Fahrpläne gibt es online.

Primošten fasziniert

Ein bezauberndes kleines Städtchen

Mit Beginn des Sommers pulsiert in **Primošten** das Leben – Bands spielen auf dem Hauptplatz, interessante Kunsthandwerksläden öffnen ihre Türen, und Kinder flitzen umher und spielen auf den Straßen. Das bezaubernde Primošten wurde während der drohenden türkischen Invasion im 16. Jh. auf einer kleinen Insel 28 km vor der Südküste Šibeniks erbaut.

Primošten ist eine der liebenswertesten Städte an diesem Küstenstreifen. Familien besuchen hier gern den flachen Kieselstrand **Mala Raduča**, der sich an der Strandpromenade entlangzieht. Und das beliebte Urlaubsresort **Hotel Zora**, das noch aus der Jugoslawien-Ära stammt, floriert bis heute.

Es ist schön, an der **Kirche St. Georg** den Sonnenuntergang anzusehen, nach Einbruch der Dunkelheit über die Halbinsel zu spazieren und ihren mittelalterlichen Charme zu genießen.

Tisno & Murter: die Pforten zur Freude

Willkommen auf der Tanzfläche und in der Natur

Ob man zu den besten DJs der Welt die Nächte durchtanzt oder einige der schönsten Inseln Kroatiens umsegelt – die **Insel Murter** hat, ebenso wie **Tisno**, zwei völlig unterschiedliche,

Kirche St. Georg

aber gleichermaßen faszinierende Gesichter. Tisno ist zehn Monate im Jahr ein idyllisches Städtchen, bis im Juli und August eine Reihe großartiger Musikfestivals die Strände zur Partyzone werden lässt. Die Festivals **Garden**, **Dimensions**, **Love International**, **Outlook** und **Dekmantel** sind 2023 alle nach Tisno zurückgekehrt, daher versprechen die kommenden Jahre ein ähnlich großes Ausmaß.

Das Dorf **Murter**, am Ende der Halbinsel, ist ein verschlafenes Nest, aber ein guter Ausgangspunkt zur Erkundung der Kornati-Inseln. In der Hochsaison werden Tagesausflüge angeboten.

TOP TIPP

Šibenik und Umgebung gehören zu den kostengünstigsten Zielen an der dalmatischen Küste.

AUF ZUR GEHEIMEN INSEL ZLARIN

Die schnuckelige Insel Zlarin ist ein Insidertipp in Šibenik. Viele Einheimische haben eine Ferienwohnung auf der autofreien Insel und setzen am Wochenende mit dem eigenen Boot über, um sich vom „Stadt"-leben zu erholen.

Für Besucher:innen ohne Boot starten täglich vier Jadrolinija-Fähren in Šibeniks kleinem Hafen und legen nach nur 25 Minuten Überfahrt in Zlarins Jachthafen an.

Es verwundert nicht, warum sogar Bono einst zu Besuch auf die Insel kam – hier ist es ruhig und friedlich, das Wasser ist kristallklar, und es gibt viele ursprüngliche, kleine Häfen entlang der Küstenlinie.

Nationalpark Krka

RADELN & WANDERN | BOOTSAUSFLÜGE | WUNDERSAME WASSERFÄLLE

UNTERWEGS VOR ORT

Ein Bus ab Split fährt ca. 1½ Stunden nach Skradin, wo einer der Parkeingänge liegt. Von Zadar aus dauert die Busfahrt ca. eine Stunde. Es gibt außerdem regelmäßige Verbindungen von Šibenik nach Skradin, die etwa 30 Minuten dauern.

TOP TIPP

Der Park verfügt über fünf Eingänge. Um den berühmten Wasserfall Skradinski Buk zu besichtigen, bietet das bildhübsche Dorf Skradin den besten Zugang. Hier kann man sich ein Ticket am Parkkiosk kaufen und mit dem Boot flussaufwärts in den Park fahren, was im Preis enthalten ist.

Der Star von Kroatiens zweitmeist besuchtem Nationalpark ist sein Namensgeber, der Fluss Krka, ein 73 km langer Gigant, der sich durch Dalmatien zieht und seit Jahrtausenden die Lebensader der Region ist. 1985 zum Nationalpark erkärt, umfasst das 109 km² große Gelände sieben Wasserfälle, die über 17 Stufen hinabstürzen. 46 Säugetierarten sind hier heimisch, darunter Hirsche, Otter, Dachse und unzählige Enten.

Mit Rad- und Wanderwegen sowie Booten, die das obere und untere Ende des Flusses verbinden, ist der Nationalpark Krka zu jeder Jahreszeit ein lohnendes Ziel. Frühling und Herbst eignen sich temperaturbedingt am besten zum Wandern, im Sommer ist es herrlich (wenn auch voll) und wunderbar zum Baden. Aber auch die Wintermonate sind faszinierend, da dann die geomorphologischen Formen in den Felsen und im Kalktuff unter Wasser sichtbar werden.

Faszinierende Wasserfälle

Majestätische Kaskaden von Blautönen

Das Highlight des **Nationalparks Krka**, der Wasserfall **Skradinski Buk**, ist wahrscheinlich der Hauptgrund für jeden Besuch. Seine Türkis-, Grün- und Blautöne sind der Mittelpunkt jedes Social-Media-Posts und Artikels über den Park – und doch kommt nichts an den Live-Anblick heran.

Der atemberaubende Fluss, der sich 800 m dahinzieht , bevor er über Kalktuffformationen 46 m tief hinabstürzt, bietet einen unvergesslichen Anblick. Eine Holzsteigschleife führt um diesen größten und letzten Wasserfall herum, bevor der Fluss in Richtung Meer fließt. Das Baden im darunterliegenden See ist nicht mehr gestattet, seit 2020 die Besucherzahlen des Parks eine Million pro Jahr überschritten haben. Umweltschützer:innen forderten, dass es Zeit für den Schutz der natürlichen Travertinkarstformen im Wasser sei, die pro Jahr 2 mm wachsen, wenn sie nicht durch den Menschen beeinträchtigt werden.

Um Skradinski Buk herum wurden wunderschön renovierte historische **Wassermühlen** in ein kleines Museum, Souvenir-

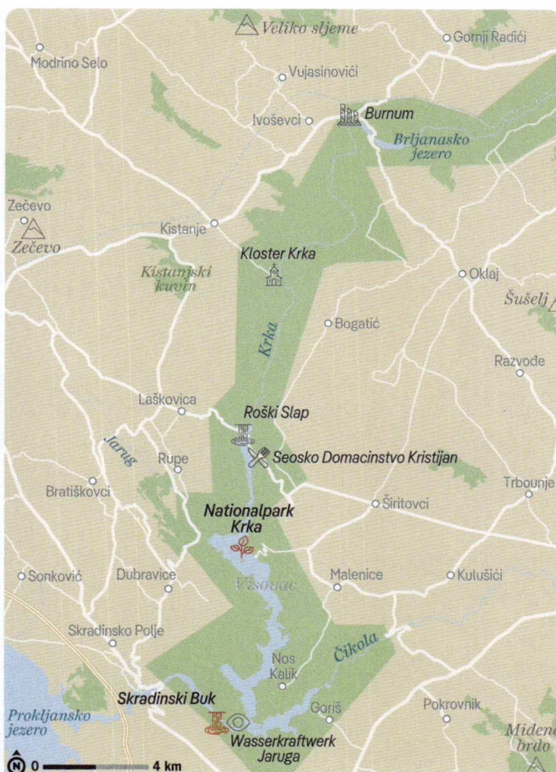

ABSEITS DER TOURISTENPFADE IM NATIONALPARK

Nikolina Lučić, Erzieherin & Dolmetscherin im Nationalpark Krka

Einer meiner liebsten Wanderwege und ein verstecktes Juwel im Park ist der Pfad um den Manojlovački-Wasserfall. Man kann zu seinem unteren Ende laufen und unzählige verschiedene Grüntöne im Wasser sowie die Überreste der alten Wassermühlen sehen, es ist fast wie im Märchen. Der Wasserfall befindet sich im Norden des Parks, nahe des Orthodoxen Klosters.

Ich betrachte ihn als einen Platz für echte Naturfans, die gerne umherstreifen und einsame, geheime Orte schätzen.

läden und Imbissbuden umgewandelt, und im Sommer verkaufen Einheimische hier Feigen, Olivenöl und Honig aus eigener Produktion auf einem kleinen Markt.

Um den Besucher:innen, vor allem in den heißen Sommermonaten, eine Abkühlung zu ermöglichen, hat die Parkverwaltung inzwischen den See unter **Roški Slap** zum Schwimmen freigegeben.

Die Lagune ist wunderschön und ebenfalls umgeben von alten Wassermühlen. Eine davon, das familiengeführte Bar-Restaurant **Seosko Domacinstvo Kristijan**, nimmt seine Gäste mit auf eine faszinierende Zeitreise und veranschaulicht das Leben am Fluss vor 50 Jahren.

RUND UM DIE WASSERFÄLLE

Mehr Infos über die vielen Sehenswürdigkeiten im Nationalpark Krka gibt es auf S. 282.

SEHENSWERTE ARCHITEKTUR IM NATIONALPARK KRKA

Römische Ruinen Burnum
Überreste eines verfallenen Aquädukts und des einzigen römischen Militäramphitheaters in Kroatien.

Orthodoxes Kloster Krka
Das 1345 gegründete Kloster ist ein Muss – begleitet von dem begeisterten Mihajlo als Guide.

Franziskanerkloster Mutter der Barmherzigkeit
Mitten auf dem Viskovac-See wurde dieses Kloster 1445 von Franziskanermönchen erbaut.

BRCHX/SHUTTERSTOCK ©

Links: Hvar (S. 207); Rechts: Stadt Bol (S. 203)

DIE WICHTIGSTEN ZIELE

SPLIT
Küstenstadt mit römischer Vergangenheit. **S. 190**

ŠOLTA
Insel mit malerischen Buchten und Steindörfern. **S. 201**

BRAČ
Die Insel bietet sonnige Strände und majestätische Berglandschaften. **S. 203**

Split & Zentral-dalmatien

HISTORISCHE SCHÄTZE UND INSELREFUGIEN

Das Herz Dalmatiens ist eine Schatztruhe voller geschichtsträchtiger Küstenstädte, Inselidyllen und herrlicher Strände mit kristallklarem Wasser.

Zwischen den dramatischen Gipfeln des Dinarischen Gebirges und der glitzernden Adria erstreckt sich der felsige Küstenstreifen Zentraldalmatiens. Entlang der Küste befinden sich einige der schönsten Strände und malerischsten Inseln Kroatiens. Hoch aufragende Schirmkiefern und spitze Zypressen prägen die typisch mediterrane Landschaft.

Jede Insel hat ihre ganz eigene Atmosphäre. Die winzige Insel Šolta bezaubert mit ihren steinernen Dörfern und dem Charme der alten Welt. Brač ist riesig und hat viel zu bieten: Berggipfel, Fischerdörfer, traditionelle Weiler, berühmte Strände und kulturelle Kuriositäten. Hvar ist die glamouröse Insel, während das einst abgelegene Vis zum bekanntesten Geheimnis der Adria geworden ist.

Aber Zentraldalmatien ist viel mehr als nur Strände und Inseln. Es wurde von mehreren Imperien, Republiken und Königreichen regiert, und jedes hat seine Spuren im reichen architektonischen und kulturellen Erbe der Region hinterlassen.

Hier befinden sich drei UNESCO-Welterbestätten: Der Diokletianpalast in Split, die ummauerte historische Inselstadt Trogir und die antiken Felder der Ebene von Stari Grad auf Hvar. Und nicht zuletzt bedeutet Dalmatien auch viel gutes mediterranes Essen und hervorragenden Wein. Und dann ist da noch das hervorragende Olivenöl, das hier seit Jahrtausenden hergestellt wird.

Für welches Ziel man sich auch entscheidet, die Stadt Split ist das Tor zu Zentraldalmatien, denn durch sie führt die Hauptverkehrsader und sie hat den wichtigsten Fährhafen der Region. Aber auch der Ort selbst hat einiges zu bieten, was sein Status als Top-Reiseziel Dalmatiens widerspiegelt.

HVAR
Insel mit lebendigen Strandbars und uralten Städten. S. 207

VIS
Abgelegene, geheimnisvolle und verführerische Insel. S. 212

MAKARSKA RIVIERA
Kieselstrände und nach Kiefern duftende Promenaden. S. 216

Erste Orientierung

Die Küstenstädte Zentraldalmatiens sind durch die malerischste Straße Kroatiens verbunden – die serpentinenreiche Jadranska Magistrala, eingebettet zwischen Bergen und Meer. Aber auch Auto- und Personenfähren sowie Taxiboote verkehren zwischen den Küstenstädten und den wunderschönen Inseln.

AUTO

Mit dem eigenen Fahrzeug unterwegs zu sein, ist bei weitem die bequemste Art, die Region zu erkunden, vor allem für Familien. Man muss aber damit rechnen, dass in der Hauptsaison viel Verkehr herrscht und es schwierig ist, einen Parkplatz in der Nähe von Fußgängerzonen zu finden.

BUS

Ein ausgezeichnetes Netz aus regelmäßigen Überlandverbindungen bietet Busse, die zwischen Trogir und Makarska die Küste hinauf und hinunter fahren. Ein spezieller Shuttle verbindet den Flughafen Split in Kaštela mit dem Zentrum, die Vorortbusse von Promet Split bedienen alle dazwischen liegenden Orte.

SCHIFF/FÄHRE

Mit dem Boot geht es oft schneller und bequemer als auf der Straße. Es gibt Fähren, die Split mit den nahegelegenen Inseln verbinden, aber auch private Bootstaxis, Charterboote und individuelle Touren, die jede Stadt mit einem Hafen anfahren.

Split, S. 190

Die zweitgrößte Stadt Kroatiens wurde um die alten Mauern ihres Palastes aus der Römerzeit herum gebaut. Weitere Attraktionen sind die lebhafte Strandpromenade, die Sandstrände und die verlockend nahen Inseln.

Šolta, S. 201

Eine kleine verträumte Insel mit Steindörfern, stillen Buchten und Kieselstränden, die jene belohnt, die sich die Zeit nehmen, sie kennenzulernen.

Brač, S. 203

Weitläufige und gebirgige Insel, die für vieles berühmt ist: den herrlichen Strand von Zlatni Rat, ihren außergewöhnlichen weißen Stein und ihr hochwertiges Olivenöl.

Hvar, S. 207

Hier gibt es nicht nur Luxusjachten und nächtelange Partys. Die Insel lockt auch mit hübschen Hafenstädten, einer UNESCO-Stätte und herrlichen Stränden.

Makarska Riviera, S. 216

Wanderer besteigen den hoch aufragenden Berg Biokovo und Sonnenanbeter suchen sich ein perfektes Plätzchen an einem der unberührten weißen Kieselstrände…

Vis, S 212

Früher war die Insel ein geheimnisvoller militärischer Außenposten, heute strömen die Reisenden in Scharen herbei, um die verwunschenen Höhlen und andere Naturwunder zu erkunden.

PAJOR PAWEL/SHUTTERSTOCK ©

Perfekte Tage

Man nehme römische Relikte und venezianische Architektur, füge Kieselstrände und Felseninseln hinzu und mische eine großzügige Dosis Wein und Olivenöl darunter. Das Ergebnis ist ein Fest für die Sinne, zu jeder Zeit des Jahres.

Diokletianpalast, Split (S. 192)

Wenig Zeit

- Zunächst erkundet man die alten Gassen und die 2000 Jahre alten Steinbauten des **Diokletianpalastes** (S. 192) sowie die Architektur der **Altstadt** Splits (S. 190). Dann fährt man mit dem Rad in den **Park Marjan** (S. 195) und genießt die von Stränden gesäumten Buchten und die Aussicht von der 178 m hoch gelegenen Aussichtsplattform. Danach geht's zur Uferpromenande **Riva** (S. 191), um die lokale Tradition des Kaffeetrinkens und Plauderns zu erleben.

- Am Nachmittag kann man in einer Strandbar am Strand von **Bačvice** (S. 191) faulenzen und den Pikigin-Spielern zusehen. Oder man schlendert durch die Kopfsteinpflaster-Gassen der stimmungsvollen Viertel **Lučac** oder **Varoš** (S. 191), die nur Fußgängern zugänglich sind.

- Abschließend geht's per Bus nach Klis, um den Tag mit einem sensationellen Blick auf den Sonnenuntergang von den Wällen der 360 m hohen **Festung Klis** (S. 194) ausklingen zu lassen.

Beste Reisezeit

Frühling und Herbst sind ideal. Im Sommer sind die Menschenmassen am größten und die Preise am höchsten. Im Winter wird es ruhiger und viele Geschäfte auf den Inseln schließen.

MAI

Split feiert seinen Schutzpatron Sv. Duje (St. Domnius) im Rahmen von **Sudajma**, einem einwöchigen Fest, das am 7. Mai seinen Höhepunkt erreicht.

JUNI

Von Juni bis September sorgt ein vielseitiges Konzertprogramm während des **Sommerfestival Hvar** für sommerliche Stimmung.

JULI

Von Mitte Juli bis Mitte August verwandelt das **Sommerfestival Split** die Stadt in eine Freilichtbühne mit Konzerten, Tanz, Theater und Oper.

Drei Tage Zeit

- Hat man sich in Split umgesehen, fährt man mit dem Bus nach **Trogir** (S. 196), eine kompakte Inselstadt, die unter dem Schutz der UNESCO steht. Man genießt den Anblick des hübschen **Johannes-Paul-II-Platzes** (S. 196), bevor man auf die Suche nach den verborgenen Schätzen der Stadt geht. Nach einem gemütlichen Mittagessen lohnt ein Spaziergang entlang der Promenade oder über die Brücke zur **Insel Čiovo** (S. 198).

- Abenteuerlustige können sich in **Omiš** bei einer Wanderung zur **Festung Fortica** (S. 199), einer Bootsfahrt auf dem **Fluss Cetina** (S. 199) oder einem unvergesslichen Zipline-Erlebnis über die **Schlucht** (S. 199) austoben.

- Mit einem Tagesausflug zur **Insel Šolta** (S. 201) rundet man den Aufenthalt ab oder fährt in den Süden nach **Brela** (S. 219) und genießt eine sonnige Pause an den herrlichen Stränden.

Länger Zeit

- Mehr Zeit? Dann auf zum Insel-Hopping! Sobald man die Fähre von Split nach **Brač** (S. 203) verlassen hat, sollte man den spektakulären Strand **Zlatni Rat** (S. 203) ansteuern. Als Nächstes geht es zum **Vidova Gora** (S. 204), dem höchsten Gipfel der Adria, dann folgt man den Schildern zur beeindruckenden **Eremitage Blaca** (S. 204).

- Auf **Hvar** (S. 207) schlendert man durch die Gassen der schönen **Stadt Hvar** (S. 207), bevor man mit einem Taxiboot zu den **Pakleni-Inseln** (S. 209) und zu einigen der besten Badestellen fährt.

- Auf **Vis** (S. 212) wartet das mediterrane Flair der beiden Hauptorte: **Vis (Ort)** (S. 212) und **Komiža** (S. 214). Außerdem bietet sich eine Quad-Tour zu den ehemals streng geheimen Militäranlagen der Insel an.

AUGUST
Das **Brač Film Festival** bringt die Werke aufstrebender Filmemacher im Freien und unter dem Sternenhimmel von Supetar auf die Leinwand.

SEPTEMBER
Beim **Goulash Disko Festival** gibt es fünf Tage lang internationale Underground-Musik in Komiža auf Vis.

OKTOBER
Zeit für die Olivenernte! Die Olivenfrüchte werden innerhalb von 24 Stunden gepresst, um das erste Öl der Saison zu gewinnen.

NOVEMBER
Mit dem **Martinsfest** (Martinje) am 11. November wird in den Weinbauregionen der Wein gefeiert.

Split

SCHÖNE ALTSTADT | KULTIGER PALAST | EREIGNISREICHE GESCHICHTE

UNTERWEGS VOR ORT

Split ist eine Stadt, die man gut zu Fuß erkunden kann. Promet, das öffentliche Bussystem, bietet ein großes Netz an Überland- und Vorortbussen, das sich bis nach Omiš im Osten und Trogir im Westen sowie bis nach Drniš im Norden erstreckt. Mit der hervorragenden Promet-App, die man auf sein Smartphone herunterladen kann, lassen sich Fahrkarten kaufen, Fahrpläne durchsuchen und sogar den Standort der Busse in Echtzeit abrufen. Lokale Taxis sind in der Regel überteuert – alternativ bieten sich Uber oder Bolt an.

TOP TIPP

Wer Split mit dem Fahrrad erkunden möchte, sollte nach den NextBike-Fahrradstationen Ausschau halten und die praktische App (nextbike.hr) herunterladen, mit der man Fahrräder und E-Bikes zu einem günstigen Stundentarif mieten kann.

Noch vor wenigen Jahrzehnten war Split kaum mehr als eine Durchgangsstadt, in der man einen kurzen Stopp einlegte, bevor man die Fähre zu den Inseln nahm. Trotz der Pracht seiner Hauptattraktion, des weitläufigen, von der UNESCO geschützten Diokletianpalastes, stand die Stadt verlassen und unbeachtet da, Teile davon wurden sogar als Ghetto bezeichnet. Die Riva, die heute so beliebte Strandpromenade, war eine Durchgangsstraße für den Autoverkehr.

Heute ist Split eine der meistbesuchten Städte Kroatiens. Sie ist ein beliebter Anlaufpunkt für Kreuzfahrtschiffe, und, dass hier *Game of Thrones* gedreht wurde, mag auch etwas mit dem Anstieg der Popularität zu tun haben. Zudem ist Split Kroatiens begehrtestes Ziel für die wachsende Schar an digitalen Nomaden.

Splits Altstadt entdecken

Aufspüren architektonischer Highlights

Nach dem Fall des nahen Salona im 7. Jh. siedelten sich die Bewohner zunächst im Diokletianpalast und später in neueren Bauten jenseits der Stadtmauern an. Das Eiserne Tor bildet die Westgrenze der Stadt: Hier verlässt man den ehemaligen Wohnsitz des Kaisers und betritt den Volksplatz (Narodni trg) oder die *pjaca*. Das gotische **Rathaus** mit einer Loggia aus Spitzbögen ist eines der wenigen erhaltenen mittelalterlichen Gebäude des Platzes, ebenso wie der **Cambi-Palast** (Palača Cambi), der mit gotischen Rundbogenfenstern und einer Trifora im Obergeschoss geschmückt ist. Etwas weiter kann man die Jugendstilfassade der **Buchhandlung Morpurgo** bewundern, die in den 1860er-Jahren gegründet wurde und in der heute ein Zeitungskiosk ist.

Danach geht es zum Gebrüder-Radić-Platz (Trg Braće Radić), besser bekannt als Obstplatz (Voćni trg), wo die **Statue** des Dichters Marko Marulić, zu sehen ist, ein Werk des berühmten Bildhauers Ivan Meštrović. Der Platz wird von dem beeindruckenden barocken **Milesi-Palast** (Palača Milesi) aus dem 17. Jh. und dem **Venezianischen Turm** (Mletački Kaštel), den Überresten einer Burg, beherrscht.

HIGHLIGHTS
1 Diokletianpalast S. 192

SEHENSWERTES
2 Cambi-Palast S. 190
3 Festung Klis S. 194
4 Statue von Marko Marulić S. 190
5 Milesi-Palast S. 190
6 Buchhandlung Morpurgo S. 190
7 Heilige Mutter der Genesung S. 191
8 Salona S. 194
9 Schwefelbad S. 191
10 Rathaus S. 190
11 Venezianischer Turm S. 190

AKTIVITÄTEN, KURSE & TOUREN
12 Riva-Promenade S. 191

UNTERHALTUNG S. 191
13 Kroatisches Nationaltheater

Weiter geht's zum Fischmarkt, wo man an einer Ecke der Fußgängerzone Marmontova auf ein architektonisches Beispiel des kroatischen Jugendstils stößt. Das mit dekorativen Figuren und Gesichtern geschmückte **Schwefelbad** (Sumporne Toplice) wurde 1903 über den Heilquellen erbaut, deren Geruch angeblich die Fliegen von den Fischständen fernhält.

Mit dem Meer im Rücken geht es nun nach Norden über die Marmontova zum Trg Gaje Bulata mit seiner imposanten modernistischen Kirche der **Heiligen Mutter der Genesung** von 1937. Das gelbe Gebäude ist das **Kroatische Nationaltheater** (Hrvatsko Narodno Kazalište) – im Café im Obergeschoss bieten die Tische neben den Balkontüren einen Blick auf den Platz.

Die Altstadt liegt zwischen den ältesten Vororten: den charmanten Vierteln Lučac, östlich von Pazar, dem grünen Markt, und Varoš, westlich davon, am Fuß der Hänge des Marjan-Hügels. Hier erstreckt sich ein Labyrinth aus malerischen, kopfsteingepflasterten Gassen, die nur Fußgängern zugänglich sind.

Spaziergang auf der Riva-Promenade

Sehen und gesehen werden

Ein beliebter Zeitvertreib der Einheimischen ist ein Plausch bei einem Kaffee oder ein Spaziergang auf der Strandpromenade. Offiziell heißt diese 250 m lange Küstenstraße Uferpromenade der Nationalen Kroatischen Renaissance (Obala hrtvatskog narodnog preporoda). Aber für die Splićani ist es die **Riva**.

Am Ostende steht ein bronzenes 3D-Modell der Altstadt und ein paar Schritte weiter ein ähnliches Modell des Diokletianpalastes im 4. Jh. Auf dem weißen Steinweg kann man schlendern und die hölzernen Stände durchstöbern, an denen Souvenirs aus Holz, handgefertigter Schmuck, lokal hergestellter Wein oder Honig und andere Leckereien wie getrocknete Feigen,

Fortsetzung auf S. 194

DIE BESTEN STRÄNDE IN SPLIT

Bačvice
Sandstrand mit quirligen Bars, beliebt bei *picigin*-Spielern, ein lokales Ballspiel.

Firule
An diesem beliebten hufeisenförmigen Sandstrand gibt es Cafés an den Klippen und Stimmung bis weit nach Sonnenuntergang.

Žnjan
Einer der größeren Strände mit mehreren Buchten mit weißen Kieselsteinen und Blick auf die bergige Küstenlinie, die sich nach Südosten erstreckt.

Kašjuni
Schmaler Kieselstrand und Partyort bei Sonnenuntergang, an einer Bucht auf der Südseite von Marjan.

GIANNIS PAPANIKOS/SHUTTERSTOCK ©

Hauptplatz des Diokletianpalasts

Der Eintritt ist kostenlos, aber für die Kathedrale und die Museen braucht man Tickets. Den QR-Code für weitere Infos scannen.

TOP-SEHENSWÜRDIGKEIT

Diokletianpalast

Der seit 1979 UNESCO-geschützte Diokletianpalast ist eines der größten und vollständigsten römischen Bauwerke der Welt. Der 38700 m² große, festungsartige Palast aus dem 4. Jh. war der Alterssitz von Kaiser Diokletian. Der Komplex aus rund 200 Gebäuden ist seit 2000 Jahren bewohnt – heute leben nur noch einige hundert Menschen darin.

NICHT VERPASSEN

- Peristyl
- Kathedrale des hl. Domnius
- Glockenturm
- Vestibül
- Jupitertempel (Taufkapelle)
- Kellergewölbe
- Die vier Tore

Goldenes Tor (Zlatna Vrata)

Der Haupteingang des Palastes befindet sich in der Nordwand. Draußen steht die riesige Bronzestatue von Gregor von Nin, ein Werk des Bildhauers Ivan Meštrović. Bevor man die wenigen Stufen hinunter und durch das Tor geht, sollte man seinen glänzenden großen Zeh reiben (das soll Glück bringen). Im Inneren befindet sich auf der rechten Seite um die Ecke eine Treppe, die zu einem ehemaligen Wachhaus führt. Über dem Tor versteckt sich in einem 1,64 m breiten Raum die **St. Martin-Kirche** aus dem 7. Jh., die älteste und kleinste Kirche der Stadt.

Peristyl (Peristil)

Im Herzen des Palastes, wo sich die beiden Hauptstraßen kreuzen, liegt das prächtige Peristyl. Diesen kaiserlichen Platz, der an drei Seiten von hohen Säulen eingerahmt wird, bewacht seit Jahrtausenden eine Sphinx aus schwarzem Granit. Im **Lvxor Cafe** kann man auf einem der roten Kissen, die auf den Stufen rund um den Platz ausgelegt sind, eine Pause einlegen und die antiken Steinbauten und die Kathedrale des hl. Domnius bewundern. Im Sommer lädt das Café jeden Abend zu Live-Musik unter freiem Himmel ein.

Kathedrale des hl. Domnius & Glockenturm

Die achteckige Kuppel der Kathedrale des hl. Domnius (Katedrala Sv Duje) wurde ursprünglich als Mausoleum für Kaiser Diokletian errichtet und im 5. Jh. in eine Kirche umgewandelt. Sie ist die älteste noch funktionierende katholische Kathedrale der Welt, die sich ihren ursprüngliche Aufbau bewahrt hat. Man wirft einen Blick in die kunstvollen Innenräume, bevor man den steilen und etwas beängstigenden Aufstieg über schwebende Metalltreppen in Angriff nimmt, um den Glockenturms aus dem 12. Jh. zu besteigen. Als Belohnung winkt ein atemberaubender Blick auf den Palastkomplex, die Berge im Norden und die schimmernde, von Inseln übersäte Adria im Süden.

Jupitertempel (Taufkapelle)

Eine schmale Gasse gegenüber dem Eingang der Kathedrale führt zur Taufkapelle im einzigen der ursprünglich drei römischen Tempel des Palastes. Dieses Gebäude aus dem 6. Jh. ist erstaunlich gut erhalten – im Gegensatz zu der kopflosen Sphinx auf der Veranda. Im Inneren des Gebäudes kann man die **Statue** des hl. Johannes des Täufers von Ivan Meštrović bewundern, die unter einem Gewölbe posiert. Auf der linken Seite des Bauwerks befindet sich der engste Durchgang des Palastes, den die Splićani Pusti Me Proć („Lass mich durch") nennen, denn er ist nur breit genug für eine Person.

Vestibül

Ein paar Stufen am südlichen Ende des Peristyls führen zu einer Veranda, in der Diokletian zu seinen Untertanen sprach. Diese geht über ins Vestibül, eine Kuppelrotunde, die zum kaiserlichen Korridor und den Gemächern des Kaisers führte. Die große offene Kuppel hat eine hervorragende Akustik, die jeden Morgen von professionellen *klapa*-Sängern auf die Probe gestellt wird. Es lohnt sich, einem kostenlosen Konzert dieser von der UNESCO anerkannten A-capella-Tradition beizuwohnen.

Kellergewölbe

Unter dem Vestibül führt eine Treppe hinunter zu den Kellern des Palastes, in denen die von den ankommenden Schiffen entladenen Waren gelagert wurden. Durch einen von Kunst- und Souvenirständen gesäumten Gang gelangt man zum **Bronzetor**, das zur Strandpromenade führt. Die Türen links und rechts davon beherbergen ein kleines Museum mit römischen Relikten, darunter die Überreste einer antiken Öl- und Weinpresse. Am beeindruckendsten sind jedoch die massiven Tonnengewölbe. Fans von *Game of Thrones* werden diese Keller als den Ort erkennen, an dem Daenerys Targaryen ihre drei Drachen hielt.

EIN LABYRINTH RÖMISCHER GASSEN

Die gepflasterte Durchgangsstraße **Decumanus** (Kresimirova) wird vom **Silbernen Tor** und vom **Eisernen Tor** begrenzt. Sie trennte die kaiserliche Residenz von den Militärvierteln und kreuzt sich mit der Nord-Süd-Achse **Cardo** (Dioklecijanova) am Peristyl. Diese Verkehrsadern sind durch Gassen verbunden, die von alten Gebäuden mit Geschäften, Cafés und Restaurants gesäumt sind.

TOP TIPPS

- Am besten besucht man den Palast gleich am Morgen, bevor sich die geführten Gruppen in den engen Gassen drängen.
- Vor der offiziellen Eröffnung um 8 Uhr kann die Kathedrale zum Gebet und zur Kontemplation betreten werden.
- Schaut man nach oben, entdeckt man in den alten Steinen versteckte Details, wie den Kopf einer Sphinx oder einen modellierten Maurenkopf aus dem 15. Jh., der von einer Steinmauer auf der Dominisova linst.
- Direkt vor dem Osttor hat man die beste Perspektive für ein Foto der Kathedrale und des Glockenturms.

Fortsetzung von Seite 191
Kräutertees und Naturseifen angeboten werden. Dann ruht man sich wie die Einheimischen bei einer Tasse Kaffee aus.

Am Samstagmorgen gehen die Menschen in ihrer Sonntagskleidung in die Stadt, und die vielen Cafés sind erfüllt von Geplauder und dem Klirren von Tassen auf Untertassen.

Am Westende der Riva kann man den Schwefelgeruch des Heilwassers wahrnehmen, das seit Diokletian an dieser Stelle sprudelt. Manche glauben, die Quellen sind der Grund dafür, dass er hier seinen Ruhesitz errichtete. Auf dem venezianisch inspirierten Platz der Republik (Trg Republike Hrvatske) beeindrucken die rote Fassade und die Bögen der dreiseitigen Kolonnade.

Am frühen Abend schwirren Schwalben zwischen den gepflegten Palmenreihen der Riva umher, während Familien auf dem Fußweg auf und ab schlendern.

ESSEN IN SPLIT

Sara Dyson, Gründerin von Expat in Croatia (@expatincroatia), einer Informations- und Beratungswebsite, verrät ihre Lieblingsrestaurants in Split.

Bistro Ka' Doma
Sehr preiswertes Mittagslokal in Dobri mit einer kurzen, täglich wechselnden Speisekarte. Es gibt typische dalmatinische Küche, aber auch ungewöhnlichere Gerichte wie Bulgursalat. **€**

At Villa Spiza
Befindet sich im Palast und man kann den Köchen bei der Arbeit zusehen. Die Speisekarte ist saisonal, und ich habe hier noch nie schlecht gegessen. Sie nehmen keine Reservierungen an, also am besten außerhalb der Stoßzeiten kommen. **€€**

Bistro Ćiba
Noch ein Favorit für ausgezeichnete Fleisch- und Fischgerichte. Es ist kein schickes Lokal, aber man muss reservieren, weil es sehr beliebt ist. **€€**

Scan den QR-Code für weitere Aktivitäten in Split

Ruinen des antiken Salona

Streifzug durch eine römische Stadt

Eingebettet zwischen Bergen und Meer liegen die ausgedehnten Überreste der antiken Stadt **Salona**. Die um 40 v. Chr. von Julius Cäsar gegründete ehemalige Hauptstadt des römischen Dalmatien ist die größte archäologische Stätte Kroatiens. Schon an den Ausmaßen lässt sich die einstige Pracht Salonas erahnen.

Verstreut über grasbewachsene Felder, mit Split im Hintergrund liegen die Überreste einer typischen römischen Stadt: Teile der Steinfundamente der Verteidigungsmauern, das östliche Stadttor aus dem 1. Jh., Bäder, ein Theater und ein überdachtes Aquädukt, das die Stadt mit Wasser aus dem Jadro versorgte.

Zu den am besten erhaltenen Ruinen gehören die Trümmer und Säulen einer frühchristlichen Basilika und die angrenzenden Schreine, in denen sich Bischofsgräber befanden (darunter das des hl. Domnius, ein Märtyrer und Schutzpatron von Split). Ein weiteres Highlight sind die Überreste des Amphitheaters aus dem 2. Jh., das 17 000 Zuschauern Platz bot.

Die Festung Klis

Große Höhen und weite Ausblicke

Die Festung Klis (Tvrđava Klis) thront auf der Anhöhe eines langen, schmalen Berges in 360 m Höhe. Für Fans von *Game of Thrones* ist dies die Stadt Meereen aus den Staffeln 4 und 5. Kinder lieben es, über die Festungsanlagen zu klettern, die sich über drei Ebenen erstrecken, und in kerkerartige Kammern zu spicken, in denen alte Schwerter und Steinfragmente ausgestellt sind. Im Multimediaraum informieren Touchscreens über die Geschichte der Burg und von der obersten Aussichtsplattform hat man einen 360°-Blick bis zum Meer.

ÜBERNACHTEN IN SPLIT

Heritage Hotel 19
Elegantes Boutiquehotel in einem denkmalgeschützten Gebäude mit Innenhofgarten und romantischer Atmosphäre. **€€€**

Hotel Luxe
Modernes Hotel in bester Lage in der Nähe der Altstadt und des Hafens, mit Zimmern mit Meerblick. **€€€**

Divota Apartment Hotel
Hotel mit einer breiten Auswahl an Apartments und Zimmern in restaurierten Steinhäusern im charmanten Veli Varoš. **€€€**

EINE RADTOUR DURCH DEN PARK MARJAN

Dieser geschützte Waldpark auf einer Halbinsel westlich der Altstadt ist die grüne Lunge der Stadt. Um die von Stränden gesäumten Buchten und die kulturellen und religiösen Sehenswürdigkeiten zu erkunden, steigt man am **1 Platz der Republik** auf ein Rad und fährt die Straße an der Küste nach Westen. Bald erreicht man die **2 Meštrović-Galerie**, das dem Meer zugewandte Herrenhaus, das der Bildhauer Ivan Meštrović in den 1930er-Jahren als Wohnhaus, Atelier und Galerie nutzte. Im Garten kann man seine Bronzestatuen bewundern, in der Galerie weitere Werke aus Bronze, Marmor und Holz besichtigen.

Zurück auf der Straße geht es 400 m weiter bis zu einem Tor links. Hier geht's zum **3 Meštrović' Crikvine – Kaštilac**, wo das *Große Kruzifix* (1916) des Bildhauers ausgestellt ist, zusammen mit Holzreliefs, die das Leben Christi zeigen. Am Strand **4 Kašjuni**, einem schmalen Streifen aus weißem Kieselstein, der sich um eine Bucht mit türkisfarbenem Wasser schlängelt, kann man einen Badestopp einlegen. Oder man fährt weiter bis zu einer Abzweigung, lässt die Küste hinter sich und radelt eine mit Kiefern gesäumte Straße hinauf, die den Blick auf den darunter liegenden Kašjuni-Strand freigibt. Unbedingt auf die Klippen links achten, um die drei Fenster einer in die Felswand gehauenen Einsiedlerhöhle und die Kirche des hl. Hieronymus aus dem 15. Jh. nicht zu verpassen.

Man folgt den Schildern zum **5 Telegrin**, dem höchsten Punkt des Parks (178 m). Die Aussichtsplattform bietet einen tollen Rundum-Blick. Von hier aus sieht man Split unter sich, das Dinarische Gebirge im Süden und die Inseln Čiovo, Šolta und Brač. Weiter geht's auf dem Radweg nach Osten zum Aussichtspunkt beim **6 Cafe Vidilica** und zum **7 Jüdischen Friedhof** aus dem 16. Jh. Oder man folgt einem der Wege zum Nordrand der Halbinsel und genießt die Abfahrt unter dem Baldachin der Schirmkiefern, vorbei an Buchten und Kieselstränden zurück ins Zentrum.

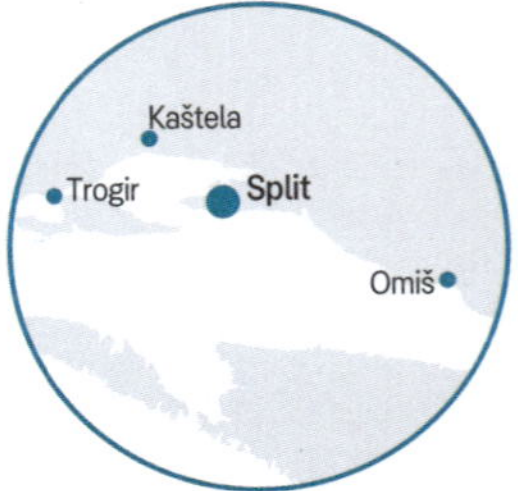

Rund um Split

Burgen am Meer, Festungen auf Berggipfeln und eine UNESCO-Inselstadt verzaubern jeden, der sich über die Stadtgrenzen von Split hinaus wagt.

Orte

Trogir S. 196
Omiš S. 198
Kaštela S. 200

UNTERWEGS VOR ORT

Split und die umliegenden Städte sind durch Vorortbusse von Promet miteinander verbunden. Zudem verkehren Taxiboote zwischen Split, Kaštela, Trogir und Omiš.

TOP TIPP

Splits Hauptbusbahnhof, Bahnhof und Fährhafen sind nur ein paar Schritte voneinander entfernt.

Zwischen Bergen und Meer schlängelt sich die dalmatinische Küste in südöstlicher Richtung von Split vorbei an Hafenstädten und kieseligen Buchten bis zum winzigen, aber beeindruckenden Omiš, das zwischen einer Schlucht und dem Fluss Cetina eingekeilt ist. Hier gibt's jede Menge Aktivitäten für Adrenalinjunkies. Entlang der Bucht von Kaštela bis zum Flughafen liegen sieben Küstenstädte, die um ihre majestätischen, dem Meer zugewandten Schlösser herum entstanden sind. Fährt man vom Flughafen Split aus nach Westen, kommt man nach Trogir, eine kleine Inselstadt, die von der UNESCO zum Weltkulturerbe erklärt wurde – ein Genuss für Kunst- und Architekturliebhaber.

Highlights am Johannes-Paul-II-Platz

Trogirs stimmungsvoller Hauptplatz

Im Herzen von Trogir steht die **St.-Laurentius-Kathedrale** (Katedrala Sv Lovre), deren kunstvoll geschnitztes Portal als romanisches Meisterwerk gefeiert wird. Auf den Bögen sind Adam und Eva auf dem Rücken von Löwen und Szenen aus dem Leben Christi zu sehen. Im Inneren befindet sich die kunstvolle **Kapelle des hl. Johannes von Trogir** aus dem 15. Jh., dem ersten Bischof der Stadt und einem ihrer Schutzheiligen (der andere ist der hl. Laurentius). In der Schatzkammer kann man religiöse Reliquien bewundern, darunter eine Statue des hl. Johannes aus dem 16. Jh., die ein Modell von Trogir hält, und ein Flachrelief von Christus am Kreuz aus dem 14. Jh. Geht man am Ausgang nach rechts, kommt man in die **Taufkapelle** mit einer beeindruckenden Gewölbedecke und einem Fries aus geschnitzten Cherubinen. Anschließend besteigt man die gewundene Treppe zur Spitze des 47 m hohen **Glockenturms**, von wo aus man den Johannes-Paul-II-Platz (Trg Ivana Paula II) aus der Vogelperspektive betrachten kann.

Den Platz dominiert das dreistöckige **Rathaus (Gradska vijećnica)**, das Ende des 19. Jhs. umgebaut wurde. In seinem Innenhof kann man die gotischen Bogenfenster und die große Steintreppe bewundern. Ein weiteres Highlight des Platzes ist der **Uhrenturm**, der die im Renaissancestil erbaute Kirche **St. Sebastian (Crkva Sv Sebastijan)** überragt. Links davon befindet

SANGA PARK/SHUTTERSTOCK ©

Kathedrale des hl. Laurentius

sich die von Säulen getragene **venezianische Stadtloggia (Gradska loža)**, einst ein Ort für offizielle Geschäfte und Rechtsangelegenheiten. Heute ist sie ein schattiger Rastplatz und im Sommer Schauplatz von *klapa*-Konzerten, einer dalmatinischen Gesangstradition. Die stilisierte Reliefskulptur an der Südwand stellt den in Trogir geborenen Vizekönig und Bischof Peter Berislavić dar und wurde 1950 von Ivan Meštrović geschaffen.

Trogirs verborgene Schätze

Zwischen den Mauern und darüber hinaus

Gegenüber dem Haupttor befindet sich das **Stadtmuseum Trogir** (Muzej Grada Trogira), das im **Garagnin-Fanfogna-Palast** untergebracht ist, ein Komplex aus romanischen und gotischen Gebäuden und einem hübschen gepflasterten Innenhof. Beim Schlendern durch die Sammlung bestaunt man archäologische Artefakte, Waffen, Trachten, alte Münzen, Gemälde, Keramiken und Kunstgegenstände.

In der Nähe des Südtors beherbergt das **Kloster des hl. Nikolaus** (Samostan Sv Nikole) ein prächtiges Marmorrelief aus dem 3. Jh. v. Chr., das Kairos, den griechischen Gott der Chancen und des Glücks darstellt und von den Benediktinerinnen sorgsam bewacht wird. In der Schatzkammer sind neben anderen Kunstschätzen auch ein gotisches Kruzifix und eine romanische Statue der *Jungfrau mit Kind* zu sehen. (Die Öffnungszeiten sind unregelmäßig, in der Regel Juni–Sept.).

Die **Kirche und das Kloster des hl. Dominikus** (Crkva i Samostan Sv Dominik), die direkt am Wasser liegen, bieten einen ruhigen Ort der Besinnung mit einem stimmungsvollen Kreuzgang, der von einem kleinen Garten mit Orangenbäumen und einer kleinen Kirche eingerahmt wird.

TROGIR: EINE UNESCO-WELTERBESTÄTTE

Trogir ist eine winzige Inselstadt, die von mittelalterlichen Mauern umgeben und durch zwei Brücken mit dem Festland und der Nachbarinsel Čiovo verbunden ist.

Und sie ist ein Freilichtmuseum voller herausragender Beispiele romanischer Kirchen, gotischer Paläste und anderer prächtiger Renaissance- und Barockbauten. Deshalb wurde Trogir 1997 von der UNESCO zum Weltkulturerbe ernannt: Die historische Altstadt hat „ihr städtisches Gefüge außergewöhnlich gut und mit minimalen modernen Veränderungen bewahrt."

Am reizvollsten ist Trogir am frühen Morgen oder in der Nebensaison, wenn die engen, gepflasterten Gassen noch nicht von Besucher:innen überfüllt sind.

TRIFF TROGIRS KÜNSTLER:INNEN & KUNSTHAND-WERKER:INNEN

Atelier Uremović
Der Kunstmaler Željko Uremović lässt sich von der Natur inspirieren und empfängt Gäste in seinem Atelier in der Duknovića 8.

Judita Peran
Schmuckdesignerin, die exquisite Kreationen aus Drahtgeflecht und Natursteinen sowie aus Kupfer, Messing und Silber herstellt (instagram.com/juditaperan_jewelry).

Vilim Halbärth
Der in Trogir ansässige Bildhauer und Installationskünstler stellt seine Werke in seiner offenen Galerie in der Lounge Bar Garden Trogir (vilimhalbarth.com) aus.

Mišel Trogir
Die Tradition, Schmuck aus roter Koralle in Handarbeit herzustellen, reicht in der Familie Mišel fünf Generationen zurück (misel-trogir.com/about-us).

Trogir Experience
Konzeptgeschäft mit Keramik, Schmuck und natürlichen Schönheitsprodukten, die von kroatischen Kunsthandwerker:innen in der Budislavićeva ul 14 hergestellt werden (instagram.com/trogirexperience).

Naschkatzen können sich in der **Konditorei Đovani** mit *rafioli,* Trogirs berühmten halbrunden, mit Mandeln gefüllten Süßigkeiten, verwöhnen lassen.

Aussichtspunkte auf Trogir

Die Stadtinsel aus verschiedenen Blickwinkeln

Um einen großartigen Blick auf die Altstadt, die belebte Promenade und die Insel Čiovo zu genießen, lohnt sich der Aufstieg auf den Turm der venezianischen **Festung Kamerlengo (Kaštel Kamerlengo)** aus dem 15. Jh., die während des Sommerfestival von Trogir als Konzertbühne dient. Eine schöne Aussicht auf die Stadt bietet sich auch, wenn man die Brücke, die die Stadt mit der Insel Čiovo verbindet, überquert und nach rechts zum Jachthafen abbiegt. Von hier aus lassen sich die hübschen Gebäude des historischen Trogir und seine von fünf Glockentürmen durchbrochene Silhouette bewundern.

Eine andere Perspektive bietet das **Unterwassermuseum Via Crucis** (viacrucis-underwatermuseum.com). Ein Schnellboot bringt die Gäste zu einer nahe gelegenen Bucht, wo sie um ein Militärflugzeug und 52 lebensgroße Statuen, die den Kreuzweg darstellen, sowie eine 8 m hohe Jesusstatue herum tauchen oder schnorcheln können.

Die Altstadt von Omiš

Bummel durch das historische Zentrum

Omiš liegt in einer atemberaubenden Naturlandschaft am Rande einer Schlucht, in der der Fluss Cetina in die Adria mündet, mit den zerklüfteten Gipfeln des Berges Omiška Dinara als eindrucksvolle Kulisse.

Wenn man durch das winzige historische Zentrum spaziert, das nur aus einem Dutzend Fußgängergassen besteht, eingebettet zwischen Berg, Fluss und Hauptstraße, kann man die besondere Atmosphäre hier genießen. Man startet am westlichen Tor am Flussufer und schlendert entlang der Hauptstraße Knezova Kačića zum östlichen Tor, um den am besten erhaltenen Rest der **venezianischen Stadtmauer** zu sehen, die Omiš einst umgab.

Dann geht's zum **Stadtmuseum Omiš (Gradski muzej Omiš)**, das eine Sammlung von Amphoren und römischen Töpferwaren, byzantinischen Münzen und steinernen Überresten aus der Renaissance- und Barockzeit beherbergt (im Sommer oder nach Vereinbarung geöffnet). Anschließend folgt man den Schildern zur **Festung Mirabela.** Nach dem leichten Aufstieg zum romanischen Turm Peovica (13. Jh.) wartet ein Panoramablick über die korallenfarbenen Dächer.

ÜBERNACHTEN IN EINEM HISTORISCHEN HOTEL IN TROGIR

Heritage Hotel Tragos
Familiengeführtes Hotel in einem Barockpalast aus dem 18. Jh. im Herzen der Altstadt. €€

Heritage Hotel Bifora
Schicke Zimmer mit freiliegenden Steinmauern auf der Insel Čiovo, nur einen kurzen Spaziergang von der Altstadt von Trogir entfernt. €€€

XXII Century Heritage Hotel
Das Hotel an der Strandpromenade bietet elegante und geräumige Suiten, einige mit Meerblick. €€€

SMPOLY/SHUTTERSTOCK ©

Festung Mirabela

An einem heißen Tag kann man sich an dem breiten Sandstrand **Velika Plaža Punta** abkühlen, der wegen seines flachen Wassers bei Familien sehr beliebt ist, oder 15 Minuten Richtung Süden zum hübschen Kieselstrand **Brzet** laufen.

Geschmackserlebnis Soparnik

Ein Gaumenschmaus aus Omiš

Soparnik ist eine traditionelle lokale Spezialität, die an einen großen flachen Kuchen erinnert. Zwischen zwei Teigschichten befindet sich eine Füllung aus Mangold und Zwiebeln oder Knoblauch. Es gibt nur elf offiziell zertifizierte Hersteller von echtem *soparnik*, alle aus der Umgebung von Omiš.

Diese schmackhafte Leckerei findet man auf dem täglichen **Markt** an der Hauptstraße. Man sollte vor 8 Uhr morgens kommen, um noch ein Stück abzubekommen. Sie sind schnell weg!

OUTDOOR-AKTIVITÄTEN IN OMIŠ

Vom östlichen Tor aus führt ein felsiger, markierter Weg in 50 Gehminuten zur **Festung Fortica** aus dem 14. Jh., die 300 m über der Stadt thront. Als Belohnung winkt ein herrlicher Blick auf den **Fluss Cetina,** der in die Adria mündet, auf die Insel Brač und das majestätische Dinarische Gebirge im Hintergrund.

An Bord eines der Boote, die auf dem Fluss Cetina zum malerischen Rastplatz **Radman's Mills** (Radmanove Mlinice) fahren, erlebt man die spektakuläre Canyon-Landschaft hautnah. Die Boote starten die 35-minütige Fahrt von der Brücke aus.

Für einen Adrenalinstoß bieten **Zipline Croatia** (zipline-croatia.com/en) eine Seilrutsche über den Canyon und **Rafting Pirate** (rafting-pirate.com) Rafting, Canyoning oder Klippenspringen an.

ESSEN IN TROGIR

Konoba TRS
Die exquisit zubereiteten und präsentierten frischen Fischgerichte brachten dieser Taverne eine Michelin-Empfehlung ein. **€€€**

Franka
Einheimische und Gäste von Trogir schwärmen von der bunten Speisekarte und den originellen Geschmackskombinationen dieses entspannten Bistros. **€€€**

Il Ponte
Gehobenes Lokal mit stilvollem Ambiente, das vom Michelin für seine moderne, mediterran inspirierte Küche ausgezeichnet wurde. **€€€**

KAŠTELA-RADTOUR

An der Küste zwischen Split und dem Flughafen liegen die sieben kleinen Orte von Kaštela, die um die Festungen und Burgen entstanden, die hier vom 15. bis 17. Jh. zur Abwehr der osmanischen Invasoren gebaut wurden. Auf dieser 8 km langen und entspannten Tour kann man viel entdecken.

Von **1 Kaštel Sućurac** aus folgt man der Küste nach Westen bis zu einem Glockenturm, der zu den übrigen Steingebäuden des **2 Kaštilica-Komplexes** gehört. Weiter geht es nach Kaštel Gomilica und der quadratischen **3 Burg Kaštilac,** die auf einer kleinen Insel liegt. Über eine Steinbrücke gelangt man zu einem mächtigen Turm und zu Gebäuden, die einst eine Benediktiner-Einsiedelei beherbergten. In neuerer Zeit spielte diese Inselburg die Rolle der Stadt Braavos in *Game of Thrones*.

Weiter geht es nach Kaštel Kambelovac, wo man die **4 Burg Cambi** aus dem 15. Jh. besichtigen kann. Im Hafen liegen sicher ein oder zwei *gajetas* vor Anker, die typischen Holzsegelboote für die Fischerei. In Kaštel Lukšić befindet sich die **5 Burg Vitturi**, in der eine Touristeninformation, eine Bibliothek und ein Museum für Waffen und Volkstrachten untergebracht sind.

Die weißen Kieselsteinen des **6 Đardin-Strandes** in Kaštel Stari verführen zur Pause. Bei Kaštel Novi lohnen **7 Burg Cippico** am Wasser und der 1500 Jahre alte Olivenbaum einen Abstecher. Kaštel Štafilić ist die westlichste der Städte und wurde um die Burg Stafileo-Rotundo herum erbaut, der **8 Turm Nehaj** ist alles, was von der Festung übrig geblieben ist. Zum Abschluss darf man sich dann auch ein Gläschen des ausgezeichneten lokalen Weines gönnen, insbesondere von der Sorte *crljenak kaštelanski*. Am besten bei **9 Vino Vuina** (vino-vuina.hr).

Šolta

NATÜRLICHE SCHÖNHEIT | LOKALES LEBEN | SCHÖNE STRÄNDE

Šolta ist von hübschen Buchten und malerischen Stränden gesäumt und das fruchtbare Innere der Insel ist mit Olivenhainen und Weinbergen bedeckt. Über die Insel verstreut gibt es eine Handvoll alter Dörfer – acht, um genau zu sein – mit rustikalen Steinhäusern mit fröhlichen blauen Fensterläden und Türen. Šolta ist auch ein lukullisches Ziel: Familienbetriebe produzieren hervorragenden Wein und Olivenöl sowie Honig, Feigen und andere Früchte der Erde.

Šolta ist nur 16 km (oder 9 Seemeilen) von Split entfernt, und trotzdem wird dieses kleine Eiland, das viel Naturschönheit zu bieten hat, angesichts ihren größeren Nachbarn, die viel mehr Besucher:innen verzeichnen können, irgendwie übersehen.

Man kann zwar einen Tagesausflug nach Šolta machen, und viele tun dies auch, aber weil die Insel so klein ist, eignet sie sich besonders für Radfahrer und Wanderer, die gern langsam reisen und Wege abseits der Hauptstraßen erkunden möchten. Der Besuch lokaler Bauernhöfe und die Unterbringung in familiengeführten Unterkünften (die Insel hat nur ein Hotel!) ermöglichen es, einen Eindruck des echten Inselleben zu bekommen.

UNTERWEGS VOR ORT

Die Busse in Rogač sind auf die Ankunft der Fähren aus Split abgestimmt – bis zu sieben pro Tag verbinden Rogač und Stomorska (über Grohote, Nečujam und Gornje Selo) sowie Rogač und Maslinica (über Grohote, Srednje Selo und Donje Selo).

Ein Auto oder einen Motorroller zu mieten, ist die einfachste Art, die Insel zu erkunden, aber auch E-Bikes sind eine gute Alternative für eine so kleine Insel. Bei Discover Šolta (discoversolta.com) kann man Fahrräder ausleihen und Inseltouren buchen.

Steindörfer, Fischerorte & Strände

Highlights der Insel Šolta

Stomorska an einer zerklüfteten Bucht ist ein Fischerdorf wie aus dem Bilderbuch. Hier kann man sich eine Pause am unglaublich blauen Wasser des Kieselstrandes Điga am Ende der Uferpromenade gönnen oder dem Pfad durch den Kiefernwald zu den abgelegeneren Stränden Veli Dolac und Zadušna folgen.

Von dem winzigen Steindorf **Gornje Selo** aus ist es eine 35-minütige Wanderung zum höchsten Punkt der Insel, dem **Vela Straža** auf 237 m, der durch ein weißes Kreuz gekennzeichnet ist. Hier hat man einen atemberaubenden Panoramablick über die gesamte Insel sowie auf Split und den Berg Biokovo in der Ferne.

TOP TIPP

In der Nebensaison verlangsamt sich das Leben deutlich. Viele Inselbewohner verbringen den Winter in Split, wenn das Inselleben zu ruhig wird. Im Hochsommer hingegen sind die Straßen überfüllt und die Strände überlaufen. Am besten genießt man das Inselleben bei einem Besuch im Frühjahr oder Herbst.

ESSEN AUF ŠOLTA

Šampjer
Bei einer Mahlzeit im Freien bietet sich ein atemberaubender Blick auf die Bucht von Maslinica und ihre kleinen Inseln bei Šampjer. €€

Pasarela in Stomorska
Deftige Meeresfrüchtegerichte und die Sitzgelegenheiten direkt am Hafen machen dieses Restaurant zu einem der beliebtesten in Stomorska. €€

Martinis Marchi
Im einzigen Hotel auf Šolta serviert dieses Restaurant der gehobenen Klasse saisonale Gerichte, die fachmännisch mit lokalen Weinen kombiniert werden. €€€

An der Westspitze von Šolta, mit Blick auf sieben winzige Inseln, liegt das hübsche Fischerdorf **Maslinica**, in dem Jachten für die Nacht vor Anker gehen. Bemerkenswert sind hier das prächtige Schloss Martinis Marchi – das einzige Hotel der Insel – und der einzige Sandstrand in der Bucht von Šipkova.

Šolta erschmecken

Koste die Aromen der Insel

Am besten erlebt man Šolta wohl über die Geschmacksnerven, indem man die lokalen Erzeugnisse probiert.

Dobričić ist eine einheimische Rebsorte, die hier seit Jahrhunderten angebaut wird. Bei einem Besuch der **Marinac Winery** (marinacwinery.com) in Srednje Selo oder **Kaštelanac** (agroturizamkastelanac.com) in Gornje Selo kann man ein Glas dieses beliebten Rotweins probieren und Einblicke in die lokale Weinherstellung gewinnen.

Auch in Sachen Oliven hat die Insel eine eigene Sorte zu bieten: *šoltanka*. Man kann Frane von **Olynthia Natura** (olynthia.com) durch seinen Hain mit jahrhundertealten Bäumen folgen und seine Olivenmühle besuchen. Anschließend gibt es eine Verkostung des exquisiten nativen Olivenöls extra.

Goran Tvrdić bezeichnet sich selbst zunächst als Pädagoge und dann erst als Imker. Bei **Tvrdić Honey** (tvrdichoney.com), seiner Honigfarm in Grohote, erfährt man, wie Honig hergestellt wird, erhält aufschlussreiche Fakten über Bienen und kann reinen Honig probieren – eine seltene Gelegenheit.

Brač

ATEMBERAUBENDE STRÄNDE | SPEKTAKULÄRE LANDSCHAFTEN | HISTORISCHER CHARME

Brač, die drittgrößte Insel Kroatiens, steht für Bilderbuch-Strände, spektakuläre Berglandschaften, reizende Fischerorte und rustikale Steindörfer, die in der Zeit stehen geblieben zu sein scheinen. Auf der Insel befinden sich auch der Vidova Gora, der höchste Berg des gesamten Archipels, und der bekannteste Strand des Landes, Zlatni Rat.

Die Geschichte der Insel ist geprägt von ihren außergewöhnlichen natürlichen Ressourcen. Der zuerst von den Römern hier gepflanzte Olivenbaum ist das Symbol dieser Mittelmeerinsel, deren felsige Landschaft von Olivenhainen mit über 1 Mio. Bäumen und ordentlichen Reihen von Weinbergen bedeckt ist.

Brač ist auch bekannt für den hochwertigen Kalkstein, der hier seit der Römerzeit abgebaut und für die Errichtung vieler der bedeutendsten architektonischen Schätze Kroatiens verwendet wurde. Der Diokletianpalast in Split, die St.-Laurentius-Kathedrale in Trogir und die Kathedrale des hl. Jakob in Šibenik wurden alle aus dem weißen Stein von Brač gebaut. Manche behaupten sogar, die Säulen des Weißen Hauses in Washington stammten von hier.

UNTERWEGS VOR ORT

Brač verfügt über begrenzte Busverbindungen zwischen dem Hauptfährhafen Supetar und Milna, Škrip, Pučišća und Sumartin, dem Fährhafen an der östlichsten Spitze der Insel. Die bequemste Art, sich auf dieser riesigen Insel fortzubewegen, ist die Anmietung eines Autos, Rollers oder Quads. Ein insgesamt 1026 km langes Netz von 25 Radwegen erstreckt sich über die Insel.

TOP TIPP

Auf Brač gibt es auch einen Flughafen (airport-brac.hr), der saisonal Flüge nach Zagreb, Graz, Linz, Bozen, München, Bratislava und Košice bietet.

Bols außergewöhnliche Strände

Weiße Kieselsteine und türkisfarbenes Wasser

Zlatni Rat ist der bekannteste und meistfotografierte Strand Kroatiens und er enttäuscht nicht. Seine langgestreckte V-Form (ca. 370 m an der Westseite und 470 m an der Ostseite) verändert sich auf magische Weise mit den Wellen und Gezeiten. Die feinen weißen Kieselsteine sind sanft zu den Fußsohlen und kleben nicht an der Haut. Hinzu kommt das erstaunlich türkisfarbene Wasser, das so klar ist wie in der Badewanne und das Schwimmen zu einem wahren Vergnügen macht. Von Bol aus erreicht man den Strand über eine 2 km lange schattige, von Schirmkiefern gesäumte Promenade. Vom Hafen in Bol aus fährt auch ein Taxiboot dorthin.

BRAČS OLIVENÖL-TRADITION

Der griechische Geograf und Historiker Strabo dokumentierte die Olivenölproduktion auf Brač erstmals im 1. Jh. v. Chr., in der venezianischen Zeit wurde der Anbau erweitert.

Ende des 18. Jhs. gab es auf der Insel mehr als 500 000 Olivenbäume, die Produktion war die größte in Dalmatien.

Heute gibt es über 1 Mio. Bäume, und die Oliven sind nach wie vor eine wichtige Kulturpflanze. Die vorherrschende Olivensorte, die hier und in ganz Dalmatien angebaut wird, ist die *oblica*, die gut zu den felsigen Böden der Insel passt. 2022 erhielt das Olivenöl aus Brač den EU-weiten Markenschutz „geschützte Ursprungsbezeichnung (g. U.)", ein anerkanntes Zeichen für Authentizität.

Ca. 850 m östlich von Zlatni Rat liegt der **Borak-Strand**, ebenfalls ein Kieselstrand, der bei Windsurfern beliebt ist. Weitere 500 m östlich befindet sich ein barrierefreier Strand, der über Rampen und einen speziellen Sessellift erreicht werden kann.

Östlich des Hafens von Bol liegen noch zwei besondere Badestellen. Folgt man der Küste, vorbei am rustikalen Restaurant Ribarska Kućica, gelangt man zum **Kotlina-Strand**, einer Kieselbucht, die sich bis zum Dominikanerkloster erstreckt. Östlich von hier liegt der ebenso reizvolle **Martinica-Strand**.

Wanderung zum Gipfel Vidova Gora

Hoch über der Adria

Mit 778 m ist Vidova Gora der höchste Gipfel der adriatischen Inseln. Von hier aus bietet sich ein unvergesslicher Blick auf den hornförmigen Strand Zlatni Rat und ein unglaubliches Panorama der adriatischen Meereslandschaft: die Nachbarinsel Hvar sowie Vis, Korčula und die Halbinsel Pelješac.

Von Bol aus folgt man dem ausgeschilderten Wanderweg 102 durch duftende Kiefernwälder. Es ist eine zweistündige Wanderung, die sich allmählich bergauf windet. Wem das zu anstrengend ist, braucht sich nicht zu schinden – Vidova Gora ist auch über die Straße erreichbar.

Eremitage Blaca

Ein Schritt in die Vergangenheit

Die eindrucksvolle **Eremitage Blaca** (Pustinja Blaca) ist ein kleiner Komplex weißer Steinbauten, die in eine Felswand gebaut wurden und nur zu Fuß zu erreichen sind. Von Dragavoda aus folgt man dem markierten 2,5 km langen felsigen Pfad durch Aleppokiefern- und Steineichenwälder nach unten, oder man fährt mit dem Boot in die Bucht von Blaca und geht bergauf.

Auf der Flucht vor osmanischen Verfolgern kamen die ersten Mönche 1551 hierher und blieben bis 1963, als der letzte ihres Ordens hier starb: Pater Nikola Miličević, ein Mathematiker, Dichter, Lehrer, Musiker und Astronom.

Die Räume und Alltagsgegenstände der Eremitage blieben wie ein faszinierendes, in der Zeit eingefrorenes Museum erhalten. Im ehemaligen Schulhaus wirken die alten Holzschreibtische und der Abakus wie unberührt. Daneben gibt es eine Bibliothek mit über 8000 Büchern in fünf Sprachen, eine Sammlung alter Uhren, die erste Druckerpresse der Insel und ein 3 m langes Teleskop. In der Küche sind die natürlich entstandenen Höhlen zu sehen, in denen die Eremitage ihren Anfang nahm.

Bei einem geführten Rundgang erfährt man interessante Details über das tägliche Leben der Mönche. Sie pflanzten Weinberge und 1000 Olivenbäume entlang der Klippen in schwierigem Gelände und stellten Honig und Käse her. Schwere Möbelstücke aus Wien wurden mit Eseln den Berg hinaufgeschleppt, mit Ausnahme des 400 kg schweren Klaviers, das zwölf Arbeiter acht Stunden lang tragen mussten; dafür gab's 56 l Wein als Entschädigung.

Die Vergangenheit erleben in Škrip

Bračs älteste Siedlung

Das kompakte Bergstädtchen Škrip, 4 km südlich der Küstenstadt Splitska, ist gespickt mit Gebäuden aus jahrhundertealtem Stein. Die älteste Siedlung der Insel hat einen rustikalen Charme, der jede Mauer und jede gepflasterte Gasse durchdringt.

Das imposante **Kaštil Radojković** aus dem 16. Jh. am Rand der Stadt beherbergt das faszinierende **Museum der Insel Brač** (Muzej otoka Brača), eines der meistbesuchten in Kroatien. Hier kann man steinerne Relikte, antike Amphoren und Alltagsgegenstände besichtigen, die Aufschluss über die landwirtschaftlichen und steinverarbeitenden Traditionen der Insel geben.

Die ehemalige Ölmühle von Škrip aus dem 19. Jh. wurde in ein **Olivenölmuseum** (Muzej uja; muzejuja.com) umgewandelt, in dessen Mittelpunkt eine alte Presse steht. Hier kann man sich über die Geschichte der Olivenproduktion auf der Insel, die einst hier einer der wichtigsten Wirtschaftszweige war, informieren und anschließend das preisgekrönte Öl der Familie Cukrov, die das Museum besitzt und leitet, probieren.

Von Škrip aus führt ein 2 km langer Weg bergab, vorbei an Olivenhainen bis zum hübschen **Dol**. Das stimmungsvolle Dorf aus Steinhäusern erstreckt sich über einen Hang, der von hoch aufragenden Zypressen und aus rotem Stein herausgehauenen Naturhöhlen geziert wird.

WARUM ICH BRAČ LIEBE

Isabel Putinja, Autorin

Brač ist eine Insel mit vielen Reizen, die mich immer wieder hierher locken. Ihr berühmter Strand, der hornförmige Zlatni Rat, wird dem Hype um seine sanften weißen Kieselsteine und sein klares türkisfarbenes Wasser gerecht.

Die Eremitage Blaca aus dem 16. Jh. besticht durch ihre Lage auf einem abgelegenen Hügel, der nur zu Fuß erreichbar ist, und durch ihre faszinierenden Innenräume, die seit Jahrhunderten in der Zeit stehen geblieben sind.

Auf dieser Insel mit ihren spektakulären Berglandschaften befindet sich auch der höchste Gipfel in der Adria: Vidova Gora, von wo aus man einen Panoramablick auf die umliegenden Inseln hat.

Ich liebe Brač auch wegen seiner vielen Olivenhaine. Dieser magische Baum ist ein Symbol für das wichtigste Anbauprodukt, das hier seit Jahrtausenden kultiviert wird.

ÜBERNACHTEN AUF BRAČ

Villa Giardino Heritage Boutique Hotel in Bol
Charmante Villa in einem grünen Garten im Herzen von Bol mit eleganten Gästezimmern. **€€€**

Hotel Osam in Supetar
Stilvolles Hotel nur für Erwachsene mit Außenpool, Restaurant im Freien und Dachterrassenbar mit Aussicht. **€€€**

Olife Hotel in Milna
Helle, lichtdurchflutete Gästezimmer in einem hübschen historischen Gebäude direkt an der Strandpromenade von Milna. **€€**

DIE BESTEN GASTRO-ERLEBNISSE AUF BRAČ

Marino Franinović, Eigentümer der Villa Giardino (@villa.giardino.bol) und Experte für erneuerbare Energien.

Konoba Kopačina in Donji Humac
Der Panoramablick und die traditionellen Gerichte aus gesunden Zutaten garantieren ein unvergessliches Speiseerlebnis.

BioMania in Bol
Veganes Restaurant mit zwei Standorten: einem Bistro in Bol und einem Streetfood-Stand am Strand von Zlatni Rat.

Agroturizam Kaštil Gospodnetić in Dol
Schönes Restaurant, in dem man auf einer rustikalen Terrasse mit Blick auf die Terrakotta-Dächer von Dol hervorragende lokale Küche genießen kann.

Apinelo in Supetar
Das Restaurant ist nicht nur wegen seiner köstlichen Küche beliebt, sondern auch wegen seines Ambientes und des tadellosen Services.

Mali Raj in Bol
Charmantes Restaurant in einem Garten, das ich besonders wegen der frischen Meeresfrüchte empfehlen kann.

Pučišća (S. 206)

Steinmetzschule in Pučišća

Die Kunst am Stein

Wer das hübsche Pučišća besucht, das in einer tief eingeschnittenen Bucht an der Nordküste von Brač liegt, hört garantiert das Klopfen von Meißeln auf Stein. Wenn man diesem Geräusch folgt, kommt man zu einem hübschen dreistöckigen Gebäude aus weißem Stein mit einem Säulengang am Ufer des Wassers. Dies ist die berühmte Steinmetzschule von Pučišća (Klesarska Škola Pučišća; klesarskaskola.hr), die 1956 gegründet wurde, um die lange Tradition der Stadt als Steinbruchstätte und Ausbildungszentrum für Steinmetze zu bewahren, die bis 1906 zurückreicht.

Studenten aus ganz Kroatien und Europa werden hier im Umgang mit traditionellem Handwerkszeug ausgebildet, basierend auf der alten römischen Schule der Steinmetztechniken. Im Ausstellungsraum im Erdgeschoss kann man einige der Kreationen der Studenten bewundern, die aus dem für die Insel typischen weißen Stein gemeißelt wurden.

ÜBERNACHTEN AUF BRAČ

Hotel Lemongarden in Sutivan
Historisches Hotel in einem schönen Garten mit Außenpool, Privatstrand und Spa. **€€€**

Hotel Lipa in Postira
An der hufeisenförmigen Bucht von Postira gelegenes modernes Gebäude mit Außenpool, Whirlpool und Sauna. **€€€**

Waterman Svpetrvs Resort
Modernes, bei Familien beliebtes Resort am Meer, nur 2 km westlich des Fährhafens von Supetar. **€€€**

Hvar

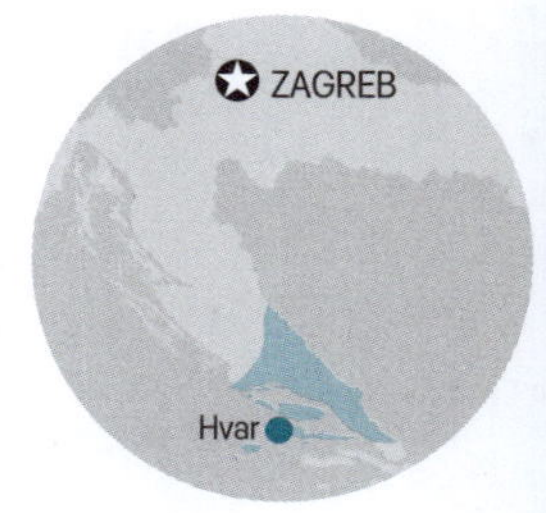

SCHICKE UMGEBUNG | HISTORISCHE MONUMENTE | CHARMANTE STÄDTE

Hvar ist zu einem Synonym für Protz geworden, dank des Images von Hvar (Stadt) als mondänes Reiseziel des Jetsets. Die Inselhauptstadt ist zudem für ihr pulsierendes Nachtleben und die Strandbars bekannt, in denen bis in die Morgenstunden gefeiert wird. Für alle, die kein Fan der Glitzerwelt oder der nächtlichen Partys sind, gibt es auch noch den Rest der Insel.

Stari Grad, eine der ältesten kroatischen Städte, ist reizvoll und schont den Geldbeutel. Dann sind da noch die charmanten Hafenstädte Jelsa und Vrboska und die Ebene von Stari Grad – ein UNESCO-Welterbe.

Weitere Highlights sind die malerischen, von Stränden gesäumten Buchten, die duftenden Lavendelfelder und die hervorragenden hiesigen Weine. Die meisten Attraktionen konzentrieren sich auf den Westteil der Insel, was bedeutet, dass sich nur wenige weiter östlich als Jelsa vorwagen – außer vielleicht, um die Fähre vom östlichsten Ort Sućuraj zum Festland zu nehmen.

UNTERWEGS VOR ORT

Eine regelmäßige Buslinie verbindet die Stadt Hvar, den Hafen von Stari Grad, Stari Grad (Stadt) und Jelsa. Es gibt Auto- und Rollervermietungen sowie E-Bikes – eine bequeme Möglichkeit für sportliche Menschen, die hügeligen Straßen zu überwinden.

In den Hafenstädten findet man Taxiboote, mit denen man bequem zu den Stränden und nahegelegenen Inseln gelangen kann. Außerdem kann man ein eigenes Boot mit einem 5-PS-Motor mieten, für das kein Bootsführerschein erforderlich ist.

TOP TIPP

Hvar (Stadt) wird nur von Passagierfähren angefahren (auf den Fahrplänen als *katamaran* aufgeführt), Autofähren (*trajekt*) kommen im Hafen von Stari Grad an, der 3 km von Stari Grad und 16,5 km von Hvar (Stadt) entfernt ist.

Tour durch die historische Stadt Hvar

Kathedralen und Burgen

Mittelpunkt des religiösen, öffentlichen und gesellschaftlichen Lebens der Stadt Hvar ist der Stefansplatz mit seinem Namensgeber, die barocke **Kathedrale des hl. Stefan** und ihrem Glockenturm am östlichen Ende. An der südwestlichen Ecke befindet sich das kastenförmige **Arsenal** aus dem 14. Jh., eine ehemalige venezianische Werft, die heute als Ausstellungsraum genutzt wird. Im oberen Stockwerk befindet sich das älteste Theater Europas. Wenn man die Außentreppe zur mit Geländern versehenen Terrasse hinaufsteigt, hat man einen Blick auf die eleganten weißen Steinfassaden des Platzes, den Uhrenturm aus der Renaissance und die Loggia, den winzigen Hafen und die Straßencafés, die sich schon früh mit Gästen füllen.

Geht man an der Kathedrale vorbei und über eine kurze Treppe auf der linken Seite hinauf, stößt man bald auf den täglichen **Obst- und Gemüsemarkt**. Danach schlendert man durch die

ÜBERNACHTEN AUF HVAR

White Rabbit Hostel
Gemütliche Privatzimmer und gemischte Schlafsäle mit Schließfächern, Klimaanlage und Küche, mitten im Zentrum von Hvar (Stadt). **€**

Palace Elisabeth Hotel
Schickes Fünf-Sterne-Hotel in Hvar(Stadt) in einem historischen Gebäude mit Zimmern mit Meerblick, einem Restaurant mit gehobener Küche, einem Pool und einem Spa. **€€€**

Hotel Antica
Kleines Hotel direkt am Meer mit Außenpool. In der Nähe des Fährterminals und in Gehweite zu Stari Grad. **€€€**

engen, ansteigenden Steinstraßen und folgt den Schildern zur **Fortica**, der venezianischen Burg der Stadt. Von den Festungsmauern aus bietet sich ein atemberaubender Blick auf die Terrakotta-Dächer und die Pakleni-Inseln in der glitzernden Adria.

Die Pakleni-Inseln erkunden

Buchten, Höhlen und Strände

In den Gewässern vor Hvar (Stadt) liegen etwas mehr als ein Dutzend kleiner, unbewohnter Inseln. Die autofreien **Pakleni-Inseln** schreien förmlich nach Abenteuer: Hier gibt es geheime, kristallklare Buchten und strahlende Strände zu entdecken.

Einige Strände, wie Palmižana auf Sv Klement und Carpe Diem auf Marinkovac, haben eine alteingesessene Strandbar- und Clubszene. Jerolim ist für ihren FKK-Strand bekannt, der Mlini-Strand auf Marinkovac ist etwas für Leute, die ein ruhiges Plätzchen zum Schwimmen suchen. Vom Hafen von Hvar (Stadt) fahren regelmäßig Boote für 10 € hin und zurück.

Das historische Stari Grad

Verwinkelte Gassen und besinnliche Zufluchtsorte

Stari Grad bedeutet „alte Stadt“ – passend für die älteste Siedlung Kroatiens. Ihr ursprünglicher Name, den ihr die Griechen gaben, die sie 384 v. Chr. gründeten, war aber Faros. Auf den Plätzen mit Renaissance-Gebäuden und venezianischen Palazzi und in den verwinkelten Gassen spürt man das Flair der alten Welt.

Das markanteste Wahrzeichen, **Trvdalj**, wurde im 16. Jh. von dem Dichter und Philosophen Petar Hektorović als Sommerresidenz erbaut. Im Inneren gibt es einen rechteckigen Fischteich, der von einer schönen Arkade aus gewölbtem Stein umgeben ist, sowie einen romantischen ummauerten Garten voller Kräuter und Heilpflanzen. Man kann sich vorstellen, dass sich der Renaissance-Dichter von diesem ätherischen Idyll inspirieren ließ.

Hinter den hohen Steinmauern des **Dominikanerklosters des hl. Petrus von Verona** aus dem 15. Jh. verbirgt sich ein weiteres außergewöhnliches Refugium, das zur Besinnung einlädt. In diesem schönen Klostergarten mit seinen Orangenbäumen kann man verweilen, in der mittelalterlichen Bibliothek mit ihren uralten Büchern und der Gemäldesammlung, zu der auch Tintorettos *Beweinung Christi* gehört, kann man stöbern.

Eine Weinverkostung auf Hvar

Aromen des Bodens

Hvars einheimische Rebsorten haben es in sich. Die Weißweine haben einen Alkoholgehalt von 11% bis 14,5%, die Rotweine schwanken zwischen 12% und 18%. Neben *plavac mali* – dem älteren dalmatinischen Cousin des Zinfandel, der hier wächst – gibt es noch eine Reihe anderer Rebsorten, die auf Hvar heimisch sind: *bogdanuša, prč, kuč* und *maraština* werden zu Weißweinen gekeltert, *drnekuša* ist eine seltene rote Sorte.

Zu den bekanntesten Weingütern der Insel gehören **Duboković** in Jelsa, **Pavičić** in Vrbanj und **Zlatan Otok** in Sv Nedjelja. Eine private Weinbergbesichtigung und eine Weinverkostung kann man bei **Secret Hvar** (☎ 095 805 9075) buchen.

BEACHCLUBS & BARS AUF HVAR

Hula Hula Hvar
Hier wird den ganzen Tag über gefeiert, gegessen, getrunken, geschwommen und gelacht.

Falko
Hängematten, die zwischen Kiefern aufgespannt sind, Sitzsäcke und Liegestühle machen diesen Ort zu einer perfekten Chill-out-Zone.

Laganini
Lounge-Bar und Fischrestaurant mit herrlich rustikaler Atmosphäre auf der Insel Sv Klement.

Hvar Beach Club
Gepflegte Cabanas und Sonnenliegen am Wasser für eine Sonnentherapie abseits der Party-Szene.

Carpe Diem
Legendärer, an Ibiza erinnernder, aber überteuerter Beach Club am Stipanska-Strand auf der Insel Marinkovac.

Scan den QR-Code, um Hvar und andere Top-Spots zu entdecken

EINE RADTOUR DURCH DIE EBENE VON STARI GRAD

Vom **1 Busbahnhof Stari Grad** radelt man in östlicher Richtung auf der Put Gospojice, wo der Asphalt schnell in Schotter übergeht. Es geht vorbei an Steinmauern, die Weinberge und Olivenhaine umschließen. Nun fährt man durch die Ebene von Stari Grad, die wegen ihrer Bedeutung als „Kulturlandschaft" von der UNESCO zum Weltkulturerbe erklärt wurde. Die Griechen kamen im 4. Jh. v. Chr. hierher und schufen dieses geometrische Raster der Landaufteilung, das aus 73 rechteckigen Parzellen besteht, die durch Trockensteinmauern abgegrenzt sind.

Nach der winzigen **2 Liebfrauenkirche** aus dem 16. Jh. fährt man 1 km weiter und hält Ausschau nach zwei hohen Zypressen, unter denen noch ein **3 gut erhaltener Trim** steht. Dieser runde Unterstand aus ordentlich aufgeschichteten flachen Steinen bot den Bauern Schutz vor Sonne und Regen. An der nächsten Abzweigung verlässt man die Hauptstraße und radelt 1,5 km auf dem **4 Mathio-Pfad** bis zu einem Schild, das zum **5 Maslinovnik** weist. Ein felsiger Fußweg führt zu den Überresten dieses rechteckigen Wachturms, der einst Teil des Verteidigungssystems aus dem 4. Jh. v. Chr. war.

Zurück auf der Hauptstraße führt ein Schild zur **6 OPG Dionis**, eine rustikale Familientaverne mit einladendem Innenhof. Hier kann man sich mit leckeren Säften, hausgemachtem Käse und Schinken erfrischen oder eine selbstgekochte Mahlzeit mit gegrilltem Fisch oder Fleisch genießen. Weiter geht's Richtung **7 Vrboska**, einem stimmungsvollen Ort mit Kanälen und Bogenbrücken. Man folgt der reizvollenn Straße, die sich an der Küste bis **8 Jelsa** erstreckt. Hier genießt man ein bisschen die trubelige Atmosphäre des von Cafés gesäumten Hafens, bevor man über **9 Vrbanj** nach Stari Grad zurückkehrt.

ISLAVICEK/SHUTTERSTOCK ©

Jelsa

Vis

BUCHTEN & HÖHLEN | MILITÄRGESCHICHTE | POSTKARTENSTRÄNDE

UNTERWEGS VOR ORT

Mit nur 90 km² ist Vis eine kleine, überschaubare Insel. Ein begrenzter Busservice verbindet die beiden größten Städte Vis (Ort) und Komiža, wer mehr erkunden möchte, braucht ein eigenes Fahrzeug. Man kann Autos, Motorroller, Quads und E-Bikes mieten.

Eine bequeme Möglichkeit, abgelegene Strände, Buchten und nahe Inseln zu erkunden, ist ein Boot zu mieten (für Boote mit 5-PS-Motor ist kein Führerschein erforderlich) oder an einer der vielen Bootstouren teilzunehmen, die sowohl in Vis (Ort) als auch in Komiža angeboten werden.

TOP TIPP

Die beiden Hauptorte der Insel, Vis und Komiža, liegen an entgegengesetzten Enden. Die Fähren vom Festland legen in Vis (Ort) an, was die Anreise etwas bequemer macht. Aber der Bus nach Komiža ist auf die Fähre abgestimmt, sodass der Ort fast genauso gut erreichbar ist.

Die Abgeschiedenheit und der mysteriöse Zauber der Insel Vis locken immer mehr Reisende an. Sie ist die am weitesten vom kroatischen Festland entfernte bewohnte Insel und war bis Anfang der 1990er-Jahre und dem Zerfall Jugoslawiens für Außenstehende gesperrt. Ihre militärische Vergangenheit ist Teil ihres Rätsels.

Während der Präsidentschaft Titos diente die Insel als strategischer Vorposten in der Adria. Er nutzte sie als geheime Militärbasis und baute ein unterirdisches Netz von über 30 Bunkern, einen Bombenkeller und sogar einen U-Boot-Tunnel. Im Jahr 2017 wurde hier *Mamma Mia! Here We Go Again* gedreht, wodurch die Insel endgültig auf die touristische Landkarte kam. Viele Tagesgäste kommen mit Booten von den Nachbarinseln und sogar aus Split hierher und steuern die Hauptattraktionen an: die fotogene Stiniva-Bucht und die Blaue Höhle auf der nahen Insel Biševo.

Ein Bummel von Vis nach Kut

Entlang der Strandpromenade

Die Promenade von Vis (Ort) erwacht nach 18 Uhr zum Leben. Dann legen die Jachten für die Nacht an, die Passagiere verlassen sie für einen trittsicheren Spaziergang und die Cafés am Wasser füllen sich mit Gästen, die das Treiben beobachten.

Startpunkt ist der **Perasti-Turm**, aus dem 17. Jh., der zur Verteidigung der Stadt gegen die Osmanen erbaut wurde, von dort aus geht es nach Osten. Auf der anderen Seite des Wassers thront die **Kirche des hl. Hieronymus** (Crkva Sv Jeronim), bekannt aus *Mamma Mia II*, auf der Halbinsel Prirovo. Blickt man zurück zur Promenade, kann man die rote Fassade des **Kroatischen Hauses** (Hrvatski Dom) nicht übersehen, ein stattliches neugotisches Gebäude, das seit der Jahrhundertwende das Hafenviertel ziert. Danach lohnt sich ein Besuch bei **Concept Vis**, einem Designgeschäft, das handgefertigte Souvenirs, Kosmetika und Kunstwerke von kroatischen Künstler:innen und Kunsthandwerker:innen anbietet. Schon bald führt die Promenade hinauf nach Kut, wo sie in engen Gassen zwischen weißen Stein-

SEHENSWERTES

1 Kirche des hl. Hieronymus S. 212
2 Kroatisches Haus S. 212
3 Gusarica-Strand S. 214
4 U-Boot-Tunnel Jastog S. 214
5 Kamenica-Strand S. 214
6 Fischerfestung Komuna S. 214
7 Hafen von Kut S. 214
8 Raketenbasis S. 214
9 New Post S. 214
10 Gospina batarija S. 214
11 Perasti-Turm S. 212
12 Radarstation S. 214
13 Bucht von Stiniva S. 215
14 Vela Glava S. 215

AKTIVITÄTEN

15 Blaue Höhle S. 215
16 Grüne Höhle S. 215

SHOPPEN

17 Concept Vis S. 212

VUGAVA-WEINE IN EINEM BUNKER

Vis hat ihre eigene Rebsorte namens *vugava*, die zu einem feinen Weißwein gekeltert wird. Das **Weingut Lipanović** (lipanovic.com/en) liegt nur wenige Gehminuten von Vis (Ort) entfernt in einem ungewöhnlichen Ort, was angesichts der militärischen Vergangenheit der Insel nicht allzu überraschend ist.

Das Familienweingut ist seit dem Jahr 2000 in einem ehemaligen Bunker untergebracht, in dem die Innentemperatur auf natürliche Weise konstant bei angenehmen 19° C liegt.

Täglich von 16 bis 22 Uhr können Gäste an einer Führung und einer Verkostung teilnehmen – allerdings sollte man vorher reservieren, um sicherzustellen, dass ein Platz frei ist. Neben dem lokalen *vugava* können Weinliebhaber auch ein Glas *opol*-Roséwein und *plavac mali*, den beliebten dalmatinischen Rotwein, probieren.

Diesen QR-Code scannen, um eine Führung im Weingut Lipanović zu buchen.

palästen verläuft. Ein Wahrzeichen ist das **Gospina batarija**, eine Festung, die in den 1830er-Jahren unter österreichischer Herrschaft erbaut wurde und heute das **Archäologische Museum der Stadt Vis** (Arheološki muzej Vis) beherbergt.

Der charmante **Hafen** von Kut ist voller Restaurants und lebhafter Bars. Hier kann man den Tag mit einem Abendessen oder einem Schlummertrunk ausklingen lassen.

Eine Tour durch Komiža

Erbe der Fischerei und Strände

An einer malerischen Bucht im Schatten des Berges Hum liegt das hübsche Hafenstädtchen Komiža, der andere größere Ort der Insel mit einer langen Fischertradition. Alles dreht sich um den belebten Hafen mit seinen Cafés, Bars und Restaurants.

Am Südende des Hafens erhebt sich die **Fischerfestung Komuna**, die im 16. Jh. von den örtlichen Fischern finanziert wurde, um ihre Boote (und ihren Fang) vor Piratenangriffen zu schützen. An der Nordspitze von Komiža lockt der **Gusarica-Strand** mit weißen Kieselsteinen und superklarem Wasser. Ein jüngeres Publikum zieht es nach Süden, vorbei an der verlassenen Neptun-Fischfabrik, zum **Kamenica-Strand,** wo eine entspannte Atmosphäre und eine lebhafte Strandbar-Szene herrscht.

Militär-Tour auf der Insel Vis

Auf Titos Spuren

Die verlassenen Bunker und Tunnel, befestigten Unterstände und versteckten Wachtürme, die über die Insel verstreut sind, lassen sich am besten per Jeep oder Quad erkunden. Die Stätten selbst sollte man mit einem Führer besichtigen, vor allem um zu vermeiden, dass man sich im Labyrinth der Tunnel hoffnungslos verirrt. Buchen kann man bei einem Reisebüro in Vis oder Komiža.

Diese einst streng geheimen Militäranlagen wurden nach dem Zweiten Weltkrieg unter dem damaligen jugoslawischen Präsidenten Tito errichtet. Beim **New Post** kann man einen unterirdischen Bunker erkunden, der in eine Felswand am Meer gebaut wurde und in dem vier getarnte Geschütze bereitstanden, um die Insel vor Angriffen zu schützen, die nie erfolgten. In der nahen Bucht Parja liegt der 150 m lange **U-Boot-Tunnel Jastog**, der einst sorgfältig getarnt war. Nach dem Bau hielt man ihn für zu flach für U-Boote und er wurde für Kriegsschiffe umfunktioniert.

Am Kap Stupišće an der Südwestspitze der Insel befindet sich die größte der vielen Militäranlagen der Insel: eine (für die damalige Zeit) hochmoderne **Raketenbasis**. Dann folgt man der Straße, die zum Gipfel des Berges Hum führt, dem höchsten Punkt der Insel, wo einst eine **Radarstation** eingerichtet wurde, die heute noch von der kroatischen Armee genutzt wird.

ÜBERNACHTEN AUF VIS

Hotel San Giorgio
Das kleine, familiengeführte Hotel liegt in einer Gasse im charmanten Kut, östlich von Vis (Ort). **€€€**

Villa Vis
Traditionelles Stadthaus in Vis (Ort) mit modernem Interieur, in der Nähe von Restaurants, Bars und Strand. **€€€**

Villa Nonna
Altes Stadthaus mit sieben geschmackvoll eingerichteten Apartments im Herzen von Komiža. **€**

In **Vela Glava**, wo bis 1990 die Kommandozentrale der gesamten Region war, geht's in den Untergrund. In den 300 m langen Tunneln verbirgt sich ein Luftschutzbunker, der bis zu 300 Personen und Vorräte für sechs Monate aufnehmen konnte.

Versteckte Buchten & strahlende Höhlen erforschen

Lichtspiele und Naturwunder

Die verblüffende **Bucht von Stiniva** und ihr winziger Strand sind fast völlig von einem Kreis felsiger Klippen umschlossen, nur eine schmale Mündung öffnet sich ins Meer, breit genug für ein kleines Boot. Den besten Blick auf dieses Naturwunder hat man von der Spitze des steinigen Ziegenpfads, der sich vom Dorf Žuzeca aus gefährlich zum Strand hinunterschlängelt. Die meisten Strandbesucher kommen jedoch mit dem Boot an und schwimmen durch die felsige Passage zum weißen Kieselstrand oder setzen sich in eines der an der Bojenleine befestigten Schlauchboote. In der Hochsaison sollte man früh anreisen, um Staus an diesem beliebten natürlichen Badeplatz zu vermeiden.

Die **Blaue Höhle** auf der winzigen Insel **Biševo**, nur 5 km vor der Südwestküste von Vis, ist bekannt für ihr erhabenes blaues Licht, das durch eine Unterwasseröffnung entsteht, durch die Sonnenlicht dringt. Ein Nummernsystem regelt den Andrang an der Anlegestelle, wo die Besucher:innen in kleine Fischerboote umsteigen. Beim Durchqueren des engen Höhleneingangs muss man sich ducken, dann weicht die Dunkelheit langsam dem erstaunlichen blauen Licht des Wassers. Schwimmen ist verboten, und man sollte sich nicht länger als fünf Minuten in dieser fantastischen Unterwelt aufhalten.

Die **Grüne Höhle** auf der Insel **Ravnik** ist ein weiterer obligatorischer Halt auf jeder Bootstour. Gegen eine Gebühr kann man in die zum Meer hin offene Höhle schwimmen oder sie von einem kleinen Boot aus erkunden. Das Licht, das durch zwei Löcher in der Höhlendecke eindringt, erzeugt leuchtend grüne Farbtupfer in dem ansonsten trüben Wasser.

Fast jedes Reisebüro sowohl in Vis-Stadt als auch in Komiža hat eine Bootsfahrt zu diesen beliebten Naturattraktionen im Angebot, oft mit Bade- und Picknickstopps auf dem Weg.

Zu den beliebtesten Stränden gehören der Strand **Prirovo**, nur einen kurzen Spaziergang vom Hafen der Insel Vis entfernt, der hufeisenförmige Kiesstrand **Grandovac** hinter dem britischen Friedhof, der wilde Strand **Srebarna** mit großen weißen Kieselsteinen an der Südküste und der Sandstrand **Velika Smokova** mit kristallklarem Wasser, der nur per Boot erreichbar ist.

VIS: EIN UNESCO-GEOPARK

Vis und sein Archipel aus nahegelegenen Inseln, zu denen Biševo, Sv Andrija, Brusnik, Jabuka und Palagruža gehören, erhielten aufgrund ihrer besonderen Geologie den Status eines UNESCO-Geoparks.

Jabuka, Brusnik, Biševo und Palagruža bestehen aus vulkanischen Gesteinsformationen, die vor 220 Mio. Jahren entstanden, was sie zu den geologisch ältesten Inseln ihrer Art in der Adria macht. Gleichzeitig besteht der Archipel aber auch aus jüngeren Gesteinsformationen, die sich aufgrund tektonischer Aktivitäten immer noch bewegen und heben.

Auf der Website des Geoparks Vis (geopark-vis.com/eng) erfährt man mehr über diese geologischen Formationen und die lehrreichen Geotrails, die die Insel Vis durchziehen.

Diesen QR-Code scannen, um mehr über die Geologie und die Geotrails zu erfahren

ESSEN AUF VIS

Lola
Versteckt in einem grünen Innenhof in Vis (Ort) mit einer Speisekarte voller mediterraner Köstlichkeiten. Nur abends. €€

Fabrika
Direkt an der Strandpromenade von Komiža gelegen, bietet dieses farbenfrohe Bistro eine umfangreiche Speisekarte mit vegetarischen Optionen. €€

Konoba Gušti Poja
Diese entspannte Taverne mit Retro-Ambiente serviert Hausmannskost in Podšpinj, 11 km von Vis (Ort). €€

Makarska Riviera

TRAUMHAFTE STRÄNDE | BERGPFADE | IDYLLISCHE NATUR

UNTERWEGS VOR ORT

Auf der Küstenstraße fahren regelmäßig Busse, die die Küstenorte der Makarska Riviera verbinden. Eine Autofähre setzt viermal täglich von Makarska nach Sumartin auf der nahegelegenen Insel Brač über. Im Sommer bringt ein Hochgeschwindigkeitskatamaran Passagiere von Makarska nach Split, Bol auf Brač, Korčula (Ort), Pomena auf Mljet und Dubrovnik.

TOP TIPP

Wegen der Hitze empfehlen wir, im Juli und August keine Bergtouren im Biokovo-Gebirge zu machen. Man sollte unbedingt auf den markierten Wegen bleiben und muss auf unbeständige Wetterbedingungen vorbereitet sein. In Notfällen ist der kroatische Bergrettungsdienst unter 112 erreichbar.

Die Makarska Riviera besteht aus einem 60 km langen Küstenabschnitt mit traumhaften Kieselstränden und Strandpromenaden. Dieser malerische Streifen der dalmatinischen Küste liegt zwischen dem türkisfarbenen Wasser der Adria und einer 1500 m hohen Wand, die vom mächtigen Biokovo-Gebirge gebildet wird. Sonnenhungrige zieht es in den heißen Sommermonaten an die belebten Strände von Makarska, Baška Voda und Brela, um eine Dosis Vitamin Meer zu tanken, während Wanderer im Frühjahr und Herbst die Bergpfade erklimmen und den Panoramablick genießen. Ein großer Teil des Gebirges gehört zum Naturpark Biokovo, einem Landschaftsschutzgebiet mit dem Sv Jure als höchstem Gipfel (1762 m). Am Fuße des Parks liegt das idyllische Bergdorf Kotišina mit einem botanischen Garten und einem multimedialen Interpretationszentrum. Der 2020 eröffnete gläserne Biokovo Skywalk ist die neueste Attraktion des Parks.

Strand-Hopping an der Makarska

Ein Paradies für Sonnenanbeter

Das hübsche Strandstädtchen Makarska liegt an einem natürlichen Hafen, der im Osten vom baumbewachsenen Kap Osejava und im Westen von der Halbinsel St. Peter begrenzt wird. Von hier aus zieht sich ein 2 km langer Streifen von Kiesstränden entlang der Küste, die von glasklarem Wasser umspült werden und im Verlauf den Namen wechseln.

Der **Stadtstrand** erstreckt sich bis zum Hotel Dalmacija, wo er zum **Biloševac-Strand** wird, der sich bis zum Aminess Khalani Beach Hotel fortsetzt. Hier lockt der **Buba-Strand** mit seiner belebten Bar und lauter Musik partyfreudige Sonnenanbeter an. Die, die etwas Zurückgezogeneres suchen, gehen 2,5 km östlich des Zentrums durch den **Waldpark Osejava** zu den weißen Kieselsteinen und dem kristallklaren Wasser des **Nugal-Strand**, an dem Kleidung kein Zwang ist.

Flucht ins Bergdorf Kotišina

Ein botanischer Garten und eine alte Festung

In Makarska lohnt es sich, nach den Schildern Ausschau zu halten, die auf den Fußweg nach **Kotišina** hinweisen. Der 3 km lange Spaziergang vorbei an Olivenbäumen und fröhlichen Ginster- und Granatapfelbüschen zu diesem Bergdorf ist steil, aber malerisch. Die Steinhäuser des 1963 durch ein Erdbeben weitgehend zerstörten Ortes wurden restauriert und zu Ferienhäusern umgebaut.

Inzwischen haben EU-Gelder den wenigen, aber bemerkenswerten Attraktionen von Kotišina neues Leben eingehaucht. Der frisch gestaltete **Botanische Garten** erstreckt sich über einen 16,5 ha großen, wilden Hang, der 350 bis 500 m oberhalb des Dorfs liegt. Der vom Franziskanermönch Jure Radić angelegte Park beherbergt eine wilde Ansammlung von über 300 endemischen Pflanzenarten, Blumen und Heilkräutern, die zwischen den Felsen wachsen.

Blickt man nach oben, entdeckt man die Festung von **Veliki Kaštel** in der Felswand. In den kürzlich renovierten Festungsanlagen befindet sich das **Veliki Kaštel Interpretationszentrum** mit gut gestalteten Multimedia-Ausstellungen auf fünf Etagen. Hier erfährt man mehr über das Ökosystem des Biokovo, seine Flora und Fauna und die lokalen Traditionen, wobei durch interaktive Touchscreens, VR-Headsets und sogar die Düfte der lokalen Pflanzen alle Sinne angesprochen werden.

JADRANSKA MAGISTRALA – KROATIENS MALERISCHE KÜSTENSTRASSE

Bei ihrer Fertigstellung 1965 war die einspurige Jadranska Magistrala das bis dahin größte Infrastrukturprojekt Jugoslawiens. Sie schlängelt sich über 818 km entlang der felsigen Adriaküste von Rijeka bis zur albanischen Grenze.

Indem sie die Nordadria mit dem Süden verband, veränderte die Straße das Alltagsleben in den Küstenstädten, kurbelte die lokale Wirtschaft an und begründete den Beginn des Tourismus in Jugoslawien.

EIN BESUCH IM NATURPARK BIOKOVO

Um den Naturpark Biokovo zu erreichen, fährt man 6 km auf der Straße von Makarska nach Vrgorac. Der Park ist zu Fuß, mit dem Auto, Motorrad oder Fahrrad zugänglich.

Wer mit dem Auto anreist, sollte beachten, dass nur 20 Fahrzeuge pro Stunde in den Park einfahren dürfen, Grund dafür ist die schmale, einspurige Straße (die zu bewältigen eine Herausforderung sein kann!).

Die Tickets müssen im Voraus online auf der Website des Naturparks Biokovo (pp-biokovo.hr/de) gebucht werden. Die Eintrittspreise variieren je nach Art des Fahrzeugs, Fahrräder sind am günstigsten.

Organisierte Ausflüge können auch in Reisebüros in Makarska gebucht werden. Der Park ist von November bis März für Reisende geschlossen.

Diesen QR-Code scannen, um Tickets für den Naturpark Biokovo zu buchen.

Biokovo Skywalk

Schwindelerregende Höhen im Naturpark Biokovo

Hohe Berge und Meerblick

Der 196 km^2 große **Naturpark Biokovo** lockt mit einigen der besten Wandertouren Kroatiens und den spektakulärsten Ausblicken auf die Adria und die Inseln. Über 40 Wanderwege durchziehen den Park, doch die mit Abstand beliebtesten schlängeln sich vom Städtchen Makarska aus zu den beiden höchsten Gipfeln hinauf.

Es ist ein stetiger, vierstündiger Anstieg zum Gipfel des **Vošac** auf 1420 m und von dort aus ein weiterer anspruchsvoller, vierstündiger Aufstieg zum **Sv Jure**, dem dritthöchsten Gipfel Kroatiens mit 1762 m. Wer sich den Nervenkitzel ersparen will, kann

ÜBERNACHTEN IN MAKARSKA

Dalmacija Placeshotel by Valamar
Nur wenige Schritte von der Promenade entfernt, mit Pool, Spa-Center und Zimmern mit Balkon zum Meer. **€€€**

Hotel Maritimo
Die Lage am Strand, die Balkone mit Meerblick und das Frühstück am Wasser dieses Hotels überzeugen schnell. **€€**

Aminess Khalani Beach Hotel
Schickes Anwesen direkt am Strand mit Innen- und Außenpools sowie einem Spa- und Wellnesscenter. **€€€**

die raue, 23 km lange einspurige Straße (die höchstgelegene Straße des Landes) bis nach oben fahren, wo sich ein Fernsehturm und eine winzige Kirche befinden (ja, die höchstgelegene Kirche Kroatiens!).

Auf dem **Biokovo Skywalk** (April–Okt. tagsüber, außer bei schlechtem Wetter) steht man in 1228 m Höhe auf einem halbrunden Glassteg, der 11 m aus der Felswand herausragt. Aus der Vogelperspektive hat man einen fantastischen Blick auf die Makarska Riviera und das Meer, an klaren Tagen kann man sogar bis nach Italien sehen. Diese Attraktion befindet sich neben dem Informationszentrum, 13 km vom Parkeingang entfernt (30 Min. Fahrt).

Am Meer in Brela

Dalmatiens atemberaubendste Strände

Der wunderschöne 7 km lange weiße Kieselstrand von Brela, der von unglaublich aquamarinblauem Wasser umspült wird, steht auf mehr als nur einer Liste der „schönsten Strände Europas". Die massiven Aleppo-Kiefern, die sich längs der Strandpromenade aufreihen und mit ihren tiefhängenden Ästen einen zauberhaften Baldachin bilden, der sich anmutig zum Meer hin neigt, tragen zu seinem Reiz bei. Dieses außergewöhnliche Bild wird durch das majestätische Biokovo-Gebirge vervollständigt, das sich im Hintergrund erhebt; in der Ferne ragt die Insel Brač aus dem Wasser.

Entlang der Strandpromenade in Richtung Norden verbergen sich zahlreiche hübsche Felsbuchten und fast ein Dutzend Kieselstrände, an denen man sein Handtuch ausbreiten kann. Die Strände sind zwar lang, aber eher schmal, sodass es im Hochsommer eng wird. Es empfiehlt sich auch nicht, den Platz am Vorabend zu reservieren … Schilder weisen darauf hin, dass alles, was am Strand zurückgelassen wird, entfernt wird.

In Richtung Punta Rata biegt die Küste scharf rechtwinklig ab und geht in einen langgestreckten Strand über. Unübersehbar ragt überraschend ein Felsvorsprung aus dem Wasser. Auf ihm stehen sieben Aleppo-Kiefern, die in dem riesigen Stein Wurzeln geschlagen haben. Es handelt sich um den **Brela-Stein**, ein bekanntes Symbol dieses Strandortes.

Begibt man sich von Brela aus Richtung Süden, erreicht man den benachbarten Strandort **Baška Voda** in nur 30 Minuten zu Fuß über einen von eleganten Villen gesäumten Strandweg. Abschließend macht man es sich auf einem der Liegestühle in Hugo's Bar direkt am Strand bequem, genießt einen Cocktail und beobachtet, wie die Sonne ins Meer taucht …

AUF DEN SPUREN NAPOLEONS

Im Zickzack den Hang des Biokovo-Gebirges oberhalb von Brela hinauf führt die Französische Straße – ein Relikt aus Napoleons kurzer Herrschaft über Dalmatien im frühen 19. Jh. Obwohl unvollendet, gilt das, was der französische Kaiser als Abkürzung über das Gebirge geplant hatte, als außergewöhnlicher architektonischer Beitrag zum Straßenbau.

Heute ist diese Straße ein 5,8 km langer Wanderweg, der bis auf 450 m ansteigt. Schilder entlang des Weges geben interessante Einblicke in die damalige Bautechnik und Bauweise.

Mit nur 6 % Steigung (er wurde für den Transport mit Pferd und Wagen konzipiert) belohnt dieser leichte und stetige zweistündige Aufstieg mit einem weiten Blick über Brela, die Inseln und die darunter schimmernde Makarska Riviera.

ESSEN IN MAKARSKA

Konoba Kalalarga
Traditionelle Taverne mit Sitzgelegenheiten im Freien, in der dalmatinische Spezialitäten nach Art des Hauses zubereitet werden. €€

Restoran Bura
In diesem preisgünstigen Restaurant mit Blick auf den Hafen kann man nach den Tagesangeboten fragen oder einen Meeresfrüchte-Teller genießen €€

Jež
Gehobenes Restaurant mit eleganter Einrichtung, das auf Fischgerichte spezialisiert ist. €€

Dubrovnik & Süddalmatien

DIE PERLE DER ADRIA UND IHRE GLÄNZENDE SCHALE

Dubrovniks Ruf ist legendär, doch unter der filmreifen Oberfläche verbergen sich Schätze der europäischen Renaissance

Die atemberaubende Region Dubrovnik-Neretva liegt im äußersten Südosten Dalmatiens am Ende von Kroatien. Sie grenzt an Bosnien-Herzegowina und Montenegro.

Dubrovnik, die Hauptstadt dieser Gespanschaft, ist die am besten erhaltene, von einer Stadtmauer umgebene Stadt Europas und zu Recht weltberühmt. Die breiten, mit Marmor gepflasterten Prachtstraßen sind von imposanten Barockkirchen und gotischen Palästen gesäumt.

Die Stadt ist aber nicht nur ein ästhetischer Genuss, sondern war als Hauptort der ehemaligen Republik Ragusa im Mittelalter ein wichtiges Zentrum für Innovation, Justiz und Demokratie. So schaffte die Republik als erstes Land der Welt die Sklaverei ab. Sie war aber auch ein Zufluchtsort für religiös Verfolgte und ein wichtiges Handels- und Kulturzentrum in der Renaissance.

Die heutige Gespannschaft Dubrovnik-Neretva entspricht dem damaligen Ragusa. Jenseits der Altstadt sind in der ländlich geprägten Landschaft viele alte Industrien zu entdecken, beispielsweise Weingüter, Olivenmühlen, Austernfarmen und Salzgärten. Besonders viele sind noch in Ston erhalten, der Stadt mit der größten Steinmauer Europas. Sehenswert sind auch die Gärten in Trsteno, die Herrenhäuser im Mündungsgebiet des Dubrovačka, das kreative Cavtat und die vielen Dörfer und Festungen im Konavle-Tal.

Ob Geschichtsinteressierte, Feinschmecker oder Sonnenanbeter (die Strände sind fantastisch!), Süddalmatien begeistert alle und zu jeder Jahreszeit.

DIE WICHTIGSTEN ZIELE

DUBROVNIK
Die „Perle der Adria“ entdecken. S. 226

ELAPHITEN
Ein herrlich einsames Inselparadies. S. 239

CAVTAT
Küstenort mit überwältigender Geschichte. S. 242

Gegenüber: Doline im „Toten Meer" (S. 230); oben: Altstadt von Dubrovnik (S. 226)

KONAVLE-TAL
Sanfte Hügel und zauberhafte Dörfer. S. 244

KORČULA
Ausgezeichnete Weingüter und herrliche Strände. S. 247

INSEL MLJET
Unterschätzte Insel mit weiten Lagunen und vielen Höhlen. S. 252

Erste Orientierung

Kurvige Küstenstraßen mit traumhaften Ausblicken verbinden die Dörfer und Städte in Süddalmatien miteinander. Der schmale Landstrich liegt zwischen dem Meer und den Bergen Bosniens und Herzegowinas.

Insel Korčula, S. 247

Für viele ist sie die schönste Insel Kroatiens – und das zu Recht: Guter Wein und schöne Strände machen das Leben angenehm.

Insel Mljet, S. 252

Ein herrlicher Nationalpark, antike römische Ruinen und eine friedvolle Atmosphäre sind nur einige der Annehmlichkeiten von Mljet.

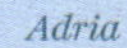

SCHIFF/FÄHRE

Fähren verbinden Dubrovnik mit den Städten und Inseln der Umgebung. Die Fähren von Krilo und Jadrolinija fahren zur großen Insel Mljet und weiter nach Korčula und Split. Vom winzigen Hafen in der Altstadt starten kleinere Schiffe nach Cavtat und zu den Elaphiten.

BUS

Von Dubrovnik verkehren regelmäßig Busse die Küste entlang. Die Fahrt nach Ston im Norden dauert eine Stunde, nach Cavtat im Süden 30 Minuten. Damit lassen sich auch gut die Weingüter der Gegend besuchen.

AUTO & MOPED

Ein Auto zu mieten scheint zunächst eine gute Idee zu sein, doch in Dubrovnik gibt es so gut wie keine Parkplätze. So ist es besser, ein Moped oder einen Roller von Mynt zu mieten. Das ist nicht nur billiger, sondern auch praktischer.

0 — 20 km

BOSNIEN & HERZEGOWINA

Vid
Metković
Neum
KROATIEN
Mali Ston
Stpratno
Broce
Slano
Šipanska Luka
Jakljan
Šipan
Elaphiten
Okuklje
Saplunara
Suđurađ
Trsteno
Zaton
Lopud
Koločep
Dubrovnik
Komolac
Makoše
Kupari
Cavtat
Konavle
Popovići
Gruda
Adria

Dubrovnik, S. 226

Atemberaubende Architektur, traumhafte Strände, Kajakfahren, leckeres Seafood – hier gibt es soviel zu sehen und zu erleben.

Konavle-Tal, S. 244

Die sanften Hügel sind voller kleiner Dörfern mit viel Geschichte.

Elaphiten, S. 239

Die ländlichen Inseln vor Dubrovnik bieten Strände mit glasklarem Wasser.

Cavtat, S. 242

Der zauberhafte Badeort des 19. Jhs. entstand auf den Überresten der ältesten Siedlung der Region.

Perfekte Tage

Dubrovnik und Süddalmatien sind recht weit vom restlichen Kroatien entfernt. Die Anfahrt von dort über die Pelješac-Brücke oder mit der Fähre in der Hochsaison dauert etwa einen Tag.

CHAIYUN DAMKAEW/SHUTTERSTOCK ©

Austern

Ein kurzer Abstecher in die Stadt

- Auch wer nur wenig Zeit hat, sollte unbedingt **Dubrovnik** (S. 226) besuchen. In der majestätitschen **Altstadt** (S. 226) kann man Festungen, Klöster, Kirchen, Paläste, Museen, eine Synagoge und natürlich die berühmte **Stadtmauer** (S. 234) bewundern. Letztere ist am schönsten bei Sonnenuntergang, also gegen 18 Uhr im Sommer.

- Einen halben Tag sollte man auch auf der **Insel Lokrum** (S. 230) verbringen und das herrliche Kloster, die Gärten und Badestellen besuchen. Es lohnt sich auch, einen Nachmittag (oder auch zwei) für einen der schönen Strände **Banje** oder **St. Jacov** (S. 233) außerhalb der Altstadt einzuplanen.

- Schließlich lockt im Vorort **Gruž** (S. 233) noch ein Craft-Bier der Dubrovnik Beer Company.

Beste Reisezeit

Im Sommer ist Dubrovnik unglaublich überlaufen. Deshalb haben wir für diese Zeit ein paar „Überlebenstipps" zusammengestellt (S. 228). Frühling und Herbst sind dagegen ideal.

FEBRUAR

Am 3. Februar findet in Dubrovnik das **Fest des hl. Blasius** statt, das ein einzigartiges Spektakel. ist. Gleichzeitig ist (in der Regel) auch **Karneval**.

APRIL

Ostern wird im streng katholischen Kroatien überall ausgiebig gefeiert, aber Dubrovnik ist etwas Besonderes mit der großen Prozession am Karfreitag.

MAI

Die beste Reisezeit für Dubrovnik, denn es ist noch nicht so viel los, und das Meer ist angenehm kühl.

DEDO LUKA/SHUTTERSTOCK ©, TMP - AN INSTANT OF TIME/SHUTTERSTOCK ©, LAZYLLAMA/SHUTTERSTOCK ©

Eine Woche Zeit

Nach einigen Tagen in **Dubrovnik** (S. 226) locken die Schätze der ehemaligen Republik. **Ston** (S. 236) hat die größte Steinmauer Europas und bietet zudem frische Austern aus der Lagune.

Auf dem Rückweg besucht man das **Arboretum** in **Trsteno** (S. 238), ein weitläufiger, stiller Garten mit herrlichem Blick auf die Elaphitiden.Der Ausflug zu dieser Inselgruppe (S. 239) ist ein unvergessliches Erlebnis.

Abschließend verbringt man ein paar Tage auf **Korčula** (S. 247) und besucht Weingüter und Strände.

Längerer Aufenthalt

Einen Monat außerhalb der Saison in **Dubrovnik** (S. 226) zu verbringen ist preiswerter als gedacht. Sich ganz und gar auf die Geschichte, Gastronomie und das Nachtleben einzulassen, ist heute einfacher denn je, insbesondere mit Hilfe der örtlichen Touristeninformation, die digitale Nomad:innen und Arbeiten im Ausland unterstützt.

In der Nebensaison sind die Monatsmieten auf der Insel **Korčula** (S. 247) sehr günstig, und mit etwas Glück und Geschick sind sogar längere Aufenthalte im Sommer möglich, um wirklich ins dalamtinische *fjaka*, (die typisch-entspannte Lebensart) einzutauchen.

Wo immer das Basislager ist, man sollte unbedingt auch **Mljet** (S. 252) und die **Halbinsel Pelješac** (S. 237) besuchen.

JULI

Mitten in der Hochsaison findet in Dubrovnik das alljährliche **Sommerfestival** mit Weltklassemusik, Theater und Tanz statt.

SEPTEMBER

Genau wie im Mai ist Dubrovnik auch im Herbst nicht so überlaufen. Auch die Strände sind nicht mehr so voll, aber das Wasser ist immer noch warm.

OKTOBER

In der Nebensaison sind die Unterkünfte erschwinglich, und es ist noch warm und sonnig. Außerdem gibt's wunderbare Gourmetfestivals.

DEZEMBER

In ganz Kroatien finden große **Advents- und Weihnachtsmärkte** statt, doch besonders schön ist der Markt in Dubrovnik in der schön beleuchteten Altstadt.

Dubrovnik

MITTELALTERLICHE GESCHICHTE | SCHÖNE STRÄNDE | GUTE WEINE

Die Erfolgsserie *Game of Thrones* hat Dubrovnik weltweit noch bekannter gemacht. Scharen von Tourist:innen schieben sich durch die von der Mauer aus dem 16. Jh. umgebenen Straßen der Altstadt, die über steile Treppen und enge Gässchen zur Hauptdurchgangsstraße Stradun führen. Sie alle wollen die hervorragend erhaltene Architektur der Gotik, Renaissance und des Barock sehen, die neben der von Venedig zu den schönsten der Welt zählt.

Angesichts der rasant steigenden Besucherzahlen fragen sich die Einheimischen, wie die Stadt die Fehler anderer touristisch überlaufener Städte in Europa vermeiden kann, bevor es zu spät ist. Denn die Stadt mit ihren 28 000 Einwohnern ist so viel mehr als die berühmte Altstadt. Sie ist auch ein regionales Zentrum für Bildung, Arbeitsplätze und Kultur. All dies gilt es ebenso zu entdecken.

UNTERWEGS VOR ORT

Vom Flughafen Dubrovnik starten jeweils 30 Minuten nach der Ankunft Shuttle-Busse in die Stadt. Vom Fährhafen in Gruž fahren Busse (1A, 1 und 3) regelmäßig in die Altstadt. Von der Altstadt fahren sieben Buslinien nach Gruž und Lapad. Weitere Busverbindungen finden sich auf libertasdubrovnik.hr/en.

In der Stadt kann man sogenannte Mynt Bikes mieten. Einfach die App herunterladen, das Guthaben aufladen und losfahren.

Der Ruhm der Altstadt

Eine echte Schönheit

Es scheint fast unmöglich, die 1000-jährige Geschichte der rundum von einer Mauer umgebenen Stadt zu würdigen, insbesondere an einem heißen Tag in der Hochsaison. Die Menschenmassen, die Hitze und die überteuerten Preise in der Stradun, der Hauptdurchgangsstraße vom Pile-Tor zum geschützten Hafen, sind selbst für weitgereiste Traveller eine Herausforderung. Sie sollten sich jedoch nicht davon abschrecken lassen, denn Dubrovnik ist ein echtes Juwel, das sich mit etwas Planung und Vorbereitung ganz gut entdecken lässt, vor allem außerhalb der Hauptsaison. Schließlich gehört die atemberaubende Stadt zum Weltkulturerbe der UNESCO.

Eines der beeindruckendsten Gebäude in der Altstadt ist der **Rektorenpalast** im Stil der gotischen Renaissance. Der Regierungssitz der früheren Republik Ragusa beherbergt heute ein kulturhistorisches Museum. In den wunderbar restaurierten Räumen werden Portraits, Wappen und Münzen aus der Geschichte Dubrovniks gezeigt.

TOP TIPP

Die beste Reisezeit ist in der Nebensaison, also im Mai oder Ende September/Oktober. Dann ist es an den Stränden und in den Restaurants nicht so voll. Im Juni, Juli und August müssen dagegen Restaurants, Hotels und Ausflüge lang im Voraus gebucht werden.

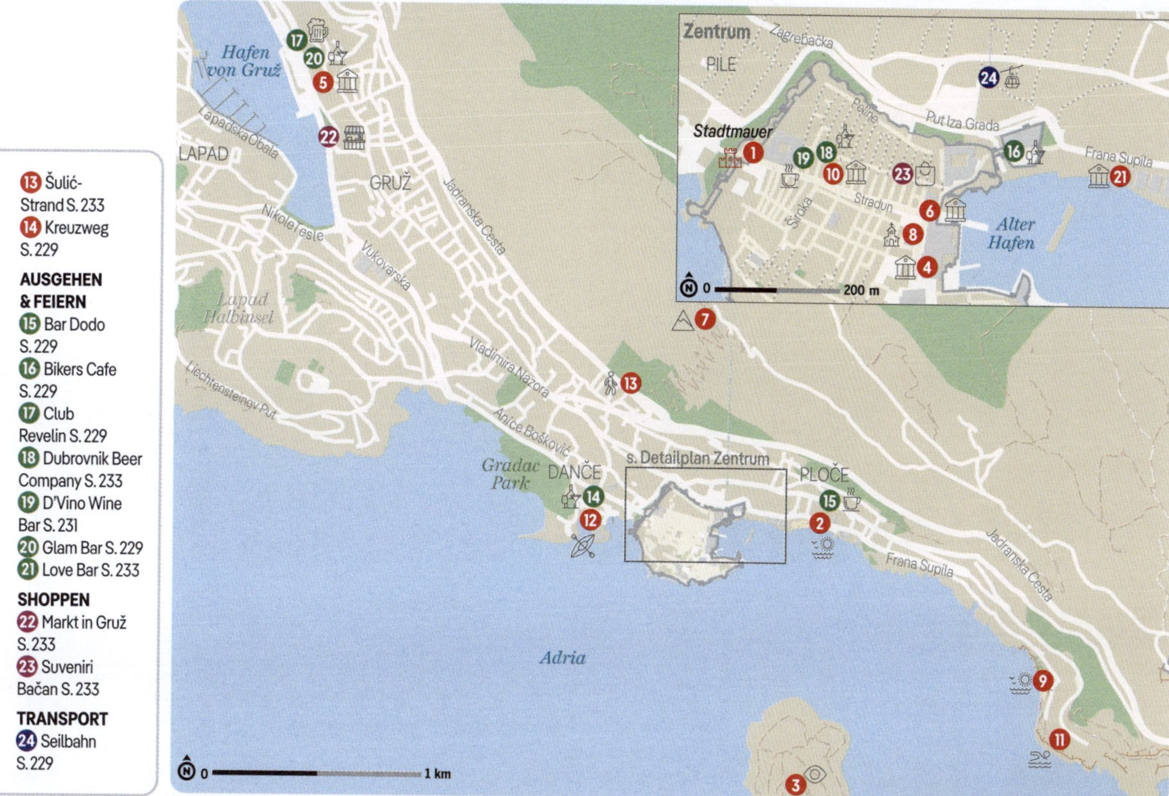

HIGHLIGHTS
1 Stadtmauer & Festungen S. 234

SEHENSWERTES
2 Banje-Strand S. 228
3 Lazareti S. 229
4 Lokrum S. 230
5 Rektorenpalast S. 226
6 Museum der kommunistischen Geschichte S. 233
7 Sponza-Palast S. 228
8 Srđ S. 229
9 St. Blasius S. 228
10 St. Jakov-Strand S. 228
11 War Photo Limited S. 229

AKTIVITÄTEN, KURSE & TOUREN
12 Hotel Belvedere S. 229
13 Šulić-Strand S. 233
14 Kreuzweg S. 229

AUSGEHEN & FEIERN
15 Bar Dodo S. 229
16 Bikers Cafe S. 229
17 Club Revelin S. 229
18 Dubrovnik Beer Company S. 233
19 D'Vino Wine Bar S. 231
20 Glam Bar S. 229
21 Love Bar S. 233

SHOPPEN
22 Markt in Gruž S. 233
23 Suveniri Bačan S. 233

TRANSPORT
24 Seilbahn S. 229

ÜBERLEBENSTIPPS FÜR DIE ALTSTADT

Ivan Vuković, Fotograf und Guide (dubrovnik-tourist-guides.com):

Buža- & Ploče-Tor
Regel Nr. Eins: sehr früh unterwegs sein, um den Massen zu entgehen. Die Stadt nicht durch das Pile-Tor betreten, denn das ist der Zugang für die Reisegruppen von den Kreuzfahrtschiffen. Stattdessen lieber das Buža- oder Ploče-Tor nutzen.

Nebenstraßen
Unbedingt durch die Nebenstraßen gehen. Es gibt zwar viele Treppen, doch hier leben auch die Einheimischen.

Essen gehen
Restaurants, vor denen das Personal sich mit der Speisekarte auf die Vorbeigehenden stürzt, sind wahrscheinlich nicht gut. Vor allem große Fotos auf der Speisekarte sind verdächtig.

Basketball
Wer mit Einheimischen Basketball spielen will, muss einfach nur durch eine winzige Tür auf den wunderbaren Platz in der Altstadt gehen. Gespielt wird jeden Nachmittag ab 18 Uhr.

TRABANTOS/SHUTTERSTOCK ©

Sponza-Palast

Der bescheidenere **Sponza-Palast** aus der Renaissance ist eines der ältesten erhaltenen Gebäude in Dubrovnik. Er hat sogar das Erdbeben von 1667 überstanden. Im Inneren befinden sich eine riesige, von Säulen gesäumte Halle und der *Gedenkraum der Verteidiger Dubrovniks*, eine sehr bewegende Ausstellung zu Ehren der bei der Verteidigung der Stadt im Bürgerkrieg Gefallenen. Direkt gegenüber steht die herrliche Barockkirche **St. Blasius**. Die kunstvoll verzierte Kirche von 1715 ist dem Schutzheiligen von Dubrovnik gewidmet. Im Inneren gibt es mehrere Marmoraltäre und eine Statue des hl. Blasius aus dem 15. Jh., der ein Modell der Stadt in der Hand hält, wie sie vor dem Erdbeben ausgesehen hatte.

Jenseits der Altstadt

Stadtleben, Wanderungen und Badeurlaub

Nach dem Besuch der Altstadt wird es Zeit für etwas frische Luft jenseits der Stadtmauern. Die wunderbaren Kiesstrände

AUSGEHEN IN DUBROVNIKS ALTSTADT

Glam Bar
Die sehr beliebte Bar in einer ruhigen Nebenstraße serviert eine tolle Auswahl an Craft-Bieren und die preiswertesten Drinks der Altstadt. **€**

Soul Caffe & Rakhija Bar
In der Bar in einer kleinen Gasse gibt's ausgezeichneten Wein, Bier und *rakija* sowie regelmäßig Live-Jazz. Besonders empfehlenswert sind die Schinken- und Käseplatten. **€€**

Beach Bar Dodo
Die bei den Einheimischen sehr beliebte Bar unterhalb der Festung Lovrijenac bietet den ganzen Tag Bier, Burger und gute Stimmung. **€**

Banje und **St. Jakov**, laden zu einem Sonnenbad ein. Banje liegt direkt am Rand der Altstadt. Er ist am einfachsten zu erreichen und ist deshalb auch überlaufen. Zum wesentlich ruhigeren Strand St. Jakov sind es dagegen 20 Minuten zu Fuß, doch auch er bietet den Blick auf die Altstadt. Noch etwas weiter entfernt ist der Strand des ehemaligen **Hotel Belvedere** (S. 230), den die Einheimischen bevorzugen. Neben dem felsigen Strand gibt es den alten Hafen, wo Jugendliche ins Wasser springen und Tauchwettbewerbe austragen.

Über allem ragt der Berg *Srđ* 412 m hoch in den Himmel. Sein Gipfel bietet einen großartigen Blick auf die Altstadt, die Insel Lokrum und die Elaphiten am Horizont. Es gibt zwar eine **Seilbahn** (dubrovnikcablecar.com), doch wesentlich schöner ist die Wanderung auf dem **Kreuzweg** bei Sonnenauf- oder -untergang. Man kann auch mit Bus 17 von der Haltestelle Pile nach Bosanka fahren und von dort 1,5 km zum Gipfel hinaufsteigen.

Leben wie die Einheimischen

Zusammen mit den 1500 BewohnerInnen der Altstadt

„Die Einwohner von Dubrovnik lieben ihre Stadt so leidenschaftlich wie keine andere Bevölkerung einer kroatischen Stadt", sagt Mihaela Skurić, Direktorin des Instituts für die Restaurierung von Dubrovnik. „Es ist nicht nur ein Ort, wo sie leben, es ist ein Teil von ihnen. Jede Person besteht aus der Stadt, und die Stadt besteht aus ihnen. Du kannst staunend durch die Altstadt gehen und sie doch nicht begreifen – erst wenn du dich mit den Einheimischen in den Bars unterhältst oder länger in der Stadt lebst, wirst du ihre verborgenen Schätze entdecken."

Für den Anfang bietet sich ein Kaffee in der **Bar Dodo**, in der **Glam Bar** oder im **Bikers Cafe** an. Abends treffen sich die Einheimischen in der **Dubrovnik Beer Company** in Gruž. Mit einem Moped von Mynt Bikes kommt man überall hin, kann Ausstellungen und Partys in der ehemaligen Quarantänestation **Lazareti** besuchen oder im **Club Revelin** abfeiern. Die Galerie **War Photo Limited** erzählt die Geschichte der Stadt im Bürgerkrieg der 1990er-Jahre.

Der Game-of-Thrones-Effekt

Wie die Erfolgsserie alles veränderte

Game of Thrones ist allgegenwärtig in Dubrovnik. Die Mauer, Treppen und Festungen bildeten ab der zweiten Staffel Königsmund. So ziemlich jede(r) Einheimische war irgendwann einmal Statist, was niemand bedauern, sondern alle mit Stolz erfüllt. Heute gibt es verschiedene Stadtführungen zu *Game of Thrones*,

DAS ORLANDO-MASS

Eines der bekanntesten Symbole für Dubrovnik, die auf Postkarten und Postern abgebildete Orlando-Statue oder auch Orlando-Säule steht schon seit 600 Jahren vor St. Blasius. Die Einheimischen sahen darin die kroatische Version des Ritters Roland, der einst für Karl den Großen kämpfte und die Unabhängigkeit freier Städte verteidigte – auch ein bisschen so wie König Artus.

Die Statue, die ihren Namen Orlando von den Italienern erhielt, ist aber nicht nur die südlichste Rolandfigur in Europa und ein Symbol der Freiheit. Die Textilindustrie in Dubrovnik nutzte den 51,25 cm langen Unterarm der Statue auch lange als Maßeinheit.

ESSEN IN DER ALTSTADT

Trattoria Carmen
Das winzige Restaurant beim alten Hafen serviert unglaubliche Meeresfrüchte, Steaks und Pasta zu äußerst vernünftigen Preisen **€€**

Lady Pi-Pi
Das kleine günstige Restaurant liegt hoch über den Dächern der Altstadt. Die Seafood-Platte ist hervorragend. Im Voraus reservieren! **€€**

Restaurant 360
Das Sterne-Restaurant innerhalb der Stadtmauer bietet einen tollen Blick auf den Hafen und die besten Austern aus Ston. **€€€**

bei denen die wichtigsten Stationen erklärt werden. Aber auch Filmexperten wie Ivan Vuković (dubrovnik-tourist-guides.com) bieten Führungen an.

Eine Stadt in Feststimmung

Dubrovnik, Hochburg der Feste

Das **Fest des hl. Blasius** (*Sv Vlaho* oder *Sv Blaž*) ist ein einzigartiges Spektakel. Am 3. Februar strömen die Menschen aus der ganzen Region nach Dubrovnik, um in traditionellen Kostümen ihren Schutzheiligen zu feiern. Sie stehen dicht gedrängt in den Straßen, wenn die Reliquien durch die Stradun zur Kirche St. Blasius getragen werden.

Nach dem Fest wird dann meist Mitte Februar, je nachdem, wann Ostern ist, zehn Tage lang **Karneval** gefeiert. Es gibt Theater, Vorführungen, Konzerte und traditionelle Volkstänze. Höhepunkt ist ein Maskenball. Der Karneval hier ähnelt mit seinen Masken und seiner Eleganz sehr dem Karneval in Venedig – im Gegensatz zum Karneval in Rijeka, dem größten Karneval Kroatiens, der mit seinen Umzügen in Tierkostümen in der Tradition Osteuropas steht.

Seit 1950 bietet das elegante **Dubrovniker Sommerfestival** klassische Musik, Dichtkunst und Theater. Bei dem Festival im Juli und August treten Künstler aus der Region und aller Welt in den Kirchen und Palästen der Stadt auf, darunter waren bereits Duke Ellington, Dizzy Gillespie, Ravi Shankar und Daniel Day Lewis, der 1989 den Hamlet in einer Aufführung in der Festung Lovrijenac spielte.

Schließlich beendet der große **Adventsmarkt** das Jahr.

HOTEL BELVEDERE

Das Hotel 20 Gehminuten östlich der Altstadt wurde 1985 als eines der besten Luxushotels an der Adria eröffnet. Die 18 Stockwerke mit über 200 Zimmern wurden in die Klippen hinein gebaut. Heute ist es nur noch eines der ehemals schönen, aber langsam verfallenden Hotels in Kroatien, die dem Bürgerkrieg in den 1990er-Jahren zum Opfer fielen. Der kleine Hubschrauberlandeplatz am Meer war auch einer der Drehorte von *Game of Thrones* und ist heute eine beliebte Badestelle, von der Jugendliche ins Meer springen.

Verliebt in Lokrum

Die heilige Insel mit viel Charakter

Die hübsche kleine, üppig grüne Insel ist in 10 Minuten mit der Fähre vom alten Hafen in Dubrovnik zu erreichen. Mit unzäligen Badestellen und interessanten Sehenswürdigkeiten ist sie ideal, um dem Trubel in der Altstadt zu entgehen. Die bedeutendste Sehenswürdigkeit ist das große Benediktinerkloster mit einem schönen Kreuzgang und Garten. Danach lädt das sogenannte „Tote Meer“, ein kleiner Salzwassersee, zum Schwimmen ein.

DER DUBROVNIK-PASS

Der für einen, drei oder sieben Tage erhältliche Dubrovnik-Pass beinhaltet den Eintritt für die überdachte Stadtmauer (der alleine schon 35 € kostet) sowie für Museen, Galerien, einen Palast und ein Kloster. Außerdem sind alle öffentlichen Verkerhsmittel kostenlos.

DUBROVNIK KANN AUCH VEGAN!

Nishta
Die Institution der pflanzenbasierten Restaurantszene bietet Gerichte der Saison aus der asiatischen Fusions- und mexikanischen Küche. **€€**

Vege Dub
Auf der ausgzeichneten Speisekarte stehen beliebte Fast-Food-Gerichte und die weithin bekannte vegane Pizza, die beste in ganz Kroatien. **€€**

Urban & Veggie
Das größte vegane Restaurant der Stadt hat bezauberndes Personal und einen großen Garten, in dem köstliches Essen und leckeres Frühstück serviert werden. **€€**

Insel Lokrum

FÜR DIGITALE NOMAD:INNEN

Das neue Programm „Digital Nomads-in-Residence" (DNiR) von Dubrovnik bietet digitalen Nomad:innen eine Ausbildung und eine Plattform für ihr Unternehmen, um sie zu einem längeren Aufenthalt in der Stadt zu animieren. Zentraler Bestandteil ist der Dubrovnik-Pass für 30 Tage. Die Touristeninformation in Dubrovnik erteilt ihn auf Nachweis eines für 28 Tage geplanten Aufenthalts.

Als das Programm in der Nebensaison gestartet wurde, zeigte sich schnell, dass die Stadt ein stabiles WLAN, gute Verkehrsanbindungen und Cafés zum Arbeiten sowie erschwingliche Mieten bietet. Für weitere Infos den QR-Code scannen.

Weine genießen

Die Weingüter Süddalmatiens

In der Region Dubrovnik gibt es zwei große Weinanbaugebiete: die sanften Hügel des Konavle-Tals (S. 244) östlich der Stadt und die weiten Ebenen der Halbinsel Pelješac (S. 237) im Nordwesten. Hier wird schon seit mindestens 2000 Jahren Wein angebaut, und vor allem zur Zeit der Republik Ragusa war der Weinanbau sehr lukrativ. So können viele Familien hier zurecht behaupten, dass sie schon seit Jahrhunderten Wein anbauen.

Es gibt endlos viele Angebote zur Weinverkostung. Die **D'Vino Wine Bar** mitten in der Altstadt hat eine ausgezeichnete Auswahl. In der Hochsaison muss im Voraus reserviert werden. Der Weinexperte **Domagoj Žeravica**, der gerade über die hiesigen Weintrauben promoviert, bietet die beste Gastro- und Wein-Tour der Stadt an. Die Touren finden täglich um 16 und 19 Uhr statt. Anmeldung unter info@deliciousdubrovnik.com.

DIGITAL ARBEITEN

Mehr Infos für digitale Arbeitsmöglichkeiten in Dubrovnik gibt's im Essay über Digitale Nomad:innen in Kroatien (S. 280).

DIE BESTEN STRÄNDE IN DUBROVNIK

St. Jakov
Zu dem Strand mit tollem Blick auf die Altstadt führen 162 Stufen hinunter. Es gibt eine Strandbar, Schirme und Liegen.

Danče
Der Felsenstrand mit dem tiefen Wasser ist sehr beliebt bei den Einheimischen und ideal, um den Sonnenuntergang zu beobachten.

Uvala Lapad
Der beliebte Familienstrand ist sehr sicher. Das Wasser vor dem feinen Kieselstrand ist angenehm seicht.

STADTSPAZIERGANG

Den Rundgang durch die Altstadt von Dubrovnik beginnt man am besten am **1 Ploče-Tor** im Osten, wo es nicht so voll, aber sehr schön ist. Hinter dem Tor geht's einige Schritte nach links zum **2 Blick auf den alten Hafen**. Nun geht man die schmale Gasse weiter bis zum **3 Dominikanerkloster** rechts. Das friedliche Gebäude aus dem 13. Jh. hat ein schönes Museum.

Über die Treppe hinunter erreicht man **4 Peppino's Gelato** mit dem besten Eis der Stadt. Weiter Richtung Herz der Altstadt liegt der Luza-Platz, wo die berühmte **5 Orlando-Statue** und die majestätische **6 St.- Blasius-Kirche** stehen. Nach der Kirche des Schutzheiligen der Stadt läuft man nach links bis zum gotischen **7 Rektorenpalast**, in dem das fantastische Stadtmuseum untergebracht ist.

Nach dem Palast wendet man sich wieder nach links und geht zum **8 Schifffahrtsmuseum**. Das Museum durch den Ausgang in der Stadtmauer verlassen und zur **9 Kirche des hl. Ignatius** und der berühmten **10 Jesuitentreppe** gehen. Die Treppe führt hinunter zum **11 Gundulićeva Poljana-Markt**, wo Lebensmittel aus der Region und Waren aller Art angeboten werden. Auf der anderen Seite der Stradun liegt die wunderbare **12 Synagoge von Dubrovnik**.

Zum Schluss schlendert man die **13 Stradun** entlang. An der geschäftigen Hauptverkehrsader liegen u. a. die **14 War Photo Limited Gallery** und ein **15 Franziskanerkloster mit Kirche**, beide auf der rechten Seite der Straße.

Am **16 Großen Onofrio-Brunnen** auf der linken Seite kann man sich erfrischen und die Wasserflasche auffüllen, bevor der Rundgang am **17 Pile-Tor** endet. Wir will, kann dort auch auf die Stadtmauer hinauf steigen.

Zudem führen viel Touren zur Halbinsel Pelješac und ins Konavle-Tal. Wer lieber auf eigene Faust unterwegs ist, sollte das **Weingut Crvik** im Konavle-Tal besuchen. Den Familienbetrieb gibt es schon seit Anfang des 19. Jhs. Der tolle Merlot verdankt seine Qualität dem Mikroklima und dem nicht zu sauren Boden. Der preisgekrönte *Vilin ples* ist eine edle Mischung aus Cabernet Sauvignon, Merlot und der lokalen *plavac*-Traube. Eine Verkostung muss über crvik.vino@gmail.com reserviert werden.

Unterwegs auf dem Wasser

Kajakfahren in Dubrovnik

Die Küste von Dubrovnik bietet jede Menge Outdoor-Aktivitäten, allen voran Meerkajakfahren. Die meisten Anbieter finden sich an den Stränden **Banje** und **St. Jakov** sowie dem kleinen **Šulić-Strand** unterhalb der Festung Lovrijenac. Von dort führt eine Tour rund um die Altstadt, zur **Insel Lokrum** und wieder zurück. Dabei bietet sich ein überwältigender Blick auf Dubrovnik. In der Hochsaison muss die Tour im Voraus gebucht werden, entweder direkt am Strand oder im Hotel.

Wem das Kajak zu langsam ist, kann eine Tour mit dem Jetski buchen. Veranstalter wie **Jet Ski Dubrovnik** bieten verschiedenen Touren ab 200 € pro Stunde an (jetski-rent-dubrovnik.com/jet-ski-safari).

Ab nach Gruž

Das Leben im großen Hafen Dubrovniks kennenlernen

Wer mit der Fähre von Split, Hvar, Korčula oder anderswo bzw. mit einem Kreuzfahrtschiff ankommt, betritt in Gruž erstmals den Boden von Dubrovnik. Leider reisen die meisten dann direkt weiter und verpassen den schönen Stadtteil. Dabei lohnt es sich durchaus, sich unter die Einheimischen zu mischen und einen netten Abend zu verbringen. Tagsüber locken der **Markt in Gruž**, einer der größten Märkte in Dubrovnik und das unübersehbare **Museum der Kommunistischen Geschichte** (Red History Museum) das eine ausgezeichnete Sammlung von Ausstellungsstücken aus der Zeit zeigt, in der Kroatien noch Teil des ehemaligen Jugoslawien war. Darunter ist viel Nostalgisches, aber auch die Wahrheit über das Leben in einer Autokratie.

Abends lohnt der Besuch der **Dubrovnik Beer Company**, oder nur DBC, wo es leckeres Craft-Bier, Kneipenessen und manchmal sogar Tanz gibt. Wer lieber Cocktails trinkt, geht in die **Love Bar** um die Ecke, die auch einen tollen Blick auf die Bucht und DJ-Musik bietet.

LEBENDIGES HANDWERK

Suveniri Bačan muss man unbedingt besuchen. Inhaberin Lena Bačan Janjalija und ihre Familie verkaufen traditionell hergestellte Blusen, Taschen, Lesezeichen und mehr, die alle mit seltenen handgefertigten Stickereien verziert sind, die typisch für diese Region sind.

2023 konnte der kleine Laden in Prijeko 6 seinen 50. Geburtstag feiern. Er ist eine wahre Oase der Ruhe in einer ansonsten recht hektischen Straße voller Restaurants und Bars.

Ursprünglich eröffnete Lenas Mutter den Laden schon 1953, als sie aus der Region Konavle nach Dubrovnik kam.

Heute ist er der letzte seiner Art.

Für Infos zu Tagestouren den QR-Code scannen.

SOUVENIRS SHOPPEN IN DUBROVNIK

Life According to Kawa
Jon Kawaguchi verkauft erlesene Souvenirs, die von Künstlern der Region hergestellt werden. Sein Süßwarenladen im Hinterzimmer ist ein beliebter Treffpunkt der Expats in der Stadt.

Discover Croatia
Der originelle Laden in der Stradun bietet außergewöhnliche handgefertigte Souvenirs von Postkarten bis hin zu Olivenöl.

Bačan Souvenirs
Die mit Stickereien aus Konavle verzierten Lesezeichen, Hemden, Taschen und Armbänder sind einzigartig.

VILIAM.M/SHUTTERSTOCK ©

Stadtmauer von Dubrovnik

INSTANDHALTUNG DER STADTMAUER

Um die Instandhaltung der Stadtmauer zu unterstützen, diesen QR-Code scannen.

TOP-SEHENSWÜRDIGKEIT

Auf der Stadtmauer von Dubrovnik

Die majestätische Stadtmauer von Dubrovnik ist die größte Touristenattraktion Kroatiens. Die hervorragend erhaltene Mauer umgibt die gesamte Altstadt und bietet einen atemberaubenden Blick auf deren Paläste, Kirchen, Straßen und Gassen bis hin zum tiefblauen Meer.

NICHT VERPASSEN

- Festung Minčeta
- Caffe Bar Salvatore
- Basketballplätze
- Gießereimuseum
- Festung Lovrijenac

Mächtige Mauer

Die 1940 m lange Stadtmauer ist die längste und am besten erhaltene in ganz Europa. Sie ist bis zu 25 m hoch und mehr als 500 Jahre alt. Zudem ist sie weitgehend im Originalzustand erhalten, denn jeder Versuch einer Modernisierung oder eines Umbaus durch diverse Stadtverwaltungen wurde von den Bewohner:innen der Altstadt kategorisch abgelehnt. Als sogar Teile der Mauer abgerissen werden sollten, gründeten sie 1952 die Gesellschaft der Freunde der Dubrovniker Altertümer, die sich seitdem um die Restaurierung, Verwaltung und Instandhaltung der Mauer kümmert.

Spaziergang auf der Mauer

Der komplette Rundgang dauert etwa eine Stunde – allerdings nur, wenn man in konstantem Tempo unterwegs ist, also keine Fotostopps und Cafébesuch einlegt.

Es gibt drei Aufgänge: im Pile- und Ploče-Tor und im Schifffahrtsmuseum. Das Ticket kann dort oder im Voraus gekauft werden – es ist aber auch im Dubrovnik-Pass enthalten. Um Unfälle und Stockungen zu vermeiden, ist der Rundgang nur gegen den Uhrzeigersinn möglich. Trotzdem ist es (wie nicht anders zu erwarten) meistens sehr voll, man sollte beim Besuch also nicht in Eile sein.

Die Geschichte der Stadtmauer

Erste Mauern zur Verteidigung Dubrovniks wurden schon im 9. Jh. errichtet, doch erst im Mittelalter wurde die Mauer zu einer 1,5 m dicken Verteidigungsmauer mit 15 Türmen ausgebaut.

Das damalige Ragusa musste ständigen Angriffen statthalten. Auch nachdem es sich 1362 mit dem Osmanischen Reich (gegen Venedig) verbündet hatte, wurde die Stadtmauer weiter erhöht und verstärkt, bis sie im 15. Jh. einen gut befestigten Ring um die gesamte Altstadt bildete. In den folgenden Jahrhunderten wurde sie mit der jeweils besten Verteidigungstechnik ausgestattet und war durchgehend bewacht, bis die Republik Ragusa 1806 von Napoleon erobert wurde.

Gießereimuseum

Unter dem **Fort Minčeta**, einem der Highlights der Stadtmauer, verbirgt sich das schöne kleine **Gornji Ugao** („die obere Ecke"), ein Gießereimuseum. Es war jahrhundertelang verborgen und wurde erst 2008 bei Grabungsarbeiten entdeckt.

Bis zu dem großen Erdbeben, das Dubrovnik im Jahr 1667 traf, wurden hier alle Arten von Waffen aus Metall hergestellt. Danach wurde die Gießerei geschlossen und schließlich vergessen. So ist sie heute eine der am besten erhaltenen mittelalterlichen Gießereien der Welt. Der Eintritt ist im Ticket für die Stadtmauer enthalten, und der Besuch des Museums lohnt sich wirklich.

Festung Lovrijenac

Die kolossale Festung von 1301 thront auf einem 37 m hohen Hügel über der Altstadt und sollte sie vor Angriffen von Land und See schützen. Sie ist mit einer Statue des hl. Blasius geschmückt, dem Schutzheiligen von Dubrovnik. Im Inneren der Festung, die mit bis zu 12 m breiten Mauern umgeben ist, ist nicht mehr viel zu sehen, doch sie bietet einen großartigen Blick auf die Stadt und das Meer. Der Eintritt zur Festung ist ebenfalls im Ticket für die Stadtmauer enthalten.

SCHUTZ DER MAUER

Seit den 1950er-Jahren wird die Stadtmauer ständig restauriert. Mihaela Skurić vom Institut für Restaurierung in Dubrovnik erklärt, dass Unkraut und Meersalz die Mauer angreifen und frühere Restaurierungen mit Zement sie beschädigten. So wird, meist im Winter, Abschnitt für Abschnitt der Mauer restauriert. Die Instandhaltung der Mauer, der Festungen und Verteidigungsanlagen in der Region wird mit den Erlösen aus den Eintrittsgeldern finanziert.

TOP TIPPS

- Am schönsten ist die Mauer im Licht des Sonnenuntergangs. Dann ist es auch kühler, und der Anblick ist atemberaubend.
- Für den einstündigen Rundgang auf der Mauer sollte man Proviant mitnehmen.
- Im Sommer die Hitze des Tages meiden, denn es gibt fast keinen Schatten.
- Die zwei Basketballfelder verstecken sich in verschiedenen Ecken der Stadt.
- Das Ticket für die außerhalb gelegenen Festungen und das Museum ist 72 Stunden lang gültig.
- Die tolle Caffe Bar Salvatore auf der Mauer bietet einen tollen Blick aufs Meer, ist aber sehr teuer.

Rund um Dubrovnik

Alle strömen zur überwältigenden Altstadt von Dubrovnik, aber auch in der Umgebung der Stadt findet man großartige Gastronomie, schöne Architektur und atemberabende Natur.

Orte

Ston S. 236
Grgić Vina S. 237
Matuško S. 237
Halbinsel Pelješac S. 237
Ombla S. 237
Slano S. 238
Arboretum Trsteno S. 238

UNTERWEGS VOR ORT

Es gibt zwei Möglichkeiten, den malerischen Küstenstreifen zu erkunden: mit dem Auto oder öffentlichen Verkehrsmitteln. Vom Busbahnhof in Dubrovnik fahren regelmäßig Busse ab.

Wer lieber selbst fährt, kann dagegen die atemberaubende Landschaft nicht wirklich genießen, denn die Straßen sind sehr kurvig und steil. Deshalb ist der Bus die bessere Option. Infos und Fahrpläne gibt's auf liber tasdubrovnik.hr/en.

Zu ihrer Blütezeit erstreckte sich die Republik Ragusa (die heutige Gespanschaft Dubrovnik-Neretva) von der befestigten Stadt Ston im Norden bis zum 100 km entfernten Konavle-Tal im Südosten.

Es lohnt sich durchaus, einige Tage in der malerischen Gebirgslandschaft zu verbringen und dabei ihre lange Geschichte und den Grund für den Wohlstand und die internationale Bedeutung des alten Ragusa zu entdecken. Die Halbinsel Pelješac lockt mit wunderbaren Weinen, die Quellen des Flusses Ombla und das Meer bei Trsteno laden zu einem erfrischenden Bad ein und die malerischen Wälder und Gärten des Arboretum Trsteno lohnen einen Besuch. Die wunderbar restaurierten Renaissance-Paläste in Slano und Sustjepan zeugen vom Wohlstand und Kunstsinn der noblen Aristokratie von Ragusa.

Die großartige Mauer von Ston

Die längste Stadtmauer Europas

Die längste Stadtmauer Kroatiens und sogar Europas wurde im 14. Jh. errichtet, um die Republik Ragusa gegen Angriffe zu verteidigen, aber auch um die wertvollen Salzgärten zu schützen. Salz war im mittelalterlichen Europa teilweise mehr wert als Gold, und so war der Schutz von **Ston** entscheidend für den Wohlstand der ganzen Republik.

Die Wehrmauer ist rundum begehbar. Mögliche Startpunkte sind **Mali Ston** („Klein-Ston"), das kleine Dorf bei den Austerbänken und Meeresfrüchterestaurants, oder in Ston selbst, der ursprünglich erhaltenen kleinen Stadt mit der Festung **Kaštio** und schön gepflasterten Straßen. Der Spaziergang vom einen Ende zum anderen dauert etwa eine halbe Stunde und bietet atemberaubende Ausblicke auf das Meer und die Stadt. Auch hier sollte die Mittagshitze im Sommer vermieden werden, denn sie liegt in der parallen Sonne.

Stadtmauer von Ston

Weingüter auf der Halbinsel Pelješac

Tagesausflug zur Weinverkostung

Die 70 km lange Halbinsel Pelješac erstreckt sich oberhalb von Mljet und Korčula – sie ist von beiden gut per Fähre erreichbar. Die Halbinsel ist bekannt für ihre vielen Weingüter, und so werden in Dubrovnik überall Tagesausflüge zur Weinverkostung angeboten. Das Weinanbaugebiet ist für seine kräftigen Rotweine bekannt, vor allem die, die aus der *Plavac mali* gewonnen werden. Die Rebsorte ist typisch für Süddalmatien und wird vor allem in Dingač und Postup angebaut. Im herrlich robusten Rotwein sind Noten von Kirsche und Gewürzen zu schmecken.

Wer lieber auf eigene Faust unterwegs ist, sollte unbedingt die Weingüter **Grgić Vina** und **Matuško** besuchen. Sie haben auch Fremdenzimmer für alle, die nach der Weinverkostung nicht mehr fahren wollen oder können.

Die Quellen des Ombla

Ideal zum Abtauchen

Einer der besten Geheimtipps für Dubrovnik ist der unglaubliche **Fluss Ombla**. Er ist einer der kürzesten Flüsse der Welt, und im Sommer ein beliebtes Schwimmbad der Einheimischen. Der gerade einmal 30 m lange Fluss entspringt in einer Höhle des schroffen Karstgebirges. Die Quelle selbst ist nicht zugänglich, denn sie ist im Besitz der HEP, dem örtlichen Energieversorger, der hier ein Wasserkraftwerk errichten will. Im Fluss, der im Sommer das kühlste Wasser der Region führt, darf aber gebadet werden. Schöne Badestellen sind die kleinen Piers und eine aufgegebene Wassermühle. An den Ufern erstreckt sich eine üppig grüne Landschaft mit einigen alten Häusern. Bei der **Ombla-Brücke** fließt der Fluss in den wesentlich größeren Dubrovačka, der wiederum ins Meer mündet. Es gibt keine Ge-

TOP TIPP

Im Sommer und Herbst sollte man bei jedem Ausflug Badekleidung dabei haben, denn es finden sich immer wieder schöne Badestellen.

DIE BESTEN BADESTELLEN AUSSERHALB VON DUBROVNIK

Ombla
Der kleine, malerisch gelegene Fluss bietet die beste Badestelle Süddalmatiens und ist entsprechend beliebt bei den Einheimsichen.

Strand von Trsteno Brsečine
Der schöne kleine Kiesstrand liegt in einer hübschen Bucht bei Trsteno. Das azurblaue Wasser ist seicht und ruhig.

Strand von Mali Ston
Der kleine schattige Kiesstrand liegt bei den Meeresfrüchterestaurants im Hafen. Nach dem Spaziergang auf der Wehrmauer bietet sich hier die Möglichkeit für eine herrliche Erfrischung

Rektorenpalast

schäfte, nur das versteckte **Fat Bastard Smokehouse & BBQ**, das von einem freundlichen Ehepaar mit Hund geführt wird.

Das üppig grüne Arboretum Trsteno

Viel mehr als nur eine Kulisse für Game of Thrones

Das weitläufige Arboretum wurde im 15. Jh. von der Familie Gučetić (Gozze) angelegt, eine der reichsten Adelsfamilien in Dubrovnik. Die arkadische Anlage oben auf einem Hügel bietet einen tollen Blick aufs Meer und die Elaphiten. Hier wachsen seltene Bäume, Sträucher und Pflanzen, deren Samen und Setzlinge die Grafen einst von Kaufleuten und Entdeckern erwarben. Selbst der Bürgerkrieg in den 1990er-Jahren konnte diesem uralten Paradies nichts anhaben. Sehr beindruckend sind auch die Wasserspiele: neben einem Aquädukt, das auch zur Bewässerung dient, gibt es imposante Springbrunnen, einen Teich und eine Grotte, die alle von Neptun beherrscht werden.

Der Rektorenpalast in Slano

Ein stattliches Wohnhaus à la Dubrovnik

Direkt außerhalb des hübschen kleinen Küstenorts Slano steht der königliche und architektonisch einzigartige Palast im Stil der gotischen Renaissance. Er wurde 1447 für den Rektor (Herrscher) des einstigen Ragusa (und heutigen Dubrovnik) als Ferienresidenz erbaut. Der Palast wurde umfassend restauriert und beherbergt nun das **Museum** der Gesellschaft der Freunde der Dubrovniker Altertümer, die sich auch um den Erhalt der Stadtmauer Dubrovniks kümmert. Die Eintrittsgelder für die Mauer werden auch für diesen herrlichen Palast verwendet.

DER EINZIGARTIGE STON-KUCHEN

Gut, das klingt jetzt vielleicht nicht allzu verlockend, doch die *stonska torta*, die örtliche Spezialität in Ston und Mali Ston, ist ein einzigartiger kulinarischer Genuss, der sonst nirgendwo zu finden ist. Die wichtigsten Zutaten sind Teigschichten, Schokolade, gemahlene Walnüsse und Mandeln, Zimt und etwas Rum. Das ergibt ein superleckeres, süßes und sehr sättigendes Dessert nach einem Essen aus Austern und Meeresfrüchten.

DIE BESTEN MEERESFRÜCHTERESTAURANTS IN STON

Barba Ston
Das luftige Lokal beim Stadttor bietet Meeresfrüchte mit modernem Touch, wie Tintenfisch-Burger und den besten Ston-Kuchen der Stadt. **€**

Stagnum
Das Restaurant mit schattigem Garten, freundlichem Personal und vernünftigen Preisen liegt etwas abseits einer Straße voller Restaurants. Sehr zu empfehlen ist das Risotto mit Tintenfischtinte. **€**

Kapetanova Kuća
Die schicke Institution in Mali Ston serviert seit fast 50 Jahren ausgezeichnete Meeresfrüchte in riesigen Portionen. **€€**

Die Elaphiten

MITTELALTERLICHE RUINEN | BOOTSFAHRTEN | TOLLE STRÄNDE

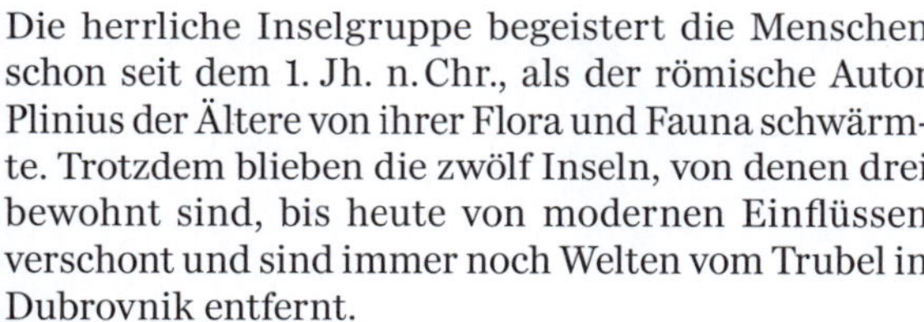

Die herrliche Inselgruppe begeistert die Menschen schon seit dem 1. Jh. n. Chr., als der römische Autor Plinius der Ältere von ihrer Flora und Fauna schwärmte. Trotzdem blieben die zwölf Inseln, von denen drei bewohnt sind, bis heute von modernen Einflüssen verschont und sind immer noch Welten vom Trubel in Dubrovnik entfernt.

Die Hauptinseln sind Šipan, Lopud und Koločep. Die meisten Fähren legen um die Mittagszeit in Šipan an. Die größte Insel ist bekannt für ihre ausgedehnten Olivenhaine und üppige Vegetation, hübsche Dörfer und wilde Ziegen. Lopud hat feine Sandstrände und mittelalterliche Ruinen. Außerdem verkaufen die Frauen ihre selbst gemachten Spitzen – das Gewerbe hat eine jahrhundertelange Tradition auf der Insel.

Die großen Fähren zu den drei Inseln legen im Hafen von Gruž in Dubrovnik ab. Tagesausflüge mit Schiffen oder Schnellbooten starten im kleinen Hafen in der Altstadt.

UNTERWEGS VOR ORT

Viele Veranstalter bieten Bootstouren zu den Elaphiten an. Wer lieber auf eigene Faust unterwegs ist, kann mit der Autofähre von Jadrolinija (jadrolinija.hr/en) zeimal täglich vom Hafen in Gruž nach Koločep, Lopud und Šipan fahren. Alle, die ohne Auto unterwegs sind, bringt ein Katamaran von TP Line Dubrovnik (tp-line.hr/en/timetable) einmal am Tag direkt nach Šipan.

Unterwegs auf Lopud

Lopud und seine mittelalterliche Atmosphäre

Die autofreie Insel ist die hübscheste der Elaphiten. Über alten Steinhäusern mit schönen Gärten thront die Festungsruine. Lopud bietet eine Menge mittelalterlicher **Ruinen** zum Entdecken – seit dem 12. Jh. war die Insel voller Klöster.

Es gibt einen kleinen Strand in der Stadt, doch es lohnt sich, zum weiter entfernten **Strand von Šunj** zu gehen. Dort gibt's auch eine kleine Fischbar. Der Strand ist etwa 25 Gehminuten entfernt – man kann auch mit einem Golfcart hinfahren. Der Weg führt an einer winzigen Kapelle vorbei, der uralten und sehr berührenden **St.-Leonard-Kirche**. Die **Magdalenenkirche** ist ebenfalls sehr klein und ein Meisterwerk der Renaissance. Die älteste Kirche hier ist aber die **St.-Nikolaus-Kirche**, aus dem 9. Jh. Neben überwältigend schönen Fenstern bietet sie auch einen wunderbaren Blick aufs Meer.

TOP TIPP

Von Dubrovnik werden jede Menge Tagesausflüge zu den Elaphiten angeboten. Dabei wird meistens mit großen, preiswerten Schiffen gefahren, auf die so viele Passagiere wie möglich gepackt werden. Wer sich das ersparen will, kann eine private Tour mit einem erfahrenen Führer wie Rewind Dubrovnik (rewinddubrovnik.com) buchen.

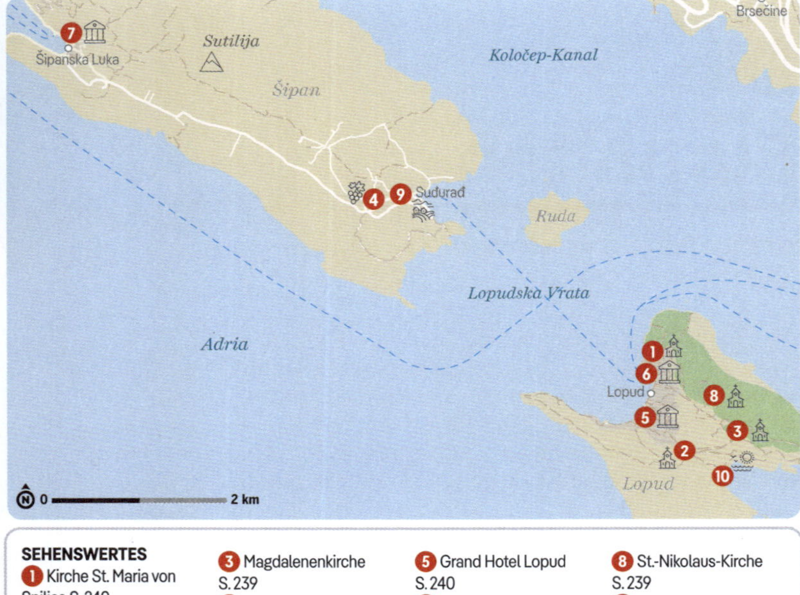

SEHENSWERTES
1 Kirche St. Maria von Spilica S. 240
2 St.-Leonard-Kirche S. 239
3 Magdalenenkirche S. 239
4 Familienbetrieb Goravica S. 241
5 Grand Hotel Lopud S. 240
6 Lopud 1483 S. 240
7 Šipanska Luka S. 241
8 St.-Nikolaus-Kirche S. 239
9 Suđurađ S. 240
10 Strand von Šunj S. 239

Hinter der wunderbaren Renaissancekirche **St. Maria von Spilica** versteckt sich eines der exklusivsten Resorts in Kroatien. Das **Lopud 1483** ist ein Franziskanerkloster aus dem 15. Jh., das die berühmte Designerin Francesca Thyssen-Bornemisza restauriert und umgebaut hat. Das Hotel hat nur fünf Suiten, die ausschließlich an superreiche Gäste wie die Familie Beckham vermietet werden. Wer nicht zu diesem erlesenen Kreis gehört, kann das Luxushotel zumindest von außen bewundern und muss sich mit einer günstigeren Ferienwohnung oder einem Ferienhaus begnügen.

Ein paar Jahrhunderte jünger ist das **Grand Hotel Lopud** von 1937. Es wurde von Nikola Dobrović entworfen, der ein großer Fan des französischen Architekten Le Corbusier war. Im Zweiten Weltkrieg machten es die Faschisten zu einem Internierungslager für die Juden von Dubrovnik. Nachdem es in den 1970er-Jahren umgebaut und wieder eröffnet wurde, steht es nun schon seit etwa 30 Jahren leer.

ŠIPAN & DIE OLIVEN

Neben der extrem entspannten Atmosphäre, den beiden hübschen alten Dörfern und dem tiefblauen Wasser ist Šipan auch für seine Oliven bekannt. Auf der Insel werden die besten Olivenöle des Landes erzeugt, zumeist in kleinen alten Familienbetrieben, die nur wenige Flaschen produzieren und diese direkt vermarkten, inklusive einer Verkostung.

Šipan hält sogar den Guinness-Book-Weltrekord für die meisten Olivenbäume pro Quadratmeter.

Der Johannisbrotbaum ist zurück auf Šipan

Wiederbelebung einer uralten Tradition

Šipan ist mit 16 km² die größte Insel der Elaphiten. Sie war früher einmal eine beliebte Sommerfrische der Aristokatie von Dubrovnik, die hier ihre prächtigen Villen errichtete. Die meisten Fähren legen in **Suđurađ** an. Der kleine Hafen ist gesäumt von alten Steinhäusern und wird von der massiven Festung **Skočibuha** aus dem 16. Jh. bewacht, die für die Öffentlichkeit nicht zugänglich ist.

Der Hafen ist übersät mit Werbeschildern von Weingütern und Olivenmühlen, die von den kleinen Familienbetrieben teilweise von Hand geschrieben wurden. Unter all den scheinbar immer gleichen Angeboten ragt eines hervor: Der auf Šipan geborene Mato Goravica gab seine glänzende Karriere als Schiffskapitän auf, um sich dem 450 Jahre alten Gewerbe seiner Familie zu widmen: dem Anbau des Johannisbrotbaums.

Johannisbrotbäume sind im Mittelmeerraum heimisch und wachsen überall in Dalmatien, wo sie *Šipanski rogač* (Johannisbrotbaum von Šipan) genannt werden. Doch mit dem Anbau von Olivenbäumen und Wein geriet der Johannisbrotbaum in Vergessenheit. Mato will diese Tradition nun wiederbeleben, indem er das beste Johannisbrot der Welt erzeugt. Zu diesem Zweck kaufte er 2011 eine traditionelle Mühle und produziert seitdem rund 15 t Johannisbrotmehl im Jahr, das er an die Bäckereien und Hotels der Insel verkauft. Außerdem produziert Goravica herrlichen Wein und köstliches Olivenöl. Im **Familienbetrieb Goravica** bietet er Verkostungen an (goravica.com/en/).

Auf der gegenüberliegenden Seite der Insel befindet sich das Dorf **Šipanska Luka**. Hier kann man die Überreste einer römischen Villa und den gotische Herzogspalast aus dem 15. Jh. besichtigen.

WARUM SICH DIE ELAPHITEN UNBEDINGT LOHNEN

Lukša Malohodžić, Geschäftsführer von Rewind Dubrovnik, rewinddubrovnik.com

Auf den Inseln ist heute wesentlich mehr los als in meiner Jugend, doch sie sind trotzdem die gleichen geblieben. Es gibt immer noch Schulen und Menschen, die hier ständig leben. Die Bewohner:innen von Dubrovnik verbringen hier gern das Wochenende, denn nach 20 Minuten mit dem Boot finden sie sich in einer ganz anderen Welt wieder und tanken Kraft und Energie für ihren Alltag in der Stadt.

Schnorcheln
Das glasklare Wasser ist ideal zum Schnorcheln. Besondersschön ist die Höhle von Koločep.

Strände
Die herrlichen Sandstrände auf Lopud sind die einzigen Sandstrände der Region.

Essen
Šipan lohnt sich wegen des Essens, insbesondere wegen des Käses und des Olivenöls.

ESSEN AUF DEN ELAPHITEN

Bowa, Šipan
In der Reservierung ist der Bootstransfer enthalten. Es gibt Muscheln, Wurstplatten und eine tolle Atmosphäre. Besonders schön sind die Tische in einer Strandhütte. €€

Konoba Kod Marka, Šipan
Das Restaurant in einer malerischen Bucht ist zwar teuer, doch das Essen wie Tintenfisch-Burger und Tintenfisch-Pie ist es auch wert. €€

Mandrac Seafood Restaurant, Lopud
Das originelle Restaurant am Hafen mit lokaler Atmosphäre bietet frisches Seafood und hausgemachte Desserts. €

Cavtat

RUHIG & FRIEDLICH | WUNDERBARE ARCHITEKTUR | RIVIERA-FLAIR

UNTERWEGS VOR ORT

Von Dubrovnik fährt stündlich ein Bus nach Cavtat. Es fahren aber auch Schiffe. Der Flughafen liegt 6 km außerhalb der Stadt, die von dort mit dem Taxi schnell erreicht ist.

TOP TIPP

Die Stadt ist zwar gut mit dem Auto zu erreichen, doch die Anreise mit dem Schiff ist wesentlich schöner, wenn die italienisch anmutenden Kuppeln langsam in Sicht kommen. Die Schiffe sind preiswert und legen in der Hauptsaison stündlich im Hafen der Altstadt von Dubrovnik ab. Und die Altstadt von Cavtat ist gut zu Fuß zu erkunden.

Die südlichste Stadt Kroatiens liegt auf halbem Weg zwischen Dubrovnik und der Grenze zu Montenegro. Cavtat ist ruhig, wunderschön und wesentlich entspannter als ihre berühmte Nachbarin. Die Küste ist gesäumt von Restaurants, traumhaften Stränden und fantastischen Villen aus dem 19. Jh. Die Stadt ist auch wesentlich älter als Dubrovnik.

Die griechische Siedlung Epidaurus entstand im 6. Jh. v. Chr. und wurde ein paar hundert Jahre später von den Römern besetzt, die es in Epidaurum umbenannten. Die Siedlung bestand also knapp 1000 Jahre, bevor Dubrovnik in Erscheinung trat. Niemand weiß, warum sie im 7. Jh. plötzlich aufgegeben wurde, doch schon im Mittelalter gab es hier wieder eine Stadt, die ihre Blütezeit im 19. Jh. erlebte. Davon zeugen die vielen bis heute erhaltenen Gebäude an der Promenade.

Die Geheimnisse von Cavtat

Verborgene Kultur im Badeort

Sicher, Cavtat steht vor allem für Sonne, Strand und Ruhe, doch sie bietet auch eine 1000 Jahre alte kulturelle Hinterlassenschaften, die nicht ganz so offensichtlich sind. Das Straßennetz der hübschen Altstadt ist immer noch so aufgebaut wie zu Zeiten der Griechen um 600 v. Chr. Auf der Halbinsel am westlichen Ende der Promenade sind zwischen Pinien und Zypressen die Überreste der **Nekropole von Epidaurus** zu sehen. Sie ist noch nicht vollständig ausgegraben und sieht eher wie unförmige Steinhaufen aus, doch das gigantische Ausmaß dieser Begräbnisstätte ist gut zu erkennen.

Auf dem Hügel oberhalb der Nekropole steht das gut 2000 Jahre jüngere **Hotel Croatia**. Das noble Hotel ist eines der wenigen modernistischen Hotels, die Tito während des Tourismusbooms der 1960er- und 1970er-Jahre bauen ließ und die das Ende Jugoslawiens überstanden. So bieten die Betonbalkone immer noch einen tollen Blick aufs Meer. Die majestätische Eingangshalle mit der Wendeltreppe würde selbst die *Mad Men* von Don Draper vor Neid erblassen lassen.

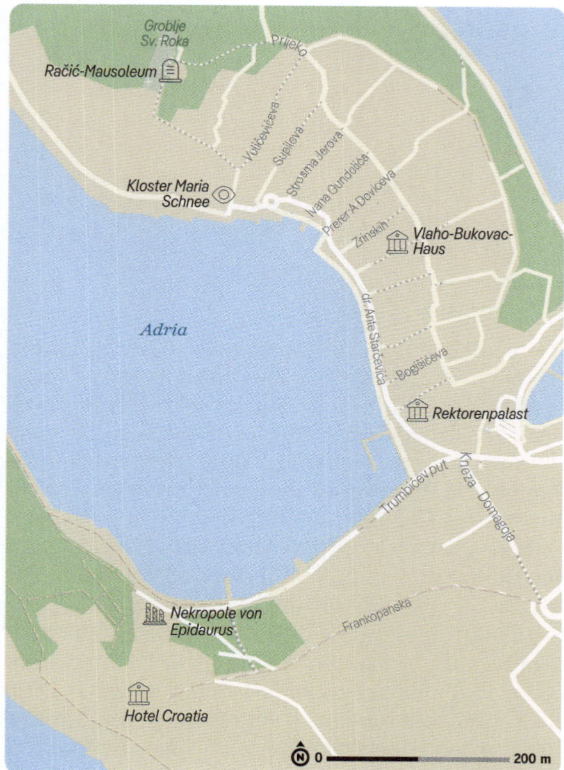

DAS VLAHO-BUKOVAC-HAUS

In Cavtat ist einer der berühmtesten Maler Kroatiens geboren. Das Haus, in dem Vlaho Bukovac lebte und arbeitete, ist zusammen mit seinem nachgebauten Atelier heute ein bezauberndes **Museum**.

Abgesehen vom künstlerischen Wert zeigt das sorgfältig restaurierte Haus aus dem 19. Jh. sehr gut, wie es sich im damaligen Cavtat lebte. Auch wer sonst nicht viel für Kunst übrig hat, wird von seinen bewegenden Bildern begeistert sein. Er porträtierte vor allem ganz normale Menschen des Konavle-Tals, und selbst als er schon in Prag lebte, malte er immer wieder die Menschen seiner Geburtsstadt.

Cavtat ist aber vor allem bekannt für seine prachtvolle Architektur der Spät-Renaissance, beispielsweise das **Kloster Maria Schnee** und der **Rektorenpalast**, beide aus dem 16. Jh. In letzterem ist heute die Manuskriptsammlung von Baltazar Bogišić untergebracht. Und nicht zu vergessen das **Račić-Mausoleum** aus den 1920er-Jahren auf Cavtats Friedhof auf der Halbinsel Rat.

ESSEN IN CAVTAT

Bugenvila in Cavtat
Das Restaurant bietet die beste Speisekarte, das beste Personal und die beste Atmosphäre an der Promenade. Die Ausstattung ist elegant und authentisch. **€€**

Ludo More
Das Meeresfrüchterestaurant mit Meerblick liegt abseits der Hauptstraße und serviert den Fang des Tages. **€**

Spinaker Restaurant & Lounge Bar
Auf der anderen Seite der Bucht mit tollem Blick auf die Altstadt. Keinesfalls das westliche Menü, sondern unbedingt die Austern nehmen! **€€**

Konavle-Tal

EINZIGARTIGES KUNSTHANDWERK | FABELHAFTE FOLKLORE | EINSAME STRÄNDE

UNTERWEGS VOR ORT

Die Gegend lässt sich am besten mit einem Mietwagen oder in einer geführten Tour erkunden. Es fahren auch Busse vom Busbahnhof in Dubrovnik nach Cavtat, Čilipi, Dubravka, Molunat und Vitaljina, allerdings nicht sehr häufig, und manchmal nur einmal am Tag. Weitere Infos und Fahrpläne findet man auf libertasdubrovnik.hr.

Das ländliche Konavle-Tal ist voller Herz und Seele. Das Tal liegt östlich von Dubrovnik entlang der Grenze zu Montenegro und ist die östlichste Region Kroatiens. Zwischen sanften Hügeln voller Weinberge und Olivenhaine verteilen sich gut 30 Dörfer, in denen die Bauern und Handwerker immer noch so leben wie vor über tausend Jahren.

Die Eltern und Großeltern der meisten Einwohner:innen Dubrovniks stammen aus einem Dorf des Konavle-Tals – oder von den Elaphiten. Schon zu Zeiten der Republik Ragusa wurde hier der Wohlstand erwirtschaftet, und die meisten Güter von hier aus exportiert. Cavtat ist die einzige größere Stadt in der Region. Doch auch außerhalb von Cavtat sind Museen, traditionelle Tänze, schöne Kirchen und ausgezeichnete Restaurants zu entdecken – und natürlich die einsamen, nur zu Fuß zu erreichenden Strände.

TOP TIPP

Der Flughafen Dubrovnik, der die längste Start- und Landebahn Koratiens hat, liegt mitten im Konavle-Tal. Es bietet sich also an, hier die Nacht nach der Ankunft oder vor dem Abflug zu verbringen.

Zeitlose Stickereien

Die Textilien aus dem Konavle-Tal sind einzigartig

Die Stickereien aus den 34 Dörfern des Konavle-Tals sind eine einzigartige, jahrhundertealte Kunst. Die geometrischen Formen sind mit farbenfrohen Mustern in Rot, Gelb und Grün verziert und werden zu wunderbaren Kleidungsstücken aus Seide verarbeitet. Diese werden dann nur zu besonderen Gelegenheiten wie Hochzeiten oder anderen Festen getragen. Die jahrhundertealte Tradition erlebt aktuell einen neuen Aufschwung. So sind beim Fest des hl. Blasius am 3. Februar in Dubrovnik Tausende von Frauen in den traditionellen Kostümen zu sehen.

Während heute zunehmend in der Familie vererbte Webstühle verwendet wereden, fertigen einige Frauen die Kunstwerke noch von Hand an (S. 233).

Besonders in Dörfern wie Čilipi in der Nähe des Flughafens Dubrovnik florierte die Handarbeit. Da die wohlhabenden Menschen in der Altstadt die Textilien nicht selbst herstellten, wurden sie jeden Morgen aus den Dörfern der Umgebung in die Stadt gebracht. Das **Heimatmuseum von Konavle** in Čilipi

zeigt diese unglaubliche Kunst zusammen mit anderen traditionellen Handwerken wie der Schuhmacherei. Das ursprüngliche Museum wurde im Bürgerkrieg zerstört, doch die Kuratoren bauten die Sammlung mithilfe von Spenden der regionalen Bevölkerung wieder auf, sodass heute wieder 600 Kostüme und andere Handarbeitsstücke zu sehen sind.

Die Hotelbucht von Kupari

Ein Paradies für Geschichtsfans

Vom einstigen Glanz der fünf eindrucksvollen Hotels in der Župa-Bucht bei Kupari ist nicht mehr viel übrig, denn sie verfallen allmählich zu Betonruinen. Die Hotels Pelegrin, Kupari, Goričina I und II wurden ab den 1960er-Jahren für die Erholung der Soldaten der ehemaligen Jugoslawischen Volksarmee JNA rund um das alte Hotel Grand gebaut – dieses einzige echte Luxushotel gab es bereits seit den 1920er-Jahren.

Die fünf Hotels verfügten zusammen über 1600 Betten. Die Campingplätze im Wald der Umgebung boten Platz für weitere 4000 Gäste. Der ehemalige Präsident Tito hatte sogar eine eigene Villa, einige hundert Meter hinter dem Hotel Pelegrin. In

FOLKLORE IN ČILIPI

Ein wichtiger Bestandteil der Konavle-Kultur sind die wöchentlichen Tanzvorführungen auf dem schattigen Dorfplatz von Čilipi.

Schon seit 1954 tritt die örtliche Folklore-Gesellschaft hier jeden Sonntag um 11.15 Uhr (also direkt nach der Messe) auf und zeigt traditionelle Volkstänze wie den uralten *potkolo*, den *poskočica* und den *čičak*. Anschließend wird eine traditionelle Hochzeit nachgestellt, bevor zum Schluss dalmatinische *klapa*-Lieder gesungen werden. Danach werden die Zuschauerinnen und Zuschauer zum gemeinsamen Tanz eingeladen.

Die Vorführungen finden nur bei gutem Wetter von Ostersonntag bis Anfang November statt.

ESSEN IM KONAVLE-TAL

Kameni Mlin
Das Restaurant mit Museum und Kochschule in der Nähe von Čilipi ist ein absolutes Muss. Die Gäste dürfen die leckeren Köstlichkeiten auch selbst zubereiten. **€€**

Konavoski Dvori Eco Green Restaurant
In dem Restaurant beim Wasserfall von Ljuta wird bestes kroatisches Essen von Angestellten in traditionellen Kostümen serviert. **€€**

Konoba Ivankovi
Das einfache Bistro im ländlichen Mihanići bietet kroatische Hausmannskost, die tatsächlich von der Großmutter gekocht wird. **€**

DER EINSAME STRAND VON PASJAČA

Der beliebteste Strand des Konavle-Tals ist (noch) ein Geheimtipp. Er ist einsam, ohne jeden Schatten und bietet unglaublich klares Wasser.

Der Nachteil? Es sind 500 Stufen, die von den Klippen zum Strand hinunter führen. Es ist zwar ein Geländer vorhanden, aber die Sache ist trotzdem eine Herausforderung. Und unten gibt's nichts außer absoluter Ruhe – kein Handyempfang und keine Snackbar.

Der Strand befindet sich in der Nähe von Popovići und ist nur spärlich ausgeschildert.

FOTOKON/SHUTTERSTOCK ©

Blick aufs Meer in Kupari (S. 245)

den 1980er-Jahren standen die Hotels auch ausländischen Besucher:innen aus ganz Nordeuropa offen, obwohl es nur einen winzigen Strand gab.

Wie viele andere Gebäude aus der Zeit des ehemaligen Jugoslawiens wurden auch diese Hotels dem Verfall überlassen und im Bürgerkrieg dann ganz aufgegeben. Nur das älteste, architektonisch uninteressante **Hotel Grand** steht aus unerfindlichen Gründen unter Denkmalschutz, während dem wesentlich bedeutenderen **Hotel Pelegrin** des in Sarajewo geborenen Stararchitekten David Finci keine Beachtung geschenkt wurde. Dabei wurde seine einzigartige Architektur sogar in einer Ausstellung des MoMa in New York gewürdigt Das Hotel, das ein bisschen wie eine auf dem Kopf stehende Pyramide wirkt, steht am nördlichen Ende der Bucht am nächsten bei Dubrovnik.

Angeblich hat die Hotelkette Four Seasons die gesamte Hotelbucht gekauft, sodasss diese einzigartige modernistische Architektur wohl nicht mehr lange zu bewundern sein wird.

Korčula

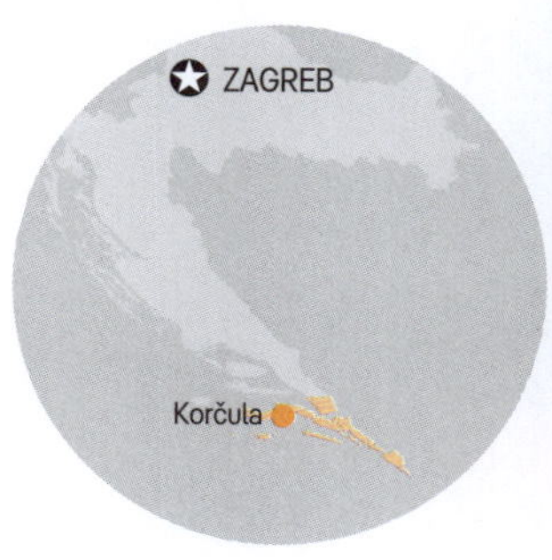

EINE REICHE GESCHICHTE | MAJESTÄTISCHE GEBÄUDE | ERZEUGNISSE AUS DER REGION

Die bei Reisenden sehr beliebte Insel liegt zwar genau zwischen den Städten Split und Dubrovnik, war in der Vergangenheit aber stärker mit letzterer verbunden, was der Altstadt der gleichnamigen Hauptstadt der Insel die Bezeichnung „Mini-Dubrovnik" einbrachte. Das ist allerdings stark vereinfachend, denn Korčula hat Stätten aus der Eisenzeit und Höhlen aus dem Mesolithikum zu bieten, die über 20 000 Jahre alt und damit wesentlich älter als die „Perle der Adria" sind. Doch angesichts der alten Stadtmauer und der mit Marmor gepflasterten Straßen ist eine gewisse Ähnlichkeit wirklich nicht zu leugnen.

Tatsächlich hinterließ die Republik Venedig, zu der Korčula von 1420 bis 1797 gehörte, eine Reihe fantastischer gotischer Gebäude. Und jenseits der eindrucksvollen Altstadt befinden sich herrliche Weingüter, Olivenmühlen und kleine Dörfer voller lebendiger Kultur. All dies gilt es im Westen der Insel zu entdecken.

UNTERWEGS VOR ORT

Korčula ist mit den Fähre von Jadrolinija und Krilo zu erreichen, die entweder in Vela Luka im Westen der Insel oder in der Stadt Korčula im Osten anlegen. Vom Busbahnhof der Stadt (in der Nähe des Fährhafens) fahren Busse nach Blato, Lumbarda und Vela Luka. Den jeweils aktuellen Fahrplan gibt's auf der Homepage von Arriva Bus: arriva.com.hr/en-us/dalmatia/korcula.

Ankunft in der Altstadt

Die von einer Mauer umgebene Stadt ist überwältigend

Die gut erhaltene Altstadt Korčulas stammt aus dem 15. Jh. Die Mauer mit massiven Festungstürmen sollte den Außenposten der Republik Venedig vor feindlichen Angriffen schützen,.

Das **Haupttor der Stadt** befindet sich in einem majestätischen Turm, der mit einem riesigen Löwen, dem Wappentier Venedigs, geschmückt ist. Die ursprüngliche Zugbrücke wurde schon vor langer Zeit durch eine breite Steintreppe ersetzt, die zwar sehr beeindruckend, aber schwer zu begehen ist. Die wie Fischgräten angelegten Straßen sorgen für eine Belüftung durch den sommerlichen *maestral,* halten die eisigen *bura*-Stürme im Winter aber ab. Sie sind dicht an dicht mit wunderbaren Gebäuden aus der Gotik und Renaissance gesäumt.

Die wichtigsten Sehenswürdigkeiten sind die atemberaubende **Kathedrale St. Markus** aus dem 15. Jh. und das **Stadtmuseum** im Gabrielis-Palast aus dem 16. Jh. Es präsentiert die

☑ TOP TIPP

Die Unterkünfte in der Altstadt Korčulas sind nicht zu empfehlen. Dafür werden auf der ganzen Insel von freundlichen Vermietern fantastische Ferienwohnungen zu deutlich günstigeren Preisen angeboten.

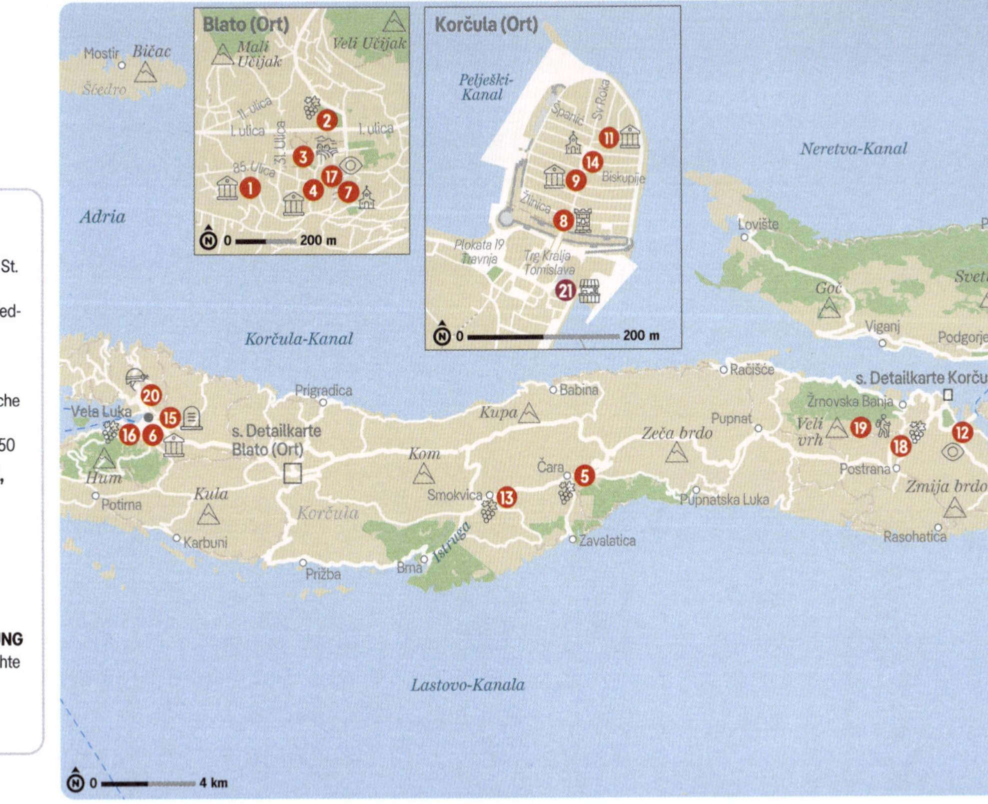

SEHENSWERTES
1 Ethno-Haus Barilo S. 251
2 Weingut Blato S. 250
3 Blato S. 251
4 Kulturzentrum Blato S. 251
5 Čara S. 250
6 Kulturzentrum, Vela Luka S. 251
7 Allerheiligenkirche S. 251
8 Korčula Haupttor S. 247
9 Stadtmuseum Korčula S. 249
10 Lumbarda S. 250
11 Marco-Polo-Museum S. 249
12 OPG Komparak S. 250
13 Smokvica S. 250
14 Kathedrale St. Markus S. 247
15 St-Roka-Friedhof S. 251
16 Vela Luka S. 250
17 Venezianische Loggia S. 251
18 Žrnovo S. 250

AKTIVITÄTEN, KURSE & TOUREN
19 Wald Kočje S. 250
20 Vela Spila S. 251

UNTERHALTUNG
21 Fischernächte S. 249

Stadtgeschichte anhand von Kunstwerken, Kunsthandwerk und archäologischen Fundstücken.

Auf den Spuren von Marco Polo

Stammte der große Entdecker vielleicht aus Korčula?

Dieser Mythos ist allgegenwärtig in der Altstadt von Korčula und wird sowohl von den örtlichen Fremdenführern als auch dem Personal des **Marco-Polo-Museum** gerne verbreitet. Und sie könnten sogar recht haben. Der berühmte Entdecker und Geschichtenerzähler stammte zweifellos aus Venedig, zu dem Korčula damals gehörte. Es gibt zwar keinen direkten Hinweis darauf, dass er auf Korčula geboren wurde, doch eine Familie Polo verkaufte nachweislich das Haus, das heute als Marco Polos Haus in der Altstadt gilt, und er selbst wurde im slawischen Teil eines Friedhofs in Venedig begraben, was darauf hindeutet, dass er wirklich ein Schiavone war. So wurden damals die aus Dalmatien stammenden Menschen in Venedig genannt. In Italien dürfte diese Geschichte weniger beliebt sein.

Liebenswertes Lumbarda

Eine unglaublich friedvolle Gegend

Die äußerst malerische Region erstreckt sich südöstlich der Stadt Korčula. Die kleine Stadt Lumbarda wurde rund um einen alten Fischerhafen gebaut. Hier finden im Sommer jeden Freitag die **Fischernächte** statt. Auf dem riesigen Markt an der Promenade verkaufen die Einheimischen ihre Erzeugnisse, genießen den Abend und das leckere Essen.

Die Region Lumbarda ist aber vor allem für ihre vielen Weingüter bekannt. Seit Jahrhunderten wird hier Wein angebaut, und die vielen Familienbetriebe unterschiedlichster Größe bieten alle Verkostungen an. Bei dem riesigen Angebot ist es schwer, sich zu entscheiden, zumal auch die Zeit drängt. Da alle nur jeweils ihren eigenen Wein anbieten, kann es passieren, dass am Ende der Saison (ab Ende Sept.), der *grk* (S. 250) ausverkauft ist. Dann muss man eben bis zum nächsten Jahr warten.

Die Bio-Insel

Auf Korčula gibt's keine konventionelle Landwirtschaft

Der Begriff Agrotourismus ist weit verbreitet in den Balkanländern, doch für Korčula trifft er auch zu. Die Landwirtschaft der Insel ist immer noch traditionell geprägt, sodass Wein, Olivenöl, Honig und sogar Gin nach uralten Methoden produ-

WARUM ICH KORČULA LIEBE

Lucie Grace, Autorin

Ich hatte das große Glück, 2021 auf Korčula arbeiten zu können, genauer gesagt im hübschen Lumbarda, an dem seitdem mein Herz hängt.

Später habe ich die Insel dann noch dreimal besucht und die innovativen enthusiastischen, aber auch bescheidenen Menschen auf Korčula besser kennengelernt. Sie wissen, dass sie auf einem sehr speziellen Fleckchen Erde leben, geben damit aber nicht an. Sie freuen sich einfach nur darüber und teilen diese Freude auch gern mit anderen.

Meine Lieblingsorte auf der Insel sind das Nautische Künstleratelier/-studio Korčula und die Imker-OPG Komparak, die einen tollen Gin produziert. Ich faulenze aber auch gern an einem der herrlichen Strände.

ESSEN IN KORČULA

LD Restaurant, Altstadt
Das Sternerestaurant auf der Stadtmauer bietet Fisch der Saison wie Nördlicher Schnapper, Rindfleisch aus der Region und das berühmte *gyoza*. €€€

Atrij Žrnovo Simple Cuisine, Žrnovo
Ausgezeichnetes traditionelles kroatisches Grillrestaurant. Besonders zu empfehlen sind die *žrnovski makaruni* (hausgemachte Nudeln). €

Agroturizam Grubinjac, Žrnovo
In dem Restaurant hoch über der Altstadt ist alles selbst gefangen und hausgemacht. €€

DER KOČJE

Der Wald Kočje ist ein herrlich unberührtes Stück Natur und beliebtes Wandergebiet. Die schmalen Schotterwege sind mit Hinweistafeln versehen, die die Orientierung erleichtern.

Um den Wald rankt sich eine traurige, aber romantische Legende: Im Zweiten Weltkrieg war die Bevölkerung in ein faschistisches und ein kommunistisches Lager gespalten. Infolgedessen kam es zu vielen Morden – u.a. wurde auch auch ein Ehepaar in dem Wald ermordet. Als an dem Ort zwei ineinander verschlungene Bäume wuchsen, sahen die Menschen in ihnen das im Tode vereinte Ehepaar.

Weinberg auf Korčula

ziert werden, ohne Pestizide und ohne Massenproduktion. Darauf sind die Einheimischen sehr stolz und weisen gerne darauf hin. Die **OPG Komparak** bietet in ihrem schönen Zentrum zwischen der Altstadt von Korčula und Lumbarda nicht nur Olivenöl, Honig und Gin an, sondern auch Verkostungen und Führungen durch die Produktion.

Was für ein Wein!

Auf Korčula dreht sich alles um Wein

Der Weinanbau ist das älteste und bis heute vorherrschende Gewerbe auf Korčula. Im 4. Jh. v. Chr. pflanzten die Griechen die ersten Weinstöcke in die fruchtbare Erde, die zusammen mit dem milden Klima ideal für den Weinanbau ist. Viele der hiesigen Rebsorten gibt es auch nur hier: die fruchtig herbe weiße Traube *grk* wird vor allem in Lumbarda und im Osten der Insel angebaut, die ebenfalls weiße *pošip* ist kräftiger und etwas würziger und wird in Čara und Smokvica angebaut. Der ganze Stolz Dalmatiens ist aber die *plavac mali*, eine köstliche kräftige rote Traube, die auch auf dem Festland angebaut wird.

Čara, **Lumbarda** und **Smokvica** sind zwar die berühmten großen Weinanbaugebiete, doch es gibt praktisch in jedem Dorf der Insel mindestens ein kleines Weingut, z. B. in **Blato**, **Vela Luka** und **Žrnovo**.

Olivers Vela Luka

Die Heimat des berühmten kroatischen Schlagersängers

Oliver Dragojević, oder einfach nur Oliver, der kroatische Frank Sinatra, begeisterte 40 Jahre lang den Balkan und Kroaten in

AUSGEHEN AUF KORČULA

Mariola Wine Bar, Altstadt
Marija schenkt nicht nur die besten Weine der Insel aus, sie ist auch eine ausgezeichnete Weinkennerin und bietet auch Verkostungen an.

Do-Bar, Vela Luka
Die Bar am Hafen mit Meerblick bietet Cocktails, Weinverkostungen und tolle Wurstplatten mit passendem Wein.

Caffe Bar Prvi žal, Lumbarda
Die Bar inmitten von Weinbergen serviert ausgezeichnete Cocktails mit Blick aufs Meer.

der ganzen Welt mit seinen Pop-, Jazz- und Blues-Songs. Er stand aber auch auf den Bühnen der Oper von Sydney, der Royal Albert Hall in London und der Carnegie Hall in New York. Dabei besang er auch oft seine Heimatstadt Vela Luka im äußersten Westen von Korčula. Sein Grab auf dem **St.-Roka-Friedhof** in Vela Luka ist immer mit Blumen geschmückt. Zudem sind die Einrichtung einer Gedenkstätte in seinem Geburtshaus und eine Statue am Fährhafen geplant.

Antike Geheimnisse in Blato

Die kulturelle Schatztruhe von Korčula

Blato wird oft übersehen. Dabei ist es eine wunderbare Stadt mit einer lebendigen Geschichte. Ein Rundgang beginnt am besten mit der **Loggia** aus der Zeit der Republik Venedig und der **Allerheiligenkirche**. Danach geht's ins überwältigende **Kulturzentrum Blato**. Dieses Museum zeigt Keramiken, Schmuck und Waffen aus einer Nekropole der Eisenzeit nordwestlich von Blato. Die Nekropole der prähistorische Siedlung **Kopila** wurde von den antiken Illyrern als Kultstätte angelegt. Es ist nicht bekannt, warum hier Hunderte von Kindern feierlich begraben wurden. Sie ist auch die einzige Nekropole für Kinder im gesamten Mittelmeerraum. War die einzigartige Stätte während der Ausgrabung durch kroatische und ausländische Archäologen noch geöffnet, ist sie nun geschlossen, um sie zu schützen. Im Zentrum sind Fotos zu sehen.

Ein Sprung von 2000 Jahren führt in das bezaubernde **Ethno-Haus Barilo** mit seiner ethnografischen Sammlung. Die Liebeserklärung an Blatos Vergangenheit zeigt Haushaltsgegenstände vom späten 19. bis frühen 20. Jh., die zu über 60% aus den Familien der Einheimischen stammen. Den beiden Kuratorinnen, die die Gäste durch die Ausstellung führen, gehört das Museum, das zugleich auch ihr Elternhaus war. Mittlerweile wurde die Sammlung auch um Gegenstände von adeligen Familien ergänzt.

Der traditionelle **Kumpanija**-Schwerttanz wird zwar überall auf Korčula noch praktiziert, für Besucher:innen aber nur bei speziellen Aufführungen. Eine dieser seltenen Gelegenheiten ist das Fest des hl. Vinzenz am 28. April. An diesem Tag wird der Schutzheilige von Blato in der ganzen Stadt gefeiert. Nach der morgendlichen Blasmusikparade auf dem Hauptplatz ziehen nachmittags die Kumpanija-Kämpfer durch die Straßen und präsentieren stolz die alte Kunst, einige davon zum ersten Mal.

DIE GROSSE HÖHLE VELA SPILA

Die geheimnisvolle **Vela Spila** (wörtlich: „große Höhle") fasziniert nicht nur ausgewiesene Geschichtsfans. Wer lebte hier? Und wie lebten die Menschen damals? Es ist nur bekannt, dass die Höhle in einem Hügel hoch über Vela Luka bereists ab 20 000 v. Chr. bewohnt war.

Bei Ausgrabungen 2006 wurden 17 500 Jahre alte Keramikfiguren gefunden, die die einzigen Fundstücke dieser Art aus dem Paläolithikum in Südosteuropa sind.

Die Höhle kann besichtigt werden, die Fundstücke sind jedoch im kleinen, erst kürzlich renovierten **Kulturzentrum in Vela Luka** ausgestellt.

WEIN TRINKEN AUF KORČULA

Weingut Popić, Lumbarda
Seit 300 Jahren serviert der Familienbetrieb köstlichen *grk* auf der Terrasse mit Meerblick.

Pošip „PZ" Čara
Das außergewöhnliche Weingut ist eine Kooperative, in der das ganze Dorf den besten *pošip* Kroatiens produziert.

Weingut Tasovac, Žrnovo
Der kleine beazubernde Familienbetrieb bietet preisgekrönten *pošip* und den erst seit kurzem angebauten *grk*.

Mljet

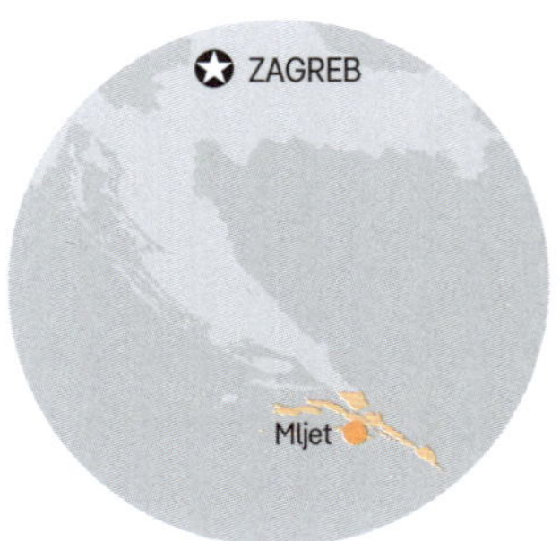

ATEMBERAUBENDE LANDSCHAFT | REGIONALES LEBEN | WANDERN

UNTERWEGS VOR ORT

Es gibt zwei Buslinien auf Mijet, doch die abgelegeneren Orte sind nur mit Mietwagen, Roller oder Fahrrad zu erreichen. Im Nationalpark werden auch Kajaks und Ruderboote vermietet.

TOP TIPP

Am besten lässt sich der Nationalpark mit einem E-Bike erkunden, denn Autos und Motorräder sind verboten. Die Räder können im Fährhafen Pomena oder im Jet-Set-Dorf Polače gemietet werden.

Die meisten Besucher:innen unternehmen nur einen Tagesauflug in den herrlichen Nationalpark, doch Mljet hat so viel mehr zu bieten. Außerhalb des Parks, der ein Drittel der Insel einnimmt, liegen Dörfer und Strände, die zu den schönsten und ruhigsten in Kroatien gehören.

Die Autofähre fährt von Prapratno auf dem Festland ins malerische Sobra, dem Ausgangspunkt für die Entdeckung der herrlich ursprünglichen Dörfer Babino Polje, Maranovići und Saplunara. Sie alle liegen an der D120, der vielleicht schönsten Schnellstraße der Welt. Mljet wird auch die „Grüne Insel" genannt, und das zu Recht: Obwohl die zerklüftete Insel unbewohnbar erscheint, gab es in Polače bereits eine blühende römische Siedlung, von der die Ruinen eines Palastes und eines Bads erhalten sind. Außerdem gibt's jede Menge mittelalterliche Überreste zu entdecken.

Unterwegs im Nationalpark Mljet

Die Wunder der Natur entdecken

Der Nationalpark Mljet ist ein Naturwunder. Er bietet 300 km an Wander-und Radwegen, fünf Dörfer, zwei herrliche Seen (oder treffender: Lagunen) und eine tolle Insel inmitten der Insel. Eigentlich sollte er ebenso bekannt sein wie Plitvice (S. 175). Der Park ist aber preiswerter, leichter zu erkunden und es ist überall erlaubt, zu baden. Selbst Tintenfische fühlen sich in den Wasserschichten der Lagune wohl, denn nur in den obersten

ESSEN IN UND UM DEN NATIONALPARK MLJET

Mali Raj
Das winzige Lokal an der Lagune bietet gegrillten Fisch, Salate und Spaghetti. Es ist allerdings etwas überteuert und akzeptiert nur Bargeld. €€

Konoba Adio Mare
Das großartige Restaurant in Pomena serviert Wein aus der Region zu Calamari- und Meeresfrüchte-Risotto mit Blick auf die Bucht. €€

Stella Maris
Nika and Sandro bieten einen ausgezeichneten Service und großartigen Fischeintopf aus der *peka* (große tiefe Pfanne) sowie hausgemachte Nudeln. €€

20 m ändert sich die Teemperatur je nach Saison, während sie in der Tiefe immer gleich bleibt und so für eine üppige Unterwasserwelt sorgt.

Seit die Benediktiner im 12. Jh. ein Kloster auf der Insel St. Maria (Sveta Marija) bauten, kümmerten sich die Menschen liebevoll um diese Idylle und sorgten dafür, dass sie üppig grün und sauber blieb. Heute kommen viele Freiwillige aus der ganzen Welt hierher, um die Wege und Trockensteinmauern instand zu halten und die Lagune vom Plastikmüll zu befreien. Außerdem gibt's noch eine örtliche Feuerwehr, der alle Frauen und Männer angehören, die im Nationalpark leben. Wenn der Blitz in einen Baum einschlägt, was bei den vielen Aleppo-Kiefern hier sehr häufig passiert, dauert es nur maximal 20 Minuten, bis das Feuer gelöscht ist. In den fünf Dörfern des Parks **Babina Kuće**, **Goveđari**, **Polače**, **Pomena** und **Soline** leben insgesamt 250 Menschen, die alles tun, um sie zu schützen.

DIE GROSSE PAULUS-DISKUSSION

In der Bibel steht, dass Paulus, der von den Römern aus politischen Gründen und als Anhänger von Jesus verhaftet wurde, auf dem Weg zu seinem Prozess in Rom auf einer Insel namens Melita strandete. War Melita Mljet? Oder doch Malta, wie die Malteser gern behaupten? Tatsächlich hießen beide Inseln damals „Melita" und könnten von ihrer Lage passen, abhängig davon, ob das Schiff aus dem Heiligen Land nach rechts oder links vom Kurs abgekommen ist.

PRAKTISCHES

Die wichtigsten Informationen für die perfekte Reise nach Kroatien im Überblick. Nützliche Tipps, Tricks und Hintergründe zur Orientierung und Vorbereitung.

Ankunft
S. 256

Unterwegs vor Ort
S. 257

Geld
S. 258

Übernachten
S. 259

Reisen mit Kindern
S. 260

Sicher reisen
S. 261

Essen, Trinken & Feiern
S. 262

Nachhaltig reisen
S. 264

LGBTiQ+
S. 266

Barrierefrei reisen
S. 267

Insel-Hopping
S. 268

Kurz & knapp
S. 269

Sprache
S. 270

Stari Grad, Insel Hvar (S. 209)
MIROSLAV POSAVEC/SHUTTERSTOCK ©

Ankunft

Die meisten Tourist:innen landen ca. 13 km außerhalb von Zagrebs Zentrum auf dem Franjo-Tuđman-Flughafen. Im Sommer fliegen hauptsächlich Billiganbieter ab europäischen Städten zusätzlich nach Brač, Dubrovnik, Osijek, Pula, Rijeka, Split und Zadar. Busse und Züge verbinden Kroatien mit dessen Nachbarländern und anderen Nationen. Adria-Fähren verkehren saisonal zwischen Kroatien und Italien.

Einreise

Kroatien gehört zu den 27 Schengen-Ländern. EU-Bürger und Schweizer können sich daher maximal 90 Tage lang visumfrei hier aufhalten.

SIM-Karten

Kroatische Mobilfunk-Firmen (z.B. A1, Bonbon, Iskon, Tomato, Telemac, T-Mobile; Filialen jeweils in größeren Städten) versorgen Reisende mit günstigen SIM-Karten und Guthaben-Paketen.

WLAN

Alle Flughäfen sowie die meisten Hotels und Cafés bieten Gratis-WLAN. In Großstädten und Touristenhochburgen gibt's öffentliche Gratis-Hotspots.

Geldautomaten

Am 1. Januar 2023 hat Kroatien offiziell den Euro eingeführt. Landesweit gibt's verlässliche Geldautomaten. Geräte von Euronet aber am besten meiden (hohe Gebühren)!

DIGITALE NOMADEN IN KROATIEN

Seit 2021 erteilt Kroatien spezielle vorübergehende Aufenthaltsgenehmigungen für digitale Nomaden. Damit können EU-Bürger und Schweizer maximal ein Jahr lang in Kroatien leben und übers Internet arbeiten (auch als Selbstständige). Ihre direkten Angehörigen können ebenfalls eine vorübergehende Aufenthaltsgenehmigung beantragen (s. S. 280). Bei visumfreier Einreise lassen sich die Genehmigungen direkt vor Ort beantragen. Verlängerungen sind rechtzeitig vor Ablauf vorzunehmen.

Vom Flughafen in die Stadt

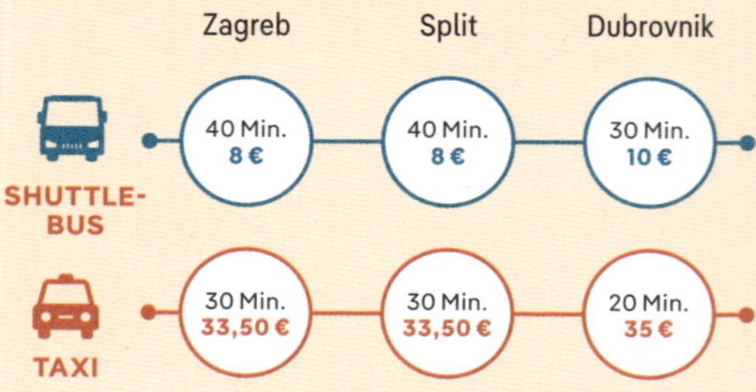

Weitere Einreisetipps gibt's auf lonelyplanet.com.

Unterwegs vor Ort

Leistungsfähige Busnetze verbinden die meisten Städte und Ortschaften miteinander. Der Zugverkehr ist aber stark begrenzt. Für ländlichere Gebiete und Inseln sollte man ein eigenes Fahrzeug haben.

REISEKOSTEN

Mietwagen
Ab 75 €/Tag

Tanken
Ab 1,40 €/l

Zugticket Zagreb–Rijeka
Ab 8,42 €

Leihfahrrad
Ab 20 €/Tag

Mietwagen

Mietwagenfirmen fordern eine Kreditkarte und das Hinterlegen einer Kaution. Bei Kunden unter 21 Jahren greift ein Aufpreis. Die meisten Fahrzeuge haben Handschaltung. Automatik-Modelle müssen vorab reserviert werden und kosten generell mehr.

Taxi

In Zagreb und anderen Großstädten gibt's App-basierte Mitfahrdienste (z. B. Uber, Eko Taxi, Taxi Cammeo, Radio Taxi). In Touristenhochburgen wie Dubrovnik hängen die offiziellen Taxipreise zu bestimmten Lokalzielen aus. Bei Fahrten mit selbstständigen Chauffeuren den Tarif immer vorab aushandeln!

TIPP

Der **kroatische Automobilclub** (hak.hr) liefert englischsprachige Online-Echtzeitinfos zu Verkehrslage und Straßenzustand.

EXPRESSLIEFERUNG PER BUS

Kroatische Fernbusse fungieren traditionell auch als inoffizielle Pakettransporter: An den Busbahnhöfen übergeben viele Einheimische den Fahrer:innen kleine Sendungen nebst Zielangaben. Die Mitnahmegebühr ist gering. Dank dieser praktischen und verlässlichen Option erreichen kleine Pakete ihren Zielort noch am selben Tag. Gleichzeitig sorgen sie so für ein kleines Zubrot.

UNBEDINGT BEACHTEN!

In Kroatien herrscht Rechtsverkehr.

30

Höchstgeschwindigkeit
50 km/h innerhalb von Ortschaften, 90–110 km/h auf Landstraßen und 130 km/h auf Autobahnen.

0,5

Promillegrenze (0,0 unter 24 Jahren).

Mautstrecken

Mautpflichtig sind alle Autobahnen, der Učka-Tunnel (Rijeka-Istrien), die Brücke zur Insel Krk und die Straße Rijeka–Delnice. Die Gebühr für kurze Straßen, Tunnels und Brücken wird jeweils sofort vorab fällig. Bei Autobahnen gibt's bei der Einfahrt Tickets, die bei der Ausfahrt zu bezahlen sind.

Fähren

Jadrolinija ist der größte Betreiber von Fähren zwischen dem Festland und den Inseln. Vor Ort wird zwischen *katamaran* (Personenfähre) und *trajekt* (Autofähre) unterschieden. Tickets gibt's jeweils analog am Hafen sowie als Digital-Versionen mit Online-Buchung.

Bikesharing

Das öffentliche Bikesharing-Programm **Nextbike** auf App-Basis vermietet normale Fahrräder und E-Bikes (tgl. 24 Std.). Die 30 landesweiten Verleihstationen lassen sich alternativ auch ohne Smartphone nutzen.

Geld

LANDESWÄHRUNG: **EURO (€)**

Kreditkarten

Im Gegensatz zu Hotels und vielen Restaurants akzeptieren kleinere Unterkünfte, Cafés und Bars oft keine Kreditkarten. Darum für alle Fälle immer genügend Bargeld mitführen! Auch Bustickets sind oft nicht per Kredit- oder Debitkarte bezahlbar.

Trinkgeld

In Kroatien ist Trinkgeld nicht obligatorisch, aber stets willkommen. In Bars und Cafés kann man die Rechnung auf den nächsten vollen Eurobetrag aufrunden. In Restaurants sind 5–10% angemessen (je nach Service-Qualität). Bei Kartenzahlung sollte das Trinkgeld bar ausgehändigt werden.

Steuern & Rückerstattungen

Bei den meisten Waren und Dienstleistungen greift eine Mehrwertsteuer (Porez na Dodanu Vrijednost; PDV) von 25%. Schweizer Reisende können diese zurückerhalten, wenn sie jeweils über 100 € auf einmal in Läden mit Tax-Free-Schildern ausgeben. Die Erstattung erfordert ein entsprechendes Formular und einen gültigen Reisepass.

Weitere Spartipps gibt's auf lonely planet.com.

WIEVIEL KOSTET...

Parken
0,5–1 €/Std.

Eine Prepaid-SIM-Karte
8–12 €

Ein Museumsticket
5–10 €

Ein Busticket
1 €

WIE... Ein paar Euros sparen

Studenten und Senioren mit entsprechenden Ausweisen erhalten vergünstigte Tickets für Fernbusse und -züge.

Viele Restaurants servieren dreigängige Mittagsmenüs (*marenda* oder *gableci*; meist 11–15 Uhr, max. 10 €), die auf Arbeiter:innen bzw. Angestellte abzielen.

Wer gemächlich den malerischen Landstraßen folgt, kann Kroatiens recht hohe Mautgebühren für Autobahnen umgehen.

EURO-EINFÜHRUNG IN KROATIEN

Kurz vor der Euro-Einführung in Kroatien (1. Jan. 2023) wurde bereits viel über eine potenzielle Inflation als Folge diskutiert.

Tatsächlich haben viele örtliche Geschäfte dann ihre Preise erhöht (z.B. über aufgerundete Euro-Beträge). Die aktuelle Inflationsperiode bringt weitere starke Preissteigerungen mit sich. Besonders heftig sind die Erhöhungen bei vielen Touristenläden, die im Nachhinein zusätzlich ihre Verluste während der Covid-19-Pandemie ausgleichen wollen.

LOCAL TIPP

In ländlichen Gegenden mit wenigen Geldautomaten sind Barauszahlungen bei allen Postämtern möglich (gegen Gebühr).

Übernachten

Ferienwohnungen und -häuser

Privat betriebene Ferienwohnungen und -häuser für Selbstversorger sind in Kroatien am beliebtesten. In ländlichen Gegenden mieten vor allem Familien mit Kindern meist Villen, die oft eigene Pools haben. Hierbei gilt generell ein einwöchiger Mindestaufenthalt ab einem Wochenende.

Camping

Stellplätze für Zelte, Wohnwagen und -mobile sind landesweit vorhanden und hier ebenfalls sehr beliebt.

Das Angebot der Campingplätze reicht von sehr schlicht bis luxuriös. Meist gibt's neben Toiletten und Duschen auch Gästeküchen und Grillplätze. Noblere Optionen bieten auch Pools, Restaurants und Bars.

Budgetunterkünfte

In Großstädten und beliebten Strandorten zielen nun immer mehr Hostels auf junge Leute und Budgettouristen ab.

Diese Bleiben haben meist Schlafsäle, vermieten aber oft auch Privatzimmer. Teils punkten sie auch mit Extras wie Gemeinschaftsküchen, Hausbars oder -cafés.

Hotels

Kroatiens Hotelspektrum reicht von internationalen Ketten bis hin zu komplett renovierten und modernisierten Optionen aus jugoslawischen Tagen. Schicke Boutique-Bleiben sind nun auch hier ein Trend. Das B&B-Angebot ist vergleichsweise klein. Hotels konzentrieren sich vor allem auf Touristenhochburgen (inkl. Strandorte) und weniger auf den ländlichen Raum.

WIEVIEL KOSTET EINE NACHT …

in einem Hotelzimmer
Ab 60 €

in einer Ferienwohnung
Ab 40 €

auf einem Campingplatz
Ab 20 €

Glamping

In Kroatien gibt's nun auch viele Glamping-Optionen: Der Mix aus Camping und Resort-Komfort wird auch hier immer angesagter.. Gäste wohnen dabei in klimatisierten Luxus(rund)zelten oder rustikalen Holzhütten (oft mit Privatterrassen). Diese liegen meist wunderschön im Grünen.

Optionen mit fünf Sternen bieten neben Pools oft auch Spas und Lounge-Bars.

Weitere Details zu kroatischen Unterkünften gibt's auf lonelyplanet.com.

CAMPING-REGELUNGEN

Kroatien zählt zu den vielen europäischen Ländern mit Campingverbot außerhalb speziell ausgewiesener Flächen. Dies gilt hier auch für Privatgrund: Die Einheimischjen dürfen nicht einmal in ihren eigenen Gärten zelten. Während der Hauptsaison wird das Verbot in Touristenhochburgen und Nationalparks rigoros mit hohen Bußgeldern (bis zu 400 €) durchgesetzt. In der Nachsaison, in ländlicheren Gebieten oder auf Autobahnrastplätzen wird Wildcamping aber oft nicht so streng bestraft oder sogar toleriert.

Reisen mit Kindern

Im Kroatien sind Familien höchst willkommen: Überall warten kinderfreundliche Sehenswürdigkeiten, Aktivitäten, Spielplätze, Abenteuer- und Wasserparks. Auf dem Kopfsteinpflaster von verkehrsberuhigten Stadt- und Ortszentren kann der Nachwuchs frei herumtollen. Kids lieben auch die Touristenzüge in den Strandorten.

Beste Regionen für Familien

Zagreb Viele kinderfreundliche Museen und Parks.

Inland Geheimnisvolle Burgen und Naturparks.

Istrien Unterhaltsame Wasser- und Abenteuerparks.

Nördliches Dalmatien Der Gruß an die Sonne (Zadar) und Strandpromenaden.

Split & zentrales Dalmatien Autofreie Inseln und tolle Kiesstrände.

Dubrovnik & südliches Dalmatien Alte Stadtmauern und versteckte Parks.

Einrichtungen

- Apotheken haben sonntags meist geschlossen.
- Große Hotelketten haben spezielle Angebote für Kinder (z.B. Clubs, organisierte Aktivitäten, Spielplätze und -räume).
- Babybetten sind in fast allen Hotels vorhanden (Reservierung empfohlen).
- Restaurants haben nur selten Kindermenüs und Hochstühle.
- Große Supermärkte haben oft kostenlose Toiletten (für Familien sehr praktisch).
- Wickeltische sind landesweit eine Seltenheit.

HITS FÜR KIDS

Brijuni-Nationalpark

Dinospuren und Tiersafaris per Zug. (S. 104)

Aquacolors (Poreč)

Badespaß in Kroatiens größtem Wasserpark (aquacolors.eu).

Gruß an die Sonne (Zadar)

Interessante Installation mit leuchtenden und funkelnden Glaselementen. (S. 166)

Festung Barone (Šibenik)

Zeitreisen per interaktiver Virtual Reality (tvrdjava-kulture.hr/en/barone-fortress/plan-your-visit).

Burg Trakošćan (Zagorje)

Grünflächen (87 ha) plus Waffen und Schwerter auf drei Stockwerken. (S. 80)

Essen

Restaurants ohne spezielle Kindermenüs servieren meist kinderfreundliche Klassiker (z.B. Pizza, Pasta). Das Ambiente ist meist zwanglos: Der Nachwuchs spielt hier oft neben den Tischen, während die Eltern speisen.

Verkehrsmittel & -wege

Bei Tickets für Fernbusse und -züge gibt's bis zu 50% Kinderrabatt. Leihwagen sind für Familien jedoch am praktischsten. Die meisten Autovermieter bieten auch Kindersitze an (rechtzeitig reservieren!).

Weitere Tipps zum Reisen mit Kindern gibt's auf lonely planet.com.

FAMILIENFREUNDLICHE STRÄNDE

Kroatiens Strände sind größtenteils felsig oder kiesig. Das Land hat aber auch ein paar familienfreundliche Sandstreifen mit flachem Wasser. Der sichelförmige Paradiesstrand (Rajska Plaža; 1,5 km) auf Rab (Lopar-Halbinsel) ist zudem außergewöhnlich breit: Sein Sand reicht über 200 m weit ins Wasser hinein und lockt Familien an. In Omiš bauen Kinder Sandburgen auf der breiten Velika Plaža Punta mit goldenem Sand und Flachwasser. Perfekt für Kids ist auch der Sotorišće-Sandstrand an der Ostküste der autofreien Insel Silba bei Zadar.

Sicher reisen

VERSICHERUNG

Die Europäische Krankenversicherungskarte (European Health Insurance Card; EHIC) ermöglicht EU-Bürgern und Schweizern in Kroatien eine kostenlose Notfallversorgung. Eine gute Reiseversicherung mit Abdeckung von Verlust, Diebstahl und medizinischen Behandlungskosten ist aber auch hier ein absolutes Muss.

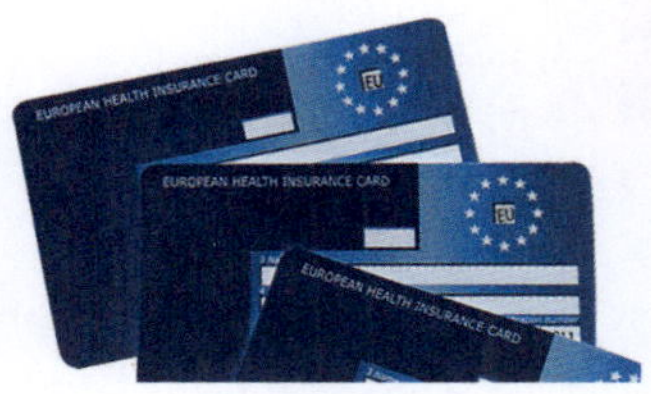

Quallen & Seeigel

In der Adria gibt's recht viele Quallen. Doch nicht jedes dieser Hohltiere verursacht schmerzhafte Stiche. Wer auf Nummer Sicher gehen will, verzichtet bei Sichtung aufs Schwimmen. Auf felsigem Meeresboden tummeln sich schwarze Seeigel mit langen Stacheln. In Risikozonen trägt man daher am besten Schwimmschuhe mit festen Sohlen.

Waldbrände

In Kroatiens heißem und trockenem Sommer besteht landesweit Waldbrandgefahr. Offenes Feuer (inkl. Grillbetrieb) im Freien ist dann außerhalb ausgewiesener Zonen streng verboten. Entdeckte Feuer sofort unter 112 melden!

LEITUNGSWASSER

Kroatien hat viele Wasserspeicher. Das hochwertige Leitungswasser kann bedenkenlos getrunken werden.

SICHER SCHWIMMEN UND BADEN

Grüne Flagge
Sicherer Badestrand

Gelbe Flagge
Sicher am Ufer, aber kein Hinausschwimmen

Violette Flage
Vorsicht: Gefährliche Meerestiere (z.B. Quallen)

Rote Flagge
Gefahr – Schwimmen und Baden verboten

Schlangen

Unter Kroatiens vielen Schlangen sind auch mehrere giftige Vipernarten. Darum niemals barfuß durch hohes Gras oder Waldgebiete laufen! Auch beim Pflücken von Wildpilzen oder -spargel ist Vorsicht angebracht. Wer trotzdem gebissen wird, sollte sofort den Rettungsdienst unter 112 alarmieren.

ERDBEBEN (2020)

Am 22. März 2020 erlebte Zagreb ein Erdbeben der Stärke 5,3. Neun Monate später wurde Petrinja bei Sisak (Inland) von einem Beben der Stärke 6,4 erschüttert. In beiden Fällen kam es zu Schäden an Gebäuden und Infrastruktur. Insgesamt starben dabei leider auch acht Menschen.

OBEN: ASCANNIO/SHUTTERSTOCK ©, UNTEN: BENNY MARTY/SHUTTERSTOCK ©

Essen, Trinken & Feiern

Wann?

Doručak (Frühstück; 6–8 Uhr) Meist eine leichte Mahlzeit (z. B. Kaffee und Marmeladenbrote).

Marenda/gableci (Vesper; 10–12 Uhr) Wird mancherorts von Arbeitern verzehrt (z. B. Sandwichs oder auch etwas Warmes).

Ručak (Mittagessen; 14–15 Uhr) Selbst gekocht oder in Restaurants (dort über den ganzen Nachmittag erhältlich).

Večera (Abendessen; 18–20 Uhr) Meist eine leichte Mahlzeit.

KULINARISCHES

Jelovnik Speisekarte

Dječji jelovnik Kindermenü

Degustacijski meni Probiermenü

Pola obroka Halbe Portion

Domaći specijaliteti Heimische Spezialitäten

Obareno Gekocht

Prženo Frittiert

Predjela Vorspeisen (z. B. Käse- und Schinkenteller)

Glavna jela Hauptgerichte

Prilozi Beilagen (meist Gemüse, Kartoffeln)

Juhe Suppen

Salate Salate

Meso Fleisch

Piletina Hähnchen

Svinjetina Schweinefleisch

Janjetina Lammfleisch

Riba Fisch

Morska hrana Seafood

Deserti Dessert (beliebt: z. B. Kuchen oder Crêpes bzw. *palačinke*)

Pića Getränke

Topli napitci Heißgetränke

Bezalkoholna pića Alkoholfreie Getränke

Piva Bier

Domaća vina Regionaler Wein

Gazirana voda Mineralwasser mit Kohlensäure

Obična voda Stilles Mineralwasser

Wo?

Restoran Formelles Restaurant mit meist langer Speise- und Weinkarte.

Konoba/gostionica Traditionelle Familiengeführte Taverne mit regionaler Küche und rustikalem Dekor.

Pekara/Pekarnica Bäckerei; verkauft oft auch *burek* (Fleisch oder Käse im Blätterteig), Strudel oder Pizza.

Slastičarna Konditorei; verkauft oft auch Eis und Kaffee.

Pizzeria Serviert oft auch noch andere Gerichte im zwanglosen Ambiente.

WIE ... Kroatiens Kaffee-Kultur genießen

Kroat:innen trinken gerne Kaffee – vor allem zusammen mit Freund:innen, um Neuigkeiten und Tratsch auszutauschen. Die meisten Cafés öffnen um 7 Uhr und werden morgens oft von älteren Gästen besucht. Das Koffein wird stets gemütlich im Sitzen genossen (*kava* zum Mitnehmen ist hier undenkbar). Und das beliebig lange: Das Personal nötigt niemand zu erneuter Bestellung.

Wer einen *kava* bestellt, bekommt einen etwas größeren Espresso. *Bijela kava* mit sehr viel Milch wird meist in einem großen Glas serviert.

Am Samstagmorgen ist Sehen-und-gesehenwerden auf dem Zagreber Cvjetni trg (Blumenplatz) angesagt: Dann ziehen sich die Zagrepčani schick an und besuchen ihre lokalen Lieblingscafés und verabreden sich dort. Dieses wöchentliche Ritual wird *špica* genannt.

WIEVIEL KOSTET …

ein Kaffee
2 €

ein *burek*
1 €

eine Pizza
7–10 €

ein Drei-Gänge-Menü
15–25 €

ein Bier
1,50 €

ein Glas Wein
2 €

eine Kugel Eis
1,50–3 €

WIE… Vegetarisches oder Veganes finden

Vegetarismus und Veganismus haben in den letzten Jahren auch in Kroatien zugenommen. Beide Ernährungsweisen sind hier aber bei weitem keine Mainstream-Trends wie in vielen anderen Ländern. Für viele hier ist Fisch weiterhin ein akzeptables vegetarisches Essen.

Außerhalb der Großstädte (z.B. Zagreb, Split) sind vegetarische bzw. vegane Restaurants recht rar. Viele Lokale im ganzen Land bieten aber nun zumindest ein einziges Gericht auf Gemüsebasis an. Alternativ kombiniert man einfach diverse pflanzliche Beilagen wie gegrilltes Gemüse, Kartoffeln und Mangold (*blitva*) zu einer Mahlzeit.

Bei Restaurants in Hotels und Touristenhochburgen ist die Chance auf eine vegetarische Auswahl höher. Wer seine Bleibe rechtzeitig über seine Essbedürfnisse informiert, wird oft bestens versorgt.

Außerhalb der Großstädte gibt's auch kaum Cafés mit veganem Eis oder Sojamilch auf der Karte. Beides ist aber bei manchen Supermärkten erhältlich.

Tee bestellen

Wer in Kroatien nur Tee bestellt, bekommt stets Früchtetee. Darum präzisieren (z.B. crni čaj/Schwarztee oder zeleni čaj/Grüntee).

Ja sam vegan/veganka Ich bin Veganer/in.

Ja sam vegetarijanac/vegetarijanka Ich bin Vegetarier/in.

Ne jedem životinjske proizvode Ich esse keine Tierprodukte.

Ne jedem mliječne proizvode Ich esse keine Milchprodukte.

Sadrži li jaja? Enthält das Ei?

Imate li sojino mlijeko? Haben Sie Sojamilch?

ETIKETTE: ESSEN IN KROATIEN

Wenn Kroat:innen jemanden zum Abendessen einladen, übernehmen sie die ganze Rechnung. Anbieten von Kostenteilung zeugt stets von Höflichkeit, wird aber immer abgelehnt. Geburtstagskinder bezahlen traditionell für alle geladenen Gäste.

Ein Restaurantbesuch mit Freunden endet hier unausweichlich in der Diskussion, wer die Rechnung übernimmt: Alle Anwesenden werden auf dieser Ehrenhandlung bestehen.

Ein Dinner im Restaurant ist in Kroatien eine gemächliche Angelegenheit, die den Großteil des Abends dauert. Auf Vorspeise und Hauptgericht folgen ein Dessert und oft noch eine Runde Schnaps. Wein ist wichtig für das kulinarische Erlebnis: In vielen Lokalen empfehlen Sommeliers perfekt passende Regionalweine. Kroat:innen sind keine Tischsitten-Fanatiker und speisen gern relaxt in zwangloser Atmosphäre. Jedoch legen sie dann viel Wert auf ihr Äußeres und ziehen sich entsprechend schick an.

Bei Privateinladungen servieren die jeweiligen Gastgeber traditionell ein Menü mit mehreren üppigen Gängen – begleitet von mehrfachen Aufforderungen zum Zulangen. Unbedingt in Schale werfen, pünktlich erscheinen und ein angemessenes Gastgeschenk (z.B. Wein, edle Schokolade) mitbringen!

Sträuße für die Gastgeberin sollten stets eine ungerade Anzahl von Blumen enthalten: In Kroatien sind geradzahlige Bouquets rein für Beerdigungen vorgesehen.

Verantwortungs-bewusst reisen

Reisen & Klimawandel

Nicht zu ignorieren: Jede Reise verursacht klimaschädliche Emissionen. Lonely Planet fordert daher alle Traveller auf, nachhaltig zu reisen und ihren CO_2-Fußabdruck möglichst gering zu halten. Über zahlreiche Online-Kohlenstoffrechner (z. B. resurgence.org/resources/carbon-calculator.html) lässt sich die Emissionsmenge pro Trip einschätzen. Diese kann dann oft proportional in Spendenbeträge an internationale Klimaschutz-Initiativen umgerechnet werden. Auch viele Fluglinien und Buchungsportale bieten diese Möglichkeit, die Lonely Planet weiterhin für alle Reisen von Mitarbeiter:innen nutzt. Dennoch ist uns bewusst, dass das mehr Schadensminderung als Lösung ist.

Regionalprodukte kaufen

In allen kroatischen Städten und Ortschaften gibt's Bauernmärkte mit frischen Regionalprodukten. Entsprechende Einkäufe dort unterstützen die lokalen Produzenten und senken den CO_2-Fußabdruck.

Auf Kreuzfahrten verzichten

Kreuzfahrtschiffe verschmutzen die Adria und schädigen deren empfindliches Ökosystem. Friends of the Earth zufolge erzeugt ein Kreuzfahrturlaub täglich achtmal so viel CO_2 wie Ferien zu Lande.

Im Bärenreservat Kuterevo (Velebit-Berge; kuterevo.org/bears) können Freiwillige beim Aufpäppeln von Petz-Waisen helfen.

Tvrdić Honey (Insel Šolta; tvrdichoney.com) erklärt Besucher:innen, warum Bienen so wichtig für unser Ökosystem sind.

Auf Fleischprodukte verzichten

Laut Greenpeace schädigt der CO_2-Ausstoß durch Tierzucht die Umwelt innerhalb der EU angeblich mehr als alle Kraftfahrzeuge zusammen. Wer diese Ansicht teilt, bestellt am besten nur Essen auf Pflanzenbasis.

Das Lošinj Marine Education Centre (Insel Lošinj; blue-world.org) engagiert sich für den Schutz der Adria-Delfine und veranstaltet verantwortungsvolle Beobachtungstouren.

Landesweit laden urbane „Smart-Sitzbänke“ der kroatischen Firma Steora zu Sightseeing-Pausen mit Solarstrom ein: Nutzer können hier ihre Smartphones aufladen und online gehen.

E-Bikes nutzen

E-Bikes sind eine Alternative zu Miet-Rollern mit Verbrennungsmotor: Sie erleichtern das Meistern von Anstiegen und sind gleichzeitig gut für die Kondition.

Plastikmüll reduzieren

Kroatiens sauberes Leitungswasser kann bedenkenlos getrunken werden. Daher am besten kein Mineralwasser in Einweg-Plastikflaschen kaufen: Landesweit gibt's viele Trinkbrunnen mit Auffüllmöglichkeit.

Auf den Wegen bleiben

Kroatiens Flora, Fauna und Naturschutzgebiete respektieren: Wer auf den Wander- bzw. Radwegen bleibt, schont die regionalen Habitate.

Der **Rad- und Wanderweg Parenzana** (S. 116) folgt einer alten Bahntrasse. Nach 78 km durch Istrien führt er hinüber nach Slowenien und endet dann kurz hinter der Grenze zu Italien.

Das Falknereizentrum Dubrava (sokolarskicentar.com) bei Šibenik beheimatet geschützte Greifvögel (u.a. Falken, Eulen) und informiert Besucher:innen mit interaktiven Vorträgen über deren Lebensweisen.

Alternative Schiffskraftstoffe

Kroatien will den sanften Tourismus langfristig etablieren. So laufen hier aktuell auch Bemühungen, den CO_2-Ausstoß der Inselfähren durch Umstellung auf alternative Schiffskraftstoffe zu reduzieren.

Nachhaltig übernachten

Echte Öko-Unterkünfte achten u.a. auf Energieeffizienz, Recyling, Kompostierung und nachhaltig erzeugten Strom (vor allem für Heizung und Klimatisierung).

WEITERE INFORMATIONEN

dalmatiagreen.com
Verzeichnis mit Öko-Unterkünften in Dalmatien.

istraecoxperience.com/en
Infos zum sanften Tourismus in Istrien.

prijatelji-zivotinja.hr
Verzeichnis mit veganen Restaurants in Kroatien.

LGBTIQ+-Traveller

2023 belegte das konservative Kroatien den 48. Platz auf dem Spartacus Gay Travel Index – verglichen mit anderen europäischen Ländern recht weit unten: Hier dominieren nach wie vor traditionelle katholische Werte in puncto Sexualität und Geschlechterrollen. Das ändert sich nur sehr langsam. Aus Angst vor Diskriminierung agiert die örtliche LGBTIQ+-Gemeinde daher größtenteils diskret.

Gleichgeschlechtliche Partnerschaften

Mit dem „Partnerschaftsgesetz" (2014) hat Kroatiens Parlament gleichgeschlechtlichen Lebensgemeinschaften dieselben Rechte wie heterosexuellen Verheirateten gewährt (Ausnahme: Adoption). Vorausgegangen war ein Verfassungsreferendum (2013) auf Antrag der Organisation U ime obitelji (Im Namen der Familie). Dabei stimmten 65% der Wähler gegen LGBTIQ+-Ehen. Bislang kann man hier daher nur das jeweils andere Geschlecht heiraten.

LGBTIQ+-CHOR

Le Zbor (Le-Chor; facebook.com/lezbor) ist ein lesbisch-feministischer und antifaschistischer Chor aus Zagreb. Sein Programm beinhaltet Coverversionen kroatischer und internationaler Pop- bzw. Rockhits – ergänzt durch Volkslieder mit revolutionären Themen. Er hat bereits über 100 Konzerte in Kroatien und anderen Ländern gegeben.

Strände & Insel-Hopping

Außerhalb von Zagreb gibt's nur wenige LGBTIQ+-Hotspots. Viele Strandorte haben aber inoffizielle Schwulenstrände (oft am Rand von FKK-Stränden). Der schwulenfreundliche FKK-Strand der Insel Lokrum ist ein beliebter Treff. Prince Charming Gay Cruises und Out Adventures bieten jeweils szenespezifisches Insel-Hopping in Kroatien an.

LGBTIQ+-SZENE IN ZAGREB & DUBROVNIK

Zagrebs LGBTIQ+-Szene trifft sich in ein paar Bars und Clubs. Darunter sind z.B. der Funk Club, das Kolaž, die Caffe Bar Kic Klub, die G-Bar, das Hot Pot und der Schwulenclub Rush (geöffnet Fr & Sa). In Dubrovnik gibt's u.a. die Schwulenbar Milk, den Culture Club Revelin und das Jazz Cafe Troubadour.

PRIDE-EVENTS

Das **Zagreb Pride** (zagreb-pride.net) ist das größte Jahresevent der kroatischen LGBTIQ+-Szene. In der Hauptstadt gibt's auch einen Pride March (meist am 2. Sa im Juni). In Kroatiens zweiter Großstadt steigt das **Split Pride** (1. Junihälfte; facebook.com/lgbt.pride.split) mit einer Parade und Musikpartys.

Kontakte knüpfen

Grindr ist eine gute Dating-App zum Kontaktieren der lokalen LGBTIQ+-Szene.

Planet Romeo (planetromeo.com) heißt eine beliebte Online-Plattform für kroatische Homo-, Bi- und Transsexuelle.

Barrierefrei reisen

Viele kroatische Groß- und Kleinstädte bemühen sich um Verbesserung der Barrierefreiheit. Dennoch sind z.B. Kopfsteinpflaster und Altbauten ohne Aufzug weiterhin große Herausforderungen bei Mobilitätsproblemen. Allerdings müssen neue Gebäude und Einrichtungen nun barrierefrei sein. Es tut sich also langsam etwas.

Barrierefreie Strände

Plaja Beach Finder (plaja.hr) – eine praktische App für ein Verzeichnis mit barrierefreien Stränden im ganzen Land. Manche davon (z.B. der Borak-Strand bei Bol) haben spezielle Rollstuhllifte bis zum Wasser.

Flughafen

Für Unterstützung am Flughafen ist das Informieren der jeweiligen Fluglinie (spätestens 48 Std. im Voraus) erforderlich. Der Flughafen Zagreb hat Eincheck-Schalter mit Hilfen für Passagiere mit eingeschränkter Sehfähigkeit oder Mobilität.

Übernachten

Sehr viele Hotels in (historischen) Altbauten haben keine Aufzüge. Somit empfehlen sich neuere Bleiben, da diese per Gesetz barrierefrei sein müssen.

FÄHREN

Die komplett barrierefreien Passagierfähren von TP Line und Kapetan Luka haben Rollstuhlrampen. Die Autofähren von Jadrolinija verfügen nur teilweise über Lifte. Passagiere mit Mobilitätsproblemen erhalten aber gratis Hilfe.

Öffentliche Toiletten

Per Gesetz müssen alle größeren kroatischen Supermärkte über kostenlose Kundentoiletten verfügen. Darunter muss auch jeweils eine barrierefreie Variante sein.

Öffentliche Verkehrsmittel

Die Nahverkehrsnetze vieler kroatischer Großstädte (z.B. Zagreb, Split, Dubrovnik) bieten Barrierefreiheit in Form von Niederflurbussen und -straßenbahnen.

PARKPLÄTZE FÜR ROLLSTUHLFAHRER:INNEN

EU-Behindertenparkausweise gewähren ihren Inhabern auch in Kroatien dieselben Parkplatz-Nutzungsrechte wie den Einheimischen (deutliches Auslegen im Auto erforderlich).

WEITERE INFOS

croatiaairlines.com/special-passenger-categories/accessible-travel
Barrierefreie Flüge mit Croatia Airlines.

visitzagreb.hr/theme/accessible-zagreb
Barrierefreie Attraktionen in Zagreb.

homerent.agency/en/croatia-travel-guide-wheelchair-users
Reiseführer für Rollstuhlfahrer.

Einige Züge der Kroatischen Eisenbahn erleichtern das Zu- und Aussteigen mit Niederflurwaggons. Vor Ticketreservierungen empfehlen sich entsprechende Recherchen.

80-20/SHUTTERSTOCK ©

QR-Code für weitere Reisetipps

Hvar (S. 207)

WIE … Insel-Hopping

Wer ein paar von Kroatiens vielen Inseln besuchen will, wird unausweichlich auf eine Fähre steigen. Die folgenden Tipps decken neben Personen- und Autofähren auch Mietjachten ab.

Fährbetreiber

Jadrolinija (ganzjährig & saisonal; jadrolinija.hr) Staatsfirma und größte Fährgesellschaft Kroatiens. Bedient mit Passagier- und Autofähren über 35 Routen entlang der ganzen Adriaküste. Steuert auch Ancona und Bari in Italien an.

TP Line (ganzjährig & saisonal; tp-line.hr) Personenfähren ab Split, Makarska und Dubrovnik zu den Inseln Šipan, Mljet, Korčula, Lastovo, Brač, Hvar und Vis.

Kapetan Luka (saisonal; krilo.hr/en) Schnelle Passagierfähren zu Zielen in Dalmatien sowie ab Pula (Istrien) nach Zadar und zu Inseln in der Kvarner Bucht.

G&V Line (ganzjährig; gv-zadar.com) Personenfähren zwischen Zadar und ein paar nahegelegenen Inseln.

Mia Tours (ganzjährig; miatours.hr) Personenfähren zwischen Zadar, Šibenik und nahegelegenen Inseln.

Bura Line (saisonal; buraline.com) Personenfähren zwischen Split, Slatine und Trogir.

Rapska Plovidba (ganzjährig; rapska-plovidba.hr) Autofähren ab dem Festland zu den Inseln Rab (Firmensitz) und Pag.

Tickets

Tickets und Fahrpläne gibt's online sowie direkt an den Häfen und bei den jeweiligen Firmen-Filialen. Alternativ sind auch papierfreie Digital-Versionen fürs Handy erhältlich. Die Tarife variieren je nach Saison, Fahrzeuggröße und Personenzahl. Kinder unter drei Jahren fahren gratis mit.

Bordausstattung

Personen- wie Autofähren bieten guten Bordkomfort mit Klimatisierung, Toiletten und Gratis-WLAN. Meist gibt's auch ein Café bzw. eine Bar mit Snacks und Getränken. Größere Fähren auf längeren Routen haben teils auch Restaurants.

Mietjachten

Eine weitere beliebte Option für Inseltouren in der Adria sind Mietjachten mit Skipper und Bordkoch. In diesem Fall kann man seine Route mit maximaler Flexibilität planen.

TIPPS ZU FÄHREN

Den Unterschied zwischen *katamaran* (schnelle Personenfähre) und *trajekt* (Autofähre) beachten.

Im Sommer gibt's mehr Verbindungen (auch wegen saisonaler Zusatzrouten).

Der starke Bora-Wind (kroat. *bura*) aus Nordosten unterbricht häufig den Fährverkehr: An besonders stürmischen Tagen können Personen- und teils auch Autofähren oft nur verzögert oder gar nicht auslaufen.

Im Hochsommer sollten Autofähren-Passagiere früh am Hafen sein. Die Tickets von Jadrolinija gelten jeweils einen Tag. Beim Verpassen einer Fähre kann so die nächste genutzt werden.

Reine Fußgänger-Passagen mit Autofähren sind deutlich günstiger. Am Ziel kann man ein Vehikel (Auto, Fahrrad, Motorroller) mieten.

Kurz & Knapp

ÖFFNUNGSZEITEN

Die Öffnungszeiten können je nach Saison und Region variieren. Seit Juli 2023 dürfen die Läden nur noch an 16 Sonntagen pro Jahr öffen (Auswahl beliebig). Viele wählen auch alle Sonntage im Juli und August.

Banken Mo–Fr 8–18 Uhr

Bars 10–2 Uhr

Cafés 7–23 Uhr

Einkaufszentren 9–22 Uhr

Restaurants 10–22 Uhr

Supermärkte 7–21 Uhr

Internetzugang

Die meisten Großstädte bieten Gratis-WLAN. Dasselbe gilt für Flughäfen, Busse und viele Geschäfte.

Maße & Gewichte

Kroatien verwendet das metrische System.

Rauchen

Für geschlossene öffentliche Räume (inkl. Restaurants, Bars, Läden, Verkehrsmittel) gilt Rauchverbot.

GUT ZU WISSEN

Zeitzone
MEZ

Ländervorwahl
385

Notruf
112

Bevölkerung
3,9 Mio.

Strom

220 V/50 Hz

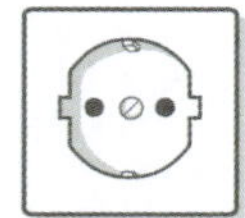

Typ F
230 V/50 Hz

FEIERTAGE & FERIEN

An den 14 öffentlichen Feiertagen in Kroatien haben die Banken geschlossen (Läden und Dienstleister teils aber nicht). Busse und Fähren folgen dann oft den Sonntagsfahrplänen.

Neujahr 1. Januar

Dreikönigstag 6. Januar

Ostern März/April

Tag der Arbeit 1. Mai

Nationalfeiertag 30. Mai

Fronleichnam 60 Tage nach Ostern

Tag des antifaschistischen Kampfes 22. Juni

Tag des Sieges und der heimatlichen Dankbarkeit 5. August

Mariä Himmelfahrt 15. August

Allerheiligen 1. November

Gedenktag für die Opfer des Unabhängigkeitskrieges 18. November

Weihnachten 25. & 26. Dezember

Sprache

Im Kroatischen werden alle Buchstaben voll und mit identischem Klang in allen Wörtern ausgesprochen.

Nützliches

Hallo. Dobar dan. *do·bar dan*

Auf Wiedersehen. Zbogom. *zbo·gom*

Ja. Da. *da*

Nein. Ne. *ne*

Bitte. Molim. *mo·lim*

Danke. Hvala vam/ti (höfl./inf.). *hva·la vam/ti*

Entschuldigung. Oprostite. *o·pro·sti·te*

Tut mir leid. Žao mi je. *zha·o mi ye*

Wie heißen Sie/heißt Du? Kako se zovete/zoveš? (höfl./inf.) *ka·ko se zo·ve·te/zo·vesh*

Ich heiße ... Zovem se ... *zo·vem se*

Sprechen Sie/Sprichst Du Englisch? Govorite/Govoriš li engleski? (höfl./inf.) *go·vo·ri·te/go·vo·rish li en·gle·ski*

Ich verstehe nicht. Ja ne razumijem. *ya ne ra·zu·mi·yem*

Unterwegs

Wo ist (der Bahnhof)?
Gdje je (stanica)? *gdye ye (sta·ni·tsa)*

Wie lautet die Adresse?
Koja je adresa? *koy·a ye a·dre·sa*

Könnten Sie/Könntest Du das bitte aufschreiben?
Možete li to napisati?/Možeš li to napisati? (höfl./inf.) *mo·zhe·te li to na·pi·sa·ti/mo·zhesh li to na·pi·sa·ti*

Könnten Sie mir das (auf der Karte) zeigen?
Možete li mi to pokazati (na karti)? *mo·zhe·te li mi to po·ka·za·ti (na kar·ti)*

Schilder

Ulaz/Izlaz Eingang/Ausgang

Otvoreno/Zatvoreno Geöffnet/Geschlossen

Slobodna Mjesta Freie Zimmer

Bez Slobodnih Mjesta Voll belegt

Informacije Information

Policijska Stanica Polizeiwache

Zabranjeno Verboten

WC Toiletten

Muški Herren

Ženski Damen

Toplo/Hladno Warm/Kalt

Uhrzeit & Datum

Wieviel Uhr ist es? Koliko je sati? *ko·li·ko ye sa·ti*

Es ist (10) Uhr. (Deset) je sati. *(de·set) ye sa·ti*

Es ist (10.30 Uhr). (Deset) i po. *(de·set) i po*

Morgen jutro. *yu·tro*

Nachmittag popodne. *po·pod·ne*

Abend večer. *ve·cher*

Gestern jučer. *yu·cher*

Heute danas. *da·nas*

Morgen sutra. *su·tra*

Notfall

Hilfe! Upomoć! *u·po·moch*

Gehen Sie weg! Maknite se! *mak·ni·te se*

Ich bin krank.
Ja sam bolesna! *ja·sam·bo·les·na*

Rufen Sie ...! Zovite ...! *zo·vi·te*

Einen Arzt liječnika *li·yech·ni·ka*

Die Polizei policiju. *po·li·tsi·yu*

Essen & Ausgehen

Was würden Sie empfehlen?
Što biste nam preporučili? *shto bi·ste nam pre·po·ru·chi·li*

Prost! Živjeli! *zhi·vye·li*

Die Rechnung, bitte.
Mogu li dobiti račun molim. *mo·gu li do·bi·ti ra·chun mo·lim*

ZAHLEN

1 **jedan** *ye·dan*

2 **dva** *dva*

3 **tri** *tri*

4 **četiri** *che·ti·ri*

5 **pet** *pet*

6 **šest** *shest*

7 **sedam** *se·dam*

8 **osam** *o·sam*

9 **devet** *de·vet*

10 **deset** *de·set*

BEITRÄGE ZUM DEUTSCHEN
Aus dem Kroatischen kommen z.B. „Dalmatiner“ und „Krawatte“.

Sprechen wie die Einheimischen

Šta ima? – Was geht ab?

Kužim/Ne kužim – Ich verstehe./Ich verstehe nicht.

To je fora! – Das ist cool!

To je mrak! – Das ist super!

Idemo na cugu – Lass' uns was trinken gehen.

To je puno love – Das ist viel Geld.

Nema šanse! – Auf keinen Fall!

Nema veze – Macht nichts.

Idemo na klopu – Lass' uns was essen gehen.

Nema frke – Kein Problem.

ALLE VOKALE AUSSPRECHEN

Im Kroatischen werden direkt benachbarte Vokale nicht zusammengezogen, sondern jeweils einzeln ausgesprochen.

Konsonanten

Die Aussprache von Konsonanten ist im Kroatischen und Deutschen sehr ähnlich. In Kombination mit anderen Konsonanten kann das gerollte R als separate Silbe ausgesprochen werden (z. B. kroatisch/hrvat als hr·vat). Wer Probleme mit diesen vokallosen Silben hat, fügt vor dem R ein schwaches uh ein: Dann rollt das Ganze leichter von der Zunge.

Wichtige Grammatik

Kroatische Wörter haben teils maskuline (m) und feminine (w) Formen. Zudem wird zwischen höflichen (höfl.) und informellen (inf.) Anreden unterschieden. Dieses Buch nennt entsprechende Beispiele.

WO WIRD KROATISCH GESPROCHEN?

Weltweit sprechen ca. 6 Mio. Menschen Kroatisch (davon ca. 5 Mio. in Kroatien selbst).

STORYBOOK

Mit fünf Reportagen tief in den kroatischen Alltag eintauchen.

Die Geschichte Kroatiens in 15 Orten

Die wichtigsten Wahrzeichen erzählen die Landesgeschichte.

Lucie Grace

S. 274

Triff die Kroat:innen

Die Menschen im Land kennenlernen.

Anja Mutic

S. 278

Hubs für digitale Nomad:innen: Arbeiten in Kroatien

Die Attraktivität Kroatiens für Arbeitsmigranten verstehen.

Lucie Grace

S. 280

Nationalpark Krka: Natur & Geschichte

Vielfältige Tierwelt, seltene Pflanzen und dazu historische Gebäude.

Lucie Grace

S. 282

Geschichte des (Über-) Tourismus

Wie sich der Tourismus ändert und was Kroatien anders machen kann.

Anja Mutic

S. 285

Sergierbogen in Pula, (S. 101)

DIE GESCHICHTE KROATIENS IN 15 ORTEN

Auf den ersten Blick scheint die Geschichte Kroatiens die eines Landes zu sein, das vor allem Spielball seiner imperialen Nachbarn war: den Venezianern im Westen, den osmanischen Türken im Süden und den Österreichern im Norden und Osten. Doch bevor diese unterschiedlichen Invasionsarmeen ihre jeweiligen Ansprüche erhoben, blühte das frühe Kroatien auf. Von Lucie Grace

NACH DEN ALTEN Illyrern, Griechen und Römern betraten im 8. Jh. n. Chr. die Kroaten die Bühne. Sie wurden von Herzog Branimir angeführt, der die byzantinischen Römer verdrängte, und ließen sich in Regionen wie Krk, Nin und Zadar nieder. Branimir schuf die erste Inkarnation des Landes, das der Vatikan ab 845 n. Chr. anerkannte.

Dank weiser Führung und Vertrauen in seine kulturellen Traditionen florierte das Land vom 9. bis zum 12. Jh., verlor aber 1102 seine Souveränität aufgrund eines unvorteilhaften Heiratsbündnisses mit einem ungarischen König. Es folgten jahrhundertelange Landnahmen durch seine Nachbarn Österreich, Ungarn, Türkei und Venedig.

Nach dem Zusammenbruch des österreichisch-ungarischen Habsburgerreiches 1918 wurde mit Gründung des Königreichs (und der späteren Republik) Jugoslawien der kroatische Staat offiziell wiedergeboren. Unter Jugoslawiens Josip Broz Tito erhielt Kroatien 1937 eine eigene Führung. Oberflächlich betrachtet schienen die Dinge geregelt zu sein. Doch nach Titos Tod strebten die meisten Staaten Jugoslawiens Autonomie an. 1991 erklärte das heutige Kroatien seine Unabhängigkeit. Es folgte ein grausamer Bürgerkrieg. Erst nach seinem Ende 1995 wurden die Grenzen allgemein akzeptiert.

Innerhalb von zwei Jahrzehnten blühte das Land auf, voller Hoffnung und Stolz, auch dank des boomenden Tourismus.

1. Steinkreise der Histrier, Poreč

RÄTSELHAFTE URSPRÜNGE

Landeinwärts von der Küste von Poreč liegen Mordele und Picugi, zwei Gruppen antiker Hügel, deren Kuppen mit megalithischen Steinkreisen bedeckt sind. Erschaffen wurden sie vom illyrischen Stamm der Histrier, der vor 2500 Jahren auf der Halbinsel Istrien lebte (benannt nach eben jenem Stamm), bis die Römer sie 200 v. Chr. vertrieben.

Der kroatische Archäologe Ante Šonje vermutet, dass die heute zerstörten Steinkreise von den Histriern für Opferzwecke genutzt wurden. Funde an der Stätte bringen auch die Kelten und die alten Griechen mit den Hügeln in Verbindung.

Siehe S. 109

2. Diokletianpalast, Split

KAISERLICHE MACHT IN MARMOR

Der in Dalmatien geborene römische Kaiser Diokletian regierte die byzantinische Flanke des Reiches zusammen mit einer Tetrarchie von Herrschern, die er im 4. Jh. auswählte. Er verfolgte die Christen und machte zahllose frühe Priester zu Märtyrern, aber er baute gern Paläste – darunter, inmitten einer Festung, seinen eigenen prächtigen Ruhesitz. Die Überreste dieser Festung, ein beeindruckendes Bauwerk am Meer und eines der am besten erhaltenen römischen Gebäude in Europa, bilden heute die Altstadt von Split, die seit dem 7. Jh. bewohnt ist.

Siehe S. 192

3. Museum des Apoxyomenos, Lošinj

EINE EINZIGARTIGE SKULPTUR

Dieses 2016 eröffnete, beeindruckende Museum ist eines der wenigen weltweit, das nur für ein einziges Stück gegründet wurde: die erstaunlich detaillierte antike griechische Skulptur eines Sportlers, der sich nach einer sportlichen Leistung Staub, Öl und Schweiß abschabt. Die Bronzeskulptur lag 2000 Jahre lang 45 m unter der Wasseroberfläche auf dem Meeresgrund, bis sie von einem belgischen Tauchfotografen gefunden wurde – der seine Entdeckung bis 1999 geheim hielt.

Lošinj selbst war zwar keine griechische Region, aber ein römisches Schiff warf die Skulptur während eines Sturms im 1. Jh. v. Chr. hier über Bord.

Siehe S. 154

Die Stadtmauern von Dubrovnik (S. 234)

PURWANTO LIM/SHUTTERSTOCK ©

4. Römisches Amphitheater, Pula

DIE SPIELE MÖGEN BEGINNEN

Diese gut erhaltene Arena ist neben dem Diokletianspalast das zweite Highlight römischer Architektur in Kroatien. Sie wurde zwischen 27 v. Chr. und 68 n. Chr. von Kaiser Vespasian erbaut, dem Herrscher, der auch das Kolosseum in Rom in Auftrag gab.

Sie ist nicht nur Beleg der Bedeutung der Region für das Römische Reich, sondern auch ein Zeugnis für den Einsatz der Einwohner von Pietas Julia (heute: Pula), denen es gelang, den Abriss oder die Verlegung des Bauwerks zu verhindern. An einem der vier Seitentürme erinnert eine Gedenktafel an den Senator Gabriele Emo, der im 16. Jh. den Plan Venedigs stoppte, das Amphitheater dorthin zu verlegen.

Siehe S. 100

5. Kirche des hl. Nikolaus, Nin

DIE ERSTEN KÖNIGE KROATIENS

Die Kirche des hl. Nikolaus ist ein kleines, aber prächtiges Bauwerk auf einem Hügel. Sie steht seit 900 Jahren und wird bis heute verehrt, da in ihr die ersten kroatischen Könige gekrönt wurden.

Sie ist ein wertvolles Denkmal und eines der Symbole von Nin, und blieb seit seiner Erbauung unberührt. Die Blütezeit dieses ersten Kroatiens dauerte vom 8. bis zum 12. Jh., und die Herzöge, Könige und Bischöfe von Nin spielten eine große Rolle bei der Herausbildung der kroatischen Identität.

Siehe S. 169

6. Alte Stadtmauern, Dubrovnik

IN JEDER HINSICHT UNÜBERSEHBAR

Die Stadtmauern von Dubrovnik sind die meistbesuchte Sehenswürdigkeit Kroatiens und ein Highlight mittelalterlicher Architektur. Sie sind erstaunlich gut erhalten – Beleg für die technische Meisterleistung. Die ersten Verteidigungsmauern um Dubrovnik wurden im 9. Jh. errichtet, aber erst im Mittelalter wurden die eigentlichen Festungsanlagen mit 1,5 m dicken Steinen und 15 Türmen gebaut. Die Republik Ragusa, wie Dubrovnik früher genannt wurde, war ständig von Angriffen der Osmanen bedroht, und so wurde das Bollwerk im Lauf der Jahrhunderte immer dicker, höher und stärker, bis die Stadt im 15. Jh. schließlich vollständig befestigt war.

Siehe S. 234

7. Glagolitische Inschriften, Krk

HEILIGE SCHRIFTEN

Das glagolitische Alphabet wurde im Mittelalter in ganz Kroatien verwendet und gilt als ältestes slawisches Alphabet. Es ist dem kyrillischen Alphabet nicht unähnlich und wurde im 9. Jh. vom heiligen Kyrill und seinem Bruder Methodius entworfen, die ihre Alphabete zur Verbreitung des Christentums nutzten.

Krk war eine glagolitische Hochburg. Die früheste bekannte glagolitische Inschrift, die Baška-Tafel, ist eine 800 kg schwere Steinplatte aus dem 11. Jh., die im Kloster der Heiligen Lucia gefunden wurde. Heute ist in der Kirche eine Reproduktion zu sehen – das Original ist in der Strossmayer-Galerie Alter Meister in Zagreb ausgestellt.

Siehe S. 147

8. Zagrebs Altstädte

ZWEI STÄDTE SIND BESSER ALS EINE

Bevor es im Jahr 1851 von Josip Jelačić zusammengelegt wurde, bestand das Zentrum Zagrebs aus zwei Altstädten, die jeweils auf einem eigenen Hügel lagen und durch einen später zugeschütteten Kanal getrennt waren.

Auf der östlichen Seite liegt Kaptol, das Viertel des Klerus, das erstmals 1094 erwähnt wurde, als König Ladislaus I. das Bistum Zagreb gründete; die Kathedrale folgte bald darauf. Im Westen liegt Gradec, das 1242 von König Béla IV. gegründet wurde und in dem Kaufleute und Handwerker lebten. Das steinerne Tor (Kamenita Vrata), eines der wenigen Überbleibsel der Stadtbefestigung, ist noch heute zu besichtigen.

Siehe S. 42

9. Kathedrale des hl. Jakob, Šibenik

GOTISCHER GLANZ

Das Meisterwerk des Architekten Juraj Dalmatinac aus Zadar, die aus weißem Stein errichtete und 1536 fertiggestellte Kathedrale des hl. Jakob (Sv Jakov), ist eine Mischung verschiedener architektonischer Stile, bei der sich gotische und Renaissance-Elemente überlagern. Faszinierend ist der Fries mit 71 Köpfen, die lustige bis gruselige Grimassen ziehen und allesamt – wenn auch in karikierter Form – von Bürgern aus dem 15. Jh. inspiriert wurden.

Im Gegensatz zu vielen anderen dalmatinischen Gemeinden war Šibenik ursprünglich weder griechisch noch römisch, sondern wurde im 11. Jh. vom kroatischen König Petar Krešimir IV. wegen der günstigen Lage in einer Meeresbucht gegründet.

Siehe S. 177

10. Altstadt, Varaždin

ARCHITEKTUR PUR

Varaždin war einst eine Grenzstadt im Nordosten des Landes, in der Handel und Gewerbe prosperierten. Unter anderem schuf der Reichtum mit die schönste Rokoko- und Barockarchitektur ihrer Zeit. Heute begeistert Varaždin mit einer der schönsten Altstädte der Welt.

Die Kathedrale von Varaždin wurde 1647 von Jesuiten erbaut und verfügt über ein prächtiges Portal, das man sich nicht entgehen lassen sollte, sowie über einen Altar aus dem 18. Jh.. Die Barock- und Rokoko-Paläste und -Häuser in der Altstadt sind auch ein Beleg für die Bedeutung Slawoniens während der österreichisch-ungarischen Herrschaft.

Siehe S. 81

11. Habsburger Hotels, Opatija

OPULENZ VON FEINSTEN

Das Hotel Kvarner aus dem Jahr 1884 ist das älteste Strandresort Kroatiens. Schon 1885 folgte das Heritage Hotel Imperial. Beide sind heute noch genauso elegant wie am Tag ihrer Eröffnung.

Die Wiener Staatsführung nahm die Rekonvaleszenz sehr ernst und beauftragte seine Ärzte mit der Suche nach dem perfekten Ort für den Bau neuer Kurhotels. Die Wahl fiel auf Opatija, weil hier das ganze Jahr über die Sonne scheint (selbst im Winter liegen die Temperaturen bei durchschnittlich 10 °C) und weil die frische salzhaltige Luft den Atemwegen gut tut.

Die Hotels aus der Habsburgerzeit verleihen Opatija das nostalgische Flair einer längst vergangenen Zeit – und sorgen nach wie vor für Staunen.

Siehe S. 139

12. Wassermühlen & Wasserkraftwerk, Nationalpark Krka

DIE MACHT DER NATUR

Der 73 km lange Fluss Krka schlängelt sich durch Dalmatien; schon seit dem 11. Jh. machen sich die Einheimischen seine Kraft mithilfe von Mühlen zunutze.

Altstadt von Varaždin (S. 81)

In der Nähe des Skradinski Buk Wasserfalls im Nationalpark Krka befinden sich die Überreste eines der ältesten Wasserkraftwerke der Welt (eine Besichtigung lohnt sich). Ein riesiges Turbinenrad erinnert daran, dass Šibenik die dritte Stadt der Welt mit einem Wechselstrom-Straßenbeleuchtungssystem und die erste überhaupt mit einem kompletten System zur Erzeugung, Verteilung und Übertragung von Strom war.

Siehe S. 179

13. Rettungsweste der Titanic, Rijeka

EINE EINZIGARTIGE VERBINDUNG ZUM MEER

Im Seefahrts- und Geschichtsmuseum der kroatischen Küste in Rijeka ist ein sehr seltenes Artefakt ausgestellt: eine Rettungsweste von der untergegangenen *Titanic*.

Aber was hat Rijeka mit dem berühmten Schiffswrack zu tun? Nun, eine ganze Menge: Die Stadt war ein großer europäischer Hafen, und die meisten Besatzungsmitglieder der *HMS Carpathia*, des Schiffs, das dem Notruf der *Titanic* folgte und die Überlebenden rettete, stammten aus Rijeka. Einer dieser heldenhaften Seeleute der *Carpathia* bewahrte eine Rettungsweste von der traumatischen Expedition auf, die seine Familie Jahrzehnte später fand und dem Museum schenkte.

Siehe S. 138

14. Staro-Selo-Museum, Kumrovec

TITOS GEBURTSHAUS IST EINE ZEITKAPSEL

Das Staro Selo (altes Dorf) ist ein Freilicht-Völkerkundemuseum und die Nachbildung eines Dorfs aus dem 19. Jh. Die 30 restaurierten Häuser und Scheunen bestehen aus Holz und gestampfter Erde, und sind sogenannten *hiže* (traditionelle Zagorje-Hütten). Sie erlauben einen Einblick in das Leben auf dem Land und die Bräuche des späten 19. und frühen 20. Jhs.

Außerdem wurde hier Josip Broz Tito geboren. Das Haus des früheren jugoslawischen Präsidenten ist heute ein Museum mit Erinnerungsstücken (u. a. Originalmöbel) und einer lebensgroßen Bronzeskulptur. Das Museum befindet sich im Dorf Kumrovec, unweit der slowenischen Grenze.

Siehe S. 78

15. Nationalpark Brijuni

TITOS RÜCKZUGSORT

Die Insel Brijuni, inzwischen ein Nationalpark, war einst der private Wohnsitz des jugoslawischen Staatschefs, der hier von 1953 bis 1979 jedes Jahr vier Monate lang lebte.

Großzügige Gästehäuser (heute Hotels) und ein eigenes Weißes Haus – Bijela Vila – beherbergten führende Politiker aus aller Welt, die zu Gesprächen herkamen und die für den hiesigen Safaripark Tiere aus aller Welt mitbrachten. Den Park kann man auch heute noch besuchen.

Bijela Vila war im Juli 1956 Schauplatz eines Treffens, bei dem sich die Präsidenten Ägyptens, Indiens und Jugoslawiens darauf verständigten, weder dem Ost- noch dem Westblock anzugehören und sich also aus dem Kalten Krieg herauszuhalten.

Siehe S. 104

TRIFF DIE KROAT:INNEN

Mit Smalltalk kommst man in Kroatien nicht sehr weit, und die Menschen sind zunächst auch sehr zurückhaltend. Doch wenn die erste Verlegenheit überwunden ist, zeigen sie sich herzlich, einladend und überaus humorvoll. ANJA MUTIC stellt ihre Landsleute vor.

„HERZLICH WILLKOMMEN AM schönsten Meer der Welt." Damit kann natürlich nur die kroatische Adria gemeint sein. Die Kroaten sind sehr stolz und patriotisch – und ganz besonders stolz auf die überwältigende Schönheit ihres Landes, allen voran die von Inseln gesäumte Küste. Sie lieben die Superlative – hier ist alles das Beste – und prahlen gern mit den Erfolgen kroatischer Männer und Frauen, allerdings eher von Männern, denn mit der Gleichberechtigung der Frau ist es in Kroatien noch nicht so weit her. Ich sehe das immer als einen kleinen Komplex meines Landes und auch als eine Haltung, die ihren Platz sucht zwischen den hart arbeitenden, etwas reservierten und selbstzufriedenen Mitteleuropäern im Norden des Landes, vor allem in Zagreb, und den entspannten, flexiblen Südländern der Küste, vor allem in Dalmatien.

So erscheint die kroatische Mentalität wie ein unterschiedlich ausschlagendes Pendel, abhängig von der Region in der man ist. Dies führt dazu, dass manche Besucher:innen von der Gastfreundschaft der Kroaten schwärmen, die bereitwillig ihre Türen und Herzen öffnen, und andere das Gefühl haben, die Kroaten wären unhöflich und desinteressiert. Vielleicht trifft ja auch beides zu. So halten die Kroaten nichts von Smalltalk oder leeren Höflichkeiten. Im sozialen Miteinander können sie manchmal etwas schroff oder auch desinteressiert und abweisend sein. Das liegt teilweise daran, dass sie lieber unter sich bleiben. Kroatien ist ein Land der Cliquen und des Klüngels mit einem starken Sinn für Gemeinschaft, wo die Familie sehr wichtig ist und alle zu einem inneren Kreis gehören, der ihr gesamtes soziales Leben bestimmt. Sind sie auch freundlich zu Fremden, werden sie ihnen doch kaum Zutritt zum äußersten Rand dieses inneren Kreises gewähren.

Schrumpfende Bevölkerung

2021 ergab die letzte Volkszählung, dass die Bevölkerung Kroatiens in den letzten 10 Jahren um 9,64% abgenommen hatte.

Wem es jedoch gelingt, diese Barriere zu überwinden und eingelassen wird, wird äußerst herzlich aufgenommen und erlebt die Kroaten als offen, loyal und lustig. Die Kroaten lachen gern, über sich selbst und über andere, und haben viel Sinn für Humor. So können sie stundenlang versuchen, ihre Witze in die Sprache der Fremden zu übersetzen, was zwar meist misslingt, sie aber trotzdem sehr amüsiert. In Cafés und Bars kommt es immer wieder zu Auseinandersetzungen darüber, wer die Rechnung bezahlt. Am besten lassen Fremde die Einheimischen ein- oder zweimal bezahlen und bezahlen beim dritten Mal in einem unbeobachteten Moment direkt beim Kellner. Andernfalls wären die Kroaten verärgert und würden sich ausgiebig beklagen, was auch ein kroatischer Volkssport ist.

ICH BIN KROATIN, ABER ES IST KOMPLIZIERT

Ich stamme aus einer kroatisch-serbischen Familie in Zagreb, verließ diese jedoch nach der Oberschule und lebte dann 20 Jahre lang im Ausland, vier davon in Großbritannien und 16 in den USA. Außerdem bereiste ich die ganze Welt.

Den Großteil meines Erwachsenenlebens verbrachte ich außerhalb von Kroatien, kehrte dann aber wie ein Lachs zu meinem Geburtsort zurück und wurde Mutter.

Die letzten zehn Jahre in Kroatien waren seltsam. Ich fühle mich oft als Außenseiterin, die zu keinem inneren Kreis gehört. Meinen kroatisch-afro-portugiesischen Sohn erziehe ich zweisprachig, und bei unseren Familientreffen werden meist fünf Sprachen gesprochen, darunter auch Katalanisch und Spanisch.

Für viele Kroaten bin ich schwer einzuschätzen und passe in keine Schublade. Ich selbst bin dankbar für meine multikulturelle, wahrhaft globale Perspektive.

Fotos im Uhrzeigersinn von links oben: Frauen in traditioneller Tracht, Konavle (S. 244); Kaffeekultur in Kroatien (S. 262), Straßenmarkt in Split (S. 190), Weinlese in Slowenien (S. 87)

HUBS FÜR DIGITALE NOMAD:INNEN: ARBEITEN IN KROATIEN

Kroatien wurde immer mehr zu einem Lieblingsziel für digitale Nomad:innen. Aber woher kommt diese Attraktivität? Von Lucie Grace

ALS HOTSPOT FÜR Remote-Arbeiter:innen aus der ganzen Welt nimmt Kroatien seit Jahren eine Vorreiterrolle ein und bietet dieser Community eine ideale Umgebung. So war Kroatien eines der ersten Länder, das im Dezember 2020 ein Visum für digitale Nomad:innen (eigentlich eine Aufenthaltsgenehmigung) für alle ankündigte, die für ein Unternehmen mit Sitz außerhalb Kroatiens arbeiten und länger bleiben wollen, als es ihr Touristenstempel erlaubt (90 Tage für EU-Bürger). In den letzten 10 Jahren sind so in vielen Städten des Landes lebhafte Nomad:innenszenen entstanden.

Dabei ist Split unbestritten *der* Hub für digitale Nomad:innen im Land. Die Metropole versprüht eine überschäumende Energie, ihr altes Zentrum ist voller Leben und von Kneipen und Restaurants mit Blick aufs Meer umrahmt. Es ist leicht zu verstehen, warum so viele Remote-Arbeiter:innen hier Station machen. Split hat tolle Cafés zum Arbeiten, wie Cookie Lab, D16 und das Daltonista, sowie eine wachsende Nomad:innen-Community mit vielen Coworking-Spaces: The Works, Scaleup und Smartspace bieten alle elegante, gut gestaltete Räume, die man monats-, wochen- oder tageweise nutzen kann.

Fotos im Uhrzeigersinn von links oben: Split, Hub für Nomad:innen (S. 190); Hafenviertel von Zadar (S. 165); Glamping an der Adria (S. 259); Unterwegs im Velebit (S. 172)

Tanja Polegubic eröffnete 2015 Saltwater Nomads und berät heute Tourismusverbände bei der Zusammenarbeit mit digitalen Nomad:innen. Sie stellt fest: „In jedem Land gibt es ein Angebot für Nomad:innen. Aber in Kroatien gibt so viel natürliche Schönheit und wir schaffen eine Verbindung mit der Natur. Wir veranstalten kleinere Events und bieten Erlebnisse in kleinen Gruppen an, keine Konferenzen für Tausende von Menschen. Hier ist alles sehr intim. Das ist für uns ein nachhaltiger Weg."

Wandern als Digi-Detox

Weiter nördlich ist Zadar ein weiterer Favorit unter den Nomad:innen, und zwar aus einem ähnlichen Grund: der Nähe zur Natur. Gillie Sutherland, eine Yogalehrerin, die seit drei Jahren in Kroatien lebt und Wellness-Events für Nomad:innen organisiert, erklärt: „Wir haben im Falkensteiner Hotel, dem Öko-Camping- und -Glampingplatz in Zadar, ein Nomad:innendorf eingerichtet, in dem 56 Nomad:innen fünf Monate lang wohnten.

Laut ihrem Feedback waren das Highlight des gesamten digitalen Nomad:innendorfs unsere Wanderungen im Nationalpark Paklenica und im Velebit. Sie waren begeistert von den Wanderungen, weil sie alles abdeckten: Digi-Detox, raus aus dem Büro, rein in die Natur, kulturelle Eindrücke, Begegnungen mit den Einheimischen, Bewegung. Wir haben sogar eine gemeinsame Aktion mit ihnen durchgeführt und bei der Installation der Solarzellen geholfen."

Nachhaltige Mikro-Events in Zadar sind jedoch nicht die einzige Attraktion: „Die Lebensweise hier ist sehr ruhig, *polako*, das ist alles hier. Das bedeutet Langsamkeit, kein Stress. Das war meine größte Lektion hier – was wir von den Locals darüber lernen, wie man leben sollte, es geht darum, zu entspannen und es ruhig angehen zu lassen."

Auch Dubrovnik ist mit Residency- und Nomad:innen-Programmen eingestiegen. Mita Carriman war Botschafterin des dortigen Programms für digitale Nomad:innen. „Ich bin seit sechs Jahren Nomadin und betreibe ein Startup namens Adventurely, das von Google und Backstage Capital unterstützt wird; wir sind ein Reiseclub für digitale Nomad:innen und Remote-Arbeiter:innen."

Sie findet, dass die Perle der Adria Nomad:innen genauso viel zu bieten hat wie Split und Zadar. „Dubrovnik deckt sich sehr gut mit dem, wo ich gerade stehe. Ich mag die friedliche Ruhe, die Vögel und das Rauschen des Meeres. Die beiden Orangenbäume vor meiner Wohnung. Ich glaube, ich würde die Nebensaison hier lieben, ohne Menschen um mich herum, denn wenn man viel zu tun hat, ist es schön, diese Ruhe zu haben, um einen Ausgleich zu finden."

Auch Mitas Botschafter-Event machte sich die Natur Kroatiens zunutze. „Bei Adventurely haben wir Konzepte rund um das nachhaltige Nomad:innentum miteinander verwoben. Also dachte ich, warum machen wir nicht etwas zum Tag der Erde? Wir organisierten ein Treffen zum Bäume pflanzen auf Lokrum, wir veranstalteten ein Picknick, die Gruppe reichte die Schaufel herum, um neue Bäume zu pflanzen, jemand von Lokrum erklärte uns die Geschichte der Insel und die Sonne lachte an diesem Tag für uns."

Dubrovniks Attraktivität für 35-plus-Nomad:innen

Vielleicht ist Dubrovnik also eher was für die etwas älteren Nomad:innen, die nach einem stilvolleren Ort für einen längeren Aufenthalt suchen? Mita überlegt: „Ich glaube nicht, dass die Destinationen für Nomad:innen monolithisch sind. Ich denke, dass jeder Ort verschiedene Nomad:innen anspricht, und jetzt, wo das Nomad:innentum weltweit verbreitet ist, gibt es ein breites Spektrum von Nomad:innen. Ich glaube also nicht, dass Dubrovnik einen 25-Jährigen anspricht, der in einem Hostel übernachten möchte. Ich würde sagen, dass es für Menschen über 35 attraktiv ist, für Leute, die gerne Wein trinken, gut essen gehen und den Rhythmus des Ortes genießen wollen."

Wer sich für einen Standort in Kroatien entschieden hat, braucht einen Mietvertrag (der vom Airbnb-Gastgeber ausgestellt werden kann), um das Visum für digitale Nomad:innen in Kroatien zu beantragen. Wichtig dabei ist, dass man für die Zeit des Antragsverfahrens, das einige Monate dauern kann, an derselben Adresse wohnt – man darf aber im Land bleiben, während das Visum geprüft wird. Am besten informiert man sich vorher über die Bedingungen, denn man muss ein Führungszeugnis aus dem Heimatland vorlegen, was einfacher ist, wenn man noch zu Hause bist! Aktuelle Infos zur Antragstellung s. Expat in Croatia (expatincroatia.com/digital-nomad-visa-croatia/).

Wasserfälle, Nationalpark Krka (S. 182)
HAMII07/SHUTTERSTOCK ©

NATIONAL-PARK KRKA: NATUR & GESCHICHTE

Einer der meistbesuchten Orte Kroatiens beherbergt eine vielfältige Tierwelt, seltene Pflanzen und historische Gebäude. Von Lucie Grace

DER NATIONALPARK KRKA bietet neben seinen berühmten Wasserfällen, den 46 Säugetier-, 142 Vogel- und mehr als 100 Pflanzenarten, die vom Aussterben bedroht sind (z. B. äußerst seltene Orchideen), auch eine überraschende und unerwartete Fülle historischer Gebäude und Sehenswürdigkeiten.

Der Skradinski Buk Wasserfall

Der unbestrittene Star des Nationalpark Krka ist selbstverständlich der Skradinski Buk Wasserfall, dessen kristallklares Wasser in unzähligen Blau- und Grüntönen schimmert. Die Kaskaden und die darunter liegenden Becken sind das einzigartige Highlight des 72 km langen Flusses Krka, bevor dessen Wasser bei Šibenik Teil des Mittelmeeres wird.

Ein bahnbrechendes Wasserkraftwerk

Abgesehen von den Social-Media-freundlichen, weltberühmten Wasserfällen gibt es überall im Nationalpark jede Menge zu entdecken. Stromaufwärts von den Wasserfällen befindet sich am Flussufer ein Zeugnis eines kolossalen wissenschaftlichen Fortschritts: ein bahnbrechendes Wasserkraftwerk, das ab 1895 Šibenik mit Strom versorgte. Šibenik war erst die dritte Stadt der Welt mit einem Wechselstrom-Straßenbeleuchtungssystem und die erste weltweit mit einem kompletten System zur Erzeugung, Verteilung und Übertragung von Strom überhaupt (siehe S. 179).

Seit dem 11. Jh. (wenn nicht schon länger) machen sich die Menschen hier die Kraft des Flusses Krka zunutze. Entlang seiner Ufer gibt es jede Menge reizvolle Wassermühlen aus Stein und Holz, die in vergangenen Jahrhunderten zum Mahlen von Getreide, Schmieden von Hufeisen, Weben von Säcken, Waschen von Stoffen und vielem mehr genutzt wurden.

Viele dieser winzigen Mühlen unterstehen der Parkverwaltung, die einige davon in Völkerkundemuseen und Lern- oder Werkstatträume umgewandelt hat. Besonders faszinierend ist die familiengeführte (und immer noch in Privatbesitz befindliche) Alte Mühle Kristijan, mit einem winzigen Restaurant mit Tischen auf beiden Seiten des Flusses (direkt neben dem Wasserfall Roški Slap), in dem köstliche Käse-, Wein- und Brotspezialitäten serviert werden.

Der Roški Slap ist seit der Schließung des Skradinski Buk zum Baden freigegeben – am besten besucht man also sowohl den Wasserfall als auch die Kristijan-Mühle.

Der Visovac-See

Auf dem Weg zum Roški Slap Wasserfall kommt man am berühmten, tiefblauen Visovac-See vorbei, der durch das mittelalterliche Franziskanerkloster Mutter der Barmherzigkeit, das auf einer Insel in der Mitte des Sees thront, noch malerischer wirkt. Das im 14. Jahrhundert von Augustiner-Eremiten gegründete Kloster wurde 1445 von Franziskanern erweitert, die vor der osmanischen Invasion aus Bosnien flohen.

Vom Nordostufer des Sees oder direkt vom Wasserfall Skradinski Buk aus werden stündlich Bootsausflüge dorthin angeboten, bei denen man 30 Minuten Zeit hat, die Insel zu erkunden. Die idyllischen Gärten werden noch immer von den hiesigen Mönchen gepflegt. Das gilt auch für das Museum, in dem Fotos von der Zerstörung des Gebiets während des Kroatienkriegs sowie das kleinste Buch der Welt zu sehen sind.

Die Oziđana-Höhle

Flussaufwärts vom Visovac-See und dem Roški-Slap-Wasserfall befindet sich die Oziđana-Höhle mit tiefen, tunnelartigen Räumen mit zwei Schornsteinen im hinteren Teil, in denen vor 9000 Jahren Steinzeitmenschen lebten. Hier gibt es auch eine kleine Ausstellung, zu der man über eine Holztreppe gelangt. Doch selbst ohne die Ausstellungsstücke ist ein Besuch dieses Ortes – einst das Zuhause mancher unserer Vorfahren – ein bewegendes Erlebnis.

In der Höhle wurden zahlreiche Fragmente von Keramikgefäßen gefunden, die die Anwesenheit verschiedener Kulturen des adriatischen Neolithikums belegen. Bei den Ausgrabungen stieß man auch auf Messer aus Feuerstein, diverse Steinwerkzeuge und Tierknochen, z. B. von Schafen, Hirschen und Wildkatzen. Hoch oben, am Ufer des Flusses Krka gelegen, bietet sich von außerhalb der Höhle ein atemberaubender Blick auf die plätschernden Kaskaden (die als „die Ketten" bekannt sind) – darunter einer der besten Ausblicke im gesamten Park. Allein wegen diesem Erlebnis ist ein Besuch der Oziđana-Pećina-Höhlen ein absolutes Muss!

Das orthodoxe Kloster Krka

Von den Höhlen aus erreicht man nach kurzer Fahrt in Richtung Norden das orthodoxe Kloster Krka, das im Jahr 1345 gegründet wurde und noch immer vollumfänglich als Kloster genutzt wird. Der begeisterte Guide Mihajlo erklärt die spannende Geschichte der Katakomben und der äußerst seltenen Ikonostase mit ihren 54 Ikonen. Das Kloster liegt direkt am Flussufer und verfügt über einen eigenen Weinberg und Gärten, in denen ein paar süße Esel den Rasen auf natürliche Weise kurzhalten.

Aufstieg zum Manojlovački Wasserfall

Nach dem Kloster geht es hinauf zur letzten Ansammlung von Sehenswürdigkeiten im nördlichsten Teil des Parks, beginnend mit dem eindrucksvollen Manojlovački Wasserfall. Kaiser Franz Joseph I. von Österreich und seine Gemahlin Elisabeth, besser bekannt als Sissi, besuchten während eines Staatsbesuchs im Jahr 1875 den Wasserfall und den Aussichtspunkt – wie die in den Fels gehauene Gedenktafel belegt.

Man kann problemlos bis zum Fuß des Wasserfalls wandern und dort das Spektrum der Grüntöne des Wassers und die Überreste einer charmanten alten Wassermühle bewundern – ein wahrlich märchenhafter Anblick.

Die römischen Ruinen von Burnum

Nur wenige Minuten vom Manojlovački Wasserfall entfernt befinden sich die römischen Ruinen von Burnum – die Überreste des einzigen römischen Militär-Amphitheaters in Kroatien. Erbaut wurde das Amphitheater für eine hier stationierte Legion; entdeckt wurde es im 19. Jh. von österreichisch-ungarischen Archäologen. Am besten besucht man zum besseren Verständnis der Ruinen vorher oder nachher das Museum des Parks. Dort gibt es allerlei Artefakte zu bestaunen sowie einige kinderfreundliche Ausstellungsbereiche und Videos. Es lohnt sich Ausschau zu halten nach den beiden prächtigen weißen Bögen eines verfallenen Aquädukts unweit von hier am Straßenrand.

Mit seinen neolithischen Behausungen, einem römischen Amphitheater, mittelalterlichen Klöstern, Wassermühlen und bahnbrechenden Wasserkraftwerken bietet der Nationalpark Krka viel mehr als wunderbare Natur – tatsächlich ist der Park ein riesiges Freiluftmuseum lokaler Geschichte und Kultur. Also unbedingt mehr einplanen, als lediglich den Besuch des Skradinski Buk Wasserfalls – es lohnt sich!

GESCHICHTE DES (ÜBER-)TOURISMUS

Der Strom von Tourist:innen nach Kroatien hat einige Probleme aufgeworfen. Aber es gibt Wege für einen Neustart. Von Anja Mutic

SEIT JEHER SIND Menschen weltweit in Bewegung, um zu pilgern, zu migrieren oder auf alten Handelsrouten Geschäfte zu machen. Der Tourismus, wie wir ihn kennen, ist ein jüngeres Phänomen. In Kroatien begann er irgendwann im frühen 19. Jh., als die Menschen das Reisen entdeckten, um heilendes Wasser von Thermalorten wie Varaždinske Toplice zu holen.

Der wahre Boom des Kroatien-Tourismus startete, als reiche Aristokraten in der österreichisch-ungarischen Ära im späten 19. Jh. bemerkten, dass dieser wunderschöne Küstenstreifen nicht allzu fern und mit der Eisenbahn erreichbar war. Die Kvarner-Bucht hatte viel zu bieten: ein mildes Klima, frische Luft und eine heilkräftige Flora und Fauna, die viele Beschwerden lindern konnte. Schon bald stürmten Grafen, Kaiserinnen, Barone, reiche Erben und Adlige die Küste der Bucht. Als eine der ersten Sommerresidenzen wurde 1844 die Villa Angiolina in Opatija erbaut, die heute das Kroatische Tourismusmuseum beherbergt und als Geburtsstätte des kroatischen Tourismus gilt.

Der Besucherstrom nahm im nächsten Jahrhundert weiter zu. 1925 wurde das Hotel Esplanade in Zagreb an der Strecke des Orient-Expresses erbaut, das mit seiner historischen, wenn auch etwas verblassten Pracht, noch immer die Hotelszene der Hauptstadt beherrscht. Der englische König Edward VIII. und seine Frau entdeckten in den 1930er-Jahren die Freuden des Nacktbadens auf der Insel Rab und begründeten so die FKK-Bewegung, die in Kroatien immer noch lebendig ist. In den 1960er-Jahren, als die Wirtschaft aufblühte, wurde der Tourismus zum Massenphänomen, und an der Küste schossen die Hotelanlagen aus dem Boden. 1979 wurden die ersten drei Orte in Kroatien von der UNESCO zum Welterbe erklärt (der Diokletianspalast in Split, die Altstadt von Dubrovnik und der Nationalpark Plitvicer Seen); heute gibt es landesweit zehn davon.

Winds of Change

In den 1990er-Jahren begann der Krieg und der Tourismus brach weitgehend zusammen. Als wieder Frieden einkehrte und sich das Leben stabilisierte, blühte der Tourismus in den frühen 2000er-Jahren zaghaft wieder auf und lockte zunächst unerschrockenere Reisende an das „Mittelmeer, wie es früher war" (Kroatiens alter Tourismus-Slogan). Langsam, aber stetig etablierte sich Kroatien auf der touristischen Landkarte Europas, und die Einnahmen aus dem Tourismus wurden zu einer der wichtigsten Säulen der kroatischen Wirtschaft, die derzeit etwa 20 % des BIP ausmacht. Als immer mehr Menschen Kroatien „entdeckten" und die Nachfrage stieg, erkannten die Regierung und der Privatsektor das Gewinnpotenzial. Dies führte zu einer Flut unkontrollierter Bautätigkeiten entlang der Küste. „Baue und

Blick auf die Altstadt von Hvar (S. 207)

sie werden kommen" war das Leitprinzip, ohne viel Rücksicht auf die Umwelt und ohne eine langfristige Strategie. Das heutige Problem der „Apartmentisierung" entlang der Küste ist ein Ergebnis davon.

Dann kam *Game of Thrones*. Seit 2011 strömen Millionen von Fans der HBO-Serie nach Dubrovnik, um „Königsmund" zu sehen, was die Stadt, zusätzlich zu den vielen anderen Attraktionen, noch häufiger als Ziel auf der Bucket List etablierte. Dann luden Kreuzfahrtschiffe Menschenmassen in der Altstadt von Dubrovnik ab, die die Kalksteinstraßen verstopften, ohne der lokalen Wirtschaft Geld zu bringen. Es folgten die betrunkenen Junggesellenabschiedstouristen, die Split und Hvar heimsuchten. Inzwischen ertranken die Seen von Plitvice im Sommer buchstäblich unter den vielen Menschen auf den Uferwegen.

Angesichts dieser Probleme hat die UNESCO mehrfach gedroht, Plitvice und Dubrovnik den Status als Welterbe abzuerkennen. Dubrovnik wurde zum unrühmlichen Aushängeschild des Übertourismus, und Split folgte diesem Beispiel. Ist „Kroatien voller Leben" (der letzte Tourismus-Slogan, der derzeit neu formuliert wird) vielleicht etwas zu voll des Lebens geworden?

Wie kam es so weit?

Wie ist es dazu gekommen, gibt es Gegenbeispiele und warum sollte einen das interessieren? Der Prozess war lang und komplex. Man versucht, den Übertourismus einzudämmen – mit unterschiedlichem Erfolg. So wird z. B. die Zahl der Kreuzfahrtpassagiere in der Altstadt von Dubrovnik reguliert, es wird davon abgeraten, Rollkoffer über das Kopfsteinpflaster zu ziehen, um Lärmbelästigung zu vermeiden, es wurden Bußgelder für schlechtes Benehmen eingeführt (wer sich in Split auf einem öffentlichen Platz übergibt, muss mit 150 € rechnen) und die Werbung für das kroatische Festland wird verstärkt.

Darüber hinaus haben kreative Köpfe Erstaunliches geleistet: von neuen Trekkingrouten, über Regenerations- und Nachhaltigkeitsinitiativen bis zu inspirierenden Rückzugszentren, familiengeführten Hotels mit Öko-Image, kleinen Lebensmittelproduzenten. Trotz des Geredes über den Übertourismus wirken diese Akteure oft im Verborgenen, ohne dass ihnen in den Medien die gebührende Aufmerksamkeit zuteilwird – das macht es schwierig, den Silberstreif zu sehen.

Warum einen das kümmern sollte? Nun, man spürt es, wenn man hier ist. Kroatien bzw. seine Küste ist in der Hochsaison überlaufen und überteuert. Für mich als Kroatin gibt es kaum etwas Unangenehmeres, als Mitte August in Dubrovnik zu sein. Es ist überfüllt und unauthentisch, die Einheimischen sind gestresst und überfordert. Aber wer bin ich, anderen davon abzuraten, die Altstadt zu bewundern, wenn die Sonne im Meer versinkt, oder im Morgengrauen durch den verträumten Diokletianspalast in Split zu spazieren? Das sind vielleicht genau die Momente, an die man sich für den Rest seines Lebens erinnern wird.

Tourismus als Wechselspiel

Ich verstehe, dass die Bucket List heute die Bibel des Reisens ist, dass die meisten von uns nur begrenzte Urlaubszeit haben und dass wir alle etwas Schönes sehen wollen – und Kroatien ist zweifelsohne ein Traum. Ich will keinem die Verantwortung aufbürden, aber der Tourismus ist ein zweischneidiges Schwert. Als einzelner Traveller kann man das Problem des Übertourismus nicht lösen (das sollte man den lokalen Kräften überlassen), aber es gibt Möglichkeiten, sich selbst einen erfüllteren und „authentischeren" Urlaub zu ermöglichen und dem Land zu helfen, den Tourismus anders zu gestalten.

Hier sind einige Ideen: Außerhalb der Saison anreisen. Dem Wetter trotzen und im März oder November kommen. Den Urlaub verlängern und in fantastische Gebiete wie Lika und Gorski Kotar reisen. Die Bucket List vergessen und Slawonien besuchen. So kann man auch Gebiete unterstützen, die Besucher:innen brauchen, anstatt solche, die unter zu vielen leiden. Jeder will das Dreigestirn Split-Dubrovnik-Hvar sehen. Man überspringt Split und erkundet stattdessen Rijeka – eine beeindruckende Hafenstadt. Man fährt im April nach Hvar und erkundet im September den Archipel von Zadar.

Man sollte mit Respekt vor den örtlichen Gepflogenheiten und dem menschlichen Bedürfnis nach Frieden, Privatsphäre und Ruhe reisen und daran denken, dass Menschen in diesen Städten leben, die für einen selbst vielleicht wie Museen aussehen.

Also: Auf nach Kroatien! Aber anders.

REGISTER

Agrotourismus 249
Aktivitäten 17, 28, 36
 siehe auch einzelne Orte, einzelne Aktivitäten
 Escape Castle Svetvinčenat 123
Antike Schätze 13
An- & Weiterreise 256
Archäologie 80, 90
Architektur
 Arena (Pula) 100
 Eremitage Blaca 204
 Esplanade Hotel 64
 Franziskanerkloster Mutter der Barmherzigkeit 183
 Jadrolinija-Gebäude 134
 Korčula, Stadttor 247
 Kroatisches Haus 212
 Loggia 124
 Morpurgo (Buchhandlung) 190
 Orthodoxes Kloster Krka 183
 Rathaus (Bale) 108
 Rathaus (Motovun) 113
 Romanisches Haus 110
 Schwefelbad 191
 Sergierbogen 101
 Split, Altstadt 188, 190
 Split, Rathaus 190
 Stadttor St. Florus 124
 Trogir, Rathaus 196
 Uhrenturm Rijeka 134
Ausgehen 16, 216, 262
 siehe auch einzelne Orte
Aussichtspunkte
 Aussichtspunkt von Franz Ferdinand 122
 Bellavista 127
 Biokovo Skywalk 219
 Cafe Vidilica 195
 Festung Kamerlengo 198
 Fortica-Aussichtspunkt 125
 Gradec-Plateau 54
 Lotrščak-Turm 46, 54
 Mađerkin Breg 83
 Oprtalj 116
 Srđ (Berg) 229
 Stadtmauer von Zadar 167
 Telegrin 195
 Trsat 136
 Vela Straža 201
 Venezianische Loggia 113
 Vidikovac 104
 Vidova Gora 189
Auto, Reisen mit dem 257, 267
Autotouren
 Jadranska Magistrala 217

Bale 107
Baranja 88
Bären 93, 175, 264
Barrierefrei reisen 267
Bašić, Nikola 166
Baška 132, 147
Baška-Tafel 147
Baška Voda 219
Belagerung von 1991 90
Beli 133, 151
Beram 99, 121
Bergsteigen 172
Bevölkerung 278
Biokovo Skywalk 219
Blaue Höhle 215
Boljun 123
Bootsfahrten
 Blaue Höhle 215
 Cetina 189
 Elaphiten 239
 Grüne Höhle 215
 Mali Lošinj 154
 Osijek 87
 Sakadaško-See 87
 Viskovac-See 284
Brač (Insel) 189, 203, **204**
Brela 189, 219
Brzica 88
Bücher 31
Bucht von Dobrika 104
Bukovac, Vlaho 243
Burgen, Schlösser & Festungen
 Burg Trakošćan 79
 Burg Veliki Tabor 79
 Burg von Pazin 118
 Festung des hl. Michael 179
 Festung Fortica (Omiš) 189, 199
 Festung Fortica (Hvar) 209
 Festung Kamerlengo 198
 Festung Klis 188, 194
 Festung Lovrijenac 235
 Festung Mirabela 198
 Fischerfestung Komuna 214
 Gospina batarija 214
 Kastell Morosini-Grimani 123
 Kastell von Trsat 136
 Kaštil Radojković 205
 Palast Soardo-Bembo 108
 Perasti-Turm 212
 Stari Grad 81
 Trvdalj 209
 Veliki Kaštel 217
 Venezianischer Turm 190
Burton, Richard 104
Bus, Reisen mit dem 256, 257
Buzet 123

Camping 150, 151, 259
Casanova 111
Cavtat 242, **243**
Cest is D'Best 29
Che Guevara 104
Churchill, Winston 104
Čikat 152
Čilipi 244
Cinehill 29
Čiovo (Insel) 189, 198
Craft-Bier 54, 69, 233
Cres (Insel) 133, 149, **150**
Cres (Ort) 149

D

Đakovo 88
Delfinbeobachtungen 37, 154, 264
Digitale Nomad:innen 190, 231, 256, 280
Dinosaurier 104
Diokletianpalast 192
Dol 205
Dragojević, Oliver 250
Draguć 122
Dubrovnik 220, 224, 226, **227**
 Ausgehen 228
 Erste Orientierung 222
 Essen 229, 230
 Feiern 229
 Feste & Events 224, 230
 Game of Thrones 229
 Reiserouten 22, 224
 Reisezeit 224
 Rund um Dubrovnik 236
 Sehenswertes 226
 Shoppen 233
 Stadtmauer 234
 Stadtspaziergang 232, **232**
 Strände 228, 231
 Unterwegs vor Ort 226
Dubrovnik Beer Company 224, 233
Dubrovniker Sommerfestival 29, 230
Dugi otok 168

E-Bikes 265
Einreise 256
Elaphiten 225, 239, **240**
Erdbeben 261
Erster Weltkrieg 102
Escape Castle Svetvinčenat 123
Essen 32, 33, 34, 59, 126, 166, 199, 262, 263 *siehe auch* Gastrofestivals, Olivenöl, *einzelne Orte*
Etikette 30, 263

Verweise auf Karten **000**

- Events *siehe* Feste & Events
- Expat in Kroatien 281

- Fähren *siehe* Schiff, Reisen mit dem
- Fahrradfahren *siehe* Radfahren
- Fahrradverleih 190
- Faller, Nikola 87
- Fažana 99, 104
- Feiertage & Ferien 269
- Ferienwohnungen 259
- Feste & Events 28, 33, 53, 65 *siehe auch* Filmfestivals, Gastrofestivals, *einzelne Feste, einzelne Orte, einzelne Regionen*
  - CirkoBalkana Festival des zeitgenössischen Zirkus 69
  - Đakovacki Vezovi (Đakovo Stickereikunst-Fest) 88
  - Dekmantel 181
  - Dimensions 181
  - Garden Festival 181
  - Hideout Sommerfestival 173
  - Labin Art Republika 124
  - Lighting Giants 102
  - Light is Life 179
  - Love International 181
  - Martinje (Martinstag) 99
  - Outlook 181
  - Slama Land Art 87
  - Spancirfest 82
  - Varazdiner Barockabende 82
- Festungen *siehe* Burgen, Schlösser & Festungen
- Filme 31
- Filmfestivals 65
  - Brač Film Festival 189
  - Pula Film Festival 98
  - Tabor-Filmfestival 79
- FKK 108, 209, 216
- Flusstal Mirna 116
- Forts *siehe* Burgen, Schlösser & Festungen
- Foša Restaurant 166
- Fossilien 80
- Freiwilligenarbeit 264
- Friedhöfe
  - Jüdischer Friedhof (Split) 195
  - Mirogoj-Friedhof 47, 51
  - Račić-Mausoleum 243
  - St.-Roka-Friedhof 251
  - Varazdin 81
- Full Moon Festival 29

G

- Galerien *siehe* Museen & Galerien
- *Game of Thrones* 190, 194, 226, 229, 230
- Gärten *siehe* Parks & Gärten
- Gastrofestivals
  - Kirschenfest (Lovran) 133
  - Martinsfest 189
  - Schokoladenfestival (Opatija) 140
  - Street Food Festival (Zadar) 166
  - Tuna, Sushi & Wine Festival 166
  - Weinfestival VinIstra 109
- Gefahren & Ärgernisse *siehe* Sicherheit
- Geführte Touren
  - Bike Tours Zagreb 61
  - Dubrovnik (Stadtspaziergang) 232
  - Kaštela-Radtour 200, **200**
  - Labin (Altstadt) 124
  - Marjan-Radtour 195, **195**
  - Miro Tartufi 115
  - Secret Hvar 209
  - Secret Zagreb 65
  - Stari-Grad-Radtour 210, **210**
  - Zadar (Stadtspaziergang) 167, **167**
  - Zagreb City Tour 65
  - Zagreber Straßenkunst 65
- Geheime Orte 18
- Geldautomaten 256
- Geschichte
  - Alte Stadtmauern, Dubrovnik 275
  - Altstadt, Varaždin 276
  - Bijela Vila 277
  - Diokletianpalast, Split 274
  - Glagolitische Inschriften, Krk 276
  - Habsburger Hotels, Opatija 276
  - Kathedrale des hl. Jakob, Šibenik 276
  - Kirche des hl. Nikolaus, Nin 275
  - Museum des Apoxyomenos, Lošinj 275
  - Nationalpark Brijuni 277
  - Rettungsweste der Titanic, Rijeka 277
  - Römisches Amphitheater, Pula 275
  - Staro-Selo-Museum, Kumrovec 277
  - Steinkreise der Histrier, Poreč 274
  - Tourismus 285
  - Wassermühlen & Wasserkraftwerk, Nationalpark Krka 276
  - Zagrebs Altstädte 276
- Gesundheit 261
- Gesundheit & Wellness 139, 140
  - Sveti Martin 84
  - Thalassotherapie 170
  - Waldbaden 155
  - Zagorje 80
- Glagolitische Schrift 147
- Glamping 259
- Gleichgeschlechtliche Partnerschaften 266
- Gligora, Käserei 174
- Gorski Kotar 92, **93**
- Gračišće 122
- Grand Hotel Lopud 240
- Greifvögel 265
- Grožnjan 98, 116
- Grüne Höhle 215

- Haludovo Palace Hotel 148
- Handys 256
- Highlights 10
- Hitchcock, Alfred 164
- Höhlen & Grotten
  - Blaue Höhle 215
  - Grüne Höhle 215
  - Höhle von Pazin 119
  - Oziđana-Pećina-Höhlen 284
  - Vela-Spila-Höhle 251
- Hostels 259
- Hotel Croatia 242
- Hotels 259
- Hotels (verlassene)
  - Hotel Belvedere 230
  - Hotel Grand 246
  - Hotel Pelegrin 246
- Hum 123
- Hvar (Insel) 189, 207, **208**
- Hvar Summer Festival 29

- Ikador Luxury Boutique Hotel & Spa 140
- Ilok 91
- Infos im Internet 265, 267
- Inland 71, **72**
  - Erste Orientierung 72
  - Feste & Events 73
  - Reisewege 73
  - Reisezeit 73
  - Unterwegs vor Ort 72
- Insel-Hopping 268
- Internetzugang 256
- Istrien 94, **96**
  - Erste Orientierung 96
  - Feste & Events 98
  - Reiserouten 24, **25**, 98
  - Reisezeit 98
  - Unterwegs vor Ort 97

- Jelsa 210

- Kaffee 63, 138, 262
- Kanu- & Kajakfahren 233
- Kaokakao Patisserie 142
- Karneval 29, 132, 136, 230
- Käse 33, 146, 147, 173, 174
- Kaštela 200
- Kindern, Reisen mit 64, 80, 260
- Kirchen & Kathedralen
  - Allerheiligenkirche 251
  - Bischofskomplex der Euphrasius-Basilika 110
  - Dominikanerkloster des hl. Petrus von Verona 209
  - Heilige Mutter der Genesung 191
  - Heilig-Kreuz-Kirche 169
  - Kathedrale des hl. Domnius 193
  - Kathedrale des hl. Jakob 177
  - Kathedrale des hl. Stephan 207
  - Kathedrale Mariä Himmelfahrt 46, 50
  - Kathedrale von Đakovo 88
  - Kathedrale von Zagreb 46
  - Kirche der Engelsmadonna 155
  - Kirche der Heiligen Jungfrau Maria vom Heiligen Rosenkranz 117
  - Kirche der hl. Barbara 127
  - Kirche des hl. Hieronymus 212
  - Kirche des hl. Martin 155
  - Kirche des hl. Nikolaus (Nin) 169
  - Kirche & Glockenturm St. Anastasia 167
  - Kirche Mariä Geburt 124
  - Kirche Mariä Heimsuchung 108
  - Kirche Maria im Fels 121
  - Kirche St. Just 125

Kirche St. Sebastian 196
Kirche St. Stephanus 114
Kirche Sv. Donat 167
Kirche und Kloster des hl. Dominikus 197
Kloster des Hl. Laurentius 178
Kloster des hl. Nikolaus 197
Kloster Maria Schnee 243
Liebfrauenkirche 210
Magdalenenkirche 239
Pfarrkirche St. Martin 111
St.-Blasius-Kirche (Dubrovnik) 228
St.-Blasius-Kirche (Vodnjan) 104
St.-Katharinen-Kirche 53
St.-Laurentius-Kathedrale 196
St.-Leonard-Kirche 239
St. Maria von Spilica 240
St.-Markus-Kirche 46, 52
St.-Nikolaus-Kirche 239
Kleidung 30
Klima 28
Klimawandel 264
Klimt, Ernest 135
Klimt, Gustav 134
Kočje-Wald 250
Konavle-Tal 244, **245**
Königin Elizabeth II 104
Korčula 225, 247, **248**
Ausgehen 250, 251
Essen 249
Sehenswertes 247
Unterkunft 247
Unterwegs vor Ort 247
Kornati-Inseln (Kornaten) 168
Kotišina 217
Kotli 123
Krapina 80
Krawatten 60
Kreditkarten 258
Krk (Insel) 132, 144, **145**
Krk (Ort) 144
Kroatische Küche 59
Kroatische Künstlervereinigung 47
Kroatisches Staatsarchiv 59
Kroatische Vereinigung der bildenden Künstler 58
Kultur 278
Kunst 14
Dominikanerkloster des hl. Petrus von Verona 209
Four Seasons 87
Fresken in Dragué 121
Freskenkunst in Istrien 122
Großes Kruzifix 195
Gruß an die Sonne 166
Kirche der Engelsmadonna 155
Kirche Maria im Fels 121
Kloster des hl. Nikolaus 197
Meeresorgel 166
Skulpturenpark Dušan Džamonja 111
Statue von Marko Marulić 190
Steinskulpturen (Vrsar) 111
Totentanz (Fresko) 121
Trogir 198
Kupari 245
Kurorte 80
Kurse & Workshops
Kochen 55
Töpfern 87
Zagreb Gourmet 55
Kvarner Bucht 128, **130**
Erste Orientierung 130
Feste & Events 132
Reiserouten 16, **27**, 132
Reisezeit 132
Unterwegs vor Ort 130

Labin 99, 124, **125**
Rund um Labin 126
Land und Leute 278
Leitungswasser 261
LGBTIQ+-Traveller 266
Lika 175
Lipizzaner 88
Lokrum (Insel) 224, 230
Lopud 1483 240
Lopud (Insel) 239
Loren, Sophia 104
Lošinj 152, **153**
Lošinj Marine Education Centre 154
Lovran 133, 142
Lubenice 150
Lučac 188
Luchse 93
Lumbarda 249

Makarska Riviera 216, **217**
Mali Lošinj 152
Mamma Mia! Here We Go Again 31, 212
Manojlovački Wasserfall 284
Marjan 195
Märkte
Antiquitätenmarkt Zagreb 65
Dolac-Markt 46, 49
Gruž 233
Marktplatz (Rijeka) 135
Obst- & Gemüsemarkt (Hvar) 207
Stadtmarkt (Pula)
Zadar Lebensmittelmarkt 166
Zagreber Flohmarkt 68
Maškin (Insel) 107
Maslinica 202
Maße & Gewichte 269
Mautstrecken 257
Međimurje 83, **84**
Medvednica (Berg) 74, **75**
Meštrović, Ivan 195, 197
Mietwagen 257
Militäranlagen (Vis) 189, 214
Mittelalterliche Gebäude
Lotrsščak-Turm 50
Steinernes Tor 46, 50
Mljet (Insel) 225, 252, **253**
Mošćenice 143
Mošćenička Draga 133, 142
Moslavina 77
Motovun 98, 113, **114**
Rund um Motovun 116
Mountainbiken *siehe* Radfahren
Murter (Insel) 180
Museen & Galerien
Archäologisches Museum der Stadt Vis 214
Archäologisches Museum Zadar 165, 167
Arsenal (Hvar) 207
Ausstellung Tito auf Brijuni 104
Bergmannshaus Arsia 127
Cannabis-Museum 58
Concept Vis 212
Cres-Museum 149
Denkmal Krankenhaus Vukovar 1991 90
Ecomuseum Istrian de Dignan 104
Ethnografisches Museum 60
Ethno-Haus Barilo 251
Fallers *Four Seasons* 87
Galerija Klovićevi Dvori 53
Galerija SC 61
Galerija Šira 61
Galerija Zuccato 109
Gießereimuseum 235
Gloria Maris 85
Haus des istrischen Olivenöls 100
Heimatmuseum von Konavle 244
Insektenwelt 82
Istrisches Volksmuseum 118
Kroatisches Museum für naive Kunst 53
Kuća od Mora 143
Kulturhistorisches Museum (Dubrovnik) 226
Kulturzentrum Blato 251
Kulturzentrum Vela Luka 251
Lauba 47, 67
Marco-Polo-Museum 249
Memo Museum 102
Meštrović' Crikvine - Kaštilac 195
Museum der Illusionen 47, 59
Museum der Insel Brač 205
Museum der Kommunistischen Geschichte (Red History Museum) 233
Museum der Nin-Antiquitäten 169
Museum der Stadt Pazin 118
Museum der Vucedol-Kultur 90
Museum der zerbrochenen Beziehungen 46, 51
Museum des Apoxyomenos 154
Museum für zeitgenössische Kunst 47, 67
Museum Nikola Tesla 68
Museum of Hangovers 57
Museum of Selfie & Memories 57
Museum Slano 238
Neandertaler-Museum Krapina 80
New Wave Museum 57
Olivenölmuseum 205
Pager Spitzengalerie 174
Pilzmuseum 58
Q'Art 64
Schokoladenmuseum 58
Seefahrts- und Geschichtsmuseum der kroatischen Küste 138
Slawonien-Museum 85

Verweise auf Karten **000**

Stadtmuseum Omiš 198
Stadtmuseum Trogir 197
Stadtmuseum Varaždin 81
Staro-Selo-Museum (Altes Dorfmuseum) 78
Tiskara Antico 114
Typhlologisches Museum 57
Unterwassermuseum Via Crucis 198
Veliki Kaštel Interpretationszentrum 217
Vlaho-Bukovac-Haus 243
Volkskundemuseum von Labin 125
War Photo Limited 229
Wasserturm Vukovar 90
Zagreb '80s Museum 53
Zagreber Museum der Stadtgeschichte 53
Musik 14, 31, 53, 250 *siehe auch* Musikfestivals, *einzelne Orte*
Musikfestivals
Festivals der elektronischen Musik 181
Goulash Disko Festival 189
Jugoslawischer Rock 137
Ri-Rock-Festival 137
Sommerfestival Hvar 188
Varaždiner Barockabende 82

N

Nachhaltiger Tourismus 287
Nachtclubs
Cocomo 173
Euphoria 173
Nationalparks & Naturschutzgebiete
Nationalpark Brijuni 99, 104
Nationalpark Brijuni Safaripark 104
Nationalpark Krka 162, 163, 182, **183**, 282
Nationalpark Mljet 252, **253**
Nationalpark Paklenica 171, **171**
Nationalpark Plitvicer Seen 162, 163, 175, **176**
Nationalpark Risnjak 92
Naturpark Biokovo 218
Naturpark Kopacki Rit 87
Naturpark Žumberak & Samobor-Hochland 77
Natur 10
Nekropole der Eisenzeit 251
Nekropole von Epidaurus 242
Nin 163, 169
Norddalmatien 158, **160**
Feste & Events 163
Reiserouten 26, **27**, 162
Reisezeit 162
Unterwegs vor Ort 160
Notfall 269, 270

O

Öffnungszeiten 269
Olivenöl
Brač 204
Haus des istrischen Olivenöls 100
Istrien 104
Korčula 250
Krk (Insel) 146
Olivenölstraße 116
Olynthia Natura 202
Šipan 240, 241
Vodnjan 103
Zentraldalmatien 189
Omiš 189, 198
Opatija 139, **140**
Rund um Opatija 141
Oprtalj 116
Orlando-Säule 229
Orthodoxes Kloster Krka 284
Osijek 85
Ostern 132, 162, 224
Outdooraktivitäten 17
Rafting Pirate 199
Ovcara-Denkmal 90
Oziđana-Pećina-Höhlen 284

Pag 163, 173, **174**
Pakleni-Inseln 189, 209
Paläste
Altes Rathaus (Pula) 101
Cambi-Palast 190
Diokletianpalast 188, 192
Garagnin-Fanfogna-Palast 197
Milesi-Palast 190
Odescalchi-Palast 91
Palača Fritz 155
Palais Battiala-Lazzarini 125
Palast Modello 134
Palast Polesini 114
Palast Zuccato 109
Rektorenpalast (Cavtat) 243
Rektorenpalast (Dubrovnik) 226
Sponza-Palast 228
Parks & Gärten
Botanischer Garten (Zagreb) 59
Botanischer Garten (Kotišina) 217
Maksimir-Park 67
Park der Königin Jelena Madijevka 165, 167
Vladimir Nazor Park 165
Waldpark Osejava 216
Paulus 253
Pazin 99, 118, **119**
Rund um Pazin 121
Pelješac, Halbinsel 225, 237
Pićan 122
Plätze
Johannes-Paul-II-Platz 189, 196
Nationalplatz 167
Trg Andrea Antico 113
Polo, Marco 249
Poreč 99, 109, **110**
Rund um Pazin 111
Primošten 180
Pučišća 206
Pula 99, 100, **101**
Ausgehen & Feiern 102
Essen 101
Rund um Pula 103
Sehenswertes 100
Unterwegs vor Ort 100

Q

Quallen 261

Rabac 126
Rab (Insel) 156, **157**
Rab (Ort) 133, 156
Radarstation (Vis) 214
Radfahren 37
Amazon of Europe Bike Trail 89
EuroVelo 6 89
Kaštela 200, **200**
Marjan 195, **195**
Nationalpark Mljet 252, **253**
Pannonian Peace Trail 89
Parenzana 114, 265
Stari Grad 210, **210**
Sveti Martin 84
Waldpark Goldkap 107
Zlatni Rt Park 107
Raketenbasis (Vis) 214
Raša 126
Rauchen 269
Reiseplanung
Etikette 30
Insel-Hopping 268
Kleidung 30
Praktische Infos 30
Reiserouten 22, **23**, **25**, **27** *siehe auch einzelne Orte*
Reiseversicherung 261
Reisezeit 28
Remote-Arbeiter:innen 280
Rijeka 133, 134, **135**
Roč 123
Römische Architektur 109
Augustustempel 101
Forum (Pula) 101
Forum Romanum 165, 167
Jupitertempel 193
Kleines römisches Theater 101
Memento 145
Nationalpark Krka 284
Römische Bodenmosaike 101
Römische Ruinen von Burnum 183, 284
Salona 194
Säule der Schande & römische Tempelruine 167
Volsonis 145
Rote Insel 107
Rovinj 98, 105, **106**
Rund um Rovinj 107

Samobor 76
Sanfter Tourismus 83
San Marino 157
Schafe 151, 174
Schiff, Reisen mit dem 257, 267, 268
Schlangen 261
Schlösser *siehe* Burgen, Schlösser & Festungen
Schnorcheln *siehe* Tauchen & Schnorcheln
Schutzzentrum für Gänsegeier (Beli) 133, 151
Schwerttanz 251
Schwimmen 36, 237, 261
Seeigel 261
Seen
Bundek-See 47, 68
Jarun-See 47, 68
Savica-Seen 68
Viskovac-See 284
Segeln 165, 168
Seilbahnen
Sljeme-Seilbahn 69
Standseilbahn Zagreb 52

Seilrutschen
Pazin Zipline 119
Zipline Croatia 199
Seosko Domacinstvo Kristijan 183
Shoppen *siehe einzelne Orte*
Šibenik 162, 163, 177, **178**
Rund um Šibenik 180
Šibeniker Kappe 179
Sicherheit 261
Šipan 240
Šipanska Luka 241
Skifahren & Snowboarden 28, 74
Skradinski Buk 162, 182, 282
Slawonien 85, **86**
Essen 88, 90, 93
Feste & Events 90
Radfahren 89
Sehenswertes 85
Übernachten 86, 93
Unterwegs vor Ort 85
Šolta (Insel) 189, 201, **202**
Špancirfest 29
Spargelfest 33, 142
Spartipps 258
Split 184, 190, **191**
Erste Orientierung 186
Essen 194
Feste & Events 188
Radtour 195, **195**
Reiserouten 22, 188
Reisezeit 98, 188
Sehenswertes 190
Strände 191
Unterkunft 194
Unterwegs vor Ort 186, 190
Sprache 31, 262, 263, 270
Srđ (Berg) 229
Stadtmauer
Dubrovnik 234
Stadtspaziergänge
Dubrovnik 232, **232**
Dubrovnik (Stadtmauer) 234
Ston (Stadtmauer) 236
Zadar (Altstadt) 167
St. Andreas (Insel) 107
Stari Grad 209
Statuen
Antun Gustav Matoš 54
Marija Jurić Zagorka 55
Statue von Marko Marulić 190
Steiner, Rudolf 84
Steinmetzschule (Pučišća) 206
Stickereien 244
St. Nikolaus (Insel) 112
Stomorska 201
Ston 225, 236
Strände 12
Bačvice 188, 191
Banje 224, 229
Beli 150
Biloševac 216
Borak 204
Brela 219
Brzet 199
Buba 216
Bucht von Stiniva 215
Carpe Diem 209
Danče 231
Familienfreundliche Strände 260
Firule 191
Girandella 126
Glavanova 138
Gusarica 214
Jerolim 209
Kamenica 214
Kašjuni 191, 195
Königinnenstrand 170
Koromačna 150
Kostrena 138
Kotlina 204
Kozica 157
Lanterna 126
Martinica 204
Mlini 209
Nugal 216
Padova III 157
Palmižana 209
Pasjača 246
Plaža Plieski 155
Plaža Sv Ivan (Lubenice) 150
Plaža Vale Škura 155
Ploče 138
Sahara 157
Stadtstrand (Makarska) 216
St. Andrea 126
St. Jakov 224, 229, 231
Šunj 239
Uvala Lapad 231
Velika Plaža Punta 199
Veli Žal 155
Velika Plaža Punta 199
Zlatni Rat 189, 203
Žnjan 191
Zrće 173
Street-Art
Wandmalereien (Vodnjan) 103
Zakmardi-Treppe 55
Strom 269
štrukli 55
Süddalmatien 220, **222**
Erste Orientierung 222
Feste & Events 224
Reiserouten 224
Reisezeit 224
Unterwegs vor Ort 222
Suveniri Bačan 233
Sveti Martin 84
Sv. Katarina (Insel) 107

Tag des Weins 33
Tauchen & Schnorcheln 36, 241
Taxis 256, 257
Taylor, Elizabeth 104
Theater
Kleines römisches Theater 101
Kroatisches Nationaltheater (Split) 191
Kroatisches Nationaltheater (Zagreb) 47
Kroatisches Nationaltheater Ivan Zajc 134
Zagreber Jugendtheater 61
ZKM 47
Thunfisch-, Sushi- & Weinfest 33, 166
Tiere & Pflanzen 93
Tintoretto 209
Tisno 180
Titanic 138
Tito, Josep Broz 79, 104
Toiletten 267
Torpedos 138
Tourismus 285
Traditionelle Kostüme 179
Traditionelle Tänze 146
Trinkgeld 258
Trogir 189, 196
Trüffel 115
Tunnel von Vela Glava 215
Tvrdić Honigfarm 202

U-Boot-Tunnel Jastog 214
Ugljan 163, 168
UNESCO-Geopark 215
UNESCO-Welterbestätten
Ebene von Stari Grad 210
Poreč 109
Šibenik 178
Split 192
Trogir 197
Unterkunft 28, 259, 265
siehe auch einzelne Orte
Unterwegs vor Ort *siehe einzelne Orte*
Uvala Frnaza 168

Valun 151
Varaždin 81, **82**
Varoš 188
Veganer & Vegetarier 230, 263
Vela Luka 250
Vela Spila (Höhle) 251
Veliki Brijun 104
Verne, Jules 118
Visas für digitale Nomad:innen 280
Vis (Insel) 189, 212, **213**
Viskovac-See 284
Vodnjan 103
Vogelbeobachtung 68, 87
Volosko 141
Vrbnik 132, 147
Vrboska 210
Vrsar 111

Wachwechsel 60
Waldbaden 155
Waldbrände 261
Wandern & Trekken 36
Bellavista-Weg 127
Französische Straße 219
Göttin-Sentona-Weg 127
Göttliche-Quellen-Weg 127
Hiking Adventure Croatia 172
Kočje-Wald 250
Kreuzweg 229
Magic Croatia 172
Maksimir-Park 47, 67
Medvednica 74
Nationalpark Mljet 252
Nationalpark Paklenica 172
Naturpark Biokovo 218
Parenzana-Weg 114, 265
Quarnero-Weg 127
Terra-Magica-Weg 127
Wasserfälle
Kotli 123
Manojlovački Wasserfall 284
Naturpark Žumberak und Samobor-Hochland 77
Skradinski Buk 162, 182, 282
Veliki Slap 175, 176
Wasserkraftwerke 282
Weihnachten 140, 157

Verweise auf Karten **000**

Weihnachtsmärkte 133, 140, 163, 225, 230
Wein 16, 33, 214 *siehe auch* Weingüter
Weingüter
Cmrečnjak 83
Crvik 233
Duboković 209
Dubrovnik (Region) 231
Enjingi 88
Erdutski Vinogradi 88
Familienkellerei Filipec 76
Gerštmajer 88
Iločki Podrumi 91
Ilok-Kellerei 88
Josić 88
Karanac 87
Kaštelanac 202
Kneževi Vinogradi 87
Kolar 88
Korak 77
Korčula 250
Krauthaker 88
Kutjevo 88
Lagradi 77
Lovrec 83
Marinac Winery 202
Pavičić 209
Roxanich Winery 115
Šember 77
Suza 87
Tomaz Winery 115
Vina Belje 88
Vina Fakin 115
Vina Papak 88
Vinarija Brzica 88
Vinarija Gospoja 147
Zlatan Otok 209
Zmajevac 87
Wein-Marathon 33
Wetter 28
Winde 29, 149, 173, 247
Wölfe 93

Z

Zadar 163, 164, **164**, **167**
Rund um Zadar 168
Zadar Adventure 169
Zagorje 78, **79**
Zagreb 42, **49**, **57**, **66**
Ausgehen & Feiern 53, 54, 55, 63, 64, 69
Erste Orientierung 44
Essen 49, 52, 54, 55, 59, 60, 62, 65
Feste & Events 53
Geführte Touren 61, 65
Museen & Galerien 53, 57, 58, 67
Musik 63
Parks & Gärten 55, 59, 67, 69
Reiserouten 22, 46
Sehenswertes 49, 57, 67
Shoppen 54, 65, 68
Unterhaltung 63
Unterkunft 61, 62, 68
Unterwegs vor Ort 44, 52
Zagreber Jugendtheater 61
Zagreb Pride 266
Zagrebs Sonnensystem 47
Završje 117
Zeitzone 269
Zentraldalmatien 184, **186**
Erste Orientierung 186
Feste & Events 188
Reiserouten 188
Reisezeit 188
Unterwegs vor Ort 186
Zerostrasse 102
Zip-Lines *siehe* Seilrutschen
Zlatin 163
Zlatni Rat 203
Zweiter Weltkrieg 52

„Schon der erste Blick auf Rovinj (S. 105) ist imposant! Auf einer hügeligen Halbinsel gelegen, scheint die Stadt mit der Kirche der hl. Euphemia aus dem Meer zu wachsen.“

ISABEL PUTINJA

„Die uralten Straßen von Zagrebs Oberstadt sind voller baulicher Wahrzeichen: barocke Paläste, klassizistische Villen, mittelalterliche Türme, neugotische Kirchen und die legendäre St.-Markus-Kirche (S. 53) aus dem 18. Jh.“

ANJA MUTIC

LINKS: YASONYA/SHUTTERSTOCK ©, RECHTS: TRABANTOS/SHUTTERSTOCK ©

ÜBER DIESES BUCH

Lonely Planet Global Limited

Digital Depot, Roe Lane (off Thomas Street)

Digital Hub

Dublin 8

D08 TCV4

Ireland

Verlag der deutschen Ausgabe:

MAIRDUMONT
Marco-Polo-Str. 1
73760 Ostfildern

www.lonelyplanet.de, www.mairdumont.com, lonelyplanet-online@mairdumont.com

Kroatien

9. deutsche Auflage Juli 2024 übersetzt von *Croatia*, 12th edition, März 2024, Lonely Planet Global Limited

Deutsche Ausgabe © Lonely Planet Global Limited, Juli 2024

Fotos © wie angegeben 2024

Printed in China

Redaktion: Annegret Gellweiler, Sophie Härter, Guido Huß, Susanne Junker, Olaf Rappold, Katrin Schmelzle, Romina Sance, Christina Seibold (red.sign, Stuttgart)

Übersetzung: Tobias Ewert, Derek Frey, Marion Gref-Timm, Gabriela Huber Martins, Matthias Pasler, Dr. Christian Rochow, Beate Staib

MIX
Paper from responsible sources
FSC® C124385

Dieses Buch wurde auf FSC® zertifiziertem Papier gedruckt. FSC® ist ein internationales Zertifizierungssystem für nachhaltigere Waldwirtschaft. Das Holz für diese Papier kommt aus Wäldern, die verantwortungsvoller bewirtschaftet werden.